STREITFALL CHRISTOLOGIE

QUAESTIONES DISPUTATAE

Begründet von
KARL RAHNER UND HEINRICH SCHLIER

Herausgegeben von
PETER HÜNERMANN UND THOMAS SÖDING

214

STREITFALL CHRISTOLOGIE

STREITFALL CHRISTOLOGIE

VERGEWISSERUNGEN NACH DER SHOAH

UNTER MITARBEIT VON
HELMUT HOPING, KARL-HEINZ MENKE,
THOMAS SÖDING, MAGNUS STRIET,
CLEMENS THOMA, JAN-HEINER TÜCK,
JOACHIM VALENTIN

HERAUSGEGEBEN VON
HELMUT HOPING UND JAN-HEINER TÜCK

HERDER

FREIBURG · BASEL · WIEN

Druckvorlage durch die Herausgeber

www.herder.de
Druck und Bindung: Difo-Druck, Bamberg 2005
Gedruckt auf umweltfreundlichem, chlorfrei gebleichtem Papier
ISBN 3-451-02214-1

Inhalt

Vorwort

Johann Baptist Metz hat in einer vielbeachteten Rede von 1978 Auschwitz als „Ende und Wende der Theologie" bezeichnet. Tatsächlich sind seit einigen Jahren in allen theologischen Disziplinen „Revisionsprozesse" in Gang gekommen, welche die antijudaistische Hypothek in der Geschichte von Theologie und Kirche aufzuarbeiten suchen. Dabei wird besonders um den Status der Christologie gerungen: Muss in ihr notwendig die „Speerspitze des Antijudaismus" gesehen werden? Die Kritik an einer Christologie, welche die Weisungen des Alten Testaments für überholt und das Volk Israel durch das neue Volk Gottes, die Kirche, für abgelöst oder ersetzt erklärt, ist überfällig und berechtigt – aber muss sie zwangsläufig mit der Forderung verbunden werden, die Christologie auf einen „unerfüllten Messianismus" zurückzunehmen? Wie weit kann die Neubestimmung der Christologie gehen, ohne dass das *Proprium christianum* angetastet wird?

Zu den Errungenschaften der Theologie nach Auschwitz zählt es, dass sie die Substitutionstheorie überwunden und das Judesein Jesu neu ins Bewusstsein gerückt hat. Während etwa noch Karl Rahner meinte, dass es für die Inkarnationstheologie letztlich unerheblich sei, ob Jesus jüdischer Herkunft ist oder nicht[1], hat sich inzwischen die Einsicht durchgesetzt, dass die Person und Geschichte Jesu von Nazaret ohne seine Verwurzelung in der Geschichte Israels nicht angemessen verstanden werden kann. Jesus war „dem Gesetz unterstellt" (Gal 4,4) und ist „um der Wahrhaftigkeit Gottes willen Diener der Beschnittenen geworden" (Röm 15,8). Kontrovers ist allerdings nach wie vor das Bekenntnis zur Messianität Jesu. Es stößt nicht nur von jüdischer Seite auf Vorbehalte[2], sondern wird auch von einigen christlichen Theologen eingeschränkt, die sich im christlich-jüdischen Dialog engagieren. So findet sich in unterschiedlichen Varianten die These, dass Jesus zwar der verheißene *Messias aus Israel für die Völker* sei, nicht aber der *Messias Israels*.[3] Für das erwählte Volk der Juden gebe es mit der Tora einen eigenen Weg zum Heil, der nicht auf Jesus Christus angewiesen sei.

---

[1] Vgl. Pinchas LAPIDE – Karl RAHNER, *Heil von den Juden? Ein Gespräch*, Mainz 1983, 57–64.

[2] Vgl. etwa Jacob NEUSNER, *Ein Rabbi Spricht mit Jesus. Ein jüdisch-christlicher Dialog*, München 1997, 31: „Jesus kann alles gewesen sein, nur nicht das, was die Christen behaupten – nämlich Christus, Messias, Sohn Gottes."

[3] Vgl. etwa Klaus WENGST, *Jesus zwischen Juden und Christen*, Stuttgart-Berlin-Köln 1999, 73–76.

Des weiteren wird die Ansicht vorgetragen, Gott habe mit der Menschheit nur *einen* Bund geschlossen, den ungekündigten Bund, in dem Israel steht und dem die Heidenvölker (*goyim*) durch Christus verbunden bzw. inkorporiert werden. Innerhalb dieses einen Bundes sei im Blick auf Israel und die Völker von *zwei parallelen Heilswegen* auszugehen. Unklar bleibt in diesen Konzeptionen, ob der Heilsweg Israels auf die rettende Begegnung mit dem Parusie-Christus zuläuft[4] oder ob er – davon unabhängig – einen eigenständigen Weg zum Heil darstellt.[5] Würde für Israel ein paralleler Heilsweg an Christus vorbei postuliert, stünde dies in deutlicher Spannung zu der Tatsache, dass Jesus sich zunächst zu den „verlorenen Schafen des Hauses Israels" gesandt wusste. Außerdem wäre das christliche Bekenntnis zur Einzigkeit und Universalität Jesu Christi angetastet. Die Frage steht daher im Raum, ob christliche Theologen, die in Verbindung mit der Theorie des einen Bundes die Heilsbedeutung des Lebens und Sterbens Jesu auf die Heidenvölker einschränken, offen oder uneingestanden den Grundsatz *extra Christum nulla salus* verabschieden. Gehört aber dieser Grundsatz nicht unaufgebbar zur Identität des Christentums?

Die *quaestio disputanda* ist damit klar umrissen. Die folgenden Beiträge verstehen sich als „Vergewisserungen nach der Shoah". Es geht mithin um Versuche einer Aufarbeitung des christologischen Erbes, die sich vom „Schock der Shoah" (Joseph Ratzinger) bewegen lassen. Allerdings gehört es zu den Schwierigkeiten der aktuellen Diskurslage, dass „gelegentlich schon der Versuch, überhaupt nur die Besonderheit des christlichen Glaubens zu bestimmen und über sie Rechenschaft zu geben, unter den Verdacht des Antijudaismus gerückt"[6] wird. Im Gegen-

---

[4] So die Position von Franz MUSSNER und Michael THEOBALD.

[5] Vgl. etwa Herbert VORGRIMLER, *Der ungekündigte Bund. Systematische Aspekte*, in: Hubert FRANKEMÖLLE (Hg.), *Der ungekündigte Bund? Antworten des neuen Testaments* (QD 172), Freiburg-Basel-Wien 1998, 232–247, 246. Demgegenüber hat die Vatikanische KOMMISSION FÜR DIE RELIGIÖSEN BEZIEHUNGEN ZUM JUDENTUM in ihren *Hinweisen für eine richtige Darstellung von Juden und Judentum in der Predigt und in der Katechese der katholischen Kirche* bereits 1985 dargelegt: „Jesus bekräftigt (Joh 10,16), dass 'es nur eine Herde, nur einen Hirten geben wird'. Kirche und Judentum können also nicht als zwei parallele Heilswege dargestellt werden, und die Kirche muss Christus als Erlöser vor allen Menschen bezeugen, und dies im konsequent durchgehaltenen Respekt gegenüber der religiösen Freiheit des anderen, wie sie das Zweite Vatikanische Konzil lehrt." Rolf RENDTORFF – Hans Hermann HENRIX (Hg.), *Die Kirchen und das Judentum, Bd. 1: Dokumente von 1945–1985,* Paderborn-Gütersloh 1998, 92–103, 95.

[6] Thomas PRÖPPER, *Wegmarken zu einer Christologie nach Auschwitz, in:* DERS., *Evangelium und freie Vernunft. Konturen einer theologischen Hermeneutik,* Freiburg 2001, 276–287, 278.

satz zu gewissen Tendenzen der Gegenwartstheologie, die nach Auschwitz für eine Art „christologischen Besitzverzicht“ votieren, versammelt der vorliegende Band Beiträge, die davon ausgehen, dass es für eine christliche Theologie – auch nach der Shoah – unverzichtbar ist, das Bekenntnis zur Einzigkeit und Universalität Jesu Christi zu vertreten, ohne in antijudaistische Stereotypen zurückzufallen.

Der erste Beitrag von *Joachim Valentin* sichtet das Terrain der aktuellen Debatte und stellt gängige Thesen der jüdischen und christlichen Shoah-Theologie vor. Von der Differenz zwischen Judentum und Christentum (Inlibration – Inkarnation) ausgehend, entwickelt Valentin programmatische Forderungen für eine christliche Theologie des Judentums, die eine Fremdbestimmung des Judentums ebenso zu vermeiden sucht wie eine Judaisierung christlicher Theologie. Die Positionen der jüdischen Holocaust-Theologie sind für eine christliche Theologie des Judentums wichtig, da sie das Ringen jüdischer Denker spiegeln, Auschwitz – unter Bezugnahme auf *ihre* religiöse Tradition – zu deuten. Nach einem Überblick über die vielgestaltigen jüdischen Holocaust-Deutungen des 20. Jahrhunderts schlägt *Clemens Thoma* einen Bogen zurück in die Zeit der Judenverfolgung unter Antiochus IV. Epiphanes. Dabei geht es ihm weniger um den Aufweis historischer Analogien als vielmehr um die Darstellung theologischer Deutungsmuster, die im Zusammenhang mit den damaligen Martyrien entwickelt wurden. Das Martyrium als Opfergabe für Gott und das Volk, der unbeirrbare Glaube an die Auferstehung des Leibes sowie die Erwartung des Gerichts sind für die damalige Theologie des Martyriums wesentlich. Insbesondere die Interpretation des Todes als Sühne für die Sünden des Volkes ist ein Motiv, das die theologische Deutung des Todes Jesu nachhaltig bestimmt hat. Strittig ist allerdings, ob die damalige Martyrertheologie auch für eine theologische Interpretation der Shoah herangezogen werden kann. Es mehren sich allerdings auf jüdischer Seite Stimmen, welche die Passion Jesu in eine gewisse Nähe zum Leid der jüdischen Opfer rücken.

Während sich nun das Leiden der jüdischen Märtyrer in das kollektive Gedächtnis Israels eingeschrieben hat, so ist ihm dennoch keine Heilsbedeutung zugesprochen worden. Anders verhält es sich mit Jesus, der für Juden- und Heidenchristen als Christus, der Gekreuzigte, zum Gegenstand des Glaubens geworden ist. In seinem Beitrag „Für das Volk. Die Sendung Jesu und die Hoffnung Israels“ bietet *Thomas Söding* eine problemorientierte Rückvergewisserung. Einleitend arbeitet er als Leitmotiv neutestamentlicher Soteriologie heraus, dass Jesus „für die Vielen“ gekommen, gestorben und auferstanden ist. Er diskutiert die

Problematisierungen, die dieses Motiv nicht nur im Neuen Testament, sondern auch in der neuzeitlichen Auslegungsgeschichte gefunden hat. Umsichtig werden die jüdischen Einsprüche gegen die Christologie im Spiegel des Neuen Testaments beleuchtet, bevor – gleichsam im Hauptteil des Beitrags – Jesu Suche nach „den verlorenen Schafen des Hauses Israels“ analysiert wird. Neben den synoptischen werden auch die johanneischen und paulinischen Aussagen ausgewertet. Abschließend geht Söding auf die Facetten neutestamentlicher Israeltheologie ein und schlägt damit den Bogen zur aktuellen Diskussion.

In der Tat gibt es, wie *Karl-Heinz Menke* in seinem Beitrag deutlich macht, zwei „Grundgestalten jüdisch perspektivierter Christologie“. Die eine versteht die Geschichte des Juden Jesus als 'Wiederkehr' und 'Wiederholung' der Geschichte Israels (Friedrich Wilhelm Marquardt). Die andere begreift Jesus als die 'Bestimmung' – nicht Ersetzung – der Erwählung Israels, und zwar in dem Sinne, dass im Leben und Sterben Jesu der Wille des Vaters endgültig Fleisch geworden ist (Jean-Marie Lustiger). Menke votiert für die zweite Grundgestalt, da sie ausdrücklich die Übereinstimmung mit dem christologischen Dogma *und* die Vereinbarkeit der von ihr behaupteten Wahrheit mit den Argumenten der philosophischen Kritik als Kriterien anerkennt, und gibt seinem Votum durch Rückgriff auf die christologischen Arbeiten Wolfhart Pannenbergs begriffliche Kontur.

In der christlichen Theologie werden – wie *Helmut Hoping* in seinem Beitrag zeigt – seit einigen Jahren Modelle diskutiert, die das Verhältnis zwischen Israel und der Kirche neu zu bestimmen suchen. Dabei geht es um eine Überwindung des verhängnisvollen Substitutionsmodells, dass das gegenwärtige Judentum zur *quantité negligeable* erklärt. Die konstitutive Verwiesenheit der Kirche auf Israel wird derzeit vor allem mit Hilfe der Annahme eines *einzigen* Bundes in der Bundesbeziehung Gottes beschrieben. Danach ist der *eine* Bund, den Gott mit Israel geschlossen und immer wieder erneuert hat, durch Jesus Christus auch für die Heidenvölker geöffnet worden, die in diesen Bund inkorporiert werden oder an Erwählung Israels teilhaben. Droht dadurch aber nicht die Unterscheidung des ungekündigten Bundes, in dem Israel steht, und der in Christus gestiftete neue Bund eingeebnet zu werden? Alternativ zum Zugehörigkeitsmodell des *einen* Bundes wird von Hoping ein eschatologisches Zugehörigkeitsmodell skizziert, das von zwei heilsgeschichtlichen Grundtypen des Bundes ausgeht und neben der inneren Verbundenheit von Israel und Kirche die geschichtliche Unterschiedenheit zwischen dem ungekündigten Bund, in dem Israel steht, und dem neuen Bund des messianischen Gottesvolkes der Kirche Jesu Christi leitend ist.

Der paulinische Gedanke eines „Sonderweges“ (Franz Mußner), auf dem Ende mit der Parusie Christi ganz Israel gerettet wird, wird in diesem Zugehörigkeitsmodell so aufgenommen werden, dass die universale Heilsrelevanz des Christusereignisses eschatologisch aufrecht erhalten wird.

Auch *Magnus Striet* optiert in seinem Beitrag für eine nicht-antijudaistische Christologie, die mit dem Gedanken ernst macht, dass Jesus der von Gott gesandte Sohn ist, der die Weisungen der Tora in sein Fleisch übersetzt hat. Zugleich hält er dafür, dass die Einzigkeit Jesu nicht ohne trinitarische Verankerung bestimmt werden kann, und berührt die heikle Frage, ob ein Gott, der sich in der Passion seines Sohnes von der Freiheit der Menschen bestimmen lässt, nicht als leidensfähig bezeichnet werden muss. *Compassio* wäre somit ein Gottesattribut, das insofern ein eschatologisches Hoffnungspotential freisetzt, als die am Kreuz deutlich gewordene Liebe am Ende allen zugute kommt. Christologie, welche sich innerhalb der Spannung zwischen der *schon* ergangenen Offenbarung und der *noch nicht* erfolgten Vollendung bewegt, vermag die Gefahr einer triumphalistischen Überblendung der Leidensgeschichte dadurch zu entgehen, dass sie im Warten auf die Vollendung Raum für die offenen Rückfragen lässt, die aus der andauernden Unerlöstheit entspringen. Allerdings schließt der Glaube, dass Jesus der Messias Israels ist, die kaum auszusprechende Hoffnung ein, „nach Auschwitz mit den Juden über Auschwitz hinauszukommen“.

In der neueren Shoah-Theologie gibt es Stimmen, welche die Verbrechen der NS-Täter als unverzeihbar einstufen. Angesichts der Ideologie der Täter, wider besseres Wissen als Opfer erscheinen zu wollen, und angesichts ihrer unbußfertigen Haltung wird für sie die Hölle gefordert. Demgegenüber ist es bemerkenswert, dass der jüngst verstorbene französische Philosoph Jacques Derrida dafür eingetreten ist, die Möglichkeit der Vergebung gerade angesichts des Unvergebbaren offen zu halten. Bei seiner theologischen Auseinandersetzung mit der Frage der Vergebung setzt *Jan-Heiner Tück* beim Motiv der Feindesliebe an. Die Forderung der Bergpredigt ist nicht ein ethischer Appell geblieben, sondern durch Jesus am Kreuz in sein Fleisch übersetzt worden, als er sterbend für seine Henker gebetet hat. Jesus Christus kann daher als Inkarnation der unbedingten Vergebung gedeutet werden. Ob sich von daher die Hoffnung auf eine eschatologische Versöhnung zwischen Opfern und Tätern vertreten lässt, hängt an der Frage, ob die Opfer am Ende die messianische Haltung Jesu übernehmen und in ihren Tätern vergebungsbedürftige Nächste sehen können. Kein anderer als Jean Marie Lustiger hat dieser Hoffnung Ausdruck verliehen, als er notierte:

„Nur von einem Ort kann man auf die Henker blicken: am Kreuz mit Christus. Es gibt keinen anderen Blickwinkel, von dem man aus sie anblicken könnte. Sieht man die Henker mit anderen Augen als mit denen Christi an, wird man seinerseits zum Henker."

Wir danken Stephan Weber, Eva Kaufner-Marx und Clemens Felis für die Erstellung des druckfertigen Manuskripts, den Herausgebern der Reihe *Quaestiones disputatae* für die Aufnahme des Bandes sowie Herrn Dr. Suchla vom Verlag Herder für die gute und reibungslose Zusammenarbeit.

Helmut Hoping — Jan-Heiner Tück

Relative Gotteskrise

Fundamentaltheologische Anmerkungen zur Diskussion um Theologie nach Auschwitz*

von Joachim Valentin, Freiburg i. Br.

„Scham – das Gefühl,
das die Menschheit rettet.“
(Andrej Tarkowskij, Solaris)

Wie bei kaum einer anderen Thematik macht die Frage nach einer Theologie nach Auschwitz deutlich, dass theologische Rede nur schwerlich noch im Duktus des deduzierenden Traktates daherkommen kann. 'Angesichts des Äußersten' droht die theologische Rede zu verstummen, sie zögert und wird gleichzeitig auf die Notwendigkeit zu sprechen gestoßen, von einem bestimmten Ort, mit einer klar umschriebenen Verantwortung kurz: auf die Notwendigkeit des Zeugnisses. In diesem Sinne verstehen sich die folgenden Überlegungen.

I. Was heißt 'Auschwitz'?

Der Schlüsselbegriff 'Auschwitz'[1] ist letztlich nur metonymisch, das heißt nicht im Sinne einer einlinigen Repräsentation oder unmittelbaren historischen Authentizität zu gebrauchen. Er bezeichnet ein ins allgemeine Menschheitsbewusstsein eingegangenes historisches Ereignis und steht damit jenseits von sonst nur *lokal* wirklich durchschlagenden Sinnlosigkeits- und Leiderfahrungen, wie dem Tod eines Kindes, schweren

---

* Dieser Beitrag ist meinen Großeltern und ihren Geschwistern gewidmet, die manches wussten und das Ihre taten.

[1] Die Problematik solcher Kurzcharakterisierungen des eigentlich Unnennbaren ist dem Autor bewusst. Eine detaillierte Begriffsdiskussion sprengt aber unseren Rahmen und wurde bereits an anderer Stelle geleistet: „Das Paradox [...], daß von Auschwitz geredet werden muß, wenn es nicht verschwiegen werden soll, wird durch den Rückzug ins Schweigen keinesfalls gelöst.“ Jan-Heiner TÜCK, *Christologie und Theodizee bei Johann Baptist Metz. Ambivalenz der Neuzeit im Licht der Gottesfrage,* Paderborn ^{2}2001, 225. Tücks anschließende Untersuchung der „semantischen Tiefenstruktur“ der gängigen Begriffe Holocaust, Shoah und Churban sei ausdrücklich der Lektüre empfohlen.

Schicksalsschlägen, Kriegs- oder Terrorerfahrungen. Er scheint darüber hinaus in gewisser Weise einen Paradigmenwechsel nach der durch das Erdbeben von Lissabon 1755 angestoßenen Theodizeediskussion in der Europäischen Philosophie darzustellen.[2]

'Auschwitz' steht konkreter dafür, dass die hemmungslose Entwürdigung, Folter und Ermordung einer unübersehbar großen Zahl von Menschen unter quasiindustriellen Bedingungen in einem 'abendländisch' zivilisierten Land möglich war und – vielleicht noch wichtiger – dass sie von keiner Macht innerhalb oder außerhalb dieses Landes wirksam verhindert wurde[3]. Sich mit den Berichten aus den Lagern zu beschäftigen macht unter anderem deshalb so ratlos und wirkt belastend, ja abstoßend, weil angesichts des hier geschehenen Zivilisationsbruchs[4] keine billige Erklärung oder Vertröstung gefunden wird, mit der man sich beruhigt wieder seinem Alltag zuwenden kann.[5] Nicht nur für Johann Baptist Metz signalisiert Auschwitz darüber hinaus aber auch „einen Schrecken, der jede vertraute ontologische und metaphysische Sicherung der christlichen Rede“ durchbrach.[6]

Das Bedrängende, das von Auschwitz ausgeht, wurzelt für den philosophischen Betrachter aber auch in der Tatsache, dass in der Nazizeit eben jene Situation für ein ganzes Volk, ja für beinahe ganz Europa eingetreten war[7], die Immanuel Kant in seiner *Kritik der praktischen*

---

[2] Vgl. Regina AMMICHT-QUINN, *Von Lissabon bis Auschwitz. Zum Paradigmawechsel in der Theodizeefrage,* (Studien zur theologischen Ethik 43), Freiburg i. Ue./ i. Br. 1992.

[3] Die ganze, historisch höchstens noch mit der *Conquista* vergleichbare Dimension dieses Geschehens innerhalb des Horizonts eines 'christlichen Abendlandes' skizziert Gregor TAXACHER, *Fanal und Geschichte. Plädoyer für eine 'Globalisierung' der Theologie nach Auschwitz,* in: Björn KRONDORFER – Katharina von KELLENBACH – Norbert RECK (Hg.), *Von Gott reden im Land der Täter,* Darmstadt 2001, 68–94.

[4] Dan DINER (Hg.), *Zivilisationsbruch. Denken nach Auschwitz,* Frankfurt a. M. 1988.

[5] Vielleicht liegt hier auch der eigentliche Grund, warum die Propagierung der sogenannten Auschwitz-Lüge unter Strafe gestellt werden muss: Birgt sie doch das verführerische Angebot, sich mit der Vorstellung, das ungeheuerliche Geschehen sei 'nur' erlogen, zur Ruhe zu setzen.

[6] Johann Baptist METZ, *Unterwegs zu einer Christologie nach Auschwitz,* in: StZ 126 (2001), 755–760, 755. Andererseits scheint zumindest für die gegenwärtige Theologie schon wieder unpassend, was Hans Waldenfels 1996 schrieb: „Um so mehr kann man daher heute den Eindruck gewinnen, daß die langen Schatten von Auschwitz die Theologie in unserem Land einholen.“ Hans WALDENFELS, *Im Schatten von Auschwitz: Theologie heute*, in: Lebendiges Zeugnis 51 (1996) 5–15, 6.

[7] Anders als in der einschlägigen Literatur entwickelt – vgl. stellvertretend: Benjamin TAUBALD, *Anamnetische Vernunft. Untersuchungen zu einem Begriff der neuen Politischen Theologie,* Münster 2001.

Vernunft als Erweis der Möglichkeit sittlicher Freiheit und zugleich als Situation der äußersten Bewährung für die Würde menschlicher Existenz beschrieben hatte. Gemeint ist die von Kant zur Illustration des Kategorischen Imperativs herangezogene Situation, in der sittlich gutes Reden und Handeln unmittelbar mit dem Tode bedroht wird:

> „Fragt ihn aber, ob, wenn sein Fürst ihm, unter Androhung derselben unverzögerten Todesstrafe, zumuthete, ein falsches Zeugnis wider einen ehrlichen Mann, den er gerne unter scheinbaren Vorwänden verderben möchte, [!] abzulegen, ob er da, so groß auch seine Liebe zum Leben sein mag, sie wohl zu überwinden für möglich halte. Ob er es thun würde oder nicht, wird er vielleicht sich nicht getrauen zu versichern; daß es ihm aber möglich sei, muß er ohne Bedenken einräumen. Er urtheilet also, daß er etwas kann, darum, weil ihm bewußt ist, daß er es soll, und erkennet in sich die Freiheit, die ihm sonst ohne das moralische Gesetz unbekannt geblieben wäre."[8]

Kant unterscheidet klar zwischen Möglichkeit und Wirklichkeit und gewiss ergibt sich aus einer Steigerung der Quantität nichts für die Qualität. Gleichwohl ist nach dem tausendfachen ethischen Versagen, für das Auschwitz steht, die Geltung des Sittengesetzes und die Existenz menschlicher Freiheit in die Krise geraten; und hängen nicht die beiden anderen Postulate der praktischen Vernunft – die Existenz einer unsterblichen Seele und Gottes mit dem Postulat menschlicher Freiheit eng zusammen? Liegt nicht in dieser Tatsache einer allgegenwärtigen und unmittelbaren Todesfolge für sittlich gutes Handeln auch die eigentliche Einmaligkeit von Auschwitz begründet?

Auch und gerade die sowjetischen Säuberungsaktionen sind in diesem Punkte zwar vergleichbar, aber nicht identisch, weil – Slavoj Zizek hat darauf hingewiesen[9] – *hier* willkürlich (psychotisch) und nicht streng nach einem System (neurotisch) wie in Hitlerdeutschland gemordet wurde, wo der eigene Tod als vorhersehbare Tatfolge eintrat.[10] Die

---

[8] Immanuel KANT, *Kritik der praktischen Vernunft*, in: DERS., *Werke in sechs Bänden*, hg. von Wilhelm Weischedel, Darmstadt 1983ff., IV, 140.

[9] Slavoj ZIZEK, *Die stalinistische Perversion*, in: DERS., *Liebe deinen Nächsten? Nein, danke!*, Berlin 1999, 98–104.

[10] Mir geht es hier im Wesentlichen und auch aus biographischen Gründen um die Situation der deutschen Täter. Tzvetan TODOROV, diskutiert in seiner Studie *Angesichts des Äußersten* (München 1993) eine ähnlichen Frage. Er fragt angesichts der nahezu vollkommenen und gezielt herbeigeführten Entpersönlichung der Opfer (ebd. 196–218) nach einem „Platz für die Moral" in den Lagern (ebd. 37–50) und findet eine Vielzahl von Zeugnissen sowohl für das völlige Enden jeder Moral als auch dagegen und kommt schließlich in großer Nähe zu Kant zu dem Ergebnis: „Die volkstümliche Version der Hobbesschen Lehre [vom Krieg aller gegen alle] ist also falsch." Die heute in Frankreich lebende Regisseurin Marceline Loridon-Ivens formuliert gar in einem Interview

Singularität des nationalsozialistischen Mordens soll damit weder bestätigt noch geleugnet werden. Vielmehr geht es mir um die spezifische Andersheit der Situation für ein verantwortlich handelndes Ich, wenn es mit Folter und Tod in Deutschland als 'vorhersehbare' Folge eigener Taten, in der Sowjetunion jedoch als das Ergebnis oftmals willkürlicher und damit weitaus weniger vorhersehbarer Säuberungsaktionen 'rechnen' musste. In dieser vielleicht äußersten immanenten Gerichts-Situation haben sich Wenige bewährt, eine Mehrheit ist jedoch an diesem hohen Anspruch gescheitert.[11]

Im Rahmen einer nach 1945 erst mit einiger Verzögerung in Gang gekommenen theologischen Reflexion in den USA und Deutschland ist mit einer gewissen Konsequenz gefolgert worden, Gott selbst sei in Auschwitz 'gestorben'.[12] Als *theologische* Krise erscheint Auschwitz aber nicht so sehr im Kontext der Theodizeefrage, sondern weil eine Mehrheit von Gläubigen der christlichen Kirchen die *historisch unabweisbar gegebene* Möglichkeit einer glaubwürdigen Zeugenschaft angesichts dieses unmenschlichen Leidens in viel zu geringem Maße genutzt und damit einen *kairos*, eine unbedingt einfordernde Gelegenheit, ja Verpflichtung des Mitleidens und des Widerstandes, die so niemals wiederkehren wird, verspielt hat.[13] Andere, vor allem deutsche

---

zu ihrem Film BIRKENAU UND ROSENFELD (Frankreich-Deutschland-Polen 2002): „Ich bin in meinem Leben nie wieder so geliebt worden wie von meinen Kameradinnen in Auschwitz, die ich verloren habe.“ (Kulturzeit, 3sat 19.04.2004.)

[11] Damit ist die Sachlage freilich leider auch nicht umfassend beschrieben. Es kann auch immer weniger ausgeschlossen werden, dass eine bedeutende Zahl von Deutschen genau die geschehenen Verbrechen wollte, unterstützte und nicht 'Opposition' war. Die neueren historiographischen Befunde, aber auch z. B. die Tagebücher Victor Klemperers weisen immer deutlicher in diese Richtung. Vgl. zu diesem Thema neuerdings instruktiv: Jan Philipp REEMTSMA: *Wie hätte ich mich verhalten?*, München 2001. Für diesen und andere wertvolle Hinweise danke ich Norbert Reck.

[12] Diese von Elie WIESEL erstmals provokativ in den Raum gestellte These wurde unter anderem von Richard L. RUBENSTEIN (s.u.), von Jonathan WEBBER (*Jewish Identities in the New Europe*. London 1994), Georges-Arthur GOLDSCHMIDT (*In Gegenwart des abwesenden Gottes*, Zürich 2003) und – eingeschränkt – von Dorothee SÖLLE und den Vertretern der US-amerikanischen Tod-Gottes-Theologie Thomas J.J. ALTIZER und Marc C. TAYLOR übernommen.

[13] Prägnant hat dies Emmanuel Levinas, der es ansonsten weitgehend vermied, über die Shoah zu sprechen, als Anfrage an das Christentum schon vor dem Hintergrund der Inquisition und der Kreuzzüge, aber auch der Shoah formuliert: „Das christliche Europa hat es nicht vermocht, die Welt zu verändern. Nicht durch das, was die Christen als Christen gemacht haben. Vor allem hat das Christentum sie als Menschen nicht von dem zurückgehalten, was sie taten.“ Emmanuel LEVINAS, *Judentum und Christentum*, in: Gotthard FUCHS – Hans Hermann HENRIX (Hg.), *Zeitgewinn. Messianisches Denken nach Franz Rosenzweig*, Frankfurt a. M. 1987, 164f.

Theologen der 'zweiten Generation' „gaben es nicht auf, nach religiöser Bedeutung in den Kämpfen leidender Menschen zu suchen“[14] – aber hätte nicht vielmehr auf die ethische Situation der Täter, Mittäter und Nichttäter reflektiert werden müssen?

Hier soll einerseits die These vertreten werden, dass die Krise des theologischen Denkens,[15] die Auschwitz ausgelöst hat, kaum unterschätzt werden kann und bis heute im wissenschaftlichen Diskurs nachwirkt, während trotz vielfältiger teilweise institutionalisierter Gedenkveranstaltungen die bereits in den sechziger Jahren konstatierte 'Unfähigkeit zu trauern'[16] lebensweltlich kaum überwunden werden konnte. Wie wäre das aber auch möglich, wenn die theologische Rede von einer absoluten Gotteskrise in Auschwitz eben jenen geschützten Raum zerstörte, den das Postulat einer von Gott garantierten sinnhaften Existenz bereitstellt. Vor dem Hintergrund einer Aufrechterhaltung der Unterscheidung zwischen Transzendenz und Immanenz[17] kann aber nicht von einer *absoluten*, sondern nur von einer *relativen* Gotteskrise geredet und so eine Erschütterung der Theologie als historischer Rede, nicht aber Gottes selbst konstatiert werden. Die Shoah ist zuerst ein *historisches* Fanal der Schwäche des Menschen und insofern der mehrdimensionale Bruch des neuzeitlichen Fortschrittsoptimismus; sie könnte höchstens in *dem* vorläufigen Sinne eine Anklage an Gott sein, dass er den Menschen zwar mit Freiheit ausgestattet hat, anscheinend aber nicht mit hinreichender Kraft, diese Freiheit auch im Sinne des Sittengesetzes zu nutzen.

Somit dürfte 'Auschwitz' nicht als quasimetaphysische Größe gebraucht werden und erscheint neu und greifbarer als ein für die ideengeschichtliche Situation des Abendlandes in noch zu geringem Maße erfasster schwarzer Block, als eine niemals in ihrer ganzen Abgründigkeit zu erhellende Untat gigantischen Ausmaßes und eine Aufgipfelung weder umfassend beschreib- noch rekonstruierbaren menschlichen

---

[14] Sarah PINNOCK, *Die Theologie der zweiten Generation in Auschwitz. Eine kritische Analyse*, in: KELLENBACH – KRONDORFER – RECK, *Von Gott reden*, 95–109, 100.

[15] Johann Baptist METZ hat unsere Gegenwart zu Recht unter das Diktum der Gotteskrise gestellt (*Gotteskrise. Versuch zur 'geistigen Situation der Zeit'*, in: DERS., *Diagnosen zur Zeit,* Düsseldorf 1994, 76–92), ist jedoch nicht selten im Sinne einer *Krise Gottes selbst* missverstanden worden. Zum Phänomen der Krise als Thema der Theologie vgl. Rolf RENDTORFF – Ekkehard STEGEMANN (Hg.), *Auschwitz. Krise der christlichen Theologie. Eine Vortragsreihe,* München 1980, die individualistische Verkürzung des Artikels *Krise* im LThK[3] kann hier nur kritisch vermerkt werden.

[16] Alexander u. Margarete MITSCHERLICH, *Die Unfähigkeit zu trauern. Grundlagen kollektiven Verhaltens,* München 1967.

[17] Niklas LUHMANN, *Die Religion der Gesellschaft,* Frankfurt a. M. 2000.

Leides[18]. Aber Auschwitz ist vor allem Auslöser einer Vertrauenskrise des deutschen und vielleicht auch des europäischen Menschen in *sich selbst*, seinen *Mitmenschen* und einen *Gott*, nach dessen Allmacht und Güte nun in neuer Weise gefragt werden muss. Gleichwohl kann die Frage, ob Auschwitz, so betrachtet, *metaphysische* Dimensionen entwickelt hat, also im strengen Sinne die Bezeichnung „Negatives Absolutes“[19] verdient, gerade nicht einfach mit Ja beantwortet werden.

Gleichwohl stimme ich Gregor Taxacher[20] zu, dass die ideengeschichtlichen Paradigmen der Postmoderne oder Posthistoire wesentliche Wurzeln in den Vernichtungslagern haben, insofern hier die Möglichkeit eines *geschichtsphilosophisch* gegründeten Sinns ihre Plausibilität verloren hat. Die sogenannte Postmoderne versteht sich bei Autoren wie Emmanuel Levinas, Jean-François Lyotard und Jacques Derrida ja tatsächlich als kritische Rekonstruktion der Aufklärung angesichts der historisch geschehenen industriellen Vernichtung nicht nur von Menschenleben, sondern auch ihres individuellen Gedenkens. Das ideengeschichtliche Phänomen der sogenannten Postmoderne darf also als Mahnung verstanden werden, dass jene Erschütterung auch heute nur um den Preis des Anachronismus übersprungen werden kann.[21]

---

18 Damit soll natürlich keineswegs die *Notwendigkeit* geleugnet werden, alles mit den verschiedenen Mitteln der Historiographie Mögliche zu tun, um auch den letzten Winkel des Phänomens auszuleuchten. Gemeint ist vielmehr, dass es sich hierbei – und zumal bei der Rezeption solcher Arbeiten für das einzelne Individuum – um eine im Wortsinne unendliche Aufgabe handelt.

19 Sigrid LANGE, *Authentisches Medium. Faschismus und Holocaust in ästhetischen Darstellungen der Gegenwart,* Bielefeld 1999, 136.

20 Vgl. TAXACHER, *Fanal und Geschichte.*

21 In einer Paraphrase fasst Didier Pollefeyt Emil L. FACKENHEIMs Analyse (*To Mend the World. Foundations of Future Jewish Thought,* New York 1982) so zusammen: „Auschwitz bedeutet den vollständigen und unumkehrbaren Zusammenbruch der spirituellen Hegemonie des modernen, totalisierenden Rationalismus. Deshalb wählt das postmoderne Empfinden den Rückzug in eine Privatreligion, in der der reale Kontakt mit der Geschichte verloren gegangen ist. Der Zusammenbruch des modernen Denkens im Lichte von Auschwitz hat den postmodernen Menschen zu einer Flucht aus der obskuren, fragmentierten und kontaminierten (historischen, sozialen und politischen) Wirklichkeit gezwungen, in der Hoffnung, Einheit und Reinheit in sich selbst retten zu können.“ (Didier POLLEFEYT, *Emil L. Fackenheim – Athen und Jerusalem in Auschwitz,* in: Joachim VALENTIN – Saskia WENDEL (Hg.), *Jüdische Traditionen in der Philosophie des 20. Jahrhunderts,* Darmstadt 2000, 196–213, 203.)

Theologie ist menschliche Rede von Gott. Sie ist also – bewusst oder unbewusst – geprägt von dem Kontext, in dem sie entsteht. Sie ist an die historischen Bedingungen ihres Entstehens gekettet und behauptet doch auch, von dem zu handeln, was gerade nicht historisch, kontingent, sondern ewig oder besser: *unbedingt* sein soll. Genau diese Spannung zwischen Überzeitlichkeit des Sujets, seiner textuellen Manifestation und der Historizität des Denkenden ist eines der zentralen Diskussionsfelder in unserem Kontext. Nicht selten wurde sie in vergangenen Diskussionen einseitig aufgelöst: Immer wieder hört man etwa, Auschwitz sei das Ende des Idealismus oder idealistischer Theologien.[22] Ja selbst Theologie als *christliche* Theologie wird für unmöglich erklärt.

Dabei scheint doch die Möglichkeit eines Gottesglaubens nach der Shoah wesentlich daran zu hängen, genau *diese* Relation so weit wie möglich zu klären und im Dialog mit der Tradition einen Gottesbegriff zu formulieren, der hinreichend absolut ist, um dem Menschen widerständiges Handeln auch unter Bedrohung des eigenen Lebens zu ermöglichen – genau das also, was, weil es ausgeblieben ist, das entscheidende Skandalon des christlichen Glaubens und der meisten seiner Anhänger zur Nazizeit gewesen zu sein scheint.[23] Genau dazu scheint mir aber gerade die Aufrechterhaltung der Absolutheit des Gottesbegriffs in einem durchaus 'idealistischen' Sinne sowie eine dezidiert *christologische* Reflexion unbedingt notwendig zu sein. Damit wird weder der Versuch unternommen, Auschwitz rückhaltlos zu *verstehen,*[24] noch wird die Relation eines traditionell als gütig, allwissend und allmächtig gedachten Gottes zur Geschichte im Sinne einer endgültigen Klärung der sogenannten Theodizeefrage festgelegt. Selbstverständlich muss dabei der Triumphalismus einer Christologie vermieden werden,[25] die – verbunden mit einer ebensolchen Ekklesiologie – einem sich zum Antisemitismus auswachsenden christlichen Antijudaismus als Speerspitze dienen konnte

---

[22] Johann Baptist METZ, *Glaube in Geschichte und Gesellschaft. Studien zu einer praktischen Fundamentaltheologie,* Mainz [5]1992 (1977).

[23] Die Entwicklung einer Kreuzestheologie in der Zeit nach dem Zweiten Vatikanischen Konzil etwa durch Hans-Urs von Balthasar oder Hansjürgen Verweyen, die zumindest für den Katholizismus ein Novum darstellte, darf bereits als eine weitreichende Konsequenz in diesem Sinne verstanden werden.

[24] Denn es gilt vermutlich tatsächlich: „Alles verstehen hieße alles verzeihen“. So ist eine Arbeit von Markus ROENTGEN, übertitelt (*Prolegomena zu Anlaß und Unmöglichkeit von theologischen Reflexionen nach Auschwitz,* Bonn 1991).

[25] John T. PAWLIKOWSKI, *Christ in the Light of the Christian-Jewish Dialogue, Ramsey,* New Jersey 1982.

und nach wie vor droht, Auschwitz als religiös und theologisch irrelevantes Ereignis still zu stellen.

Schließlich muss die christliche Tradition nicht nur in ihrer Verantwortung für den *Antijudaismus* erkannt werden, sondern auch als Stichwortgeberin für die *pagan-messianische Apokalyptik, die Rede vom 1000-jährigen Reich*, die in ihrer universalistisch-heilsgeschichtlichen Interpretation als ein weiterer ideengeschichtlicher Hintergrund für die totalitären Unterdrückungs- und Tötungsexzesse der Moderne gelten kann. Bezugnehmend auf das Ethik-Apriori Levinas', scheint mir – ohne das hier weiter ausführen zu können[26] – schließlich die mit dem Titel 'Auschwitz' benannte ethische Situation als Gerichtssituation im Sinne einer präsentischen Eschatologie begriffen werden zu müssen. Damit könnte in der Tradition Walter Benjamins die eschatologische Dimension jenes Widerstandes[27] aufscheinen, der die Möglichkeit eines Erhalts der menschlichen Würde sowie ein „Nicht Umsonst" des Tuns des Einzelnen vor dem Horizont eines auch mit Immanuel Kant zu postulierenden endgültigen Gerichts dokumentiert.[28]

Richard L. Rubenstein, der aus der Tatsache der Judenvernichtung den endgültigen Tod Gottes gefolgert hat,[29] bezeichnet den Nationalsozialismus *insgesamt* als eine jüdisch-christliche Häresie. Genau diese Auffassung kann jedoch im Namen historisch möglichst exakter Beobachtung nicht bestätigt werden. Neuere Untersuchungen zur neuheidnischen Religiosität haben gezeigt, dass *die Religion Hitlers*[30] zwar Elemente des

[26] Den eschatologischen Ertrag der messianischen Reflexionen Emmanuel Levinas' habe ich unter dem Titel *Eschatologie als dezidierter Messianismus?* im dritten Teil meiner Habilitationsschrift *Zwischen Fiktionalität und Kritik. Die Aktualität apokalyptischer Motive als Herausforderung theologischer Hermeneutik* (Freiburg 2005) zu entwickeln versucht.

[27] Erneut sind hier die Reflexionen Emil L. Fackenheims zu nennen, der darauf hinweist, dass das Leben nicht vollständig durch die Shoah gelähmt wurde: Widerstand bedeutet die „Weigerung, von der eigenen Alterität entäußert zu werden und zugleich die fundamentale Abkehr vom tödlichen Spiel, das mich zwingt den anderen zu einem Exponat eines anonymen Systems zu degradieren." (POLLEFEYT, *Emil L. Fackenheim*, 205.)

[28] Vgl. im Anschluss an Levinas: Peter J. HAAS, *Morality after Auschwitz. The Radical Challenge of the Nazi Ethic*, Philadelphia 1988 sowie (u. a.) Leonard GROB, *Emmanuel Levinas and the Primacy of ethics in Post-Holocaust Philosophy*, in: John K. ROTH (Hg.), *Ethics after Holocaust. Perspectives, Critiques, and Responses*, St. Paul/Minnesota 1999, 1–48.

[29] Richard L. RUBENSTEIN, *After Auschwitz. Radical Theology and Contemporary Judaism*, New York 1966.

[30] Vgl. u. a. die neueren Arbeiten von Steven T. KATZ (*Kontinuität und Diskontinuität zwischen christlichem und nationalsozialistischem Antisemitismus*, Tübingen 2001), Claus-Ekkehard BÄRSCH (*Die politische Religion des Nationalsozialismus. Die reli-*

christlichen Glaubens aufgenommen und modifiziert hat, dass sie sich jedoch nicht als Ganze einem jüdisch christlichen Ursprung verdankt. Sicher muss der Nationalsozialismus als Ausgeburt der Moderne und damit in gewisser Weise auch des 'christlichen Abendlandes' verstanden werden. Man würde die Vielfalt der religiösen Landschaft Mitteleuropas jedoch unterschätzen, wollte man diesen nach den Eruptionen der Industrialisierungsschübe des 19. Jahrhunderts und der Erschütterung durch die Feuerbachsche und Nietzscheanische Religionskritik noch als einheitlich christlich bezeichnen wollen. Noch weniger ist aber einer Position zuzustimmen, die bereits in der Essenz des christlichen Glaubens selbst Judenfeindschaft wittert. Hitler selbst kann hier als Zeuge zitiert werden, von dem der Satz überliefert ist: „Wir haben eben überhaupt das Unglück, eine falsche Religion zu besitzen. Warum haben wir nicht die der Japaner, die das Opfer für das Vaterland als das höchste ansieht? Auch die mohammedanische Religion wäre für uns viel geeigneter als ausgerechnet das Christentum mit seiner schlappen Duldsamkeit."[31] Rubensteins frühe Tod-Gottes-Theologie stellt eine so nachvollziehbare wie erschütternde Konsequenz aus der Konfrontation mit den Ereignissen dar. *Zwingend* könnte sie aber nur genannt werden, wenn sich nach Auschwitz nur noch ein ungerechter, das Leid der Opfer missachtender Gott denken ließe.

Emil L. Fackenheim hat vor einem ähnlichen Hintergrund andere, nicht nur biographisch, sondern auch (theo)logisch mindestens ebenso plausible Schlussfolgerungen aus dem Phänomen Auschwitz gezogen: Auch er hält die Rekonstruktion, ja den persönlichen Nachvollzug der Ereignisse in Auschwitz für unumgänglich, die immer droht, in einen

---

giöse Dimension der NS-Ideologie in den Schriften von Dietrich Eckart, Joseph Goebbels, Alfred Rosenberg und Adolf Hitler, München ²2001), Rüdiger SÜNNER (*Schwarze Sonne. Entfesselung und Mißbrauch der Mythen in Nationalsozialismus und rechter Esoterik,* Freiburg-Basel-Wien 1999) und Michael LEY (*Der Nationalsozialismus als politische Religion,* Bodenheim bei Mainz 1997). Der überaus bedeutsame Text Dabru Emet (Redet Wahrheit) vom 10.9.2000, unterschrieben von inzwischen ca. 300 amerikanischen jüdischen Gelehrten, bemerkt ausdrücklich „Ohne die lange Geschichte christlichen Antijudaismus und christlicher Gewalt gegen Juden hätte die nationalsozialistische Ideologie jedoch keinen Bestand finden und nicht verwirklicht werden können. Zu viele Christen waren an den Grausamkeiten der Nazis gegen die Juden beteiligt oder billigten sie. Andere Christen wiederum protestierten nicht genügend gegen diese Grausamkeiten. [...] Dennoch war der Nationalsozialismus selbst kein zwangsläufiges Produkt des Christentums." Vgl. zur Entstehung und Interpretation dieses Dokument neuerdings: Rainer KAMPLING – Michael WEINRICH (Hg.), *Dabru emet – redet Wahrheit. Eine jüdische Herausforderung zum Dialog mit den Christen,* Gütersloh 2003.

[31] TODOROV, *Angesichts des Äußersten*, 200.

grundstürzenden Konflikt, in Wahnsinn, ja in den Tod selbst zu führen. „Ein Jude von heute ist gezwungen, dem Weg zu folgen, der seine Brüder nach Auschwitz führte. [...] Ihn wieder zu begehen bedeutet, den Tod zu durchleben. Wie diesen Tod erleiden und auch jüdisches Leben wählen, das wie alles Leben Freude, Lachen und kindliche Unschuld in sich schließen muß?“[32] Fackenheim kommt zu dem Ergebnis, diese Spannung im Sinne eines Kantschen Postulates und des jüdischen Toragehorsams auszuhalten, anstatt sie einseitig zu Gunsten des Nihilismus oder des Heidentums zu entscheiden wie Rubenstein[33]: „Der Jude nach Auschwitz ist ein Zeuge für das Ausharren. Er ist durch Widersprüche ausgesondert, die in der Welt nach dem Holocaust weltweite Widersprüche geworden sind. Er bezeugt, daß wir ohne Ausharren alle zugrundegehen werden. Er bezeugt, daß wir ausharren *können*, weil wir ausharren *müssen*, und daß wir ausharren müssen, weil es uns geboten ist.“[34]

Vermutlich kann kein Mensch Auschwitz im eigentlichen Sinne verstehen oder im Sinne eines umfassend gedachten Erinnerungsprozesses als Ganzes einholen, ohne über der Absurdität und dem unendlichen Schrecken, den jede nähere Beschäftigung mit den Ereignissen verbreitet, den Verstand zu verlieren. Das heißt jedoch nicht, dass nicht eine Theologie nach Auschwitz und *gerade sie* sich höchstmöglicher historischer und philosophischer Exaktheit und religionskritischer Schärfe befleißigen muss. Im Folgenden sollen deshalb weitere im weiteren Sinne theologische Lösungsansätze in aller Kürze skizziert und auf ihre Schlüssigkeit geprüft werden.

---

[32] Emil L. FACKENHEIM, *Die gebietende Stimme von Auschwitz*, in: Michael BROCKE – Herbert JOCHUM, *Wolkensäule und Feuerschein. Jüdische Theologie des Holocaust*, Gütersloh 1993, 73–110, 102.

[33] „Ich bin Heide. Heide zu sein bedeutet [...] wieder zu erkennen, daß die wahren Gottheiten der Menschheit die Götter der Erde sind, nicht die Hochgötter des Himmels [...]; die Götter von Heim und Herd, nicht die der Wanderschaft [...]. Obwohl die Theologen des jüdischen Establishments ausnahmslos diese Haltung verwerfen, hat das jüdische Volk doch seine Zustimmung gegeben, und zwar mit den Füßen. Es ist heimgekehrt. Der beste Teil des Volkes hat aufgehört, Wanderer zu sein. Es hat nun wieder eine ihm gehörende Bleibe auf Erden gefunden. Das ist Heidentum.“ Rubenstein beschreibt hier beinahe gegen seine eigene Intention ein Ende der spezifisch jüdischen Religion, das tatsächlich in der Ablösung des *Exils* durch *Nation* und *Heimkehr* als bestimmende Paradigmen jüdischer Theologien droht. Richard L. RUBENSTEIN, *Der Tod Gottes*, in: BROCKE – JOCHUM, *Wolkensäule und Feuerschein*, 111–125, 124.

[34] FACKENHEIM, *Die gebietende Stimme von Auschwitz*, 107.

III. *Mögliche Bestimmungsversuche der Relation zwischen 'absolutem Gott' und 'radikalem Bösen'*

1. Antwortversuche orthodoxer 'Holocaust-Theologie'

Neben stärker philosophisch geprägten Antwortversuchen wie denen Rubensteins und Fackenheims müssen auch traditionelle jüdische Antworten auf die Frage nach Auschwitz und der Theodizee[35] in den Blick kommen. Sie verhandeln das Thema meist im Kontext des *zidduk ha din*, einer Rechtfertigung des Richtspruches (Gottes) oder – in christlicher Diktion – der Theodizeefrage:

(A) Eine starke und breit vertretene Position beruft sich auf die Unterwerfung Hiobs unter die unendliche Weisheit Gottes, die von einem Menschen nicht überschaut werden könne.

(B) Eine andere Position, die wertvolle Anstöße auch für christliche Theologie enthält, lautet: „Frage nicht, wo Gott war, denn Du kannst seine Wege nicht begreifen, frage lieber 'Wo war der Mensch?'"[36] Dieser hatte als freier die Wahl zwischen Gut und Böse und hat das Böse gewählt. Damit ist einerseits wie eingangs skizziert für eine christliche Theologie der Täter die menschliche Zeugenschaft als wesentlicher Ort der Frage nach Gott benannt. In der jüdischen 'Holocaust Theologie' hängt mit diesem Komplex allerdings oftmals zwar nicht *logisch notwendig*, aber doch *faktisch* die Vorstellung zusammen, dass diejenigen, die das Gute gewählt hätten – also eine Vielzahl der Opfer, deren Mehrheit strenggläubige orthodoxe Juden Osteuropas waren – auch gerettet würden (vgl. Hiob). Sie führt damit aber nicht in eine Klärung, sondern in eine Zuspitzung der Theodizeefrage: Nicht nur, dass Gott das Foltern und Morden an so vielen Unschuldigen zugelassen hat, er hat es sogar auf die wahrhaft Gläubigen konzentriert. Eine Tatsache, die beinahe schon notwendig die Deutung aufruft, alle ermordeten Gerechten seien zur Ehrung des Namens Gottes *(kiddush ha Shem)* als *Keddushim*, als Märtyrer, gestorben.[37] Dieser Ausweg aber wird durch das Faktum, dass die Juden – anders als im Mittelalter – nicht aufgrund ihre Glaubens,

---

[35] Ausführliche Darstellungen der sog. Holocausttheologie finden sich in: BRÖCKE – JOCHUM, *Wolkensäule und Feuerschein* und Christoph MÜNZ, *Der Welt ein Gedächtnis geben. Geschichtstheologisches Denken im Judentum nach Auschwitz*, Gütersloh 1995. Eine übersichtliche Zusammenfassung bietet Clemens THOMA, *Jüdische Versuche Auschwitz zu deuten*, in: IKaZ 24 (1995), 249–258.

[36] Jehuda BAUER, *Die dunkle Seite der Geschichte. Die Shoah in historischer Sicht. Interpretationen und Re-Interpretationen*, Frankfurt 2001, 230–259, 230.

[37] Diese Position vertritt auch Emil L. FACKENHEIM. Vgl. u. a. *The Jewish Bible after the Holocaust. A Re-Reading*, Manchester 1990.

sondern wegen ihrer „Rasse“ ermordet wurden, konterkariert. Den assimilierten Opfern sowie den ermordeten Nichtjuden bleibt so nur die Rolle beiläufiger Opfer.[38]

Emil L. Fackenheim hat diese Schieflage zwischen Geschichtstheologie und Historie prägnant formuliert: Kein Einziger starb, weil er den göttlichen Bund nicht eingehalten hatte, sie starben, wegen des jüdischen Glaubens ihrer Urgroßeltern (und deren daraus folgender Identifikation als Juden durch die Nazis). Kann es ein Martyrium geben, wenn es keine Wahl gibt? „Auschwitz war der äußerste, der teuflischste Versuch, der jemals unternommen wurde, das Martyrium selbst zu morden, und falls das mißlänge, allen Tod, einschließlich des Martyriums, seiner Würde zu berauben.“[39] Und Fackenheim, der zuvor noch in Erwägung gezogen hatte, Auschwitz lege die Konversion zum Christentum nahe, da hier Gott nicht als thronender König, sondern als tatsächlich machtloser Gott, der sich bis ins Letzte erniedrigte, vorgestellt werde, fährt fort: „Was sind die Leiden am Kreuz verglichen mit denen einer Mutter, deren Kind unter lautem Lachen und den Klängen eines Wiener Walzers hingeschlachtet wird? [...] ob in Auschwitz nicht doch das Grab den Sieg davon getragen, oder schlimmer noch, der Teufel selbst gesiegt hat?“[40]

(C) Eine andere Position entwickelt – gestützt auf die lurianische Kabbala – die Lehre vom *Zimzum*, also vom Rückzug Gottes beim Akt der Schöpfung in einem Sinne, der letztlich deistisch genannt werden muss: Gott hat sich so sehr von der Welt zurückgezogen, hat sein Antlitz verborgen *(hester panim)*, dass seine Existenz hier auf Erden keine Rolle mehr spielt.[41] Das Geschick der Welt ist einzig von der Freiheit des Menschen bestimmt. Eine Position, die – folgt man der Logik orthodoxer jüdischer Theologie – mit dem Auserwähltheitsgedanken, aber auch mit der Vorstellung einer von Gott kontrollierten Gesetzesobservanz („Gott als Herr der Geschichte“) kaum zu vereinbaren ist.[42] Jehuda Bauer kommentiert treffend aus der Distanz: „Ein abwesender Gott ist im Grunde ein herzloser Gott, ein Gott, der sich nicht mehr für die Menschen interessiert und daher nicht mehr relevant ist. Dennoch ist er

---

[38] Vgl. FACKENHEIM, *Die gebietende Stimme von Auschwitz*, 81.

[39] Ebd. 83.

[40] Ebd. 84.

[41] Vgl. u. a.: Elieser BERKOVITS, *Faith after the Holocaust*, New York 1973, Normann LAMM, *The Face of God*, New York 1986.

[42] Zur jüngeren Kritik an einer nationalistischen Instrumentalisierung des Auserwähltheitsgedanken aus der Perspektive jüdischen Denkens vgl. u. a.: Emmanuel LEVINAS, *Jenseits des Buchstabens I. Talmud Lesungen*, Frankfurt 1996. Hier v. a. die Zweite Lektion *Asylstädte* (ebd. 51–78) sowie Jacques DERRIDA, *Das Wort vom Empfang*, in: DERS., *Adieu. Nachruf auf Emmanuel Levinas*, München 1998, 31–170.

noch immer allmächtig. Er könnte eingreifen [...] seine Verantwortung ist deshalb in keiner Weise geringer."[43] Konsequent haben nicht wenige Auschwitz-Opfer der ersten und zweiten Generation ihren Glauben an Gott ganz aufgegeben[44] – eine Entscheidung, die es zu akzeptieren gilt.

(D) Die im orthodoxen Judentum wohl am weitesten verbreitete Deutungsversion ist die, die bereits 1942 vom Oberrabbiner von Palästina, Yitzchak Herzog vertreten wurde, nämlich die alte bereits biblische Hypothese von der *Bestrafung des Volkes für seine Sünden* durch Fremdherrscher, die der universal mächtig und gerecht gedachte Gott als Instrumente seiner Strafe einsetzt. Das impliziert, dass das Strafmaß proportional zur Größe des Vergehens zu verstehen ist, dass also die Sündhaftigkeit des jüdischen Volkes über die Maßen groß geworden sein muss. Will man jedoch als Ursache für die Bestrafung in orthodoxer Manier die Reform und Assimilationsbestrebungen des westeuropäischen Judentums vor der Naziherrschaft oder den Zionismus heranziehen, so gerät man wieder in die Schwierigkeit der Unproportionalität der Opfer – es waren vor allem fromme osteuropäische Juden, die der Vernichtung anheim fielen.

Jehuda Bauer, dezidiert nicht gläubiger Jude, zieht am Ende seiner Darstellung das Fazit, „[a]us nichtorthodoxer und erst recht aus nichtreligiöser Sicht scheint die Theologie noch keine Antworten auf die Shoah gefunden zu haben."[45] Das Problem einer Million ermordeter Kinder birgt für ihn die größte Frage an die zuletzt skizzierte Theologie, denn sie können nicht schuldig gewesen sein, und die Vorstellung, an ihnen würde die Sünde ihrer Eltern und Großeltern gesühnt, ist zynisch. Es muss also entweder die Allmacht Gottes oder seine Gutheit angezweifelt werden. Weitere Alternativen zu dieser Position sind nur noch Agnostizismus und Atheismus: „Bevor nicht irgend jemand eine befriedigendere Antwort bietet, vielleicht aus religiöser Sicht, ist die Reaktion von Walter Zwi Bacharacher gar nicht so schlecht: Gott zu zürnen, aber dennoch an ihn zu glauben."[46] Auf jeden Fall wird nicht nur die christliche, sondern ebenso auch die jüdische und jede als solche zu bezeichnende Theologie an die Grenzen ihrer Möglichkeiten geführt, die in einem anthropomorphen Sinne an die Allmacht Gottes glauben will, aber sein Mitleiden nicht in den Mittelpunkt ihrer Reflexionen stellt.

---

[43] BAUER, *Dunkle Seite*, 235.

[44] Vgl. u. a. GOLDSCHMIDT, *In Gegenwart des abwesenden Gottes* sowie die Werke von Primo LEVI und Elie WIESEL.

[45] BAUER, *Dunkle Seite*, 259.

[46] Ebd.

Aber aus der Perspektive einer Theologie, die sich als dezidiert nachaufklärerisch versteht, ihren Denkweg also vor den Foren der historischen und der philosophischen Vernunft rechtfertigen will, ist ein weiterer Kritikpunkt hinzuzufügen: Alle diese Ansätze betreiben – aus der orthodoxen jüdischen Tradition durchaus verständlich – eine Beschränkung der Möglichkeiten menschlicher Vernunft. Sie gehen davon aus, dass der Mensch letztlich Dinge, die auf der Welt geschehen, nicht in ihrer heilsgeschichtlichen Bedeutung erfassen kann.

Bei einer solchen Haltung handelt es sich jedoch letztlich um „philosophischen Selbstmord" (A. Camus), denn umgekehrt ist eine Rechtfertigung menschengemachten Leides mit der Unverständlichkeit des göttlichen Weges jederzeit möglich, eine solche ungerechtfertigte Rechtfertigung kann im Kontext einer Mehrzahl der skizzierten orthodoxen Positionen nicht zurückgewiesen werden. Sie verweigern also Möglichkeiten, die der menschlichen Vernunft gegeben sind – den ungerechtfertigten Tod eines Menschen auch so zu nennen und sich gar nach eingehender Reflexion für den Widerstand eines Iwan Karamasow bei Dostojewskij zu entscheiden, also sein *entrebillet* in den Himmel aus Protest gegen das augenscheinlich gottgewollte Leid Unschuldiger zurückzugeben.[47] Die Wege solcher Orthodoxie sind einer christlichen Theologie, die sich dezidiert als nachaufklärerisch versteht und ihren Denkweg also vor dem Forum der historischen Vernunft rechtfertigen muss, verschlossen.

2. Hans Jonas

Die theologische Basisproblematik, die sich angesichts eines historisch greifbar gewordenen 'negativen Absoluten' ergibt, ist sicher am deutlichsten und schärfsten von dem jüdischen Philosophen und Religionswissenschaftler Hans Jonas formuliert worden. Jonas betont, dass „nichts von alledem mehr verfängt bei dem Geschehen, das den Namen Auschwitz trägt. Nicht Treue oder Untreue, nicht Schuld und Strafe, nicht Prüfung, Zeugnis und Erlösungshoffnung, nicht einmal Stärke oder Schwäche, Heldentum oder Feigheit, Trotz oder Ergebung haben da einen Platz."[48] Jonas entscheidet sich angesichts der offensichtlichen

[47] Fjodor M. DOSTOJEWSKI, *Die Brüder Karamasow,* II, 5. Buch, Kap.4 „Empörung", 391–393. Zit: Hansjürgen Verweyen, *Gottes letztes Wort. Grundriß der Fundamentaltheologie,* Regensburg ⁴2002, 205.

[48] Hans JONAS, *Der Gottesbegriff nach Auschwitz. Eine jüdische Stimme,* in: DERS., *Philosophische Untersuchungen und metaphysische Vermutungen,* Frankfurt a. M. 1994, 190–208, 191.

Unvereinbarkeit der drei göttlichen Attribute Güte, Allmacht und Verstehbarkeit für ein Aufgeben der „althergebrachte[n] (mittelalterliche[n]) Doktrin absoluter, unbegrenzter göttlicher Macht“[49].

Zunächst verabschiedet Jonas göttliche Allmacht allerdings nur, insofern sie – in sich bereits logisch inkonsistent – in anthropomorpher Weise gedacht wird. Gott sitzt nicht an einer zentralen Steuereinheit, von der aus er jederzeit in irdische Verhältnisse eingreifen und sie im Sinne der Leidvermeidung verändern kann. Bereits die Existenz der Schöpfung und erst recht eines Menschen mit freiem Willen beschneidet eine so gedachte Allmacht, sofern sie sich nicht entscheidet, ihr Gegenüber zu vernichten.[50] Sicher legt der biblische Schöpfungsbericht, die im Tenach erzählte Heilsgeschichte sowie jede Art von Wunderglaube, der zum Kernbestand aller Offenbarungsreligionen gehört, eine solche Allmachtsvorstellung nahe – *Adonai* ist absoluter Herr der Geschichte. Doch schon der Aufstand Hiobs gegen Gott bezeugt einen innerbiblischen Lernprozess, der den Tun-Ergehenszusammenhang, wie er für eine Vielzahl von Passagen des Alten Testamentes wesentlich war, hinter sich lässt.[51] *Es ist nicht ausgemacht, dass es dem Frommen wohlergeht auf Erden.* Eine Einsicht, die in Konsequenz die Strömung der jüdischen Apokalyptik ausgelöst hat – das Heil war nur noch vom Jenseits zu erwarten.

Jonas vermeidet allerdings ein Ausweichen in Apokalyptik, sondern besteht darauf, dass Gott eben nicht eingreifen *könne,* weil er überhaupt nicht allmächtig sei. Im schon erwähnten kabbalistischen Denkmodell des *Zimzum* (Konzentration/Kontraktion)[52], dem sich auch Jonas anschließt, habe Gott sich selbst enteignet, sei in den Schöpfungsprozess eingegangen, denn nur in seiner Zurücknahme habe Platz für die Welt entstehen können. Als bloßer Deismus führt Jonas' Denken jedoch zunächst in eine theologische Sackgasse, weil ein nicht allmächtig gedachter Gott letztlich jede Rechtfertigung der Verlorenen der Geschichte, jene unbedingte Notwendigkeit, die Walter Benjamin die Notwendigkeit einer Theologie begreiflich machte,[53] ebenfalls nicht

---

49 Ebd. 201.

50 „Kurz, es kann nicht sein, daß alle Macht auf seiten eines Wirksubjektes allein sei. Macht muß geteilt sein, damit es überhaupt Macht gibt.“ Ebd. 202.

51 Vgl. zu einer aktuellen Lektüre des Hiob-Buches: Arnold KÜNZLI, *Gotteskrise. Fragen zu Hiob. Lob des Agnostizismus,* Reinbek b. Hamburg 1997, 9–28.

52 Vgl. dazu: Gershom SCHOLEM, *Schöpfung aus Nichts und Selbstverschränkung Gottes,* in: DERS., *Über einige Grundbegriffe des Judentums,* Frankfurt a. M. ^{3}1996 (1970), 53–89.

53 Walter BENJAMIN, *Thesen über den Begriff der Geschichte,* in: DERS., *Gesammelte Werke,* Bd, I/2, ^{3}1990, 691–704, 694. Zur christlich-theologischen Rezeption: Helmut PEUKERT, *Wissenschaftstheorie – Handlungstheorie – fundamentale Theologie. Analy-*

mehr leisten könnte. Ein Gott der von der Geschichte entkoppelt gedacht wird, verhilft den Schergen zu einem endgültigen historischen Sieg: Die von ihnen ausgelöschten Opfer sind *für immer* ausgelöscht, und sofern sie selbst in ihrem irdischen Leben der Verfolgung durch die Justiz oder einer existentiellen Konfrontation mit ihren Opfern entgehen konnten, bleiben sie *auf ewig* von ihren Taten und der Forderung nach Umkehr und Versöhnung unbehelligt. Mit der Aufgabe der Allmacht würde Jonas also gerade die Allgüte, um derentwillen er sie aufgeben hatte, verlieren.

Neben der Alternative des Atheismus bietet sich hier jedoch die Möglichkeit einer Verschränkung von Allmacht und Allgüte Gottes mit der Freiheit des Menschen, wie sie Günter Schiwy im Anschluss an Hans Jonas, Sören Kierkegaard und Eberhard Jüngel[54] entwickelt hat:[55] Im Akt der Schöpfung des Menschen als freies vernunftbegabtes Wesen hat der allmächtigen Gott die Welt in dessen Hände gelegt. Es ergehen nach wie vor Weisungen an die Herzen der Menschen, jedoch sind diese frei, sie zu befolgen oder zu verweigern, ihr Herz Gott und einer Wirksamkeit Gottes in ihrem Leben zu öffnen oder das Böse zu tun. Gebete wären demnach an Gott und uns selbst adressierte Appelle, das zu Erbetende (Friede, Gerechtigkeit etc.) in die Tat umzusetzen. Thomas Pröpper[56] bietet einen ähnlichen, aber noch überzeugenderen Ansatz, insofern er an der Leerstelle göttlicher Allmacht, die nach Auschwitz geblieben zu sein scheint, nicht wie Schiwy in der Nachfolge Jonas' einen Quasi-Deismus, sondern die konsequente, auch ideengeschichtlich und philosophisch ausgewiesene Fortentwicklung der Zentralaussage des ersten Johannesbriefs (1 Joh 4,8) platziert: Wenn Gott ernsthaft als Liebe gedacht wird, muss er den Menschen auch in seiner Freiheit achten, negierend und tödlich zu wirken. Mit Sören Kierkegaard gesprochen: „Nur die Allmacht kann sich selber zurücknehmen, während sie hingibt, und dieses Verhältnis ist gerade die Unabhängigkeit des Empfängers. Gottes Allmacht ist darum seine Güte. Denn Güte ist, ganz hinzugeben, aber so, daß man dadurch, daß man allmählich sich zurücknimmt, den Empfänger unabhängig macht. Alle endliche Macht macht abhängig, nur die Allmacht kann unabhängig machen, aus nichts hervorbringen, was Bestand hat in sich dadurch, daß die Allmacht beständig sich selber zurück-

---

sen zu Ansatz und Status theologischer Theoriebildung, Frankfurt a. M. [2]1988 bes. 273–282.

[54] Eberhard JÜNGEL, *Gottes ursprüngliches Anfangen als schöpferische Selbstbegrenzung*, in: DERS., *Wertlose Wahrheit – Zur Identität und Relevanz des christlichen Glaubens, Theologische Erörterungen III,* München 1990, 151–162.

[55] Günter SCHIWY, *Abschied vom allmächtigen Gott,* München 1995.

[56] Art. *Allmacht Gottes*, LThK[3] Bd I (1993), 412–417.

nimmt."[57] Hier wird deutlich, dass Allmacht als *kenosis* gedacht nur als Liebe und damit augenscheinlich als Ohnmacht verstanden werden kann. Solcherlei Spekulationen sind jedoch nur unter Bedingungen Negativer Theologie passabel – der Mensch ist aufgefordert, Allmacht und Ohnmacht zusammen zu denken und dabei immer neu menschliche Anschauungsweisen Gottes zu durchkreuzen. So sich entwickelnde paradoxe Redeweisen sind gleichzeitig nicht beliebig: Nur ein ewiger Gott wird eine unendliche Liebe aufzubringen in der Lage sein. Seine Allmacht entsagt anthropomorphen Gewaltvorstellungen und setzt allein auf eine Liebe, deren Ewigkeit letztlich menschliches Vorstellungsvermögen sprengt. Im Kontext des Christentums wird die Frage nach dieser Liebe gleichwohl im Blick auf ihr Konkretwerden in Inkarnation, Kreuz und Auferstehung gestellt und beantwortet werden müssen.

IV. Fehlendes Zeugnis? – Christologische Konsequenzen

Aus einer solchen Gottesvorstellung ergeben sich Konsequenzen für die Christologie: Die klassische fundamentaltheologische Frage nach der Vernehmbarkeit einer unbedingten göttlichen Offenbarung durch endliche menschliche Ohren führt zu so einer spezifischen Fassung der Göttlichkeit Jesu Christi.[58]

Dass metaphysische Allmachtsvorstellungen angesichts der Ungeheuerlichkeit industriellen Massenmordes zynisch wirken, hat Hans Jonas überzeugend aufgezeigt. Von daher kommt einer konsequent gedachten Inkarnation zentrale Bedeutung zu: Ein Mensch, der in der Lage wäre, die beschriebene unendliche Güte hier und jetzt aufzubringen, wie wir dies von Jesus Christus glauben, würde göttlich genannt werden dürfen. Deshalb kann auch jene Frage der Theologie nach Auschwitz, ob Jesus in den Todeslagern zugegen war, nicht pauschal, sondern nur jeweils für den Einzelfall beantwortet werden: Er war zugegen, wo ein Mensch in welcher kleinen Geste auch immer gezeigt hat, dass Liebe das System des Hasses überwindet.[59]

Eine einlinige Identifizierung der Opfer mit Jesus Christus oder gar das Postulat einer Teilhabe der jüdischen Opfer am Erlösungsgeschehen in Kreuz und Auferstehung Jesu Christi scheint mir dagegen nicht nur aus religionspolitischen Gründen unangemessen zu sein, sondern ver-

[57] Sören KIERKEGAARD, *Tagebücher,* München 1949, 216f.

[58] Vgl. grundlegend: Hansjürgen VERWEYEN, *Botschaft eines Toten? Den Glauben rational verantworten,* Regensburg 1997, 42–51.

[59] Vgl. Anm. 10.

stellt auch den Blick auf die christliche Prägung vieler Täter. Jesu Leiden war vor allem – anders als das der Häftlinge in den Konzentrationslagern – *freiwillig* übernommenes Leiden und erreicht darüber hinaus seinen vollen Sinn als Nachfolge nur im biographischen Horizont eines christusgläubigen Menschen. Eine Übernahme der christlichen Ideale von Gewaltverzicht und Leidensbereitschaft ist also in erster Linie *heute* relevant, insofern die ungeheuren Versäumnisse der christlichen Zeitgenossen von Auschwitz in diesem Horizont als dringliche Aufforderung zur Wachsamkeit und zur Widerstandskraft im Hier und Jetzt begriffen werden müssten.

Solche Überlegungen verstehen sich als in diesem Punkt konvergent mit dem Konzept einer „messianischen Christologie, die beim Menschen Jesus von Nazareth einsetzt“[60] und in das Handeln jedes Einzelnen heute hineinragt. Freyer formuliert treffend: „Die 'eschatologische' Bewährung des messianischen Subjektseins Jesu steht angesichts der faktischen Leiden der Schöpfung keineswegs nur noch aus. Sie ist – darüber hinaus – auch in gewisser Weise 'in die Hände' derer gegeben, die Jesus nachfolgen, indem sie sich vom Anruf des 'Nächsten' als des uneinholbaren Anderen betreffen, in Beschlag nehmen lassen.“[61] Die Erlösungstat Christi ist für die Täter und Opfer in Auschwitz also weniger im Sinne einer rückwirkenden erklärenden oder gar legitimierenden theologischen Interpretation, sondern – wenn dies für Menschen jüdischen Glaubens überhaupt zu Recht in Anspruch genommen werden darf – eher im Sinne einer Eschatologie der *Apokatastasis panton* von Bedeutung: Die Ungeheuerlichkeit der Gräuel bedarf eines *Erlösungsraumes* wahrhaft göttlicher Dimension. Nur ein Gott, der unendlich lange auf die Versöhnung zwischen Opfern und Tätern *wartet*, anstatt Versöhnung an Tätern und Opfern vorbei zu *verfügen*, könnte sowohl der Freiheit der Individuen als auch der schieren Unendlichkeit des Schmerzes gerecht werden.

Unter eschatologischer Perspektive kommt hier auch die Notwendigkeit einer wahrhaft *apokalyptischen* Versöhnung (im Sinne der Wortbedeutung von *apokalypto* – eine Wahrheit enthüllen, die anderweitig nicht zugänglich ist) in den Blick, die ebenfalls nur als freier und angesichts des Ausmaßes an Leid unendlich mühevoller und tränenreicher Akt zwischen Tätern und Opfern vorgestellt werden kann. Hier liegt nun tatsächlich eine Grenze der menschlichen Denkmöglichkeiten von im

---

[60] Thomas FREYER, *Emmanuel Levinas' Vorstellung vom Gott Menschen – eine Herausforderung für die Christologie,* in: ThQ 179 (1999), 52–72, 66.

[61] Ebd. 67. Freilich muss Freyer, wenn er sich allein auf Levinas stützt, einen Ausweis des Geltungsanspruches seiner so weitreichenden wie treffenden Aussagen schuldig bleiben.

Wortsinne exorbitanter Natur: Wir kommen nicht umhin, wenn wir den Gottesgedanken nach Auschwitz retten wollen, Gott als den Allversöhner zu denken und damit die Versöhnung zwischen Tätern und Opfer für möglich zu halten, ohne jedoch im Einzelnen beschreiben zu können, wie sie angesichts der Ungeheuerlichkeit der Taten geschehen soll und vor allem, ohne sie in irgendeiner Weise hinter dem Rücken der Opfer vorwegnehmen zu können und zu dürfen.[62]

Wie bereits Origenes bemerkt hat, wäre eine Schöpfung, die auf ewig unversöhnt bliebe, eine verlorene Schöpfung.[63] Hier markiert Auschwitz aus theologischer Perspektive die Möglichkeit einer Verlorenheit kosmischen Ausmaßes. Gott steht dagegen für einen Raum freier Geistigkeit, in dem die *Möglichkeit* (!) dieser Versöhnung vom auferstandenen Gekreuzigten eröffnet wird. Versöhnung wird dabei nicht gedacht als zentral organisierter Vorgang, sondern als unübersehbare Menge singulärer und in ihrem Verlauf nicht vorhersehbarer Begegnungen zwischen Tätern und Opfern im Geiste Christi. Ein Scheitern solcher Begegnungen, das um der Freiheit der Opfer willen nicht ausgeschlossen werden kann, müsste in Kategorien der Hölle beschrieben werden.

Jürgen Moltmann[64] denkt eine *historische* Verwirklichung dieser ohnmächtigen Güte Gottes mit Hilfe eines speziellen 'eschatologischen Vorbehaltes', also streng immanent: Als freie Wesen sind alle Menschen aktive Teilnehmer am universalen Akt des Friedens und der Versöhnung. Gott ist also in der Welt erst am jüngsten Tag wirklich so gegenwärtig, dass er Leid aktiv verhindern kann, weil erst dann alle Menschen zutiefst von der Gewissheit seines Heilswillens durchdrungen nurmehr Gutes tun, die Erde vervollkommnet ist. Vorher ist menschliches Leid in diesem Sinne immer möglich. Die Endlosigkeit menschlichen Leides in der Geschichte lassen jedoch die immanente Verwirklichung universeller Versöhnung unter Bedingungen der Materialität nahezu unmöglich erscheinen.

---

[62] Katharina von KELLENBACH weist zu Recht auf die Unhaltbarkeit der vorschnellen 'Vergebung' hin, die ohne Einbeziehung der Opfer zwischen nationalsozialistischen Tätern und v. a. protestantischen 'Beichtigern' in der Nachkriegszeit vollzogen wurde (DIES., *Theologische Rede von Gott und Täterschutz*, in: KELLENBACH – KRONDORFER – RECK, *Von Gott reden*, 46–67).

[63] ORIGENES, *Vier Bücher von den Prinzipien (Peri Archon) griech., lat./deutsch*, hg., übers. u. m. Anm. vers. v. Herwig GÖRGEMANNS, Darmstadt 1985, I, 6 (214–231) u. ö.

[64] Jürgen MOLTMANN, *„Die Grube" – „Wo war Gott?" Jüdische und christliche Theologie nach Auschwitz*, in: Manfred GÖRG – Michael LANGER (Hg.), *Als Gott weinte. Theologie nach Auschwitz*, Regensburg 1997, 45–60.

Elie Wiesels Deutung der berühmten Passage in *Nacht*[65] – in einer zugegebenermaßen optimistischen Lesart – wäre in der skizzierten eschatologischen Perspektive also grundsätzlich auch von christlicher Seite nachvollziehbar, ja beinhaltete vielleicht gar den historischen Eintrag eines christologischen Ferments ins Judentum: Gott leidet mit seinem Volk Israel und mit allen Menschen. Diese Deutung stünde in der Tradition der nachbiblischen Vorstellung der *Schechina,* der figurativen Vergegenwärtigung eines im Exil, in der Verfolgung, *mitleidenden* (und nicht im Exil zuerst für getanes Unrecht *bestrafenden*) Gottes. Es handelt sich hier um eine innerjüdische Ergänzung bestimmter Züge des Gottesbildes im Tenach, die eine auch heute noch überzeugende Antwort auf Hiobs Fragen gibt, insofern sie eine Präzisierung der jüdischen Vorstellung Gottes als Herrn der Geschichte leistet: Die Hoffnung auf eine Verwirklichung der biblischen Verheißung (auf der Erde) wird nicht apokalyptisch dahingegeben, sondern in die Vorstellung eines liebenden Gottes transformiert, der Exil und Verfolgung solidarisch mit seinem Volk durchlebt und mit ihm einer endzeitlichen Versöhnung entgegenstrebt. Religionsgeschichtlich kann das Auftauchen des Schechina-Gedankens kaum ohne den Einfluss des Christentums erklärt werden,[66] so dass die an sich so frappierende wie konsistente Schlussfolgerung Emil L. Fackenheims aus seinen theologischen Reflexionen auf Auschwitz „Gott erleidet buchstäbliche und radikale Machtlosigkeit, d.h. wirklichen Tod [...]. Kurz, ein Jude müßte Christ werden. Aber es ist [...] niemals in den 2000 Jahren jüdisch-christlichen Gegensatzes für einen Juden unmöglicher gewesen [...] das Christentums anzunehmen“[67], mit dem Hinweis auf die eigene Tradition einer Schechina-Theologie im Sinne einer Konvergenz zwischen Jüdischem und Christlichem entschärft werden könnte.

Insofern hat Auschwitz die Ferne des jüngsten Tages, die Ferne Gottes in der Welt bewusst gemacht, jedoch nicht als unüberbietbares Faktum, sondern als Herausforderung zur Zeugenschaft und erscheint heute als exemplarische Situation eines Gerichtes im Präsens.

Mit Hilfe der Zeugen, in der Nachfolge der inkarnierten ewigen und absoluten Liebe, Jesus Christus, handelt Gott in der Geschichte, und wo dieses Zeugnis gänzlich fehlt, ist (zumindest für Christen) Gott kaum

---

65 Elie WIESEL, *Die Nacht zu begraben Elischa,* Berlin 1986, 93f.

66 Vgl. u. a. Clemens THOMA, *Gott im Unrecht. Rabbinische und halakhische Deutungen des rätselhaft, hilflos und zerstörend wirkenden Gottes*, in: Wolfgang BEINERT (Hg.), *Gott – ratlos vor dem Bösen? Mit einer Stellungnahme Kardinal Ratzingers zum Motu Proprio Ad tuendam fidem* (QD 177), Freiburg 1999, 86–108.

67 FACKENHEIM, *Die gebietende Stimme von Auschwitz,* 87f.

erfahrbar. Es ist folglich nicht zu fragen, ob man nach Auschwitz noch von Gott sprechen könne, sondern höchstens, ob man *nach dem auf breiter Front ausgebliebenen Zeugnis*[68] noch vom Menschen als einem sprechen könne, der auch unter äußersten Bedingungen in der Lage ist, diesen Gott zu bezeugen.

Die Frage nach einer Theologie nach Auschwitz spitzt sich damit aber gerade auch zur Frage nach einem Gottesbegriff zu, der Menschen in genau *dem* Glaubenszeugnis bestärken kann, dessen Ausbleiben die eigentlich Katastrophe von Auschwitz ausmacht: Jesus Christus, der nicht nur unbedingt sittliches Handeln fordert, sondern selbst sündlos war (Hebr 7,26; 2 Kor 5,21), und der die Sünden des Volkes zu sühnen gekommen ist (Hebr 2,17), also die *Tür* zu einer sündlosen Existenz aller mit seinem Leben, Sterben und Auferstehen aufgestoßen hat. Für uns Christen ist in der Person Jesu die jüdische Hoffnung auf das Ankommen des Reiches Gottes auf Erden Wirklichkeit geworden. Die Frage, inwiefern er als Messias auch der Juden verstanden (und nicht nur behauptet) werden kann, stellt vielleicht eine der schärfsten Herausforderungen gegenwärtiger christlicher Theologie dar.[69] Doch kann sie *von Christen* oder muss sie nicht vielmehr *von Juden* beantwortet werden? Sollte sie demnach für die christliche Theologie nicht vorerst mit einem Moratorium belegt werden?

Wenn ein solcher Gott nach Auschwitz gedacht werden kann, so ist die „Gotteskrise nach Auschwitz“ allerdings eine *relative*, nämlich die Krise einer Christenheit, die in der unbedingten Forderung, die Liebe ihres Gottes zu den Menschen zu bezeugen, weitestgehend versagt hat, die Krise einer Theologie, die diese unbedingte Forderung, zur Menschen- und Gottesliebe nicht als Glutkern des christlichen Glaubens zu formulieren in der Lage war. Einer Kirche, die ihre eigene Existenz nur unter den Bedingungen einer Heilsenteignung des jüdischen Volkes formulieren konnte,[70] und die anstatt ihre Legitimation in der Selbsthingabe als Nachfolge Jesu zu finden und im konkreten Zeugnis der praktischen Liebe auch und gerade zum Fremden und anderen zu verwirklichen, sich am Phantasma eines *Christus Pantokrator* selbst zur *societas perfecta* gekürt hatte.

---

[68] Dabei soll die Zeugenschaft der seligen und heiligen katholischen und evangelischen Märtyrer des Nazi-Regimes in keiner Weise relativiert werden, im Gegenteil – sie gewinnen an Bedeutung, es bleibt jedoch bestürzend, dass es so wenige waren, die sich zum Mut des Bekenntnisses durchrangen.

[69] Vgl. die Beiträge von Jan-Heiner TÜCK, Karl-Heinz MENKE, Thomas SÖDING, und Helmut HOPING in diesem Band.

[70] So im frühchristlichen Modell jüdischer Verheißung und christlicher Erfüllung.

Schließt man aus Auschwitz dagegen die unbedingte Forderung zu einem kritischen Antitriumphalismus, so wird *eine* Tradition der Theologiegschichte nicht neu erfunden, sondern radikalisiert wiederentdeckt – die des am Kreuz gestorbenen Christus, der in diesem Kreuzestod bereits alle Insignien seiner allmächtigen Ohnmacht der Liebe zeigte, kurz der *kenosis*,[71] deren ekklesiologische,[72] ethische, aber vor allem auch interreligiöse[73] Entfaltungen erst begonnen haben.

Das historische Datum Auschwitz erhebt also keine absoluten Forderungen etwa nach Atheismus oder einer Judaisierung der christlichen Theologie. In letzter Konsequenz ergibt sich jedoch aus der Freiheit des Menschen, sittlich zu handeln jenseits der atheistischen Verzweiflung, christologisch das Bild eines *kenotischen* und eschatologisch das eines *wartenden* Messias, der seinerseits die Freiheit der Gläubigen bis zum Ende achtet, aber auch durch sein eigenes Leben und Sterben herausfordert.

Die darin vielleicht wahrgenommene subversive und metaphysikkritische Note gibt bereits Jesus Christus in seinem Leben und Sterben vor, und wir stellen entsetzt fest, wie weit die christliche Tradition auf vielen Strecken ihrer Geschichte davon abgewichen ist. Die Ursachen für dieses Abweichen sind nicht einfach ideengeschichtlich in einer Hellenisierung zu sehen, sondern vielmehr sozioökonomisch vor allem in der zentralistischen Macht, die dem Christentum mit der konstantinischen Wende und Europa mit den Expansionsbewegungen der frühen Neuzeit zuwuchs. Eine Macht- oder Ideologiekritik ist also vonnöten statt der heute üblichen generellen Philosophiekritik, die nicht zuletzt in der historisch unhaltbaren Hellenisierungsthese immer wieder mitschwingt. Wer politisch an der Macht ist, läuft nicht nur Gefahr, sich einen mächtigen Gott zu erschaffen, sondern auch, selbst die Stelle dieses jenseitig gedachten Gottes auf Erden einzunehmen. Die jüdischen Traditionen, insofern sie strukturell machtlose Exils-Traditionen sind – und nicht 'das

---

[71] Vgl. wegweisend für die jüngere Theologie: Hans Urs VON BALTHASAR, *Herrlichkeit. Eine theologische Ästhetik* III/ 2,2, Einsiedeln 1969, 198ff. sowie neuerdings: Jan-Heiner TÜCK, *Mit dem Rücken zu den Opfern der Geschichte? Zur trinitarischen Kreuzestheologie Hans Urs von Balthasars,* in: Magnus STRIET (Hg.), *Monotheismus Israels und christlicher Trinitätsglaube,* Freiburg-Basel-Wien 2004, 199–235.

[72] Johanna RAHNER, *„Er aber sprach vom Tempel seines Leibes". Jesus von Nazaret als Ort der Offenbarung Gottes im vierten Evangelium,* Bodenheim 1998.

[73] Henk VROOM (Hg.), *Kenosis, Inkarnation, Leere. Christologie und interreligiöser Dialog,* (Studies in Interreligious Dialogue 11.) Jg. Nr. 01 (2001). Hans WALDENFELS, *God's Kenosis and the Buddhist Sunyata in the World of today,* in: Christopher IVES (Hg.), *Divine Emtpiness and Historical Fullness. A Buddhist-Jewish-Christian Conversation with Masao Abe,* Valley Forge 1995, 150–164.

Judentum' eo ipso – haben dieses subversive, substantiell machtkritische Element bewahrt und weiterentwickelt. Und als ohnmächtige Religion der aus Verfolgungs- und Marginalisieriungserfahrungen die besondere Weisheit der Zentralmetapher des Schalom zugewachsen ist, ist auf das Judentum heute zu hören.

Die Kriteriologie für eine triumphalismus- und metaphysikkritische Theologie ist jedoch philosophisch zu erweisen und nicht einfach unkritisch aus der jüdischen Tradition als idealisierter Tradition der Opfer zu übernehmen. Bei einer genauere Analyse wird man dazu beispielsweise auf die subversive Kraft eines jüdischen Textbegriffs stoßen, deren allgemeine philosophische Valenz gerade entdeckt wird. Entsprechende neuere Untersuchungen[74] sind als Flankierung einer christlichen Theologie nach Auschwitz unter Bedingungen der späten Moderne ebenso ernst zu nehmen wie die der biblischen jüdischen Traditionen.

V. Konsequenzen für die Theologie: Mit dem Judentum lernen

Auschwitz lässt die abendländisch-christliche Theologie in mehrfacher Hinsicht nach ihrer Verwobenheit mit einer Moderne fragen, die die Katastrophe vielleicht nicht im Ganzen ermöglicht, aber doch immerhin auch nicht verhindert hat. Aber sie fragt auch nach der unauflöslichen Verbindung zwischen Judentum und Christentum.

„Gewiß mag eine solche Zusammenschau nicht die Fülle jener Zusammenhänge einfangen, die im Hinblick auf die Gestalten heutiger Theologie zu bedenken sind. Dennoch ist nicht zu übersehen, daß die jüdische Wurzel die nachgewachsene christliche Theologie auf vielfältige Weise einholt, ja, daß es an der Zeit ist zu fragen, was uns an Gott fehlt, wenn uns die Juden fehlen. Gerade darum tut christliche Theologie gut daran, ihre eigene Geschichte bis in die Geschichte Jesu hinein 'gegen den Strich zu bürsten' und um der Zukunft willen die Wurzeln neu zutage zu fördern.“[75]

Mir scheint diese Verwobenheit am sinnvollsten als Teilhabe an einer kollektiven *Verdrängung im klassisch-freudschen Sinne* beschrieben. Mit diesen Momenten der Verdrängung sind gleichzeitig drei neuralgische

---

[74] Vgl. für die deutschsprachige Diskussion den Band von Almuth Sh. BRUCKSTEIN, *Die Maske des Moses. Studien zur jüdischen Hermeneutik,* Frankfurt a. M. 2001, der die US-amerikanischen Debatten zum Thema nicht nur dokumentiert, sondern auch kritisch weiterführt.

[75] WALDENFELS, *Im Schatten von Auschwitz,* 12.

Punkte benannt, an denen heute Bedarf an Scham, Trauer und Reue, aber auch Aufbauarbeit in Kirche und Theologie zu herrschen scheint:

1. Das Christentum war sich zu wenig seiner eigenen Abhängigkeit, seiner Verdanktheit gegenüber historischen Ursprüngen (Röm 9–11) bewusst. Die kulturprägende Leistung des biblischen Monotheismus, der ersten Schriftreligion, die Leistung einer Zivilisierung des Materiellen, der machtkritischen Perspektive befreiter Sklaven, die sich im AT historisch vielleicht erstmals Ausdruck verschafft haben. Stattdessen bekämpften die Kirchen das Judentum und beraubten sich selbst so wesentlicher Widerstandspotentiale gegen die Barbarei.
2. Man hatte im Nächsten, dem Juden das eigene Fremde bekämpft, hatte den Sprung, die Störung des eigenen Harmonie-Rausches seiner Andersheit und Störrischkeit zugerechnet. Und alles andere – den Monotheismus, den liebenden Gott, die Schöpfungstheologie und die Eschatologie, die allesamt dem jüdischen Tenach entstammen – als Eigenes vereinnahmt. Der Bindestrich in der Rede von der sogenannten jüdisch-christlichen abendländischen Kultur kündet noch immer von dieser Vereinnahmung.[76]
3. Man hatte es den Juden nie verziehen, dass sie den historischen Ort markierten, an dem das immaterielle klare Licht, das eine unteilbare Urprinzip ein materieller, sterblicher verletzlicher Mensch geworden war und im Namen dieses phantasmatisch antizipierten fehlerlosen einen 'Prinzips' immer wieder die Auslöschung der Abbilder dieses verletzlichen Menschen (und dieses Menschen selber in einer einseitig hoheitlichen Christologie 'von oben') in Kauf genommen.

Eine Theologie, die auf der Höhe der Zeit sein und das heißt den Zivilisationsbruch Auschwitz[77] mitbedenken will, muß deshalb insofern eine *Theologie nach Auschwitz* sein, insofern sie den christlichen Antijudaismus bearbeitet, ohne die eigene Identität zu verlieren und sich völlig mit den Opfern zu identifizieren, ja sie vielleicht sogar zur Immunisierung der eigenen Positionen zu instrumentalisieren. Die brennendste Frage in diesem Kontext ist diejenige nach der Möglichkeit einer nichtantijudaistischen Christologie, zu der dieser Band einen Beitrag darstellt.

---

[76] Vgl. Jean-François LYOTARD, *Ein Bindestrich. Zwischen 'Jüdischem' und 'Christlichem'*, Düsseldorf 1995 und dazu theologisch: Josef WOHLMUTH, *Hat der jüdisch-christliche Dialog eine hinreichend theologische Basis? Im Gespräch mit Lyotard*, in: Günter RISSE – Heino SONNEMANNS – Burkhard THESS (Hg.), *Wege der Theologie. An der Schwelle zum dritten Jahrtausend* (FS Hans Waldenfels), Paderborn 1996, 513–542.

[77] Vgl. DINER, *Zivilisationsbruch.*

Auf die Gefahren eines unreflektierten Philosemitismus ist von jüdischer Seite häufig hingewiesen worden. Der Philosoph Burkhard Liebsch hat vor wenigen Jahren auf einer Tagung in Ahaus[78] – wie ich meine zu Recht – festgestellt, dass die Formulierung „Erinnerung des Fremden"[79] aporetisch sei. Erinnert werden kann – dies gilt spätestens für unsere Generation – nicht das fremde Leid, sondern nur die eigene biographisch vermittelte Affiziertheit von ihm.[80] Die Anerkennung des Anderen droht ansonsten in eine „Angleichungsfigur" umzuschlagen.

Dieses Projekt beinhaltet jedoch bisher noch nicht abgegoltene Aufgaben vor allem für die systematische Theologie. Es beinhaltet vor allem *methodische* Implikationen: Im Sinne einer Phänomenologie hat systematische Theologie in Zukunft verstärkt historisch-analytisch – und vor allem in Bezug auf die (systematische) Theologie der ersten Hälfte des 20. Jahrhunderts auch selbstkritisch – vorzugehen,[81] um nicht erneut der Gefahr der realitätsvergessenen Spekulation zu erliegen. Eine Einsicht, die sie bereits von der neuen politischen Theologie hätte erhalten können.

Die klassischen, eher brachialen christlichen Vorurteile gegenüber den Juden, der Gottesmordvorwurf, der Vorwurf einer geistlosen Buchstaben- und Gesetzesgläubigkeit scheinen inzwischen abgearbeitet. Vor allem die Exegese hat sich große Verdienste erworben, das Alte Testament aus dem Schraubstock eines Verheißungs-Erfüllungs-Denkens zu lösen. Sie hat ein jüdisches *Altes* und ein *via affirmativa* und *via negativa* jüdisch *beeinflusstes Neues* Testament entdeckt.
Der von Johann Baptist Metz formulierte[82] und nicht nur von Jürgen Habermas[83] angezweifelte Dualismus Athen-Jerusalem, der in gewisser

[78] Johannes SABEL, *Anschlußfähigkeit als Falle. Zu einem Diskurs zwischen Neuer Politischer Theologie und Jürgen Habermas,* in: Orientierung 66 (2002), 94–96, 96.

[79] So Johann Baptist METZ in *Anamnetische Vernunft. Anmerkungen zur Krise der Geisteswissenschaften,* in: Axel HONNETH u. a. (Hg.), *Zwischenbetrachtungen* (FS Jürgen Habermas) Frankfurt a. M. 1989, 733–738.

[80] Vgl. zur Reflexion dieser Problematik in zeitgenössischen Spielfilmen: Joachim VALENTIN, *Ratlos vor dem negativen Absoluten. Neuere Spielfilme widmen sich dem Thema Shoah,* in: DERS. (Hg.), *Weltreligionen im Film. Judentum, Christentum, Islam, Hinduismus, Buddhismus* (Film und Theologie 3), Marburg 2002, 153–165.

[81] Vgl. als weithin einzigen mir bekannten Versuch einer solchen selbstkritischen Rückfrage: Lucia SCHERZBERG, *Kirchenreform mit Hilfe des Nationalsozialismus. Karl Adam als kontextueller Theologe,* Darmstadt 2001.

[82] METZ, *Anamnetische Vernunft.* 733ff. Vgl. auch DERS., *Unterwegs zu einer Christologie nach Auschwitz,* in: StZ 218 (2000) 755–760, 756.

[83] Vgl. Walter LESCH, *Kontexte der Befreiung. Zum Verhältnis von Religion und Philosophie am Beispiel des Judentums,* in: VALENTIN – WENDEL (Hg.), *Jüdische Traditionen in der Philosophie des 20. Jahrhunderts,* 12–31.

Weise alte Vorurteile mit umgekehrten Vorzeichen wiederholt, ist der Einsicht gewichen, dass auch die jüdische Tradition hellenistische Elemente enthält, die sich unter anderem in der griechischen Übersetzung des Tenach, in der Philosophie Philos von Alexandrien,[84] in den neuplatonischen Spuren in der Kabbala[85] und in den bis heute normativen Werken des Gelehrten Moses Maimonides und der jüdischen Philsophen des zwanzigsten Jahrhunderts niederschlagen haben; dass die Lehre vom vierfachen Schriftsinn über den Vermittler Philo von Alexandrien sowohl bei Origenes als auch in die rabbinischen Auslegungsregeln ihren Weg gefunden hat. Gleichzeitig wird immer deutlicher, dass andererseits das Judentum, wie es sich in den ersten Jahrhunderten nach 70 reformuliert hat, sich nicht einfach nur seinen eigenen Quellen, sondern genauso einer dezidierten Abstoßungsbewegung vom jungen Christentum verdankt, also einer eher jungen Differenzierung als einer alten bis heute „unwandelbarene Identität"[86] wird in jüngerer Zeit gerade von jüdischen Historikern herausgearbeitet.

Die christliche Theologie ist gerade dabei zu lernen, dass es *das* Judentum nicht gibt, weil es kein jüdisches Lehramt gibt, aber auch weil die jüdische Religion nach einschneidenden historischen Umwälzungsprozessen zu immer neuen fundamentalen Reorganisationen fähig war.[87] Deshalb reicht es nicht aus, das 'Alte Testament' zu studieren. Es ist darüber hinaus dringend geboten auch den Talmud – sofern uns das möglich ist –, die traditionelle jüdische Philosophie und die Philosophie des 20. Jahrhunderts zu studieren und die Verbindung aus beidem: das neuere jüdische Denken, das zur Zeit gerade vorzugsweise in den USA und in Frankreich, vereinzelt auch in Deutschland aufkeimt. Eine solche Forderung trägt der Tatsache Rechnung, dass sowohl Christentum als auch Judentum (und Islam) ihr Denken unter einer neuen Bedingung zu bewähren und zu reformulieren haben: *der Moderne*, zu deren Grundbe-

---

[84] Amir YEHOSHUA, *Die hellenistische Gestalt des Judentums bei Philon von Alexandrien,* Neukirchen-Vluyn 1983.

[85] Gershom SCHOLEM, *Das Ringen zwischen dem biblischen Gott und dem Gott Plotins in der alten Kabbala,* in: DERS., *Über einige Grundbegriffe des Judentums,* Frankfurt a. M. 1970ff., 9–52.

[86] Vgl. v. a. Daniel BOYARIN, *Als Christen noch Juden waren. Überlegungen zu den jüdischen christlichen Ursprüngen,* in: Kirche und Israel 16 (2/2001), 112–129 sowie neuerdings: DERS., *Border lines. The Partition of Judaeo-Christianity,* Philadelphia, 2004.

[87] Vgl. Peter OCHS, *The Renewal of Jewish Theology Today: Under the Sign of Three,* in: Graham WARD (Hg.), *The Blackwell Compagnion to Postmodern Theology*, Oxford 2001, 324–348.

findlichkeit die gegenwärtige Vergangenheit der Shoah inzwischen als wesentliches Moment gehört.

Entscheidende Merkpunkte für eine systematische Theologie, die sich nach Auschwitz ihrer eigenen Israelvergessenheit bewusst zu werden beginnt, und für die meines Wissens noch kaum fertige Konzepte vorliegen, sind

1. Eine eingehende Reflexion auf das Verhältnis zwischen jüdischem Bilderverbot und Christologie. Dies gilt auch unter eschatologischer Perspektive – wir warten gemeinsam und voneinander getrennt auf einen, den „wir nicht kennen" (Joh 1, 26f). Sein Kommen wird in der jüdischen und der christlichen Tradition – wenn auch in unterschiedlicher Weise – nicht ohne Zusammenhang zum freien Verhalten der Menschen und ihrer Friedens- und Versöhnungsfähigkeit gedacht.[88]
2. Damit eng verbunden eine Reflexion auf die Rolle von Sprachtheorie und Gebet im Judentum und in Christentum, das als poetisches Sich-an-Gott-Richten, als Klage und Lobpreis in seiner heilsamen und metaphysikkritischen Funktion im christlichen Kontext seit der Scholastik gleichzeitig unter- und überbestimmt zu sein scheint: Einerseits wird ihm als Fürbittgebet in metaphysischer Weise unmittelbare Wirksamkeit zugesprochen, andererseits ist es in Formeln erstarrt und aus der Theologie ausgeschlossen.
3. Ebenfalls eng damit zusammenhängend die Reflexion auf den meines Erachtens grundlegenden Unterschied zwischen christlicher Inkarnation und jüdischer „Inlibration"[89]: Es ist vielleicht der wesentlichste Unterschied zwischen Judentum und Christentum, dass die Anwesenheit Gottes auf Erden im Judentum nur als *Einwohnung* (zunächst und vor allem in der Tora) nicht aber als *Menschwerdung*

[88] Dies gilt christlich nicht nur im Sinnne der zitierten und theologisch singulären Position Jürgen Moltmanns, sondern auch gemäß dem einschlägigen Kapitel 39 in *Gaudium et Spes*, wo es zur menschlichen Mitwirkung am Reich Gottes klärend heißt: „Alle guten Erträgnisse der Natur und unserer Bemühungen nämlich, die Güter menschlicher Würde, brüderlicher Gemeinschaft und Freiheit müssen im Geist des Herrn und gemäß seinem Gebot auf Erden gemehrt werden; dann werden wir sie wiederfinden, gereinigt von jedem Makel, lichtvoll und verklärt, dann nämlich, wenn Christus dem Vater 'ein ewiges, allumfassendes Reich übergeben wird: das Reich der Wahrheit und des Lebens, das Reich der Heiligkeit und der Gnade, das Reich der Gerechtigkeit, der Liebe und des Friedens' (Missale Romanum, Präfation vom Christkönigsfest). Hier auf Erden ist das Reich schon im Geheimnis da; beim Kommen des Herrn erreicht es seine Vollendung."

[89] Der Begriff wurde m. W. erstmals in den dreißiger Jahren des letzten Jahrhunderts von Harry Austryn WOLFSON auf das Offenbarungsverständnis des Islam angewandt: *The Philosophy of the Kalam*. Cambridge 1976.

gedacht werden kann. Damit vermeidet das Judentum rückhaltlose Aneignungs- und Auslöschungsbewegungen, die dem (katholischen) Christentum historisch zu eigen waren, wenn etwa vom Papst als Stellvertreter Christi gesprochen wurde oder wenn das Seelenheil des zwangsgetauften Juden oder 'Indianers' höher gestellt wurde als sein irdisches Leben; aber auch wenn nicht christliche oder nicht orthodoxe Religiosität nur als Häresie verfolgt und ausgegrenzt werden konnte. An der offenbarungstheologisch zentralen Stelle Jesu im Christentum steht im Judentum die Schrift, ein von vorneherein jede Unifizierung abwehrende Größe, ein plurales Medium, dessen Pluralität im Talmud explizit geworden ist.

Das Erschrecken über Auschwitz und über sein eigenes historisches Versagen entlässt das Christentum heute also in ein wie nie zuvor krisenhaftes Zeugnis für den Einen Gott und seine Wirklichkeit in der Nachfolge des Juden Jesus Christus. Konsequent wendet sich die Theologie dem Fremden in seiner eigenen Mitte zu und geht so erste Schritte auf dem Weg einer unvorwegnehmbaren Suche nach altem neuen Sinn.

Deutungen frühjüdischer Martyrien und der Shoah

von Clemens Thoma, Luzern

Unter der Herrschaft des syrisch-seleukidischen Königs Antiochos IV. Epiphanes (175–164 v. Chr.) wurden ca. 8000 Jüdinnen und Juden, Erwachsene und Kinder, gequält und ermordet. Unter der Herrschaft Hitlers (besonders 1933–1945) gab es insgesamt 50–60 Millionen in den Tod gehetzte Menschen (Soldaten, Politiker, Widerstandskämpfer, von Bomben und Geschossen Erschlagene, Kranke, Alte und sogenannte „Angehörige einer bösen Rasse"). Besonders erschreckend ist die Tatsache, daß sechs Millionen Juden und Jüdinnen in den grausamen Tod getrieben worden sind, weil sie dem jüdischen Volk angehörten. In den modernen jüdischen und christlichen Deutungen der grausamen Judenvernichtung seitens der Nazis werden drei Begriffe synonym gebraucht: Holocaust (Ganz-Opfer), Shoah (Katastrophe, Vernichtung) und Auschwitz (Ort der zahlreichsten Quälungen und Vernichtungen). Weil über eine Million Juden in Auschwitz in Rauch und Asche verwandelt worden sind, ist dieser Ortsname zum inhaltlichen Stichwort für die Morde an allen Orten der Naziherrschaft geworden. Der amerikanisch-jüdische Autor Byron L. Sherwin beurteilt auch den amerikanischen Präsidenten Franklin D. Roosevelt und den Vatikan als Auschwitz-Mitarbeiter. „Auschwitz repräsentiert einerseits Tod und Zerstörung Israels und andererseits das Überleben und die Wiedergeburt. Dies ist das fundamentalste Dogma des heutigen jüdischen Gemeinschaftslebens."[1]

Es wirkt befremdend, dass bei heutigen Deutungen der Shoah unter der Hitlerherrschaft weder von jüdischer noch von christlicher Seite auf die grausamen naziähnlichen Ermordungen zahlreicher Juden und Jüdinnen unter Antiochos IV. Bezug genommen wird. Vor einiger Zeit habe ich einen jüdischen Religionsphilosophen dazu befragt. Er antwortete: „Ihr Christen würdet bei euren theologischen Deutungen der Shoah gerne auf den 'Hitler' Antiochos IV. Bezug nehmen, weil seine grausame Judenverfolgung damals den jüdischen Glauben an die Auferstehung der Martyrer und an das Gericht Gottes gegen die Judenfeinde neu geweckt hat. Eure schweigende Mitschuld an der Ermordung von 6 Millionen

---

[1] Byron L. SHERWIN, *Sparks amidst the Ashes. The Spiritual Legacy of Polish Jewry*, New York 1997, 81.

Juden könntet ihr durch eure Verkündigung der Auferstehung und des Gerichts wegschieben. Wir Juden holen uns vom Jenseits keinen diesbezüglichen Trost über die Schoa." In dieser Untersuchung werden sowohl vorchristliche jüdische Interpretationen der quälerischen und mörderischen Judenverfolgung durch Antiochus IV. Epiphanes dargelegt als auch derzeitige jüdische Holocaust-Deutungen. Dabei geht es nicht in erster Linie um allgemeine Verurteilungen des machtbesessenen Antiochus und des noch grausameren Hitler. Vielmehr geht es hauptsächlich um Darlegungen von Glaubensüberzeugungen und Hoffnungen, in deren Kraft jüdische Martyrer und Martyrerinnen bereits vor der neutestamentlichen Zeit die Qualen und den Tod auf sich genommen haben. Es ist ein von Juden und von Christen später viel zu wenig beachtetes Phänomen, dass jüdische Martyrer und Martyrerinnen bereits in den ungefähren Jahren 175–164 v. Chr. vor allem aus drei Gründen ihr von den Verfolgern verfügtes Todesschicksal auf sich genommen haben: sie waren bereit, ihr Leiden und Sterben Gott als Sühnegabe für die Sünden ihrer Mitmenschen darzubringen; sie hofften sodann auf die ganzheitliche Auferstehung und die damit zusammenhängende Vereinigung mit dem durch den Bund mit ihnen schon jetzt verbundenen Gott; schließlich wussten sie, dass der Richtergott ihre Quäler bestrafen werde. Aus den neutestamentlichen Texten ergibt sich, dass der vom heidnischen Herrscher Pilatus ungerecht zum grausamen Tod verurteilte Jude Jesus auch sein Leiden und Sterben als Sühnegabe für die Sünden der Menschen dem barmherzigen Vater darbrachte und dass er auf ein neues verherrlichtes Zusammensein mit dem Vater in der Herrlichkeit wartete. Die Repräsentierung jüdischer Martyrer der vorchristlichen Zeit, ihrer Qualen, Bereitschaft und Hoffnungen kann teilweise ein neues Denken über die Glaubens- und Verkündigungsinhalte des jüdischen und des christlichen Volkes Gottes bringen.

I. Moderne jüdische Holocaust-Deutungen

Es ist nicht erstaunlich, dass der schreckliche Holocaust das jüdisch-religiöse Leben und die jüdischen Denkweisen aufgerüttelt hat. Die im Folgenden erwähnten Gedankengänge von sechs einflußreichen jüdischen Autoren können Einblicke in das vielschichtige Erschrecken und in die denkerischen und religionsverbundenen Versuche zu Sinn-Auswegen vermitteln.

Richard Rubenstein (geb. 1924)

Rubenstein veröffentlichte 1966 das Buch *After Auschwitz*[2]. Als ein vom Massenmord am jüdischen Volk zuinnerst betroffener Mensch äußerte er sich als Verfechter einer Gott-ist-tot-Theologie: Die Shoah wäre nicht geschehen, wenn es einen anwesenden Gott gegeben hätte. Gott sei „das Heilige Nichts" („the Holy Nothingness"), das seine Autorität über das jüdische Volk und die Menschheit schon vor der Shoah verloren habe. Die Juden müssten auch vom „Mythos des erwählten Volkes" loskommen. Es gebe außerhalb der menschlichen Solidarität keinen Lebenssinn mehr. Das ehemalige Volk Gottes könne nur dann weiterhin zu seiner Religion stehen, wenn diese zu verhindern vermöge, dass es blindlings in die Fallen ihrer Todfeinde hineintappt. – Ähnlich wie Richard Rubenstein äußerte sich auch Rabbiner Irving Greenberg. Er schrieb u. a.: „In Europa hat Gott bei seiner Aufgabe versagt."[3] Auch der jüdisch-amerikanische Schriftsteller Elie Wiesel bewegt sich denkerisch teilweise in derselben Richtung. Für ihn ist die massenhafte Ermordung der vielen Juden „die Exekution von Gott selbst". Gott ist „daran schuldig. [...] Er offenbart sich selbst nicht in der Geschichte." Wiesel lässt Abraham fragen: „Welcher messianischen Art ist ein Messias, der sechs Millionen Tote verlangt, bevor er sich selber offenbart?"[4] Die Verzweiflung über Gott und seine mangelnden Rettungstaten ist also stark verbreitet.

---

2 Richard RUBENSTEIN, *After Auschwitz. Radical Theology and Contemporary Judaism*, New York 1966, 2. Aufl. 1992; DERS., *Der Tod Gottes,* in: Michael BROCKE – Herbert JOCHUM (HG.), *Wolkensäule und Feuerschein. Jüdische Theologie des Holocaust,* Gütersloh 1993, 111–125. – Zusammenfassungen und Beurteilungen aller bedeutenden Shoah-Deuter finden sich u. a. im Buch von Steven T. KATZ, *Post-Holocaust Dialogues. Critical Studies in Modern Jewish Thought,* New York 1983. Ebenso ausführlich schreibt Christoph MÜNZ über den Holocaust und die jüdischen Deuter in seinem Buch: *Der Welt ein Gedächtnis geben. Geschichtstheologisches Denken im Judentum nach Auschwitz,* Gütersloh 1995.

3 Irving GREENBERG, *Thoughts on Eichmann*, National Review Nr. 10 (22. April 1961), 238. Vgl. auch DERS., *Augenblicke des Glaubens,* in: BROCKE – JOCHUM, *Wolkensäule und Feuerschein*, 136–177. Dazu Peter NOVICK, *Nach dem Holocaust. Der Umgang mit dem Massenmord* (übersetzt aus dem Amerikanischen), Stuttgart 2001, 200 f.

4 Die Zitate stammen aus Dan COHN-SHERBOK, *Holocaust Theology*, London 1989, 93–97; vgl. auch Robert McAfee BROWN, *Elie Wiesel. Zeuge für die Menschheit*, Freiburg i. Br. 1990.

Emil L. Fackenheim (1916–2003)

Nach dem Ende des Zweiten Weltkrieges erhob der in Deutschland ausgebildete und dann in Israel lebende Emil Fackenheim seine Forderung, die er – die rabbinische Zählweise ergänzend – als das 614. Gebot der Tora bezeichnete: „Es ist Juden verboten, Hitler einen posthumen Sieg zu geben." Dieses von der Offenbarung geforderte Verbot könne nur aufrechterhalten werden, wenn die 6 Millionen Umgebrachten nicht vergessen werden, wenn die überlebenden Juden weiterhin als Juden leben und wenn sie weder an der Idee des Menschen als dem Abbild Gottes noch an Gott verzweifeln.[5] Fackenheim wehrte sich energisch gegen verschiedene jüdische Autoren, die wegen Auschwitz gegen die Realität Gottes redeten. Mehrmals zitierte er dagegen das Prophetenwort: „Meine (= Gottes) Gedanken sind nicht eure Gedanken, und eure Wege sind nicht meine Wege. Vielmehr: So hoch der Himmel über der Erde ist, so viel sind meine Wege höher als eure Wege und meine Gedanken höher als eure Gedanken" (Jes 55,8). Fackenheim schrieb auch öfters gegen die innerhalb des Judentums häufig geäußerte Vorstellung, der Holocaust sei das Strafgericht Gottes wegen vorausgegangener Sünden der Juden. Er bezeichnete diesbezügliche Bezugnahmen aus dem Ersten Testament (z. B. Lev 26,21–28) als unzutreffend. Gott hat seit Auschwitz – so Fackenheims Darstellungen – ein verdunkeltes Gesicht („an eclipsed face"). Er wird aber aus der Dunkelheit heraustreten, wenn das jüdische Volk auf seine gebietende Stimme von Auschwitz her hört. Hitlers Angriffe und Zerstörungen haben sich nach Fackenheims Überzeugung nicht primär gegen die jüdische Rasse gerichtet, sondern gegen den jüdischen Glauben und gegen Gott selbst.

Eliezer Berkovits (1908–1992)

Der 1900 in Siebenbürgen Geborene lebte und wirkte in Deutschland, England, Australien und in den USA. Er war ein großer Kenner biblischer und nachbiblischer jüdischer Traditionen. Im Auschwitz-Geschehen sah er eine Manifestation des Willens Gottes und auch eine den Tod Gottes und die Absurdität des menschlichen Lebens beinhaltende Versuchung. Im Zentrum seiner Deutungen steht die Lehre vom „verhüllten Antlitz Gottes" (hester panim: bHag 5a–b; PesK 24,14): Gott verbirgt sich derzeit geheimnisvoll vor den Menschen. Am Ende seines Sich-Verbergens wird er sich aber als endgültiger und uneingeschränkter

[5] Emil L. Fackenheim, *God's Presence in History. Jewish Affirmation and Philosophical Reflections,* New York 1972; Ders., *Glaube an Gott und „Idee Mensch" nach Auschwitz,* FrRu 10 (2003) 99–105.

Retter Israels zeigen. Das Böse triumphiert also letztlich nicht.[6] Berkovits beschuldigt das Christentum, dass es sich schon lange vor Auschwitz mörderisch und verachtend gegen das jüdische Volk verhalten habe. Besonders aufgrund christlicher Boshaftigkeiten seien im Verlaufe der Geschichte „unzählige Auschwitze“ geschehen. Berkovits wehrt sich deshalb sehr aggressiv gegen heutige jüdisch-christliche Dialogbemühungen. Der Holocaust habe den „spirituellen Bankrott der christlichen Religion“ gezeigt. Die Ausführungen von Berkovits sind auch deshalb wertvoll, weil sich in ihnen viele deutliche biblische Anknüpfungen und zum Nachdenken bewegende philosophisch-theologische Schlussfolgerungen finden.

Ignaz Maybaum (1897–1976)

Der in Wien geborene Ignaz Maybaum war Schüler von Franz Rosenzweig und lehrte später als Reformrabbiner in Deutschland und in England. In seinem Hauptwerk[7] deutete er die Judenvernichtung seitens der Nazis als „dritten Churban“ (Zerstörung, Vernichtung) und als „gezerah“ (schreckliche Fügung, Verhängnis) der jüdischen Geschichte. Mit Churban bezeichnete er drei katastrophale, das jüdische Volk und seine Institutionen teilweise zerstörende Ereignisse: die Zerstörung des Ersten und des Zweiten Tempels und den Holocaust. Diese äußerst schweren Unglücks-Ereignisse kündigten nach seiner Überzeugung jeweils eine neue Heilszeit an: „Der churban ist ein Fortschritt, der mittels eines Opfers erreicht wird.“[8] Die zahlreichen jüdischen Menschen-Opfer bezeugen Gottes ehrfurchtgebietendes Werk, das sich menschlichem Verstehen entzieht. Auch der dritte Churban, der Holocaust, offenbart letztlich die Barmherzigkeit Gottes. Die jüdischen Martyrer und Martyrerinnen starben für die Sünden der anderen Menschen, als Sühne für das Böse und als Opfer, die von Gott gnädig angenommen wurden. Nach Maybaum erlitten die Opfer in den Gaskammern einen stellvertretenden Tod für die Sünden der Welt. Sie sind der stellvertretend leidende Gottesknecht, der in Jes 52–53 beschrieben ist. Auschwitz ist für Maybaum „der Kalvarienberg des jüdischen Volkes des 20. Jahrhunderts“.[9] In mehreren Vorträgen und Artikeln machte Maybaum die Aussage, dass die jüdischen Auschwitz-Martyrer als Heilige gedeutet und verehrt

---

[6] Vgl. Steven T. KATZ, *Post Holocaust Dialogues*, 163–173. Das Hauptwerk von Eliezer BERKOVITS trägt den Titel *Faith after the Holocaust*, New York 1973.

[7] Ignaz MAYBAUM, *The Face of God after Auschwitz*, Amsterdam 1965.

[8] Zit. in Christoph MÜNZ, *Der Welt ein Gedächtnis geben*, 236.

[9] Ignaz MAYBAUM, *The Face*, 35.

werden sollten: „Die sechs Millionen, die unschuldig starben, starben nicht wegen ihrer eigenen Sünden, sondern wegen der Sünden anderer: [...] Sie sind das Opfer, das auf den Altar gebracht worden ist und das Gott vor allen anderen anerkennt [...]. Sie sind Juden, die unsere moderne Zivilisation als heilige Martyrer anerkennen sollte [...]. Ihr Tod reinigte die westliche Zivilisation.“[10]

Hans Jonas (1907–1993)

Auschwitz ist mit traditionellen theologischen Kategorien nicht zu meistern, schrieb Hans Jonas mehrmals. Gott könne angesichts des Nichteingreifens in Auschwitz nicht mehr als Allmächtiger und nicht mehr als Herr der Geschichte akzeptiert werden. Es sei daher anzunehmen, Gott habe am Schöpfungsmorgen seiner Macht entsagt und wirke seitdem im Zustand der Ohnmacht. Als Unendlicher habe er seine Macht den Endlichen überantwortet.[11] Diese radikale Kritik gegen den nicht eingreifenden Gott Israels hat in jüdischen und in christlichen Kreisen viele Bedenken und neue Nachdenklichkeiten hervorgerufen. Von jüdischer Seite wurde hervorgehoben, dass der Gedanke eines absoluten Machtverzichts Gottes von der rabbinischen Tradition nicht mehr gedeckt werden könne. Er führe zur Preisgabe des göttlichen Gerichts, einem „Dogma des Judentums, das kaum aufgegeben werden kann“[12]. Desgleichen sei die Vorstellung der uneingeschränkten Güte Gottes vor dem Hintergrund der rabbinischen Tradition kritikbedürftig. Gott sei immer als „der Urheber auch des Bösen oder des Übels in der Welt“[13] verstanden worden. Schließlich wurde angemerkt, dass die Vorstellung von einem ohnmächtigen und leidenden Gott im letzten soteriologisch dürftig sei, da sie die Hoffnung auf eschatologische Rettung nicht mehr verbürgen könne.[14]

---

[10] Ebd., 51f.

[11] Hans JONAS, *Der Gottesbegriff nach Auschwitz. Eine jüdische Stimme,* Tübingen 1984; Frankfurt 1987; vgl. Clemens THOMA, *Das Messiasprojekt. Theologie jüdisch-christlicher Begegnung,* Augsburg 1994, 394 f.

[12] Vgl. Arnold GOLDSTEIN, *Ist Gott allmächtig? Was die Rabbinen Hans Jonas antworten könnten?,* in: Judaica 47 (1991) 51–58, 53.

[13] Ebd. 56 (mit Verweis auf Jes 45,7).

[14] Vgl. zur Diskussion: Hans Hermann HENRIX, *Machtentsagung Gottes? Ein Gespräch mit Hans Jonas im Kontext der Theodizeefrage,* in: Johann Baptist METZ (Hg.), *Landschaft aus Schreien. Zur Dramatik der Theodizeefrage,* Mainz 1995, 118–143; Eberhard JÜNGEL, *Gottes ursprüngliches Anfangen als schöpferische Selbstbegrenzung,* in: DERS., *Wertlose Wahrheit. Zur Identität und Relevanz christlichen Glaubens. Theologische Erörterungen III,* München 1990, 151–162; Jan-Heiner TÜCK, *Christologie und Theodizee bei Johann Baptist Metz,* Paderborn u. a. ^{2}2001, 181–187.

Arthur Katz (geb. 1930)

Im Zusammenhang mit seiner Shoah-Deutung greift Arthur Katz das jüdische Volk an, weil es nie erwogen habe, „daß Gott uns in der Kreuzigung von Israels Messias so offenbar wurde, wie Er tatsächlich ist“. Israel sei heute wegen seiner anhaltenden Ablehnung des Messias Jesus von Nazareth „das von Gott bestrafte Volk“. Man könne dies aus allen vergangenen Katastrophen ersehen: Tempelzerstörung (70 n. Chr.), Vertreibungen des Volkes, Verfolgungen in Spanien, Russland und unter der Hitlerherrschaft. Es gebe vor allem seit der Tempelzerstörung „keine Bedeckung oder Sühne (Kapparah) mehr für die Sünden des jüdischen Volkes“[15]. Ein Hauptsatz lautet: „Wenn Gott sich nicht zum Menschen herabläßt, begegnen sich die beiden nie. In Christus hat Er sich herabgelassen.“ Wir Juden/Jüdinnen haben Gott „in der Form, in der Er sich uns offenbaren wollte, abgelehnt“ (71 f.). „Es gibt keine Aussage, die mehr über Gott aussagt als der gekreuzigte Gott.“ Er Selbst hat Sich als Christus „bereitwillig als Opfer auch für uns zur Verfügung gestellt“ (72). Arthur Katz betont mehrmals, die Ablehnung Jesu habe das Gericht Gottes zur Folge gehabt. Das habe bedeutet, „daß jede brutale dämonische Macht sich völlig frei fühlen konnte, um uns anzugreifen“. Allerdings habe es auch das deutsche Volk nicht verstanden, „welche tiefe Bedeutung darin liegt, den Holocaust als ein Gericht Gottes zu erkennen“ (73). Gott als Richter zu erkennen sei unverzichtbar. „Unser Gott wird in der tiefsten Weise in seinem Gericht offenbar“ (77). Die Offenbarung Gottes als Richter ist „in ihrem ganzen Umfang in der Kreuzigung Jesu und in Auschwitz gegeben“ (84). Gott selbst habe „im Holocaust des Jesus von Nazareth einen hohen Preis für die Sühnung der Sünden bezahlt“ (86). Wenn wir „Gottes Gerichtshandeln sehen wollen, dann sehen wir es nirgends deutlicher als im Holocaust des jüdischen Volkes und im Holocaust unseres Messias“ (89). Auch die Kirche werde bestraft und geschädigt werden, wenn sie den Holocaust nicht als Gericht anerkenne (124). Arthur Katz selbst wolle den zögerlich gewordenen Christen und dem jüdischen Volk die „gewaltige Kraft der Auferstehung Christi beibringen“ (130).

Es gab schon im Mittelalter auch auf christlicher Seite ähnliche Ausführungen, wie sie Arthur Katz derzeit darlegt. In mehreren Punkten hat er aber recht: Historische und exegetische Forschungen haben gezeigt,

---

[15] Arthur KATZ, *Der Holocaust – Wo war Gott?*, Düsseldorf 2000, 67f. Auch alle folgenden Zitate sind diesem Buch entnommen. Arthur KATZ verbreitet auch viele Internet-documents. Sie tragen den Titel *Ben Israel, The Mystery of Israel and the Church.* Vgl.: www.benisrael.org/OnlineBooks/mystery_of_israel_and_the_church/contents.htm.

dass Leiden und Tod des Juden Jesus von Nazareth ähnlich grausam waren wie Leiden und Tod jüdischer Menschen in vorchristlicher, christlicher und nazistischer Zeit, und dass auch das Ja zur Selbsthingabe zur Rettung des Volkes Gottes in Jesus und in den jüdischen Martyrern ähnlich war. Über dieses Ja der Martyrer wird in den folgenden Kapiteln die Rede sein. Leider muss hier aus Platzgründen auf die inhaltliche Charakterisierung weiterer Shoah-Deuter und -Deuterinnen verzichtet werden: auf Primo Levi, Paul Celan, Nelly Sachs, Ernst Weichert, Schalom Ben-Chorin, Paul Hilber, Michael Wyschogrod und andere.[16]

II. Heidnische Mörder und jüdische Martyrer

1. Antiochos IV.: Zerstörer, Mörder und Herrscher

Unter der diktatorischen Herrschaft des syrisch-seleukidischen Königs Antiochos IV. Epiphanes wurden mehrere Tausend Juden und Jüdinnen grausam umgebracht. Sie hatten sich gegen räuberische und götzendienerische Frevel dieses heidnischen Eroberers in Jerusalem und im jüdischen Land gewehrt. Seinen Abschaffungsbemühungen jüdischer Besonderheiten – Schabbat, Beschneidung, exklusive Gottesverehrung – hatten sie kompromisslos widerstanden. In den damals und kurz danach entstandenen Schriften (besonders im Danielbuch und den beiden ersten Makkabäerbüchern) wird geschildert, wie Juden, die sich weigerten, den polytheistischen Heiden zu dienen und deren Religion zu imitieren, in Feueröfen verbrannt, wilden Tieren zum Fraß vorgeworfen, ihrer Besitztümer beraubt und öffentlich zu Tode gequält wurden. Diese massenhaften Ermordungen nach Verfolgung und Quälerei wurden in jüdischen Gruppen aber nicht nur resignierend registriert. Vielmehr eigneten sich damalige Juden neue Glaubensinhalte an, die dem Martyrium Sinn und den Martyrern Mut geben sollten.

Alle im Folgenden zitierten Schriften stammen aus der Zeit zwischen ca. 180 vor und ca. 10 nach Christi Geburt. Sie sind im ägyptischen oder palästinischen Judentum teilweise unter griechisch-römischem Denkeinfluss entstanden.[17] Das Danielbuch wurde ca. 164–162 v. Chr. verfasst.

---

[16] Vgl. dazu exemplarisch Norbert RECK, *Im Angesicht der Zeugen. Eine Theologie nach Auschwitz,* Mainz 1998; Jan-Heiner TÜCK, *„Gelobt seist du, Niemand". Paul Celans Dichtung – eine theologische Provokation,* Frankfurt a. M. 2000.

[17] Bei den Zeit- und Inhaltsangaben beziehe ich mich besonders auf die *Theologische Realenzyklopädie* (bisher 36 Bände; Band 1: 1977). Darin sind Forschungsüberblicke, Entstehungsaussagen, Inhaltszusammenfassungen etc. aller biblischen, zwischentestamentlichen und nachbiblischen jüdischen und christlichen Schriften enthalten.

Das erste Makkabäerbuch wurde von einem den Hasmonäern und Pharisäern nahestehenden Chronisten ca. 120 v. Chr. abgeschlossen. Das zweite Makkabäerbuch basiert vor allem auf der Grundlage des in der Mitte des zweiten vorchristlichen Jahrhunderts in Alexandrien von Jason von Kyrene verfassten fünfbändigen Werkes: ca. 110–100 v. Chr. (vgl. 2 Makk 2,19–32). Das dritte und vierte Makkabäerbuch sind teilweise philosophisch-hellenistisch gefärbte Nacherzählungen und Neuinterpretationen der jüdischen Martyrergeschichten und ihrer seleukidischen und ptolemäischen Verfolger. Sie wurden wohl erst zu Beginn des ersten nachchristlichen Jahrhunderts verfasst.[18] Die beiden ersten Makkabäerbücher werden in der Katholischen Kirche als „Heilige Schriften" gewertet. Die Orthodoxe Kirche deutet auch das dritte (und teilweise auch das vierte) Makkabäerbuch als der Heiligen Schrift zugehörig.

Bei der Deutung der unter der Herrschaft von Antiochos IV. erfolgten Judenverfolgung kann nicht übersehen werden, dass verschiedene Geschichten hauptsächlich Erzählungen zur Förderung der Martyriumsbereitschaft und zur Stärkung des jüdischen Glaubens sind. Dies gilt u. a. für die Erzählung über die drei jungen Männer im Feuerofen (Dan 3), über das Gastmahl des Königs Belschazzar (Dan 5), über Daniel in der Löwengrube (Dan 6), über die versuchte Vergewaltigung der Jüdin Susanna, die mit einem babylonischen Juden verheiratet war (Dan 13: G), sowie über die makkabäische Mutter und ihre sieben Söhne, die alle grausam in den Tod getrieben wurden (2 Makk 7). Diese teilweise konstruierten Erzählungen sind nicht ohne reale Bezüge zu harten Realitäten in der Verfolgung erfunden und gestaltet worden. Sie sind Deutungen vieler tatsächlich geschehener Zwänge zum Abfall vom jüdisch-traditionellen Glauben und zu vielen Leiderfahrungen und Martyrien. Sie spiegeln sowohl die Nöte des jüdischen Volkes während der mörderischen Verfolgungszeit wider als auch die Versuche der Überlebenden, dem Leid, der Tapferkeit und dem Tod der Glaubenstreuen einen offenbarungsgemäßen Sinn zu geben.

Verlässliche Angaben finden sich u. a. auch im Werk von Martin HENGEL, *Judentum und Hellenismus. Studien zu ihrer Begegnung unter besonderer Berücksichtigung Palästinas bis zur Mitte des 2. Jhs. v. Chr.*, WUNT 16, Tübingen 1969; vgl. auch Bibel und Kirche 57 (2002): *Die Makkabäer*, 61–103.

[18] Als Grundlagen aller Makkabäerbücher werden hier die von Solomon Zeitlin und Moses Hadas herausgegebenen griechisch-englischen vier Makkabäerbücher (samt den Anmerkungen) benützt: Solomon ZEITLIN, *The First Book of Maccabees*, New York 1950; DERS.: *The Second Book of Maccabees*, New York 1954; Moses HADAS, *The Third and Fourth Books of Maccabees*, New York 1953.

Antiochos IV. wollte das Land Israel und seine Religion hellenisieren. Unter Hellenismus wird jene antike Weltkultur verstanden, die lokale Kulturen, Nationen und Religionen einander anzugleichen und der Dominanz der griechischen (später der römischen) Denk-, Lebens- und Machtsituation unterzuordnen versuchte. Im Gefolge der Eroberung des Orients durch Alexander den Großen waren das jüdische Volk, seine Priester und seine ethisch-moralischen Führer ab dem dritten vorchristlichen Jahrhundert in den Sog des religiösen, kulturellen und politischen Machthellenismus geraten. Unter diesem Überdruck von außen her entstanden innerjüdisch destabilisierende Spannungen. Im Folgenden wird ein informativer Text aus dem ersten Makkabäerbuch (1 Makk 1,10–15) wiedergegeben, in dessen Zusammenhang sowohl Antiochos IV. als auch die religiösen jüdischen Hellenisten gedeutet werden. Der Text lautet:

„(10) Aus ihnen (sc. aus den Seleukiden bzw. Diadochen) ging eine sündige Wurzel hervor: Antiochos Epiphanes, ein Sohn des Königs Antiochos III. Er war als Geisel in Rom gewesen. Im 137. Jahr der Herrschaft der Griechen (175 v. Chr.) wurde er König. (11) In jenen Tagen gingen aus Israel widergesetzliche Söhne (υἱοὶ παράνομοι) hervor. Sie verführten viele, indem sie sagten: Laßt uns hingehen und einen Bund (διαθήκην) mit den Völkern rings um uns schließen. Denn seitdem wir uns von ihnen abgesondert haben, hat uns viel Schlechtes getroffen. [...] (13) Einige aus dem Volk gingen zum König Antiochos. Dieser gab ihnen die Vollmacht, die Rechtssatzungen der Völker einzuführen. (14) Entsprechend den Gesetzen der Völker begannen sie in Jerusalem ein Gymnasium zu bauen. (15) Sie ließen sich die Vorhaut wiederherstellen, verheirateten sich mit den Völkern und verkauften sich, um das Schlechte zu tun."

Dem hier als „sündige Wurzel", d. h., als frevelhafter Verursacher von Schlechtem, geschilderten Antiochos IV. liegen „widergesetzliche Söhne" Israels zu Füßen. Vermutlich wird Antiochos hier als Anti-Messias bezeichnet. In Jes 11,1 wird der wahre Messias als „Reis aus dem Baumstrunk Isais" bezeichnet. Antiochos IV. ist dem gegenüber widergöttlich, religionsfeindlich und antimessianisch. Die „widergesetzlichen Söhne" sind vor allem vom traditionellen Glauben und von den Gesetzespflichten abgefallene Oberpriester, Priester und Leviten. Sie waren der jüdischen Religiosität müde geworden und wollten das jüdische Religionssystem und die sozial-kulturellen jüdischen Besonderheiten mit griechisch-römischer Religion, Kultur und Weltlichkeit verbinden.[19]

---

[19] Darüber hat besonders Isaak HEINEMANN gründlich geforscht. Vgl. seinen Artikel

Antiochos Epiphanes gilt besonders in Dan 11,21–29 und in den Makkabäerbüchern als gott- und israelfeindlicher Verbrecher. Er raubte den Jerusalemer Tempel aus und versuchte, den Tempelgottesdienst durch einen hellenistisch-heidnischen Kult zu ersetzen. Die Wohnstatt des göttlichen Königs Israels wollte er in ein Heiligtum des Zeus Olympios verwandeln (Dan 11,31f.; 12,11). Hintergrund seiner kultischen und mörderischen Verbrechen war auch sein göttliches Selbstbewusstsein als „Zeus Olympios Epiphanes", also als sichtbarer oberster Gott der hellenistisch-griechischen Völkerwelt. Auch den in Syrien verehrten „Baal ha-Schamayim" (Herrscher des Himmels) suchte er mit sich selbst zu identifizieren.[20]

Bei mehreren Interpreten gilt Antiochos IV. neben Nebukadnezar, Haman und dem Pharao als die vierte übergroße antiisraelitische Unheilsfigur. Er betrieb ein totalitäres Regime. Im 20. Jahrhundert habe sich Hitler als fünfte Verderbergestalt diesen vier Vorgängern angeschlossen. Um das Tempelgeld an sich reißen zu können, betrieb Antiochos IV. bald nach seinem Regierungsantritt die Ermordung des Hohenpriesters Onias III. (2 Makk 4,30–38). Menelaos, der spätere Nachfolger im Amt des Hohenpriesters (172–162), führte die Ermordung aus und erhob sich dann mit Hilfe von Antiochos selbst zum Hohenpriester. Vor und nach seinem Amtsantritt überbrachte er Antiochos reiche Gaben aus dem Tempelschatz. In den drei Tagen der Unruhen rund um den Raub des Tempelschatzes seien „80 000 jüdische Menschen umgekommen. Und zwar wurden 40 000 im Gemetzel getötet und ebensoviele wurden in die Sklaverei verkauft" (2 Makk 5,14). Der Hohepriester Menelaos geleitete Antiochos in den Tempel hinein, raffte die kostbaren Schätze des Heiligtums zusammen und übergab sie dem König. Im Jahr 163 v. Chr. wurde Menelaos als Schwerverbrecher auf Befehl eines Nachfolgers von Antiochos IV. hingerichtet (2 Makk 13,1–8).

Die politischen Ziele des Antiochos werden in 1 Makk 1,41f. kurz erwähnt: „Damals schrieb der König seinem ganzen Reich vor, sie sollen alle zu einem einzigen Volk werden, und jeder solle seine Eigenart aufgeben." Er erkannte, dass die Einheit und die Macht seines Reiches von der einheitlichen Denkweise her gefördert wird. Am 6. Dezember

---

Wer veranlaßte den Glaubenszwang der Makkabäer? MGWJ 82 (1938) 145–172. Noch ausführlicher und exakter schildert David FLUSSER die jüdisch-religiöse Absage gegen die „frevelhaft sich anmaßenden Juden" und die „Herrscher der Frechheit", in: *Ein Sendschreiben aus Qumran (4Q MMT) und der Ketzersegen*, Bulletin der Schweizerischen Gesellschaft für judaistische Forschung, Beiheft Nr. 4 der Zeitschrift Judaica, 1995, 6–57.

[20] Vgl. u. a. John C. DANCY, *A Commentary on I. Maccabees*, Oxford 1954, 45–48.

des Jahres 167 verursachte Antiochos im Jerusalemer Tempel den „Greuel der Verwüstung an heiliger Stätte" (1 Makk 1,54; Dan 9,27; 11,31). Wahrscheinlich wollte er einen reichseinheitlichen Kult einschließlich des Königskults einführen und für alle Reichsangehörigen verbindlich machen. Hellenistisch-heidnische Symbolfiguren wurden in die Tempelräume gebracht. Dazu wurde die Behauptung in Umlauf gesetzt, der Gott Israels sei mit den obersten Göttern der Griechen und Phönizier identisch.[21] Viele ihrer Religion müde gewordene Israeliten fanden Gefallen an den Ideen und Aktionen des Antiochos. Sie opferten den Göttern, entweihten den Schabbat und trennten sich von biblischen Gesetzesvorschriften. In der späteren Religionswissenschaft wurde dies als Theo-krasie (Gott-Vermischung) und als Synkretismus (Zusammenfügung religiöser Vorstellungen) bezeichnet.

Antiochos IV. Epiphanes starb im November/Dezember des Jahres 164 v. Chr. in Tabae in Persien auf seinem Kriegszug gegen die Parther an einer rätselhaften Krankheit. Er hatte vergebens versucht, zu einem vernichtenden Schlag gegen die Ptolemäer auszuholen und seine politische Tyrannei in Jerusalem und Umgebung zu festigen. Der Verfasser des Danielbuches lässt Antiochos im Land Israel jäh zwischen Meer und Jerusalem in seinen Prachtzelten hilflos sterben (Dan 11,45). Danach lässt er den großen kriegstüchtigen und Israel schützenden Engel Michael auftreten, der die Endrettung Israels ankündigt. Antiochos IV. hatte also viele naziähnliche Herrschaftsintrigen gezeigt.

Der Hellenismus stürzte das jüdische Volk und die jüdische Religion besonders im 2. vorchristlichen Jahrhundert in schwere Krisen. Die Gesetzestreuen, erschreckt vom jüdischen Glaubensabfall und von der Verfolgung, wollten durch eschatologische Heilserwartungen getröstet und gestärkt werden. In dem bald nach dem Tod des Antiochos IV. verfassten dritten Buch der Sibyllinen heißt es: „Hellas, weshalb vertraust du den sterblichen Herrschern, die keine Macht besitzen, um dem Tod zu entfliehen? Weshalb bringst du vergebliche Geschenke zu verstorbenen Menschen? Weshalb opferst du Götzen? Wer hat dir den Irrtum in die Seele gelegt, dies zu tun, verlassend das Antlitz Gottes?" Hier werden Griechen und hellenistisch angehauchte Juden getadelt, weil sie die religiöse Verbindung mit dem alleinigen Gott preisgegeben haben und statt dessen religiös-verwirrende Ideen pflegten.

---

[21] Vgl. HENGEL, *Judentum und Hellenismus,* 173.

2. Die aufständischen Hasmonäer

Die Familie der Hasmonäer stammte aus der einfachen Priesterfamilie Jojarib (1 Makk 2,1–5). Zu Beginn der Regierungszeit des Antiochos IV. lebte die unter der Leitung des hochangesehenen Vaters Mattathias stehende hasmonäische Priester-Familie in Modi'in. Als die Verordnung der Anbetung der hellenistischen Mischgötter auch in Modi'in zur Durchführung gelangen sollte, wurde Mattathias auch von Stadtbewohnern aufgefordert, den perversen Befehlen der heidnischen Götzendiener nachzukommen. Er aber sagte: „Ich, meine Söhne und meine Verwandten bleiben beim Bund unserer Väter. Der Himmel bewahre uns davor, das Gesetz und seine Vorschriften zu verlassen. Wir gehorchen den Befehlen des Königs nicht und weichen weder nach rechts noch nach links von unserer Religion ab" (1 Makk 2,20–22). Ein anderer Jude aber wollte auf dem Altar in Modi'in im Sinne der Verordnungen des heidnischen Herrschers ein Opfer darbringen. Da erstach Mattathias diesen Verräter und die anwesenden königlichen Aufseher. Dann rief er zur Revolution auf: „Wer sich für das Gesetz ereifert und zum Bund steht, der soll mir folgen" (1 Makk 2,27).

Mehrere heutige Forscher sagen: Wenn der von Mattathias und seinen sieben Söhnen erfolgreich durchgeführte Aufstand nicht siegreich geendet hätte, wäre das jüdische Volk mit seiner speziellen Gottesverehrung und seiner besonderen Verbundenheit mit der Tora damals untergegangen. Was Mattathias und sein Sohn Judas Makkabäus (166–161) damals begannen (1 Makk 3,1–9,23; 2 Makk 8,1–15,39), führten die Brüder des Judas weiter: besonders Jonathan (161–143; 1 Makk 9,31–12,52) und Simon (143–134; 1 Makk 13,1–16,16). Dank der erfolgreichen makkabäischen Befreiungskriege konnte im Jahr 140 v. Chr. der freie jüdische Staat ausgerufen werden. Der den letzten Befreiungskrieg anführende Makkabäer Simon wurde vom Volk als Fürst, Feldherr, Hoherpriester und Befreier Israels anerkannt (1 Makk 13,43–14,3; 2 Makk 10,32–38).

Viele Juden waren während dieser Zeit – u. a. wegen des in Jerusalem auch von Priestern angesammelten Reichtums – zur Überzeugung gekommen, der Tempeldienst, die Tempelopfer und die Hohenpriester seien Gott missfällig geworden. Gottes Vergebung sei daher nur sehr schwer wieder zu erlangen. Deshalb geschähen Verfolgung und viele Martyrien. Man müsse aus Jerusalem auswandern und in der Ferne auf die Neuerrichtung einer gottgefälligen Liturgie mit einer würdigen Priesterschaft und einem neuen Tempel warten. Der eine und einzige Gott müsse im Kult und im Leben wieder zum Leuchten gebracht werden. Dies war die Meinung sowohl der qumranischen Priester als auch der Leontopolis-Priester.[22] Auch die Makkabäer wollten den nationalen, völkisch und religiös-unabhängigen Charakter des Judentums erneuern und das Volk aus Lethargie, Rückständigkeit, religiöser Zwiespältigkeit, Jämmerlichkeit und Sklaverei befreien. Sie verstanden sich als nationale, monotheistische und gottesdienstliche Erlöser.

Der Aufstand unter der Leitung von Judas Makkabäus wurde von apokalyptischen Gruppen teilweise als ein heilsgeschichtliches Vorereignis verstanden. Im 90. Kapitel des ungefähr damals entstandenen äthiopischen Henochbuches werden die israelitischen Reformer und Kämpfer in verschlüsselter Sprache mit gottgetreuen Lämmern verglichen. In äthHen 90,9f. heißt es: „Ich sah, wie jenen Lämmern Hörner wuchsen. Aber die Raben warfen deren Hörner zu Boden. Dann sah ich, wie ein großes Horn aus einem dieser Schafe hervorwuchs. [...] Dieses Lamm mit dem großen Horn sah nach den übrigen Schafen und schrie ihnen zu. Da kamen ihm alle entgegen." – In diesem und auch in anderen Texten wird Judas Makkabäus versteckt als „großes Horn" gedeutet und damit als Messias und Erlöser aus Krieg und heidnischer Vielgötterei. Mit guten Gründen kann man annehmen, dass die makkabäischen Aufstandsversuche politisch und religiös ähnlich motiviert waren wie verschiedene Aufstände im Nazireich.

3. Martyrium: Opfergabe an Gott und für das Volk Gottes

In den in der ersten Hälfte des ersten vorchristlichen Jahrhunderts verfassten Psalmen Salomos[23] heißt es in einem Gebet: „Erziehe uns nach Deinem Willen und gib uns nicht den Völkern preis [...], denn Du bist barmherzig, zürnst uns nicht und willst uns nicht vernichten. Wenn Dein Name mitten unter uns wohnt, werden wir Barmherzigkeit finden, und kein Heidenvolk wird Macht über uns bekommen. Denn Du bist unser Beschützer, wir rufen Dich an und Du wirst uns erhören. Denn Du wirst Dich über Israels Geschlecht für alle Ewigkeit erbarmen" (PsSal 7,3–8).

In diesem wohl auf die Verfolgungszeit unter Antiochos IV. zurückgehenden Gebet wird das Vertrauen auf die Barmherzigkeit und die Anwesenheit Gottes mitten in der Not Israels ausgedrückt. Kein Heidenvolk könne vernichtende Macht über das jüdische Volk gewinnen, denn Gott sei der in Israels Mitte weilende Beschützer. Inklusive wird damit auch

---

[22] Vgl. Clemens THOMA, *Religionsgeschichtliche und theologische Bedeutsamkeit der jüdischen Hohenpriester von 175–37 v. Chr.*, BiLi 45 (1972) 4–22.

[23] Vgl. Svend HOLM-NIELSEN, *Die Psalmen Salomos*, JSHRZ IV, Gütersloh 1977, 51–112.

der Glaube ausgedrückt, dass Gott die jüdischen Getreuen und die jüdischen Martyrer für alle Ewigkeit unter seinen Schutz nimmt. Sie bleiben auch nach dem Tod Glieder des Bundesvolkes Israel.

Im Zusammenhang mit mehreren mörderischen Judenverfolgungen im 2./1. Jahrhundert v. Chr. gibt es verschiedene Deutungen des Martyriums. David Flusser (1917–2000) zog aus seinen Forschungen über die zwei Jahrhunderte vor der neutestamentlichen Zeit die Folgerung, dass die Mehrzahl der damaligen jüdischen Martyrer mit sehr ähnlichen Überzeugungen den Tod auf sich genommen haben wie der Martyrer Jesus von Nazareth. Zentrale christliche Glaubensüberzeugungen fußen nach Flusser damit nicht allein auf dem Leiden, dem Sterben und der Auferstehung Jesu, sondern auch auf dem Todesleiden damaliger jüdischer Glaubenszeugen. In seinem Artikel „Das jüdische Martyrium im Zeitalter des Zweiten Tempels und die Christologie“[24] schreibt Flusser: „Die Christologie [...] fußt auf dem jüdischen Martyrium. [...] Wenn wir das jüdische Martyrium und die Ideen, die damit im Zeitalter des Zweiten Tempels verbunden waren, genauer untersuchen, verstehen wir auch den Anfang der Christologie. [...] Wir finden dann besonders die Idee des Sühnetodes Jesu schon im Judentum vorgezeichnet. Die Christologie, oder besser gesagt, der Sühnetod Jesu ist das Zentrum des Christentums geworden und sogar ein Erkennungszeichen für das Christentum. [...] Die Hauptquellen über das jüdische Martyrium und die damit verbundene Ideologie fließen seit der Zeit der Makkabäer reichlich, denn es war die Zeit, in der Antiochos das Judentum verbieten wollte, eine Zeit, in der jüdische Menschen für ihren Glauben gestorben sind“ (187).

Das Martyrium als Opfergabe an Gott und für das Volk Gottes wird zunächst besonders im Buch Daniel dargelegt und erläutert. Sowohl in seinen hebräischen und aramäischen Teilen als auch in seinen griechischen Zusätzen hat das Buch Daniel einen kolossalen Einfluss auf das jüdische Denken ausgeübt.[25] Ab dem Ende des zweiten Jahrhunderts gehört es „zu den einflußreichsten biblischen Büchern, wie die Zitate in TestXII, im Neuen Testament (Mk 13,1f), in Sib 3,396ff. sowie in Bar 1,15–2,19 beweisen“.[26] Auch die Qumranleute benutzten das Danielbuch zur Bekräftigung ihrer israelkritischen und messianischen Ideen.

---

[24] FrRu 25 (1973) 187–194. Eine kurze Flusser-Biographie findet sich in FrRu NF 8 (2001) 76.86–93.

[25] Vgl. Jürgen LEBRAM, *Daniel/Danielbuch und Zusätze*, TRE 8 (1981) 325–349; Dominik HELBLING, *Transzendierung der Geschichte. Dan 3,57–90, LXX als hymnische Exegese*, Bibl. Notizen, Beihefte 14, München 2002.

[26] (Anm. 17), vgl. Martin HENGEL, *Pseudepigrapha* I, Vandoeuvres-Genève 1972.

Im aramäischen Teil des dritten Kapitels des Danielbuches wird die Rettung dreier junger, zum Feuertod verurteilter Männer erzählt. Auf Befehl des Königs Nebukadnezar – gemeint war Antiochos IV. – waren sie wegen ihrer israelitischen Glaubenstreue in einen brennenden Feuerofen geworfen worden. Sie hatten sich zuvor geweigert, vor dem vom König errichteten Standbild niederzufallen, und sie wurden deshalb angeklagt, dass sie den König missachten und seine Götter nicht verehren (Dan 3,12). Bevor die drei Männer in den brennenden Ofen geworfen wurden, legten sie das Glaubensbekenntnis zum Einen Gott Israels ab: „Nur unser Gott, den wir verehren, kann uns aus dem glühenden Feuerofen und aus deiner Hand, König, retten! Tut er es aber nicht, so sollst du wissen: Auch dann verehren wir deine Götter nicht und beten das goldene Standbild nicht an, das du errichtet hast" (Dan 3,17f.). Die drei Männer wurden dann gefesselt und in den glühenden Ofen geworfen. Aber sie verbrannten nicht. Eine himmlische Gestalt, die aussah wie ein „Sohn eines Gottes" (3,25) bzw. wie ein „rettender Engel" (3,28) beschützte sie mitten im Feuer vor dem Feuer. Der König ließ die drei Männer herausholen. Er und seine höchsten Beamten staunten nun über ihre Unversehrtheit. Zuletzt befahl der König seinen Untertanen, den Gott der Israeliten anzubeten: „Denn es gibt keinen anderen Gott, der auf diese Weise retten kann" (Dan 3,29).

Diese Martyrer- und Rettungsgeschichte wird erzählerisch und theologisch seitens der Septuaginta-Tradition aufgefüllt. Sie fügte, nachdem die drei jungen Männer gefesselt in den glühenden Feuerofen geworfen worden waren, theologisch gefüllte Lobpreisungen Gottes hinzu. Asarja (Abed Nego) habe im Feuerofen, als die Rettung durch Gott sich abzeichnete, im Beisein seiner zwei Gefährten einen Lobgesang an Gott gerichtet (Dan 3,24–90:G), dessen Hauptsätze hier wiedergegeben werden:

„(26) Zu preisen bist Du, Gott unserer Väter, zu rühmen und zu verherrlichen ist Dein Name für alle Zeit. (27) Denn Du bist gerecht in allem, was Du an uns getan hast. Alle Deine Werke sind wahr und Deine Wege sind geradlinig. Auch alle Deine Urteile sind wahr. (28) Du hast Gerichtsentscheide der Wahrheit gefällt bei allem, was Du über uns gebracht hast und über die heilige Stadt unserer Väter: über Jerusalem. Denn Du hast in Wahrheit und im Urteil alles getan wegen unserer Sünden. (29) Denn wir haben in allem gesündigt und haben, von Dir abfallend, gefrevelt. [...] (32) Und Du hast uns in die Hände unserer gesetzlosen Feinde und feindlicher Widersacher gegeben und an einen ungerechten König, den schlimmsten auf der ganzen Erde. [...] (34) Liefere uns nicht völlig aus um Deines Namens willen und hebe Deinen Bund nicht auf. (35) Entziehe uns nicht Deinem Erbarmen um des von Dir geliebten Abrahams willen, um Deines Knechtes Isaak und um Deines Heiligen Israel (Jakob) willen. (36) Du hast ja versprochen, ihre Nachkommenschaft zu vermehren wie die Sterne des Himmels und wie den Sand am Meer. (37) Wir, Herr, sind geringer geworden als alle Völker, und wir sind auch Geringe in unserem ganzen Land. (38) Es gibt ja in dieser Zeit keinen Herrscher, keinen Propheten, keinen Leiter, weder Brandopfer noch Schlachtopfer, weder Opfergaben noch Räucherwerk. Es gibt auch keinen Ort, um Dir Erstlingsfrüchte darzubringen und Erbarmen zu finden. (39) Nimm uns an, Gott der Rettung, als in der Seele Zerknirschte und als Demütige im Geiste. Wie Brandopfer von Widdern und Stieren, wie tausende fetter Lämmer, (40) so geschehe unser Opfer vor Dir. Es schaffe uns Verzeihung von Dir her. Denn keine Schmach trifft die, die Dir vertrauen und Dir gehorchen. [...] (44) Zuschanden werden sollen aber alle, die Deinen Dienern Übles erwiesen haben. In ihrer Mächtigkeit mögen sie beschämt werden, und ihre Kraft soll aufgerieben werden. (45) Erkennen sollen sie, daß Du, Herr, allein Gott bist und hochgerühmt auf dem ganzen Erdkreis“ (Dan 3,26–45).[27]

Der eine und barmherzige Gott wird hier angefleht, seine Barmherzigkeit walten zu lassen zur Rettung des sündigen und verfolgten Volkes Israel. Asarja gibt die religiöse Gesinnung der vor den Qualen stehenden jüdischen Martyrer wieder. In den Versen 26–32 wird Gott als stets und überall gerecht wirkender Richter im Zusammenhang mit dem gefährdeten Volk Israel und der heiligen Stadt Jerusalem geschildert. Gott weiß um Gutes und Böses. Er weiß um Frevel im Zusammenhang mit dem häufigen Abfall zum heidnisch-hellenistischen Griechentum. Er handelt stets gerecht und richtet wahrhaftig angesichts der Sünden der Israeliten. In den Versen 34–37 folgen ein Reuebekenntnis und eine Bitte, dass Gott den Bund mit seinem Volk nicht aufhebe, sondern sich weiterhin erbarmend zeige. Dies könne als Fortsetzung des Bundes mit den Erzvätern Israels und als Bestätigung des göttlichen Versprechens gelten, dass Israel so zahlreich sein werde wie die Sterne am Himmel und der Sand am Meer. Die Verse 38–40 bilden das Zentrum des Asarja-Gebetes. Neben der Bitte um Verzeihung wird die Bereitschaft der Martyrer im Feuerofen ausgedrückt, sich gleichsam als Ersatz-Opfertiere Gott zur Verfügung zu stellen, d. h. sich quälen und töten zu lassen, um so die Sünden des Volkes Israel und besonders seiner kultischen Führer zu sühnen. Durch den stellvertretenden Opfertod der Martyrer werde das

[27] Vgl. Otto PLÖGER, *Zusätze zu Daniel*, JSHRZ I, Gütersloh 1973, 63–87.

momentane Fehlen eines gottgefälligen Tempelkultes aufgehoben. Der Martyrer sei vor Gott und für Gott die kostbarere Opfergabe als die Opfertiere in der täglichen Tempelliturgie.

Diese den Feuerofen-Opfern und auch allen anderen Martyrern zugesprochene religiöse Bereitschaft und Kraft, sich zum Heil anderer zu opfern und so das Volk Israel zu neuer Freiheit und Gottbezogenheit zu bewegen, wird auch anderwärts in der ersttestamentlichen Bibel ausgedrückt (z. B. Mal 1). Auch der Zuzug der Völker zum bekehrten Israel wird als eine Optik zur Neugestaltung Israels in der Bibel öfters erwähnt (z. B. in Sach 8,22). In Qumran wird die gottgewollte Reform Israels in drei Punkten ähnlich gefordert: 1. Schuld muss durch Taten der Gerechtigkeit abgezahlt werden. 2. Die Drangsal der Läuterung muss ertragen werden. 3. Für das von Sünden befleckte Land Israel muss Sühne geleistet werden (1QS 8,3–6). – In seinem Werk „Contra Apionen" II 23 (Paragraph 196) schreibt Josephus Flavius: „In unseren Opfergottesdiensten müssen wir zuerst für das Heil unserer Gemeinschaft beten und dann für uns selbst. Wir sind ja für die Gemeinschaft geboren. Wer die Gemeinschaft seinen eigenen Interessen gegenüber vorzieht, ist für Gott der Wohlgefälligste."

Im Judentum galt also das fürbittende, befreiende Handeln und Ertragen von Leiden und Tod für die sündige Gemeinschaft des Volkes Gottes in der Verfolgungszeit unter Antiochos IV. und noch lange danach als hohe, heilbringende Tugend. Der Martyrer ist die stellvertretende Sühneperson für das versagende und des Tempels beraubte Volk Gottes. Wichtig in diesem Lobpreis-Gebet ist auch der in Vers 35 vorkommende Hinweis auf die Patriarchen Abraham, Isaak und Jakob. Dieser Hinweis kommt häufig im Zusammenhang mit Martyrien vor. In 4 Makk 16,20.25 erinnert die makkabäische Mutter ihre sieben Söhne daran, dass Abraham bereit war, seinen Sohn Isaak, den „Völkervater", zu schlachten. Auch Isaak war dazu bereit. Dadurch animierte die Mutter die Martyriumsbereitschaft ihrer Söhne, zumal diese nun wussten, „daß wer für Gott stirbt, auch bei Gott lebt, wie Abraham, Isaak und Jakob samt allen Erzvätern". Die drei Männer waren vor ihrem Einwurf in den Feuerofen als gehorsame Diener Gottes vom Geist Abrahams und Isaaks erfüllt, wie in Daniel 3,17 f. angedeutet ist. Im Feuerofen selbst war Gott durch seinen Engel bei den Martyriumsbereiten anwesend und rettete sie. Es ging den jüdischen Gläubigen zur Zeit des Antiochos IV. um „das öffentliche Eintreten für YHWH als Schöpfer und Erlöser der Welt [...] bis hin zur Selbstaufopferung". Daniel 3,1–30 bezeugt (im Zusammenhang mit Jes 43,1–3) „die Bundestreue und Rettermacht Gottes, der die Gemeinschaft mit seinem erwählten Volk gegen alle Widrigkeiten verteidigt und die Getreuen durch die Herbeiführung der Heilszeit und der Auferstehung der Martyrer aus der Hölle des Martyriums rettet".[28] Das beispielgebende Urmartyrium hat Isaak durchgemacht (Gen 22). Seine ins neue Leben hineinführende Bereitschaft zur Preisgabe seines Lebens wurde das Vorbild aller späteren jüdischen Martyrer.

Das Zentrum der Botschaft des dritten (aramäischen und griechischen) Kapitels des Danielbuches ist die Botschaft von der Anwesenheit Gottes mitten in seinem Volk auch und besonders dann, wenn Mitglieder dieses Volkes unterdrückt, gemartert und ermordet werden. Gottes Anwesenheit mitten im Leid und in der Unterdrückung war seit dem Erscheinen YHWHs und eines Engels mitten im brennenden Dornbusch ein Zentrum des israelitisch-jüdischen Glaubens.

4. Martyrium: Weg zu Auferstehung und Gericht

Das ungefähr zur Todeszeit des Antiochos IV. (164/163 v.) entstandene Buch Daniel wirkte für den Glauben an die Auferstehung der Toten und an das Gericht Gottes zur Bestrafung der Verfolger und Abgefallenen außerordentlich inspiratorisch.[29] In Dan 12,1–3 wird vorausgesetzt, dass Gott sich zur Zeit des Untergangs des Antiochos im Sinne von Dan 7,9–12.26f. auf den Gerichtsthron setzte und dass der fürstliche Engel Michael sich vor Ihm für die Söhne Seines Volkes einsetzte. In Dan 12,1b findet sich der erste Heilssatz: „In jener Zeit der größten Not wird Dein Volk gerettet werden: jeder, der im Buch verzeichnet ist." Der Nifal des hebräischen Verbs מלט (retten/entkommen) ist ein mehrmals auftauchendes Stichwort, wenn es um überirdische Rettung aus Verfolgungsqualen geht. Dem מלט entspricht im Danielbuch und in mehreren Targumen das aramäische Verbum שׁזב, das stets im Zusammenhang mit Gottes Rettungstaten und menschlichen Mitwirkungen (im Piel und Nifal) gebraucht wird. In Dan 3,17 kommt שׁזב zweimal im Bekenntnis der jungen Männer vor dem ihnen angedrohten Feuertod vor: „Wahrlich, es gibt den Gott, den wir verehren. Er kann uns aus diesem glühenden Ofen retten, und Er wird uns aus deiner Hand, König, retten." Laut Dan 3,28 pries Nebukadnezar in jüdisch-liturgischer Sprache den Gott der geretteten jungen Männer: „Er hat seinen Engel gesandt und seine Diener gerettet." Unmittelbar bevor Daniel in die Löwengrube geworfen wurde, schickte ihm der vom schlechten Gewissen geplagte König

---

[28] Verena LENZEN, *Jüdisches Leben und Sterben im Namen Gottes. Studien über die Heiligung des göttlichen Namens (Kiddusch Haschem)*, München 2002, 87–111, 93.
[29] Vgl. Günter STEMBERG, *Auferstehung: Judentum*, TRE 4 (1979) 443–450; Jürgen LEBRAM, *Daniel/Danielbuch*, TRE 8 (1981) 325–349.

Darius folgenden Wunsch nach: „Dein Gott, den du ohne Unterlaß verehrst, er soll dich retten" (Dan 6,17). Am folgenden Morgen ging der unruhige König wieder zur Löwengrube und rief angstvoll: „Daniel, Knecht des lebendigen Gottes! Hat dein Gott, dem du so unablässig dienst, dich vor den Löwen erretten können?" (Dan 6,21). Nach der von König Darius erkannten Rettung Daniels gab der heidnische König an alle Völker den Befehl, den Gott Daniels zu fürchten: „Denn Er ist der lebendige Gott, der beständig und ewig dauernd ist. Sein Reich ist ein Reich, das nicht korrumpiert, und Seine Herrschaft ist ohne Ende. Er ist rettend und helfend. Er vollbringt Zeichen und Wunder im Himmel und auf Erden. Er rettete Daniel aus den Pratzen der Löwen" (Dan 6,27 f.).

Der מלט-Satz in Dan 12,1 und die שׁזב-Sätze im dritten und sechsten Kapitel des Danielbuches verkünden, dass die verfolgten und gequälten jüdischen Martyrer und Martyrerinnen vom Retter-Gott nach der überstandenen und Ihn bezeugenden Bereitschaft wieder ins Leben zurückkehren werden: „Und viele von den im Staub der Erde Schlafenden werden aufwachen, die einen zum ewigen Leben, die anderen zur Schmach, zu ewigem Abscheu" (Dan 12,2). Diejenigen, die im irdischen Leben keine Gerechtigkeit erfahren konnten, werden auferstehen und von Gott her Gerechtigkeit erfahren. Die Peiniger und Mörder dagegen werden dem ewigen Abscheu ausgesetzt sein. Auch das wohl kurz nach dem Danielbuch verfasste äthiopische Henochbuch schließt sich diesem Urteil an. An mehreren Stellen „ist die eigentliche Strafe für die Ungerechten die Nicht-Auferstehung".[30]

Mehrere ältere Bibelstellen haben die in der Unterdrückungszeit kurz vor der Mitte des zweiten Jahrhunderts v. Chr. lebendig gewordene Auferstehungshoffnung und die göttlichen Gerichtseinsätze vorbereitet. Neben Jes 26,19 und Ez 37,1–14 ist vor allem das Danklied der Hanna, der Mutter des Samuel, zu beachten: „Der Herr macht tot und macht lebendig. Er führt zum Totenreich hinab und führt auch herauf" (1Sam 2,6). Ein orthodoxer Jude hat mir gestanden, dass dieser Satz bei frommen Juden in biblischer Zeit und auch heute noch als „Geheimsatz der Hoffnung auf die Auferstehung aller Israeliten" gegolten hat und gilt. Deshalb sei er inhaltlich ins tägliche Achtzehngebet aufgenommen worden. Dort heißt es in der 2. Beracha: „Wer ist wie Du, Herr der Allmacht, und wer gleicht Dir, König, der tot macht und lebendig macht und Heil aufsprießen läßt?"

[30] So Dieter BAUER, *Der Tod von Märtyrern und die Hoffnung auf die Auferstehung*, Bibel und Kirche 57 (2002) 82–86, 85.

5. Martyrium des Schriftgelehrten Eleazar: 2 Makk 6,18–31

Eleazar stand bereits im vorgerückten Alter, als ihn im Dienste des Antiochos IV. stehende Aufseher zwingen wollten, Schweinefleisch zu essen und so das jüdische Speisegesetz und die Rechtgläubigkeit preiszugeben. Er weigerte sich und schritt freiwillig zur Folterbank. Mit seiner Bereitschaft zum Martyrium wollte er der jüdischen Jugend und allem Volk „ein Beispiel für edle Gesinnung und ein Denkmal der Tugend“ hinterlassen (2 Makk 6,31). Im vierten Makkabäerbuch werden die letzten Worte Eleazars vor seinem Martyrertod (4 Makk 6,27–29) so wiedergegeben:

„(27) Du weißt es, Gott: Ich hätte mich wohl retten können. Doch jetzt sterbe ich um des Gesetzes willen unter Feuerqualen. (28) Werde Du Deinem Volk gegenüber barmherzig. Laß Dir die Strafe, die wir wegen Gesetzesübertretungen erdulden, jetzt genug sein. (29) Mache mein Blut zu ihrer Reinigung (καθάρσιον: auch Läuterung). Und nimm meine Seele als geistiges Gegengewicht (ἀντίψυχον) für ihre Seele zu Dir.“

Ähnlich wie die in Dan 3 (G) geschilderten drei Jünglinge im Feuerofen deutete der Martyrer Eleazar seine grausame Hinrichtung als von Gott genehmigten Strafabzug von jüdischen Gesetzesübertretungen (V 27–28). Darüber hinaus bat er Gott, dass sein Tod das Volk Israel mit seinem Martyriumsblut reinige. Er bringe sein Leben – d. h. seine Seele und seinen Leib – als Opfergabe stellvertretend für das Leben des Volkes Israel dar. In 4 Makk 6,30 wird abschließend gesagt, dass „der heilige Mann voll adeliger Gesinnung in den Martyriumsqualen starb. Mit Hilfe seiner Vernunft konnte er bis zuletzt um des Gesetzes willen stark bleiben.“

6. Martyrium der sieben Söhne und ihrer Mutter: 2 Makk 7

In den ersten fünf Versen von 2 Makk 7 werden die Verhaftung und die ersten Quälereien gegen die sieben Söhne der makkabäischen Mutter geschildert. Antiochos IV. wollte sie zwingen, das göttliche Gesetz durch Essen von Schweinefleisch und durch Verleugnung der besonderen Gottesbeziehung Israels abzulehnen. Als sie sich weigerten, begannen die Quälereien: Geißelung, Abschneiden der Zunge, Verbrennung von Körperteilen, Abreißen der Kopfhaut, Abhacken mehrerer Glieder. Im 17. Kapitel des vierten Makkabäerbuches findet sich eine literarisch-eindrückliche Aussage, wonach folgende Grabinschrift für die makkabäische Mutter, für ihre Söhne und für den priesterlichen Schriftgelehrten Eleazar angebracht werden sollte:

„Hier befinden sich ein greiser Priester, eine Greisin und ihre sieben Söhne wegen der Grausamkeit eines Tyrannen, der die Verfassung der Hebräer auflösen wollte. Diese Toten haben ihr Volk gerechtfertigt (ἐξεδίκησαν), indem sie zu Gott aufblickten und den Folterqualen bis zum Tod standhielten. [...] Ja, wahrlich, göttlich (θεῖος) war der Kampf, der von ihnen ausgefochten wurde. [...] Der Tyrann war der Gegner, die Welt und die menschliche Gesellschaft waren die Zuschauer. Die Gottesfurcht (θεοσέβεια) blieb Siegerin, sie setzte ihren Kämpfern den Siegeskranz auf. [...] Deshalb stehen sie jetzt dem göttlichen Thron nahe und leben in ewiger Seligkeit. [...] Diese von Gott Geheiligten sind nun auch dadurch geehrt, daß die Feinde ihretwegen über unser Volk keine Macht mehr hatten, daß der Tyrann bestraft und das Vaterland geläutert wurde. Sie wurden gleichsam zum Seelenersatz (ἀντίψυχον) für die Sünden des Volkes. Durch das Blut jener Frommen und durch die Sühnegabe (ἱλαστηρίον) ihres Todes rettete die göttliche Vorsehung (πρόνοια) das zuvor schlimm bedrängte Israel ganz und gar (διέσωσεν)" (4 Makk 17,9–22).

Die genannten Martyrer werden hier als Erlöser Israels aus Sünde und Not bezeichnet. Ihre Bereitschaft, das Leben in der Treue zur Offenbarung und zu der von Gott geplanten Rettung des Volkes Gottes hinzugeben, sind Werte, die auch die Martyrer selbst zur glücklichen Vereinigung mit Gott führen. Gott schafft die Martyrer neu und lässt sie bei sich neu leben. Ihr Blut und ihre durch Leid bis zum Tod durchgequälte Personalität sind auch Sühnegaben für Sünden, die im israelitischen Volk geschehen sind und immer wieder geschehen. Die Martyrer können als Sühneopfer für die Sünden des Volkes gedeutet werden. Sie gelangen zu Gott hin, und Er vergibt ihretwegen viele Sünden des Volkes. Er schafft sie bei Sich neu und bereitet dem Volk eine Zukunft in Seiner Nähe.

Ephraim Kanarfogel leitet mit Recht drei Erfolge der gerechten Martyrer ab: 1. Sie verdienen ewigen Lohn und bringen das Ende der Tage nahe. 2. Die ihnen ungerecht zugefügten Qualen bringen den Verfolgern Strafe. 3. Der Tod der Martyrer ist eine Sühne für ihre Sünden und die Sünden ihrer Generation, und er hilft auch dazu, die jüdische Gemeinschaft auf den rechten Weg zurückzubringen.[31]

Laut 2 Makk 7,7–9 wurde der zweite Sohn nach dem grausam verhängten Tod des ersten Sohnes in grober Weise gefragt, ob er bereit sei, Schweinefleisch zu essen und so dem jüdischen Gesetz abzusagen. Er weigerte sich und wurde deshalb dem gleichen grausamen Martyrium wie der erste Sohn unterworfen. Als er in seinen letzten Zügen war, rief

[31] Ephraim KANARFOGEL, *Martyrium: Judentum*, TRE 22 (1992) 203–207, 203.

er (V 9): „Du Unmensch, du kannst uns das irdische Leben rauben. Der König des Kosmos aber wird uns, die um Seiner Gesetze willen Gestorbenen, zu einer Wiederverlebendigung (ἀναβίωσιν) des Lebens auferwecken.“ Hier findet sich der Ausdruck αναβίωσις ζωῆς : Wiederverlebendigung des Lebens oder Reaktivierung der Lebendigkeit. Dem Verfasser des 7. Kapitels des zweiten Makkabäerbuches schwebte die Schöpfung als βίωσις ζωῆς, als Verlebendigung des Lebens, vor. Auferstehung ist Erneuerung der Schöpfung. Von ewigem Leben ζωὴν αἰώωιον/לְחַיֵּי עוֹלָם ist auch in Dan 12,2 die Rede.

Mit der Auferstehung der Martyrer geht oft auch die Verwerfung der Verfolger und Mörder parallel. Der vierte Sohn schleuderte dem Antiochos vor seinem Sterben die Worte entgegen: „Trostreich für uns ist es, durch Menschenhand zu sterben, wenn wir die von Gott gegebene Hoffnung hegen dürfen, von ihm auferweckt zu werden. Für dich aber gibt es keine Auferstehung zum Leben“ (ἀναστασις εἰς ζωὴς: 2 Makk 7,14). Der sechste Sohn sagte mitten in den Todesqualen: „Überlaß dich, Antiochos, nicht eitler Täuschung. Denn wir sind selbst schuld an unserem Leid, weil wir gegen unseren Gott gesündigt haben. Glaub aber ja nicht, daß du heil davonkommst, denn du hast es gewagt, gegen Gott zu kämpfen“ (2 Makk 7,18 f.). Die Androhung der Bestrafung des Judenverfolgers Antiochos IV. durch den einen und einzigen Gott Israels durchzieht das ganze 7. Kapitel des zweiten Makkabäerbuches (vgl. bes. VV. 30–38). Die Quäler und Mörder der Juden werden von Gott selbst bestraft. Im vierten Makkabäerbuch (Kap. 9–13) werden von allen Martyriumskandidaten Drohungen ausgesprochen. Einer rief dem Antiochos aus seinen Folterqualen heraus zu: „Glaubst du nicht, du rohester aller Tyrannen, daß du jetzt dann schlimmer gefoltert wirst als ich?“ (4 Makk 9,30). Ein anderer rief: „Du schmutzigster Tyrann! Wir dulden dies um gottgefälliger Zucht und Tugend willen. Du aber wirst wegen Gottlosigkeit und Blutschuld unaufhörliche Martern erdulden müssen“ (4 Makk 10,10). Die Martyrer kommen also in den Himmel, in die Umgebung Gottes. Sie ziehen auch andere zu sich in den Himmel. Die Verfolger dagegen werden nicht ins Nichts, sondern in die Hölle gestoßen. In frühjüdischen Texten kommen viele Vorstellungen über gerettete und verfluchte Menschen sowie über dabei anwesende Engel und Dämonen vor.[32]

Auch der Glaube an die Erschaffung der Welt und besonders der Menschen durch den Einen Gott Israels spielte für den Glauben an die Auferstehung eine große Rolle. Das Kommen zu Gott ist Neuschöpfung. Die

---

[32] Vgl. Clemens THOMA, *Engel und Dämonen im Judentum*, Bern 2004.

Mutter der sieben Söhne, die dann als letzte hingerichtet wurde, hat alle ihre Kinder zuvor ermuntert, den Tod mit der Hoffnung auf ein gemeinsames Wiedersehen im Jenseits auf sich zu nehmen: „Ich weiß nicht, wie ihr in meinem Schoß entstanden seid. Ich verlieh euch weder den Geist noch das Leben. [...] Der Schöpfer der Welt ist der Former beim Werden des Menschen. Er überwacht das Werden aller. Er wird euch mit Erbarmen Atem und Leben wieder zurückgeben, da ihr jetzt wegen Seiner Gesetze nicht auf euch achtet“ (2 Makk 7,22 f.). Die Mutter aktualisierte damit die Worte aus Gen 2,7: „Dann formte Gott den Menschen aus Staub von dem Erdboden und blies in seine Nase den Lebenshauch, und der Mensch wurde zu einem lebendigen Wesen.“ Gläubig stellte die Mutter sich vor, dass die durch das Martyrium zu Staub gemachten Kinder von Gott neu geschaffen werden, und zwar mit demselben Schöpferwillen, mit dem Gott die Menschen bei der ersten Schöpfungstat aus nichtigem Staub gemacht hat und mit dem er jedem Menschen bei der Zeugung seinen Geist einhaucht und auch die Körperformen gestaltet. Aus diesen gläubigen Überlegungen heraus übermittelt sie ihren Martyrersöhnen die Hoffnung auf ein gemeinsames, glückliches Wiedersehen – auch mit ihr – in Gottes Gegenwart (vgl. auch Mt 22,23–33). Zum jüngsten Sohn sagt sie dies besonders deutlich, nachdem Antiochos IV. ihn mit großen Versprechungen zum Abfall vom Glauben hat verführen wollen: „Ich bitte dich, mein Kind: Schau auf zum Himmel und blicke hin auf die Erde und auf alles, was darin ist. Bedenke, daß Gott dies alles aus Nicht-Seiendem gemacht hat[33], und daß auch das Menschengeschlecht so entstanden ist. Fürchte diesen Henker nicht, sondern zeige dich deiner Brüder würdig. Nimm den Tod an, damit ich dich zusammen mit deinen Brüdern wiedergewinne“ (2 Makk 7,28 f.).

Die Martyrer können also von ihren Quälern und Mördern nur zu scheinbar Nicht-mehr-Seienden gemacht werden. In Wahrheit schafft Gott aus den verbrannten und zerstörten Leibern der Martyrer neue, vollkommene Schöpfungen, die in Seiner Nähe miteinander glücklich sein werden. Gemeinsames Martyrium hat gemeinsames neues Eintreten ins endgültige Reich Gottes zur Folge. Dies war die Spitze aller Hoffnungen der frühjüdischen Martyrer. Die Auferstehung ist keine Hoffnung

[33] Die Erschaffung des Kosmos aus dem Nichts ist hier wohl nicht die eindeutige Aussage. Wohl aber: Gott hat die menschlichen Geschöpfe nicht aus anderen Geschöpfen oder Dingen gemacht, die bereits existierten. Das ganze Universum wurde neben dem Nichts geschaffen, aus Nicht-Seiendem. Der Mensch ist also kein Produkt aus anderen Produkten Gottes (vgl. Jer 4,23; Hebr 11,3), sondern ein speziell von Gott als Kunstwerk mitten im Nichts/Chaos geschaffenes und erwähltes Wesen.

Einzelner. Sie ist vielmehr die Hoffnung aller Menschen, die im Leben leiden müssen und die ihr Leiden Gott als Opfer – gar als Lebensopfer – anbieten.

Viele Menschen und Menschengruppen werden – wie die Juden in der Makkabäerzeit – von neidischen, machtgierigen, verblendeten und von Irrlehren geprägten Mitmenschen gequält. Sie alle werden in besonderer Weise in die Auferstehung und ins neue Leben hineingenommen. Sie verleihen ihren Angehörigen und anderen Menschen Mut und begleiten sie beschützend und geläutert in die wahren Todes- und Lebenspfade hinein. Dies wird besonders am Beispiel der Mutter der Martyrersöhne gezeigt. Nachdem alle ihre Söhne mit Hilfe der deutenden Mutterworte in den Martyrertod eingestiegen waren, stürzte sie sich selbst auf den brennenden Scheiterhaufen, damit kein Peiniger ihren Leib berühre und verunreinige (4 Makk 17,1). Besonders im vierten Makkabäerbuch werden höchste Lobpreisungen über sie vorgebracht: „Ihretwegen stehen die Söhne jetzt dem göttlichen Thron nahe und leben in ewiger Seligkeit" (17,18). Auch der Vater der sieben Brüder wird gepriesen: Er las den Söhnen die biblischen Geschichten vor: über Kain und Abel, Abraham und Isaak, über den in Ägypten herrschenden und im Gefängnis leidenden Joseph, über Daniel in der Löwengrube und die drei Jünglinge im Feuerofen, über David, Salomo und die Propheten. Der Vater habe seinen Söhnen auch das Deuteronomium vorgelesen, in dem es unter anderem heißt: „Ich werde tot machen und wieder lebendig machen" (Dtn 32,39) (4 Makk 17–18). Die Mutter und der Vater werden also als den Weg weisende Begleiter und als Verkünder der Auferstehung gedeutet.

III. Göttliche Begleitung Leidender und Sterbender zur Auferstehung: Schlussfolgerungen

Wie und was wirkt Gott, wenn Einzelne oder ganze Gruppen seines Bundesvolkes Israel gequält, verspottet und grausam ermordet werden? Welchen Nutzen hat ihr Martyrertod für das Volk Gottes und für die ganze Menschheit? Alttestamentliche, zwischentestamentliche, neutestamentliche und rabbinische Schriften geben darauf mehrmals Antworten, die zum zentralen jüdischen und zum christlichen Glaubensverständnis gehören. Im Folgenden werden die in den vorausgegangenen Schilderungen eruierten glaubensinhaltlichen Hauptaussagen zusammengefasst. Mit ihnen sollen auch heutige Shoah-Deutungen angeleuchtet werden.

1. Der Gott Israels und der Völker der Welt ist persönlich oder durch einen Engel der gnädig mitleidende und stärkende mysteriale Begleiter der Martyrer und Martyrerinnen sowohl in den Tod hinein als auch ins ewige Leben. Gott akzeptiert auch die fürbittenden Anliegen der Martyrer bei ihrer Selbsthingabe. Schließlich begleitet er die Gequälten und Umgebrachten in Seine Wohnung. Sie werden nicht mehr wegen ihrer früheren Sündhaftigkeit vor das eschatologische Endgericht Gottes zur Verantwortung gezogen.

2. Gott ist nicht nur bei den Verfolgten und vor der Ermordung befindlichen Martyrern als helfender Begleiter anwesend. Er weilt vielmehr bei allen Mitgliedern des Volkes Gottes, in allen Gotteshäusern der Israeliten (Synagogen, Lehrhäuser) und mitten in allen isrealitischen Gemeinschaften. Sein Wohnen im Volk Israel ist parallel zu seinem Wohnen im Himmel.

Zur Erklärung der stets vielfachen Gegenwärtigkeit Gottes wurde bereits in vorchristlicher Zeit der Begriff „Schekhina" eingeführt. In dem schon zur Zeit des Bestandes des Zweiten Tempels eingeführten Gebet „U-ba le-Zion goel" („Zu Zion kommt der Erlöser") heißt es im Zusammenhang mit der Aufforderung, Gott stets zu preisen: „Und einer (der Engel) rief dem andern zu und sagte: 'Heilig, heilig, heilig ist Adonai Zebaot. Die ganze Erde ist voll Seiner Herrlichkeit' (Jes 6,3). Sie empfangen es – einer vom andern – und sprechen: Heilig ist Gott in den Himmeln der höchsten Höhe, im Haus Seiner Schekhina. Heilig ist Er auf der Erde, dem Werk Seiner Stärke. Heilig ist Er auf ewig in den Ewigkeiten der Ewigkeit. [...] Und der Geist hob mich empor und ich hörte hinter mir ein gewaltiges Getöse: 'Gelobt sei die Herrlichkeit Adonais von Seinem Orte her' (Ez 3,12). Und als mich der Geist ergriff, hörte ich eine Stimme [...] von Lobpreisenden. Sie sprachen: Gelobt sei die Pracht Adonais vom Ort des Hauses Seiner Schekhina her. 'Adonai wird König sein auf immer und ewig' (Ex 15,18)."[34] In diesem im ersten vorchristlichen Jahrhundert verfassten Gebet wird gesagt, dass Gott gleichzeitig im Himmel und auf Erden, in Israel und in den Völkern residiert und sich bewegt. In U-ba le-Zion goel heißt es dann im letzten Gebetsabschnitt: „Gelobt sei Er, unser Gott, der uns zu Seiner Ehre geschaffen hat [...], der uns die Tora der Wahrheit gegeben hat und der ewiges Leben in unsere Mitte eingepflanzt hat." Der Evangelist Johannes hat den hier am Schluss zitierten Satz gekannt und war von ihm begeistert. Laut Joh 17,1–3 dankt Jesus dem Vater im Himmel, weil er

[34] Text des *U-ba le-Zion goel* nach Samson R. HIRSCH, *Israels Gebete*, Frankfurt a. M. 1921, 387–391.

ihm die Macht gegeben hat, „daß er allen Menschen ewiges Leben schenkt". Nach bereits frühjüdischer Glaubensüberzeugung gibt es also eine umfassende, heilbringende Begleitung des Volkes Gottes durch die Geschichte und durch die Nöte hindurch bis hin zur endgültigen Vereinigung mit Ihm.

Die jüdischen Schekhina-Traditionen stützen sich auf viele biblische Aussagen, wonach sich Gott stets zu Seinem Volk hin bewegt und an vielen Orten und in vielen Personen Wohnung nimmt. Im Anschluss an den sich in Jes 7,14 findenden Zeichen-Namen „Immanu-El" („mit uns ist Gott") sprechen die Rabbinen in bHag 14b und anderwärts von „Immanu-Schekhina" („mit uns – oder in uns – ist der einwohnende Gott"). Im Zusammenhang mit den Verfolgungen und Martyrien wird in den rabbinischen Interpretationen öfters gesagt, dass Gott der Mit-Seiende, Mit-Gehende, Mit-Leidende und damit der Erlöser Israels ist (vgl. MekhY zu Ex 12,4). Es wird auch Wert darauf gelegt, dass sich die Schekhina Gottes auch durch Israels Sünden nicht vertreiben lässt. In bYom 56b–57a heißt es: „Auch wenn die Israeliten verunreinigt sind, ist die Schekhina mit ihnen." Mehrmals wird in der jüdischen Tradition betont, dass die Schekhina auch dann besonders anwesend ist, wenn die Israeliten sich mit der Tora beschäftigen (mAv 3,2). Die Israeliten sollen daher die Gemeinschaft mit der Schekhina suchen bzw. „sich an die Schekhina ankleben" (bKet 111b). In der jüdischen Mystik (Kabbala) ist es ein Hauptgedanke, dass die Schekhina der die Israeliten im Exil begleitende und zusammenführende Gott ist. Er führt das Volk aus Not und Tod heraus und Seinem Reich entgegen.[35]

In Num 11,16 f. befiehlt Gott dem Mose, die 70 Ältesten, die ihm bei seiner Betreuungsarbeit helfen sollten, vor das Bundeszelt zu bringen und sagt dann: „Ich werde etwas vom Geist nehmen, der über dir ist, und werde ihn auf sie legen." Laut dem Targum Pseudo-Jonathan sagte Gott an dieser Stelle: „Ich werde mich in der Pracht meiner Schekhina offenbaren und mit dir reden. Den Geist der Prophetie werde ich vermehren und ihn auf sie legen." Hier (und an vielen anderen Stellen) wird die Schekhina Gottes mit dem heiligen Geist Gottes identifiziert. Im Zusammenhang mit der zur ungefähren Zeit des werdenden Christentums entstandenen jüdischen Deutung von Num 11,16 f. können die neutestamentlichen Schilderungen der Herabkunft des Geistes Gottes auf die werdende Christengemeinschaft (bes. Apg 1–3) schekhinatisch gedeutet

[35] Zur Schekhina vgl. Jakob J. PETUCHOWSKI – Clemens THOMA, *Lexikon der jüdisch-christlichen Begegnung*, Freiburg 1989, 2. Aufl. 1997, 181–183; Moshe IDEL, *Messianic Mystics*, New Haven 1989.

werden. Wo immer im Neuen Testament von der Herabkunft des Geistes Gottes die Rede ist, kann man den Ausdruck Schekhina einsetzen (Mt 3,13–17: Taufe Jesu). In 2 Kor 3,17 heißt es aber auch bezüglich des erhöhten Christus: „Jetzt ist der Herr der Geist." In der Redeweise der Targume würde der Vers lauten: „Jetzt ist Christus die Schekhina." Der Weg ist also frei, die Christologie und Pneumatologie von den Schekhina-Traditionen des frühen, des rabbinischen und des targumischen Judentums zu deuten. Christus ist die auch auf Erden weilende Schekhina, der Gesandte des Einen Vatergottes, der auch seine Landsleute in den Nöten besucht und sie als Mit-Leidender zum Vater zurückführt. – Es ist klar, dass man jüdischerseits diese Zusammenhänge zwischen Not, Tod und Hineingelangen in Gott hinein nicht mit Christus in Verbindung bringen kann. Vielen Christen und Christinnen ist es jedoch klar, dass Jesus als Schekhina auch das schwere Leiden und Sterben des jüdischen Volkes vorgelebt hat. In ihm ruhte der als Schekhina herabgekommene eine Gott Israels, der sein Mit-Leiden, Mit-Leben, Mit-Beten, Mit-Tun, Mit-Gequält-Sein und Mit-Sterben vorbildhaft zeigen wollte.

3. Frühjüdisch-vorchristliche Martyrer haben ihre Qualen und ihren Tod als stellvertretendes Sühneereignis für die Sünden der Tempelpriester und des zum Abfall neigenden Volkes aufgefasst. Dahinter steht die auch in frühbiblischer Zeit gängige Glaubensauffassung, dass das Volk Gottes eine mit Gott wirkende Gemeinschaft ist, damit das endgültige Reich Gottes aufgebaut werden könne. Im babylonischen Talmud (bShab 114a) findet sich eine Deutung von Ps 51,20: „Herr, erweise Dich in Deiner Güte Israel gegenüber gnädig. Laß neu erstehen Jerusalems Mauer." Anschließend wird im Talmud gefragt: „Wer sind die Bauleute zum Aufbau? Rabbi Jochanan sagte: Die Schriftgelehrten sind die Bauleute. Sie sind nämlich während ihres ganzen Lebens (durch Befolgung der Halacha) mit dem Aufbau der Welt beschäftigt." Aber nicht nur Torastudium und Toraerklärung galten im damaligen jüdischen Bundesvolk Gottes als Zusatz- und Aufbauelemente für das von Gott geplante und von Israel mit-ermöglichte „Reich des Himmels". Auch Gebete, Fasten, Reue wegen begangener Sünden, gute Werke sowie das Ertragen von schweren Leiden und Martyrien wurden als versöhnende und miterlösende Gaben für die göttlich-jüdische Zusammenarbeit zum letztlichen Heil des erwählten Volkes gewertet. Besonders angesichts der zur Zeit von Antiochos IV. verhinderten Tieropfer und der Dekadenz der Tempelautoritäten sprangen die damaligen Martyrer als Ersatzopfer ein, um als erwählte Vermittler des Heils die Verzeihung Gottes für die Sünden Seines erwählten Volkes zu erlangen.

Der Hinweis auf Jesus von Nazareth drängt sich hier erneut auf. Wenn man die Berichte des Danielbuches, der Makkabäerbücher und des Neuen Testaments in ihren Zusammenhängen ernst nimmt, starb Jesus unter dem römischen Statthalter Pontius Pilatus in ähnlicher oder gleicher religiöser Geisteshaltung wie die Martyrer unter den Gewalttaten und Ideologien des Antiochos IV. Ähnlich wie bei Jesus waren die Intentionen und Ziele der früheren jüdischen Martyrer das Erwirken der Verzeihung der Sünden und der Wiedergutmachung der falschen Lebenshaltungen der Gemeinschaft der Erwählten. Jesus hat durch sein Leben und sein Sterben „die Reinigung von den Sünden vollbracht" (Hebr 1,3). „Er nimmt sich des Samens Abrahams an" (Hebr 2,16). „Er hat in den Tagen seines Fleisches Bitten und Flehrufe dem dargebracht, der ihn aus dem Tod retten konnte: mit starkem Geschrei und mit Tränen. Und er wurde erhört aufgrund seiner Gottesfurcht. [...] Und als Vollendeter wurde er für alle, die ihm gehorsam sind, der Verursacher ewiger Erlösung" (Hebr 4,7.9).

4. Zwar haben alle makkabäischen Martyrer dem imperialistischen Judenmörder Antiochos IV. die Höllenstrafe angedroht. Zwischenhindurch gibt es aber indirekt im zweiten, dritten und vierten Makkabäerbuch auch Andeutungen für Versuche zur Feindesliebe. Laut 3 Makk 7,9 sagte der ptolemäische König Ptolemaios Philapator (ca. 170–145): „Wenn wir etwas Böses gegen die Juden unternehmen, dann haben wir nicht einen Menschen, sondern den allmächtigen Herrn, den höchsten Gott, beständig zum Gegner. Er wird am Staate Rache nehmen, ohne dass wir ihm entrinnen können." Feindeshass gegen das Volk Gottes bringe also Verderben. In 4 Makk 9,3f. warnen die beiden ältesten Makkabäersöhne den König Antiochos IV. davor, sie vor dem Martyrertod zu bewahren. „Sei in deinem Hass gegen uns nicht wieder mitleidiger gegen uns als wir selber. Denn härter als der Tod erscheint uns dein Mitleid, das uns durch Gesetzesübertretung retten möchte. Wir werden ja durch geduldiges Ertragen der Leiden den Siegespreis der Tugend erhalten und bei Gott sein, um dessentwillen wir dies erdulden." Im Testamentum Juda 7,7f. erzählt der sterbende Juda seinen Söhnen von einem Kampf, den er gegen einen heidnischen König geführt habe. Zusammen mit seinen Angestellten habe er den König und seine Begleiter in die Flucht geschlagen. „Da kamen sie zu meinem Vater Jakob auf einem anderen Weg und baten ihn um Frieden. Er schloss mit ihnen einen solchen. Wir taten ihnen nichts zuleide. Sie gaben uns Tribut. Wir aber gaben ihnen ihre Beute wieder zurück."

Diese und andere frühjüdische Stellen zeigen, dass damals zwar viele Kriege gegen Unterdrückung geführt wurden, dass aber auch versöhnende Tendenzen da waren. Viele damalige Juden bemühten sich auch um den Abbau innerjüdischer Feindschaften, weil diese die Weiterexistenz des ganzen Volkes bedrohen. Im ältesten teilweise vorchristlichen rabbinischen Traktat, in den „Sprüchen der Väter"; heißt es: „Ein böser Trieb und der Hass der Geschöpfe gegen einander bringen den Menschen aus der Welt" (mAv 2,11). Der etwa 30 v. Chr. lebende Hillel sagte: „Sei ein Schüler Ahrons, den Frieden liebend und dem Frieden nachjagend, die Geschöpfe (auch Nichtjuden!) liebend und zur Tora führend." Die Feindesliebe ist also im damaligen Judentum zwar nicht so deutlich und so zentral wie in der Jesus-Botschaft (Mt 5,44 par.). Sie wurde aber schon aus der Tora (Ex 23,4) herausgelesen. Die Juden im 2./1. vorchristlichen Jahrhundert waren überzeugt, dass man Friedensversuche bei externen und internen Feinden machen muss, wenn man als Volk Gottes weiter existieren will. Die religiösen Lebens- und Handlungsmöglichkeiten können nicht durch Kriege ohne Friedenswillen errungen werden. Jesus Christus hat seine Botschaft von der Feindesliebe allerdings deutlicher ausgesprochen und sie höher angesetzt.[36]

5. Der in der Zeit der Verfolgung durch Antiochos IV. neu aufgeblühte Glaube an die Auferstehung und an das Gericht Gottes gegen die Verfolger des Volkes Gottes war ein gewaltiger Aufbruch früherer undeutlicher und teilweise vergessener Glaubensinhalte. Schon ca. 200 Jahre vor dem Martyrertod Jesu gab es im gläubigen jüdischen Volk kaum noch Zweifel an den großen Vermittlerdiensten und an der schlussendlichen Vereinigung der Martyrer mit Gott im Reich der Belohnungen und der Seligkeiten. Die Martyrer und Martyrerinnen sind zur „Heiligung des göttlichen Namens" (le-Qiddusch ha-Schem) und zur Erlangung von Gottes Barmherzigkeit für das Volk der Erwählung gestorben. Sogar Josephus Flavius (ca. 37–ca. 100 n. Chr.) schildert in cAp 217b–218 den Lohn, den jene erhalten werden, die nach dem Gesetz leben, leiden und sterben: „Jeder Einzelne ist [...] im Glauben, daß Gott es denen, die die Gesetze gehalten haben und, wenn es sein muß, freiwillig dafür sterben, gewährt, wieder zu entstehen und ein besseres Leben beim Umschwung der Zeiten zu erhalten."

[36] Zur heutigen Aktualität der Frage der Feindesliebe vgl. den vorzüglichen Beitrag von Jan-Heiner TÜCK, *Das Unverzeihliche verzeihen? Jankélévitsch, Derrida und die Hoffnung wider alle Hoffnung*, in: IKaZ 33 (2004) 174–188; DERS., *Inkarnierte Feindesliebe. Der Messias Israels und die Hoffnung auf Versöhnung* (in diesem Band).

Die Vergebungs- und Erlösungsabsichten Jesu waren mit den Absichten damaliger Martyrer eng verwandt. Auch Jesus litt und starb le-Qiddusch ha-Schem, damit der Name Gottes geheiligt werde. In Holocaust-Berichten heisst es, daß jeder Jude, der getötet wird, weil er Jude ist, „heilig genannt wird, weil er das Gebot der Heiligung des göttlichen Namens erfüllt“[37]. Auch die Auferstehung des Martyrers Christus entsprach zum Beispiel den Hoffnungsgedanken der makkabäischen Mutter und ihrer sieben Söhne. Martyrium, Leiden und Tod weisen hin auf Auferstehung, Gericht und Neugestaltung des Lebens. Die von den Nazis gequälten und ermordeten Menschen sind in neuer Lebendigkeit und in neuem Glück bei Gott.

6. Die von Antiochos IV. in die Verfolgung und in den Tod getriebenen Juden und Jüdinnen waren zuinnerst Rebellen gegen den hellenistischen Polytheismus. Der Hauptsatz ihres Glaubens war: „JHWH, unser Gott, ist Einzig“ (Dtn 6,4). Die Gemeinschaft des Volkes Israel lebte und wirkte aufgrund der Zusammengehörigkeit mit dem Einzigen, unaustauschbaren und unverwechselbaren Gott Israels. Die Martyrer starben wegen ihrer unnachgiebigen Verehrung des Einzigen, mit ihnen bundespartnerisch verbundenen Gottes. Auch Christus lebte und starb in Gehorsam zum Einen und Einzigen Gott und Vater: „Vater, in Deine Hände empfehle ich meinen Geist“ (Lk 23,46). Auch der christliche Glaube ist, wie der jüdische Glaube, monotheistisch. Der Martyrer Jesus ist nach christlicher Glaubensüberzeugung aus der Fülle des Einen und Einzigen Gottes und Vaters als Mensch in die Mitte der Menschheit herabgekommen. Er hat gelebt, gelitten, ist gestorben und ist dann wieder als Vorbild, Vermittler und Helfer der Menschen in den einen Gott und Vater hinein zurückgekehrt. „Wer an ihn glaubt, glaubt nicht an ihn, sondern an den, der ihn gesandt hat“ (vgl. Joh 12,44). Der leidende, sterbende und verherrlichte Christus existiert in dem aus Not, Ungerechtigkeit und Tod befreienden Einen Gott, und der Eine Gott zeigt sich in ihm. Er ist und bleibt auch der verbündete Gefährte jüdischer Martyrer zur Zeit der Makkabäer und zur Zeit Hitlers.

7. Seit ihrem Bedenken der Shoah haben viele moderne Juden und Jüdinnen (besonders in den USA) Hochachtung für ihren „Volksgefällten“ Jesus von Nazaret gewonnen. Er ist vor ca. 2000 Jahren unter ähnlichen Qualen wie die sechs Millionen Juden gestorben. Weil auch vielen Juden die Auferstehung und die neue Verlebendigung der Verstorbenen zum Glaubensinhalt gehört, polemisieren sie nicht gegen den

[37] Ephraim KANARFOGEL, *Martyrium: Judentum*, 206.

christlichen Auferstehungsglauben. Die Verfolgung des jüdischen Volkes unter Antiochus IV. bewirkte großes Glaubenserwachen im jüdischen Volk und später auch im Christentum.

„Für das Volk“

Die Sendung Jesu und die Hoffnung Israels

von Thomas Söding, Wuppertal

Nach dem Johannesevangelium erklärt Kaiaphas, es sei „besser, wenn ein einziger Mensch für das Volk stirbt, als wenn das ganze Volk zugrundegeht“ (Joh 11,50). Ihm geht es um die Zukunft Israels unter der Herrschaft der Römer, um die Heiligkeit des Tempels, um die Einigkeit des Volkes. Dafür ist er bereit, Jesus zu opfern. Jesus seinerseits ist nicht bereit, das Unrecht, das ihm angetan wird, gutzuheißen; er wehrt sich gegen die Schläge, die ihm ein Soldat später beim Verhör vor Hannas versetzt: „Habe ich schlecht geredet, beweise, dass es schlecht war; wenn es aber recht war: was schlägst du mich?“ (Joh 18,23). Aber er ist bereit, sein Leben einzusetzen, es als Guter Hirte hinzugeben „für die Schafe“ (Joh 10,11). Das weiß der Evangelist. Deshalb empört er sich im Evangelium nicht über Kaiaphas, sondern kommentiert dessen machiavellistische Maxime, indem er sie als ungewollte Prophetie deutet (11,51). Im Zentrum steht das „Für“, das Leitmotiv neutestamentlicher Soteriologie. Der Evangelist bestätigt vom Standpunkt des christlichen Glaubens aus, was für Jesus außer Frage steht, ja die Mitte seiner Sendung ausmacht: dass sie nicht etwa gegen das Volk gerichtet ist, sondern im Gegenteil „für“ Israel geschieht. Allerdings präzisiert der Evangelist: „nicht nur für das Volk allein, sondern damit er die zerstreuten Kinder Gottes zur Einheit zusammenführe“ (11,52). Zwischen beidem besteht ein Zusammenhang. Es ist der Zusammenhang der unbedingten und unbegrenzten Liebe Gottes.

I. Das Leitmotiv neutestamentlicher Soteriologie

Nach der markinischen und matthäischen Abendmahlstradition deutet Jesus den Becher, den er den Zwölf bzw. den verbliebenen Elf reicht, als „Blut des Bundes, vergossen für viele“ (Mk 14,24 par. Mt 26,28). Vorbereitet ist dieses *verbum testamentum* durch das Menschensohnlogion Mk 10,45 par. Mt 20,28: „Der Menschensohn ist nicht gekommen, bedient zu werden, sondern zu dienen und sein Leben hinzugeben als Lösegeld für viele“. In der Sprache der Bibel zielt „viele“ nicht auf eine mögliche Begrenzung, sondern auf die Unbegrenztheit des „Für“. Deshalb kann es in den neutestamentlichen Briefen dreimal heißen, Jesus sei „für alle“ gestorben (2Kor 5,14; 1Tim 2,6; Hebr 2,9). In der paulinischen und lukanischen Variante der Abendmahlstradition steht zwar „für euch“ (Lk 22,19f.; 1Kor 11,24). Aber auch nach Lukas sind die Repräsentanten des ganzen Gottesvolkes angeredet, das sich nachösterlich aus Jerusalem, Judäa, Samaria und allen Völkern der Erde (Apg 1,8) zusammenfinden wird, und nach Paulus sind diejenigen gemeint, die in den einen Leib Christi hineingetauft sind, „ob Juden, ob Griechen, ob Sklaven, ob Freie“ (1Kor 12,13; vgl. Gal 3,28). Wenn Paulus pathetisch schreibt, dass Christus „mich geliebt und sich für mich dahingegeben hat“ (Gal 2,20), oder Jesus dem geheilten Gerasener aufträgt, in seiner Heimat zu verkünden, was „der Herr für dich getan“ hat (Mk 5,19), wird am Beispiel einzelner Menschen die Unbegrenztheit der Gnade Gottes für alle sichtbar.

Die Herrenmahlstradition, die Jesu Proexistenz ins Bild setzt[1], erhellt das Verständnis der gesamten Sendung Jesu, die in der Gabe von Brot und Wein kulminiert; sie prägt das Gedächtnis und die Feier Jesu Christi in der Kirche.[2] Das „Für“ ist das Leitmotiv der gesamten Sendung und so auch des Todes wie der Auferweckung Jesu.[3] Die Eucharistie ist mit dem Pascha Israels (Ex 12) verbunden (Mk 14,12–16 parr.; vgl. 1Kor 5,7). Jesus spricht beim Letzten Abendmahl nach Markus und Matthäus mit Verweis auf Ex 24 vom „Bund“, nach Lukas und Paulus mit Verweis auf Jer 31 vom „Neuen Bund“, der durch seinen Tod gestiftet wird. Das Bundesmotiv zeigt an, dass im Herzen des Neuen Testaments die Frage nach dem Verhältnis zwischen Israel und der Kirche aufbricht und auf die Frage nach dem Verhältnis Jesu zu Israel zurückgeführt wird.[4] Das

---

[1] Vgl. Heinz SCHÜRMANN, *Jesus – Gestalt und Geheimnis*, Paderborn 1994, 286–345. Präziser noch scheint die Differenzierung von Proexistenz und Theozentrik (besser: Patrozentrik) bei Wilhelm THÜSING, *Die neutestamentlichen Theologien und Jesus Christus. Grundlegung einer Theologie des Neuen Testaments I: Kriterien aufgrund der Rückfrage nach Jesus und des Glaubens an seine Auferweckung*, Münster [2]1996 (1981), 93.73.

[2] In ökumenischer Absicht habe ich diese Bedeutung exegetisch zu eruieren versucht in: *„Tut dies zu meinem Gedächtnis“. Das Abendmahl Jesu und das Herrenmahl der Kirche*, in: Thomas SÖDING (Hg.), *Eucharistie – Positionen katholischer Theologie*, Regensburg 2002, 11–58.

[3] Vgl. Martin KARRER, *Jesus Christus im Neuen Testament* (NTD.E 11), Göttingen 1998, 106–132.

[4] Dem Thema sind zwei exegetische Quaestiones gewidmet, die aus Jahrestagungen der alttestamentlichen und neutestamentlichen Arbeitsgemeinschaft hervorgegangen sind; vgl. Erich ZENGER (Hg.), *Der Neue Bund im Alten. Zur Bundestheologie der beiden Testamente* (QD 146), Freiburg-Basel-Wien 1993; Hubert FRANKEMÖLLE (Hg.), *Der ungekündigte Bund. Antworten des Neuen Testaments* (QD 172), Freiburg-Basel-

„Für viele“ stellt diese Frage in den Horizont der universalen Heilsmitteilung Gottes durch seinen Messias.

Die Wendung nimmt das Vierte Lied vom Gottesknecht auf: „Er trug die Sünden von vielen und trat für die Schuldigen ein“ (Jes 53,12). Nach Jes 52,15 sind die „vielen Völker“, die ob des Gottesknechtes und seines Geschicks ins Staunen geraten, eingeschlossen. Das stellvertretende Leiden des Gottesknechtes kommt nicht nur den Sündern innerhalb des Gottesvolkes Israel zugute, sondern auch den Völkern. Nach Jes 53 wird Israel einer unverzeihlichen Schuld inne; dass sie durch ein Opfer im Tempel, durch persönliche Reue oder eine kollektive Buße abgetan werden könnte, scheint ausgeschlossen. Es kommt auf den zum Opfer gemachten Gerechten an, der durch das Opfer seines Lebens die „vielen“ gerecht macht“ (Jes 53,11). Zugleich mit dem Vertrauen, dass Gott seinem Volk Israel Erlösung schafft, wo keine menschliche Möglichkeit und keine religiöse Institution mehr einen Ausweg bereiten könnte, bricht die Vorstellung einer Rettung auch der Völker durch den Gottesknecht auf, der mitten in Israel steht, auch wenn die Sünder ihn mit Berufung auf Gott haben ausgrenzen wollen.[5] Während aber im Alten Testament die Identität des Gottesknechtes, besonders seines Verhältnisses zu Gott selbst, offen bleibt, wird sie im Neuen Testament beantwortet: Jesus Christus ist der Gottessohn, in dem Gott war, um selbst die Versöhnung zu bewirken (2Kor 5,19)[6].

Wien 1998. Während der Herausgeber der alttestamentlichen Quaestio das Innovationspotential der alttestamentlichen Bundestheologie akzentuiert, versucht der Herausgeber der neutestamentlichen Quaestio, die Innovationskraft der neutestamentlichen Bundestheologie zu relativieren. Die Diskussion gewönne an Klarheit, wenn deutlich würde, dass die Neuheit des Neuen Bundes nur christologisch zu bestimmen ist und dass im Rahmen einer kanonischen Theologie beide Testamente im gleichen Maße an Gewicht gewinnen oder verlieren.

[5] Zur Auslegung vgl. die wichtigen Beiträge von Hermann SPIECKERMANN, *Gottes Liebe zu Israel. Studien zur Theologie des Alten Testaments* (FAT 33), Tübingen 2001, 119–155.

[6] Dass 2Kor 5,19 so übersetzt werden muss (wie die Lutherbibel und nicht wie die Einheitsübersetzung), hat Otfried HOFIUS neu begründet: *„Gott war in Christus“. Sprachliche und theologische Erwägungen zu der Versöhnungsaussage 2 Kor 5,19a*, in: Ingolf U. DALFERTH – Johannes FISCHER – Hans-Peter GROSSHANS (Hg.), *Denkwürdiges Geheimnis. Beiträge zur Gotteslehre.* FS Eberhard Jüngel, Tübingen 2004, 225–236.

Dass Jesus „für viele“, „für euch“, „für mich“ und „für dich“ gekommen, gestorben und auferstanden ist, war innerhalb und außerhalb der Kirche nie unumstritten, sondern stand immer im Kern christologischer Debatten. Gegenüber der neutestamentlichen Zeit hat sich der heutige Problemhorizont aber erheblich verschoben.

1. Neutestamentliche Konstellationen

Das Urchristentum, in seinen Anfängen judenchristlich durch und durch, muss entdecken, was Jesu Sendung, Tod und Auferstehung für die Völker bedeutet. Der explizite Auftrag zur Heidenmission ist in allen Traditionssträngen mit dem Missionsauftrag des Auferstandenen verbunden (Mt 28,16–20; Apg 1,8; Gal 1,15f.; Mk 16,16).[7] Die kontroverse Diskussion über die Heiden dreht sich nicht um das Ob, sondern um das Wie ihrer Integration in die Kirche: Sind die Beschneidung und die Werke des Gesetzes notwendig, oder kommt es allein auf den Glauben an, der durch Liebe wirksam ist (Gal 2,16; 5,6)? Die Debatte führt schließlich zum Sieg der paulinischen Freiheitstheologie, soweit sie mit der Ekklesiologie des Petrus und des Jakobus übereinstimmt (vgl. Apg 15,1–29). Im österlichen Licht wird deutlich, dass die Heilsbedeutung des Todes Jesu „für viele“ nicht irgendwie eingegrenzt werden kann, sondern universal zu verstehen ist.[8] Dies ist eine notwendige Konsequenz daraus, dass Jesus, der Sohn Gottes, „ein für allemal“ gestorben ist (Hebr 7,27; 9,12; 10,2.10: vgl. Röm 6,10; 1Petr 3,18), also eschatologisch-definitiv, unableitbar und unüberbietbar Gottes heilschaffende

---

[7] Vgl. Peter STUHLMACHER, *Zur missionsgeschichtlichen Bedeutung von Mt 28,16–20*, in: Evangelische Theologie 59 (1999) 108–130.

[8] Die in der historisch-kritischen Exegese traktierte Frage, wie Jesus selbst seinen Tod verstanden und ob er, wenn er ihm Heilsbedeutung zuerkannt hat, auch die Völker in den Blick genommen habe, bedürfte einer eigenen Studie. Sie hätte nicht nur die Texte zu analysieren, sondern auch die ideologischen Überfrachtungen vieler Rekonstruktionen zu kritisieren. Problematisch ist es auf der einen Seite, die voll entwickelte Soteriologie des Neuen Testaments, obgleich sie stark auf den Tod wie die Auferweckung reagiert, in den Mund, das Herz und den Verstand Jesu von Nazareth zu projizieren; ebenso problematisch ist es, Freiraum von dogmatischen Festlegungen durch historische Distanzierungen gewinnen zu wollen, obgleich dies gegen eine Vielzahl überlieferter Jesusworte spricht. Beide Manöver sind zum Scheitern verurteilt. Eine aussichtsreiche Position bezieht Ulrich WILCKENS, *Theologie des Neuen Testaments I/2: Jesu Tod und Auferstehung und die Entstehung der Kirche aus Juden und Heiden*, Neukirchen-Vluyn 2003, 65–86.

Gnade realisiert. Anders formuliert: Es ist eine notwendige Konsequenz daraus, dass *der Sohn Gottes* gestorben ist resp. dass Gott „seinen ureigenen Sohn nicht verschont, sondern für alle hingegeben hat" (Röm 8,32). Paulus bringt im Ersten Thessalonicherbrief das Evangelium auf die Kurzformel: „Gott hat uns nicht für den Zorn bestimmt, sondern für die Erlangung des Heiles durch unseren Herrn Jesus Christus, der für uns gestorben ist, damit wir, ob wir wachen oder schlafen, gemeinsam mit ihm leben werden" (1Thess 5,9f.). Das „Uns" und „Wir" verbindet die heidenchristlichen Thessalonicher (vgl. 1,9f.) mit dem judenchristlichen Apostel und allen Judenchristen (vgl. 1Thess 2,14).

Dass Jesu Heilstod – mit der Auferweckung und im Kontext seiner ganzen Sendung– nicht nur den Heiden, sondern auch Israel zugutekommt, ist im judenchristlich geprägten Neuen Testament eine selbstverständliche Voraussetzung. Wenn es thematisiert wird, gibt es besondere Gründe.

Ein erster Grund ist die Verstrickung der Hohenpriester und des Hohen Rates in die Schuld am Tode Jesu, wie sie im Neuen Testament gesehen wird.[9] Die Prophetie, die Kaiaphas nach Joh 11,45–53 *nolens volens* abgibt, ist das stärkste Beispiel. Die Pointe besteht darin, dass diejenigen, die unter Berufung auf ihr Judentum die Gottessohnschaft Jesu ablehnen (19,7; vgl. 5,18; 10,33–36), und diejenigen, die für Jesu Tod schuldhaft Verantwortung tragen (Johannes denkt besonders an die Hohenpriester), dadurch nicht ihr Volk in den Untergang führen, sondern auf paradoxe Weise in Gottes Heilsplan integriert sind, der aber so kosmisch universal ist wie die Schöpfung (Joh 1,1–18). Der Inbegriff der Konfliktkonstellation zwischen Jesus und dem Hohenpriester, deren Heilsdramatik der Glaube erkennt, ist der Kreuzestitulus: „Jesus von Nazareth, König der Juden" (Joh 19,19; vgl. Mk 15,26 parr.). Pilatus hat ihn aufgrund der Anklage und des Bekenntnisses Jesu geschrieben und nach Joh 19,21 gegen den Einspruch der Hohenpriester in seinem genauen Wortlaut verteidigt. Was *prima facie* der Verspottung Jesu dient,

---

9 Davon ist die historische Rekonstruktion, die freilich umstritten ist, zu unterscheiden. Im Interesse theologischer Aufklärung kann sie nicht im Verweis auf die neutestamentliche Darstellung relativiert werden. Umgekehrt kann die historische Kritik die neutestamentlichen Berichte nicht nur dekonstruieren, sondern wird sie – kritisch ihren Quellenwert prüfend – als gezielte Darstellungen des Passionsgeschehens einschätzen, die nicht nur Fakten-, sondern Gedächtnisgeschichte treiben, um *post festum* die Bedeutung des Geschehens, seine Hintergründe und Folgen gleichzeitig sichtbar zu machen. Von großem Vertrauen in die prinzipielle Zuverlässigkeit der Synoptiker ist bestimmt Gerhard LOHFINK, *Der letzte Tag Jesu. Was bei der Passion wirklich geschah,* Bad Tölz 2004. Würde Johannes intensiver einbezogen, würde sich das historische Urteil etwas verändern.

ist *sub contrario* ein Bekenntnis zum jüdischen Messias, der, „gekreuzigt unter Pontius Pilatus", sich in seinem Leiden nicht von seinem Volk abgewandt, sondern sich ihm rückhaltlos zugewandt hat.

Ein zweiter Grund, ausdrücklich die projüdische Heilswirkung des Todes Jesu ins Gedächtnis zu rufen, ist die Dominanz des Heidenchristentums, die im Gefolge der Völkermission vielerorts entsteht und ab dem 2. Jh. nahezu überall vorherrschen wird. Da Paulus in Rom befürchten muss, dass sich die Heidenchristen über die Judenchristen „erheben" (Röm 11,18.20), macht er die Wendung „zuerst die Juden, dann die Heiden" zu einem Leitmotiv seiner Theologie und bezieht es sowohl auf das Gericht über die Sünder als auch auf die Anteilgabe am Heil Gottes (Röm 1,16f.; 2,9f.). Es geht dem Apostel darum, die Verwurzelung der Kirche aus Juden und Heiden in Israel zu zeigen (Röm 11,16ff.), den Zusammenhang der Jesusgeschichte mit der Erwählung Israels herauszuarbeiten (Röm 9,1–5) und das Christusbekenntnis zur größeren Ehre Gottes zu vertiefen (Röm 11,33–36). Matthäus beleuchtet, dass Jesus „nur zu den verlorenen Schafen des Hauses Israel" gesandt war (Mt 15,24) und gesandt hat (Mt 10,5f.); er betont, dass Jesus nur als „Sohn Davids" und „Sohn Abrahams" (Mt 1,1) der „Immanuel" ist (Mt 1,23; Jes 7,14), der „sein Volk von seinen Sünden erlösen" (Mt 1,20) und genau auf diese Weise „viele" von „Ost und West" an den „Tisch" mit „Abraham, Isaak und Jakob im Himmelreich" bitten wird (Mt 8,11).[10] Im Johannesevangelium redet Jesus mit größtem Nachdruck von der Rettung des ganzen Kosmos (Joh 4,42) und von der Anbetung „weder auf diesem Berg", dem Garizim der Samariter, „noch in Jerusalem", wo der Tempel 70 n. Chr. definiert zerstört sein wird, sondern „im Geist und in der Wahrheit" (4,21.23), für die er selbst steht. Aber ebenso ist betont, dass Jesus vom Täufer Johannes „Israel bekannt" gemacht wird (1,35); Jesus sagt ausdrücklich: „Das Heil kommt von den Juden" (4,22), er identifiziert sich selbst als Jude (4,22; vgl. 18,35)[11], verortet sich als verfolgter Prophet in Galiläa (4,43f.), feiert als jüdischer Pilger regelmäßig die Feste mit und stellt sich als der Gute Hirte dar, der „sein Leben für die Schafe" einsetzt (Joh 10,15)[12]; wenn das folgende Jesuswort

[10] Ulrich LUZ nennt Matthäus ein „ökumenisches Evangelium", weil es programmatisch juden- und heidenchristliche Traditionen zusammenbinde: *Das Evangelium nach Matthäus I* (EKK I/1), Zürich-Neukirchen-Vluyn ^{5}2002 (^{1}1985), 66.

[11] Zur Figurenkonstellation vgl. Roberto VIGNOLO, *Personaggi del Quarto Vangelo. Figure della fede in San Giovanni* (Biblica 2), Milano 2003, 121–165, 153ff.

[12] Zum christologischen Potential des Bildes vgl. Ruben ZIMMERMANN, *Jesus im Bild Gottes. Anspielungen auf das Alte Testament im Johannesevangelium am Beispiel des Hirtenbildfeldes in Joh 10,* in: Jörg FREY – Udo SCHNELLE (Hg.), *Kontexte des*

Joh 10,16 von „anderen Schafen, die nicht aus diesem Stall sind", handelt, die der Hirt gleichfalls weiden muss, auf dass es nur eine Herde gebe, wie es nur einen Hirten gibt, liegt die Interpretation nahe, dass an die Juden und die Heiden zu denken ist.[13]

Die neutestamentliche Soteriologie lässt keinen Zweifel, dass Jesu Heilstod im Kontext seiner Inkarnation, seiner Sendung, seiner Auferweckung und Wiederkunft nicht mit dem Rücken zur Hoffnungs- und Leidensgeschichte Israels den Völkern sich zuwendet. Dass der „Menschensohn gekommen ist, zu suchen und zu retten, was verloren ist" (Lk 19,10), gilt für Juden und Heiden.

2. Neuzeitliche Konstellationen

Heute werden die stärksten Einwände gegen die im Neuen Testament soteriologisch zentrale Verkündigung erhoben, Jesus sei „für" andere gestorben, seien es viele, seien es alle, seien es einzelne. Den Blick nicht nur auf den Tod zu richten, sondern für die Inkarnation, das Wirken und die Auferstehung auszuweiten, hilft nicht entscheidend weiter, weil es um die Möglichkeit soteriologisch effektiver Stellvertretung geht. Immanuel Kant wandte ein, dass Menschen einander zwar in allen möglichen Situationen helfen können, indem sie füreinander eintreten, aber nicht im Allerpersönlichsten, der individuellen Schuld, von der sie aber gerade befreit werden müssten, wenn Erlösung geschehen solle.[14] Eine kritische Auseinandersetzung kann nur darauf setzen, dass der Begriff der Vernunft, den Kant seinem Einwand unterlegt, indem er die Religion in ihren Grenzen anzusiedeln trachtet, so ausgeweitet wird, dass sie verstehen kann, was die neutestamentliche Rede von Sühne und Stellvertretung voraussetzt: dass Gottes ewiger Sohn Mensch geworden ist, um die Schuld der Menschen auf sich zu nehmen und sie dort in die Freiheit zu führen, wo sie diese schuldhaft verspielt haben.[15] Mindestens müsste im Gespräch mit der Philosophie gezeigt werden können, dass unter der Voraussetzung des neutestamentlichen Inkarnations- und

Johannesevangeliums. Das vierte Evangelium in religions- und traditionsgeschichtlicher Perspektive (WUNT 175), Tübingen 2004, 81–116.

[13] So die Kommentare; vgl. Udo SCHNELLE, *Das Evangelium nach Johannes* (ThHK 4), Berlin ^{3}2003, 199.

[14] *Die Religion innerhalb der Grenzen der bloßen Vernunft* (Akademie-Ausgabe VI) 72.88.

[15] Vgl. Karl-Heinz MENKE, *Das Kriterium des Christseins. Grundriss der Gnadenlehre,* Regensburg 2003.

Auferweckungsglaubens das, was auf der zwischenmenschlichen, ethischen Ebene eine unübersteigbare Grenze der Stellvertretung ist, für die Heilsvermittlung *a priori* nicht gelten kann.

Aber auch wenn der Einwand Kants nicht geteilt wird, findet die Verkündigung, Jesus sei der Retter „für viele“, keineswegs einhellige Zustimmung. Freilich wird, dass Jesus „der Heiden Heiland“ sei, heute weniger problematisiert, als dass er der messianische „König der Juden“ sei, als der er nach allen Evangelien am Kreuz hingerichtet wurde.

Im Zuge der vatikanischen Liturgiereform wurde zwar von manchen kritisiert, dass im Hochgebet ausdrücklich *pro vobis et pro multis* gesprochen wird, weil dadurch angeblich die Bedeutung der Taufe, des Glaubens und der Kirche geschmälert werde; aber die Kritiker konnten sich nicht durchsetzen, weil die biblische Basis fest ist. Nach wie vor wird allerdings gefragt, ob der Universalitätsanspruch des Christentums im Interesse eines allgemeinen Religionsfriedens radikal eingeschränkt werden müsse; seit dem 19. Jh. wird immer wieder gesagt, Jesus habe nur die „Europa zugewandte Seite Gottes“ gezeigt.[16] Doch diese Position liberaler Theologie leidet daran, dass sie Jesus nicht jüdisch sieht, sondern von vornherein „europäisch“ vereinnahmt – zu schweigen davon, dass sie ohne weiteres über die vielen asiatischen, afrikanischen und amerikanischen Christen hinwegzugehen bereit scheint. In jedem Fall ist es eine These, die eher kulturgeschichtlich als theologisch ansetzt und deshalb um den Preis erkauft ist, wesentliche Texte des Neuen Testaments zu überfremden.[17]

Weit schwerwiegender ist heute die Frage nach der Heilsbedeutung Jesu für Juden – zumal wenn sie unter dem Vorzeichen einer biblisch begründeten und fundamentaltheologisch bewährten Stellvertretungstheologie gestellt wird. Läuft es nicht auf eine radikale Abwertung Israels, seiner Erwählung und seines Gesetzes hinaus, wenn Jesu Sendung, sein Kreuzestod und seine Auferweckung als entscheidendes Faktum für Israels Rettung gesehen werden? Bedarf Israel der stellvertretenden Sühne Jesu? Hat Gott etwa seinen Bund aufgekündigt? Liegt Jesu Heilsbedeutung nicht eher darin, neben Israel auch die Heiden zum

[16] So Ernst TROELTSCH, *Die Absolutheit des Christentums und die Religionsgeschichte,* Tübingen ^{3}1929, 79.

[17] Die weiterführende Frage lautet freilich, wie friedensfähig der christliche Absolutheitsanspruch ist und ob nicht gerade um der Hoffnung auf umfassende Gerechtigkeit willen die Einzigkeit Gottes für alle Völker festgehalten werden muss; vgl. Thomas SÖDING (Hg.), *Ist der Glaube Feind der Freiheit? Die neue Debatte über den Monotheismus* (QD 196), Freiburg-Basel-Wien 2002.

Glauben an den einen Gott zu führen und sie allenfalls in das unverändert weiterbestehende Gottesvolk Israel einzugliedern? Führt am Ende gerade die Christologie zur Verwerfung Israels?[18]

Erst durch die Shoa ist der christlichen Theologie die Brisanz dieser Fragen aufgegangen. Die Notwendigkeit, ein radikal erneuertes Verhältnis der Kirche zu Israel zu entwickeln, ist unabweisbar.[19] Zwei Strategien lassen sich unterscheiden. Die eine setzt auf eine Revision, die andere auf eine Reinterpretation von Grunddaten christlicher Theologie, wie sie sich schon im Neuen Testament abzeichnen.[20] Die erste Strategie wird favorisiert, wenn der Eindruck vorherrscht, der neutestamentliche Ansatz, dass Jesus – auch – für sein eigenes Volk gestorben sei und dadurch den Völkern die Tür zur Kirche aufgeschlossen habe, müsse für die Geschichte „christlicher" Israelvergessenheit und Judenfeindschaft verantwortlich gemacht werden; die zweite, wenn geurteilt wird, das Neue Testament enthalte in dem, was es über Jesu universale Heilsmittlerschaft sagt, das Potential einer radikal positiven Israeltheologie, auch wenn ihre Möglichkeiten auf weiten Strecken der Kirchen- und Theologiegeschichte nicht genutzt worden wären.

Bevor eine Entscheidung fallen kann, muss *sine ira et studio* untersucht werden, worin das Neue Testament in seinen verschiedenen Schriften die Notwendigkeit der Heilssendung Jesu auch für die Juden begründet sieht, welche Einwände es gegen diese Verkündigung namhaft macht und wie es in christologischer Perspektive die Hoffnung Israels sieht.

---

[18] Diesen Fragen stellt sich das Dokument der PÄPSTLICHEN BIBELKOMMISSION, *Das jüdische Volk und seine Heilige Schrift in der christlichen Bibel* 24. Mai 2001 (Verlautbarungen des Apostolischen Stuhles 152), Bonn 2002. Die Antwort einer radikal positiven Theologie Israels und des Judentums und einer radikalen Kritik des Antijudaismus wird aus der Heiligen Schrift, besonders dem Neuen Testament, abgeleitet.

[19] Eindrücke aus verschiedenen Disziplinen dokumentiert der Sammelband: Peter HÜNERMANN – Thomas SÖDING (Hg.), *Methodische Erneuerung der Theologie. Konsequenzen der wieder entdeckten jüdisch-christlichen Gemeinsamkeiten* (QD 200), Freiburg-Basel-Wien 2003.

[20] Für die erste Strategie steht das große Werk von Friedrich-Wilhelm MARQUARD, *Das christliche Bekenntnis zu Jesus, dem Juden. Eine Christologie I–II*, München 1990/1991. Für die zweite die bewegende Studie von Jean-Marie LUSTIGER, *La promesse* (Parole et Silence), Paris 2002; vgl. zu beiden der Beitrag von Karl-Heinz MENKE in diesem Band.

III. Jüdische Einwände gegen die Christologie im Spiegel des Neuen Testaments

Das Neue Testament gibt jüdischen Einwänden gegen die Heilssendung Jesu breiten Raum – nicht, um sie zu dokumentieren, sondern um sie aus christlicher Sicht zu widerlegen, aber doch auch, um das Konfliktpotential der Christologie deutlich werden zu lassen, ihre kritische Kraft und (paulinisch gesprochen) ihre unglaubliche Stärke, die in ihrer Schwäche liegt. Alle Einwände setzen voraus, dass Jesus für sein Evangelium Anspruch auf Gehör in Israel erhebt und für seine Person nicht nur Respekt, sondern Glauben fordert; alle Einwände setzen ebenso voraus, dass die nachösterliche Kreuzes- und Auferweckungspredigt – zuerst – Juden zu Adressaten hat, weil die Apostel und alle Missionare davon überzeugt sind, dass gilt, was nach Apg 4,12 Petrus vor dem Hohen Rat bekennt: „In keinem anderen ist das Heil zu finden. Denn es ist uns Menschen kein anderer Name unter dem Himmel gegeben, durch den wir gerettet werden."

Die Einwände, so facettenreich sie im einzelnen wiedergegeben werden, lassen sich auf einige Grundtypen zurückführen.

1. Der Kreuzestod Jesu

Im kritischen Gespräch mit Juden ist nicht prinzipiell die Auferstehung umstritten.[21] Hier läuft vielmehr die Frontlinie zwischen Juden und Juden. Das Verhör des Paulus vor dem Hohen Rat macht den Konflikt zwischen Pharisäern und Sadduzäern über die Auferstehung sichtbar (Apg 23,1–9). Jesus selbst ist von den Sadduzäern kritisch nach seiner Auferstehungshoffnung gefragt worden (Mk 12,18–27 parr.)[22]; doch dieselbe Kritik hätten Pharisäer einstecken müssen. Die von Matthäus ausgebaute Tradition, unter den Juden liefe das Gerücht um, Jesu Leichnam sei aus dem Grabe gestohlen (Mt 28,11–15), setzt die Möglichkeit einer leiblichen Auferweckung gerade voraus. Allerdings ist die für das Christusbekenntnis zentrale Deutung der Auferstehung „im Zuge der Erhöhung"[23] spezifisch neutestamentlich (Phil 2,6–11). Sie sprengt den Rahmen alttestamentlich-frühjüdischer Theologie – nicht weil der Gottessohn und Menschensohn an der Hoheit Gottes partizipierte; auch

[21] Erklärungsprobleme hat Paulus bei Heiden: im Lichte seiner Briefe nach 1Thess 4 und 1Kor 15, im Lichte der Apostelgeschichte nach der Areopagrede (Apg 17,16–34).

[22] Vgl. Otto SCHWANKL *Die Sadduzäerfrage (Mk 12,18–27). Eine exegetisch-theologische Studie zur Auferstehungserwartung* (BBB 66), Bonn 1987.

[23] Heinrich SCHLIER, *Über die Auferstehung Jesu,* Einsiedeln 1968, 24f.

der Menschensohn-Richter, den Daniel schaut (7,14f.), ist vom Glanze Gottes erfüllt und mit der Macht Gottes ausgestattet. Entscheidend ist der Zusammenhang von Tod und Auferweckung.

Also hängt alles am Kreuz Jesu. „Den Heiden Torheit, den Juden ein Skandal" – Paulus fasst im Ersten Korintherbrief (1,23) präzis den Vorbehalt zusammen, auf den er als Missionar oft genug gestoßen ist. „Verflucht ist, der am Holze hängt", sagt das Gesetz (Dtn 21,23), das Paulus in Gal 3,13 zitiert. Der Jude Tryphon hält Justin entgegen: „Daran zweifeln wir, ob der Messias aber auch so ehrlos gekreuzigt wurde, denn aufgrund des Gesetzes ist der Gekreuzigte verflucht ... Deutlich ist, dass die Schrift einen leidenden Messias verkündet. Wissen möchten wir aber, ob du auch beweisen kannst, dass das auch für das im Gesetz verfluchte Leiden gilt" (c. Tryph. 89,2). Beim „leidenden Messias" mag an den „Durchbohrten" gedacht sein, den Sacharja (12,10) geschaut hat (vgl. Joh 19,37); aber selbst diese äußerste Ausdehnung alttestamentlich-frühjüdischer Messianologie, die einen leidenden Gerechten als Retter erhofft, lässt die Verkündigung eines Gekreuzigten nicht zu. Die synoptischen Kreuzigungsberichte spiegeln in den Verspottungsszenen die äußerste Härte des Kreuzestodes Jesu ebenso wie die abstoßende Wirkung des Gekreuzigten (Mk 15,29–32 parr.).[24]

Das Argument des Urchristentums, Jesus sei unschuldig verurteilt worden, und die Juden, soweit sie beteiligt waren, hätten aus Unwissenheit gehandelt (Apg 3,17; vgl. 13,27), aus fehlgeleitetem „Eifer für Gott" (Röm 10,2), könnte (und sollte) zwar dem Einwand die Schärfe nehmen und hat ja auch die Judenchristen so oder so überzeugt. Es bleibt aber die Skandalosität eines gekreuzigten Messias, die durch den Christusglauben nicht ausgemerzt, sondern aufgedeckt wird, damit die absolute Grenzenlosigkeit der Anteilnahme Gottes an der Leidens- und Schuldgeschichte der Menschen vor Augen treten kann. Hier liegt der tiefste Grund für die Verwerfung des Gekreuzigten: Die lebendige Vorstellung der Heiligkeit Gottes scheint es zu verbieten, im Gekreuzigten die Ikone Gottes (2Kor 4,4) zu erkennen. Die Ablehnung des gekreuzigten Jesus wiederholt nach christlicher Lesart die Ablehnung des leidenden Gottesknechtes, während der jüdisch-christliche Glaube an die Heilswirksamkeit des Todes und die Auferstehung Jesu das Bekenntnis derjenigen Israeliten

[24] Vgl. meinen Beitrag: *Lernen unter dem Kreuz – Neutestamentliche Lektionen. Zum markinischen Kreuzigungsbericht (Mk 15,20–41),* in: Hans MAIER (Hg.), *Das Kreuz im Widerspruch. Der Kruzifix-Beschluß des Bundesverfassungsgerichts in der Kontroverse* (QD 162), Freiburg-Basel-Wien 1996, 77–108.

aufnimmt, die das Vierte Lied vom Gottesknecht gedichtet und kanonisiert haben, weil sie erkannt haben: „Zu unserem Heil lag die Strafe auf ihm, durch seine Wunden sind wir geheilt“ (Jes 53,5).

Der Kreuzestod Jesu ist deshalb, mit jüdischen Augen betrachtet, ein Stein des Anstoßes, weil von den Christen verkündigt wird, Jesus sei nicht trotz seiner Kreuzigung, sondern als der Gekreuzigte der Sohn Gottes und sein Basileia-Evangelium sei nicht diesseits und jenseits von Golgatha wirksam, sondern gerade durch den Kreuzestod das eschatologische Heilsgeschehen.

2. Die Vollmacht Jesu

Die synoptischen Evangelien halten vielfach fest, dass es die vollmächtige Evangeliumsverkündigung Jesu gewesen sei, die auf Widerspruch der Protagonisten Israels gestoßen sei[25]. Es ist weder die Grundbotschaft der nahegekommenen Gottesherrschaft (Mk 1,15 parr.) als solche, die zu einem Nein der Pharisäer und Schriftgelehrten führt[26], noch ist es der Ansatz der Ethik Jesu im Doppelgebot (Mk 12,28–34).[27] Vielmehr sind es bestimmte, allerdings wesentliche Konsequenzen, die Jesus aus seiner Sendung zieht. Genannt werden in den Evangelien: die Vollmacht, Sünden zu vergeben (Mk 2,10 parr.), die Freiheit, mit Zöllnern und Sündern zu essen (Mk 2,16f. parr.), und die Souveränität, den Sabbat ganz in den Dienst am Menschen zu stellen (Mk 2,23–3,6 parr.).[28] Aus

---

[25] Es ist eine Schwäche der neutestamentlichen Darstellung, niedere Motive wie Neid (Mk 15,10 par. Mt 27,18) als ausschlaggebend anzuführen. Gewiss lässt sich solches nicht ausschließen; dominiert haben theologische Gründe.

[26] Anders steht es mit der Menge: Nach Lukas löst die Antrittspredigt Jesu, die Jes 61,1f. christologisch appliziert (Lk 4,18.21), eine wütende Aggression aus, ein Präludium des Leidens und der Auferstehung Jesu (Lk 4,1–30); nach dem Gastmahlgleichnis Lk 14,15–24 par. Mt 22,1–10 stößt die Einladung: „Kommt, es ist alles bereit!“, auf allgemeines Desinteresse.

[27] Über das Gebot der Feindesliebe ist im Neuen Testament kein Disput überliefert. Das Beispiel des barmherzigen Samariters, das den Geltungsbereich der Nächstenliebe paradigmatisch über jede denkbare Grenze ausweitet (Lk 10,25–37), ist typisch jesuanisch, aber von Lukas so erzählt, dass der Gesetzeslehrer nicht umhin kann, sich seiner Logik zu entziehen. Allerdings gibt es in der Gegenwart jüdische Stimmen, die es als überzogen verwerfen; vgl. Jacob NEUSNER, *Ein Rabbi spricht mit Jesus. Ein jüdisch-christlicher Dialog,* München 1997 (engl. 1993). Nach Sigmund FREUD ist die Feindesliebe tendenziell gewalttätig, weil sie widernatürlich sei und deshalb Aggressionen hervorrufe, die irrational und spontan hervorbrächen: *Das Unbehagen in der Kultur* (1930), in: *Gesammelte Werke 14,* London 1948, 419–506: 468–475.493–506 (Abschnitte V. VIII).

[28] Vgl. Klaus SCHOLTISSEK, *Die Vollmacht Jesu. Traditions- und redaktionsgeschichtliche Analysen zu einem Leitmotiv markinischer Christologie* (NTA 25), Münster 1992.

neutestamentlicher Perspektive ist dieses Vorgehen ein wesentlicher Teil der Sendung Jesu, ein notwendiger Ausdruck der Liebe Gottes, für die Jesus bedingungslos eintritt. Aus der Sicht von Pharisäern hingegen, wie sie im Neuen Testament dargestellt werden, ist es ein fahrlässiges, ungerechtfertigtes Verhalten, das der Heiligkeit Gottes und seines Gesetzes widerspricht. Im Kern steht die Frage, auf welche Weise Gott, indem er seine Herrschaft antritt, die Schuld aus der Welt schafft, wenn er die Übeltäter nicht einfach ausmerzt: ob durch die Erziehung zum Guten, die Anrechnung der guten Werke, durch die immer neue Vergebung der Sünden mittels der Opfer im Tempel und durch das gnädige Zudecken der unverzeihlichen Sünden[29] oder ein für allemal durch die stellvertretende Lebenshingabe des Gottesknechtes, in dem er selbst als Erlöser gegenwärtig ist.

Der Konflikt um Jesu Vollmacht spitzt sich nach allen Evangelien durch Jesu Tempelaktion zu. Die Synoptiker stellen sie als Auslöser der Verhaftung dar (Mk 11,15–19 parr.); Johannes sieht sie als Fanal, das Jesus gleich zu Beginn seines öffentlichen Wirkens in Jerusalem setzt, aber gleichfalls auf die Passion ausrichtet (2,13–22). Nach den Synoptikern wird Jesus ausdrücklich und anklagend gefragt, „in welcher Vollmacht“ er handle (Mk 11,28); nach Johannes verlangen „die Juden“ ein „Zeichen“ als „Beweis, dass du dies tun darfst“ (2,20). Die Frage, ob Jesus tun dürfe, was er im Tempel getan hat, wird mit Fug und Recht gestellt. Denn seine Aktion ist alles andere als harmlos. Es ist nach allen Überlieferungsvarianten das prophetische Zeichen für die kommende Zerstörung des Tempels – und für eine Zukunft des Gottesvolkes, seiner Gottesverehrung und der Gegenwart Gottes in ihm jenseits dieser Vernichtung. Markus zufolge (11,17) baut Jesus durch seine Tempelaktion nach einem Jesajawort (56,7) ein „Haus des Gebetes für alle Völker“, Matthäus zufolge (22,12–17) nach einem Psalmwort (8,3) einen Ort des Gotteslobes auch für Kinder und Kranke und Lukas zufolge (19,45–48) eine Stätte des öffentlichen Lehrens, während er Johannes zufolge seinen Leib zum Tempel macht, weil er selbst derjenige ist, in dem Gott zu sehen ist (Joh 12,45) und die wahre Anbetung Gottes (Joh 4,22ff.) geschieht. Jesus unterbricht an einer empfindlichen Stelle – bei den Geldwechslern und Tierhändlern, wo der Kontakt mit dem Publikum geregelt wird – symbolisch den Fortgang der Opfer, um die Augen dafür zu öffnen, dass Gott jetzt, da seine Herrschaft nahegekommen ist, auf

[29] Die Stichworte können das weite Spektrum pharisäischer Soteriologie, die in christlichen Darstellungen oft bis zur Unkenntlichkeit verzerrt wird, nur andeutungsweise hervorheben; vgl. Jacob NEUSNER, *Das pharisäische und talmudische Judentum. Neue Wege zu seinem Verständnis*, Tübingen 1984.

neue Weise, nämlich durch ihn, Jesus, Heil schafft und zwar ein für allemal und für alle.[30] Der Tempel ist die kultische, politische, soziale Mitte ganz Israels. Im Kern geht es aber beim Tempelkonflikt nicht um die Frage, ob Gott auch andere Wege als die kultischen bahnen könne, Schuld zu vergeben; das ist zweifellos der Fall: Das persönliche Bittgebet, die Reue und Wiedergutmachung werden in den Psalmen häufig genug genannt.[31] Es geht vielmehr um die Frage, ob Gott in diesem Menschen Jesus, der es wagt, wie einst Jeremia (7,11) zu kritisieren, das Haus Gottes sei zu einer „Räuberhöhle" verkommen (Mk 11,17 parr.), so als Retter gegenwärtig ist, dass Sündenvergebung und Lebenserneuerung in der Anteilgabe an der nahekommenden Gottesherrschaft bestehen und definitiv an ihn gebunden sind, der sie verkündet und vermittelt.

In den Briefen des Neuen Testaments taucht die Vollmacht des Irdischen nicht im Spiegel jüdisch-christlicher Kontroversen über die Christologie auf. Wohl aber finden sich nachösterliche Explikationen der universalen Heilsmittlerschaft Jesu Christi in einer kultischen Sprache, die zeigt, dass der Kreuzestod Jesu als eschatologische Aufhebung des Tempelkultes gedacht werden konnte: Jesus ist nach Röm 3,25 – Paulus geht auf einen judenchristlichen Bekenntnistext zurück – der Sühneort, wo im Allerheiligsten des Tempels Gott präsent ist und die Vergebung wirkt (Ex 25,17–22)[32]; der Hebräerbrief (9,1–28) sieht Jesus als Hohenpriester, der sich selbst opfert, um ein für allemal Sühne für alle Sünden zu wirken. Röm 3,25 und Hebr 9 blicken freilich auf den Tod Jesu, nicht auf die Vollmacht des Irdischen, die allerdings, gerade durch die Tempelaktion, nach den Evangelien mit dem Kreuz Jesu verbunden ist.

Die Vollmacht Jesu ist bis in den Widerspruch hinein an seine Person und seine Sendung gebunden. Zwischen beidem lässt sich nicht trennen. Dies führt – angesichts des Kreuzestodes Jesu – an den Kern des Problems.

---

[30] Religionssoziologisch sieht Gerd THEISSEN *(Die Religion der ersten Christen. Eine Theorie des Urchristentums,* Gütersloh 2000, 178) einen engen Zusammenhang mit dem Letzten Abendmahl: Der Aufhebung des Tempelkultes entspreche die Einsetzung des Eucharistiekultes.

[31] Vgl. Bernd JANOWSKI, *Konfliktgespräche mit Gott. Eine Anthropologie der Psalmen,* Neukirchen-Vluyn 2003.

[32] Vgl. Peter STUHLMACHER, *Der Brief an die Römer* (NTD 6), Göttingen 1989, 57f.: Jesus Christus ist „gleichzeitig der den Glaubenden vom Kreuz herab begegnende Gott und der sich im Namen Gottes gehorsam aufopfernde Sohn Gottes, wahrer Gott und wahrer Mensch zugleich". Die Kritik von Heinrich SCHLIER (*Der Römerbrief* [HThKNT 6], Freiburg-Basel-Wien 1979, 110f.) und Eduard LOHSE *(Der Brief an die Römer* [KEK IV], Göttingen 2003, 126f.) bezieht sich auf die Deutung von *hilasterion* als *kapporaet,* nicht aber auf die christologisch-soteriologische Pointe.

3. Die Gottessohnschaft Jesu

Nach der synoptischen Passionsüberlieferung gelingt es nicht, Jesus durch die Aussage von Zeugen eines todeswürdigen Verbrechens zu überführen (Mk 14,53–65). Auch seine Tempel- und Gesetzeskritik reicht bei weitem nicht für eine Verurteilung aus. Dass Lukas erzählt, Jesus sei des Volksaufruhrs bezichtigt worden (Lk 23,2.5), geschieht nur, um die Unhaltbarkeit der Anklage zu demonstrieren, die auch Pilatus zu sehen nicht umhinkann (vgl. Lk 23,14). Alle synoptischen Prozessberichte arbeiten heraus, dass der Hohepriester im entscheidenden Moment Jesus die Frage der messianischen Gottessohnschaft gestellt habe (Mk 14,61f. parr.).[33] Dies ist eine Stilisierung, die im Rückblick den Kern des Konfliktes herauspräparieren soll, wie er sich in der Sicht der Anhänger Jesu darstellt. Dem entspricht, dass in allen Evangelienberichten über den Pilatusprozess das messianische Königtum Jesu, ironisch gebrochen oder politisch verfälscht, im Zentrum steht.

Nach Johannes wird Jesus durch Hannas „über seine Jünger und über seine Lehre" befragt (Joh 18,19), bevor er vor Pilatus – mit Berufung auf das Gesetz – als Sohn Gottes angeklagt wird (Joh 19,7). Tatsächlich hat Jesu Lehre nach dem Johannesevangelium, noch weit über die Synoptiker hinaus, christologische Substanz. Jesus offenbart Gott, indem er sich selbst als Offenbarer des Vaters offenbart, der nur deshalb authentische Kunde von Gott bringen kann, weil er als der eingeborene Sohn – anders als jeder andere Mensch – Gott gesehen hat (Joh 1,18) und sieht (Joh 5,19). Der Vorwurf im Pilatusprozess (Joh 19,7) bezieht sich darauf. Er ist doppelt vorbereitet.[34] Nach der Heilung des Gelähmten zu Bethesda an einem Sabbat (Joh 5,1–18) kommt es nach Johannes zur ersten Manifestation aggressiven Widerspruchs gegen Jesus, weil er gegen den

---

[33] Umstritten ist die Historizität. Die Diskussion muss zwei Probleme lösen. Zum einen ist die Frage zu beantworten, ob es einen regelrechten Synhedrialprozess überhaupt gegeben hat oder nur ein mehr oder weniger formloses Verhör durch den Hohenpriester und seine Mitarbeiter; für das zweite plädiert Paul MIKAT, Art. *Prozeß Jesu II Rechtsgeschichtlich*, in: *Lexikon für Theologie und Kirche* 8 (1999) 676ff. Zum anderen ist strittig, ob Jesu Messiasanspruch Grund genug für eine Verurteilung gewesen ist oder hätte sein können. Dies wird mit dem Hinweis auf andere jüdische Messiasgestalten oft bestritten; tatsächlich ist 100 Jahre später Bar Kochba, der sich als Messias verstanden hat oder doch von einigen als solcher angesehen wurde, nicht deshalb abgelehnt worden. Aber der Messiasanspruch Jesu, jedenfalls wie ihn die Evangelien überliefern, ist doch von anderer Qualität, welche die Sohn-Gottes-Christologie treffend zum Ausdruck bringt.

[34] Den Zusammenhang habe ich erörtert in: *„Ich und der Vater sind eins" (Joh 10,30f). Die johanneische Christologie vor dem Anspruch des Hauptgebotes (Dtn 6,4f)*, in: *Zeitschrift für neutestamentliche Wissenschaft* 31 (2002) 177–199.

Vorwurf des Sabbatbruchs auf das ununterbrochene Wirken des Vaters verweist[35], dem sein Wirken entspreche: „Deshalb trachten sie ihm um so erbitterter nach dem Leben, weil er nicht nur den Sabbat aufgelöst, sondern Gott seinen ureigenen Vater genannt und sich damit Gott gleichgestellt habe“ (Joh 5,18). Um den Zusammenhang von Jesu Person und Werk geht es auch an der zweiten Stelle, die den Blasphemie-Vorwurf dokumentiert. Im Hintergrund steht die Heilung des Blindgeborenen (Joh 9). Die Diskussion über die Voraussetzungen, die Implikationen und die Konsequenzen dieses Wunders, die – anachronistisch – mit dem Synagogenausschluss verbunden wird (9,22; vgl. 12,42; 16,2f.)[36], führt in Joh 10, nachdem Jesus sich als Guter Hirte offenbart hat, zu einer bemerkenswerten Differenzierung der Anklage gegen Jesu: „Nicht wegen einer guten Tat wollen wir dich steinigen, sondern wegen deiner Blasphemie. Denn du bist ein Mensch und machst dich selbst zu Gott“ (10,33). Bestritten wird nicht, dass die Heilung „gut“ war; bestritten wird die Deutung, die Jesus diesem Werk gibt: dass er das „Licht der Welt“ sei (Joh 8,12: 9,5; vgl. 1,9; 12,46), ,„eins“ mit dem Vater“ (10,30). Das christologische Potential dieser Deutung wird von „den Juden“ (die *als* Juden sprechen und deshalb so bezeichnet werden) richtig erfasst – und abgelehnt, weil sie in ihr eine Verletzung des Hauptgebotes zu erkennen meinen. Während Jesus in der Heilung des Blindgeborenen eines der „Zeichen“ gesetzt hat, das die Glaubenden als Offenbarung der Herrlichkeit des Vaters im Sohn lesen können, wird der Zeichencharakter von den Juden, die Widerspruch einlegen, abgelehnt – damit aber der Anspruch und mehr noch die Verheißung Jesu, sein irdisches Wirken sei die Begründung und Antizipation der vollendeten Erlösung.

In diesem christologischen Kontext steht auch die Diskussion der Abrahamskindschaft im Johannesevangelium. Jesus führt sie mit Juden, die zwar an seine Messianität glauben, diese aber nicht im Sinne der Sohn-Gottes-Christologie verstehen, wie sie Jesus nach dem Vierten Evangelium auch präexistenz-, inkarnations- und erhöhungstheologisch vertritt.[37] Sie berufen sich auf ihre Abrahamskindschaft, da Jesus sich als der „Sohn“ offenbart, der sie durch Gottes Wahrheit zu befreien verkün-

[35] Philo weist nach, dass Gen 2,1–4a nicht die *creatio continua* ausschließe; vgl. all. I 3.ff.16ff; Cher. 87–90; det. 1613; pot. 16.181.

[36] Zu diesem diffizilen Problem vgl. die erhellenden Bemerkungen von Jörg FREY, *Das Bild der Juden im Johannesevangelium,* in: Michael LABAHN – Klaus SCHOLTISSEK – Angelika STROTMANN (Hg.), *Israel und seine Heilstraditionen im Johannesevangelium.* Festgabe Johannes Beutler, Paderborn 2003, 33–53, 38–45.

[37] Eine Paralleltradition bezeugt Joh 6,60–71: die Spaltung des Jüngerkreises aufgrund der inkarnatorischen und eucharistischen Verkündigung in der Brotrede.

det (Joh 8,32.36). Von Jesus wird ihnen diese Nachkommenschaft nicht bestritten (Joh 8,37a: „Ich weiß, dass ihr Nachkommen Abrahams seid"); wohl aber wird bestritten, dass sie sich auf Abraham berufen dürfen, wenn sie sein Wort und ihn selbst ablehnen (Joh 8,37b).

Dies ist keine johanneische Übersteigerung, sondern die johanneische Radikalisierung neutestamentlicher Christologie. Markus und Matthäus halten in ihren Nazareth-Traditionen fest, es sei gerade das menschliche Auftreten Jesu gewesen, das für seine Landsleute in einen unüberbrückbaren Widerspruch zum messianischen Anspruch seines Evangeliums und seiner Person geführt habe. Auf Jesu Lehre, über deren Weisheit sie rätseln, reagieren die Nazaretaner: „Ist das nicht der Zimmermann, der Sohn der Maria, der Bruder von Jakobus, Joses, Judas und Simon? Leben nicht seine Schwestern hier unter uns? Und sie nahmen Anstoß an ihm" (Mk 6,3; vgl. Mt 13,55ff.).[38]

4. Die Gottesfrage

In der Ablehnung der Gottessohnschaft Jesu wird aus neutestamentlicher Perspektive der Kern des Konfliktes sichtbar. Er verweist ins Zentrum des Gottesglaubens: Liegt es in der theologischen Konsequenz der Abrahamsverheißung, dass Gott seinen ureigenen Sohn als Retter schickt? Oder wären die christologischen Konsequenzen so, dass sie im Widerspruch zum Bekenntnis des einen Gottes ständen? Anders formuliert: Verbietet der Glaube an Gottes Heiligkeit und Einzigkeit den Glauben an die Menschwerdung Gottes zur Rettung der Welt? Oder liegt er in seiner Konsequenz?

Hier stoßen (von einem neutestamentlichen Standpunkt aus und sehr abgekürzt gesprochen) jüdischer und christlicher Glaube im harten Widerspruch aufeinander. Philo formuliert in großer Präzision die Paradoxie aus bestimmter jüdischer Sicht: „Eher wird Gott ein Mensch als ein Mensch Gott" (leg. Gai. 118) – aber nur, um aus der Absurdität des ersten Gedankens die Verwerflichkeit des zweiten abzuleiten. Im

[38] Anders nach Lukas: Dort fragen sie sich, beeindruckt von „seinen Worten der Gnade", die er durch die Zitation von Jes 61,1f. und die Applikation auf die gegenwärtige Situation (Lk 4,21: „Heute hat sich das Schriftwort in euren Ohren erfüllt") gesprochen hat: „Ist dies nicht der Sohn Josefs?" (Lk 4,22). Zum Konflikt kommt es erst, als Jesus sich gegen eine – unausgesprochene – Vereinnahmung wehrt und auf prophetische Beispiele des Heilshandelns Gottes an Nicht-Israeliten verweist; eine sorgfältige historisch-kritische Exegese findet sich bei Walter RADL, *Das Evangelium nach Lukas I,* Freiburg-Basel-Wien 2003, 260ff. Bei Johannes hingegen wird die Frage „Ist dies nicht der Sohn Josefs?" in der Synagoge von Kapharnaum bei Jesu Brotrede gestellt (6,42) und hat dort eine ähnlich kritische Funktion wie bei Matthäus und Markus.

Gegensatz dazu spricht der Prolog des Vierten Evangeliums von der Inkarnation des göttlichen Logos als der eschatologischen Aufgipfelung der Heilsgeschichte (1,1–18). Bei Philo erweist sich sein Tribut an den Mittelplatonismus als Grund, die Unmöglichkeit einer Inkarnation Gottes zu denken.[39] Für die Sadduzäer ist die Vorstellung eines messianischen Gottessohnes ohnedies ein Ding der Unmöglichkeit. In Qumran-Texten wird zwar ein nicht nur königlicher, sondern auch priesterlicher Messias erhofft – aber gerade nicht in der Gestalt eines Menschen, der am Kreuz stirbt.[40] Die Rabbinen haben später ohne den philosophischen Überbau Philos und ohne den eschatologischen Dualismus Qumrans die Verkündigung der Gottessohnschaft Jesu immer abgelehnt, weil sie einen Ditheismus gesehen haben. Johannes hingegen knüpft an denjenigen Strang der alttestamentlichen Weisheitstheologie an, der, *nachdem* der Monotheismus theologische Gewissheit geworden war[41], unter schöpfungstheologischen, ansatzweise auch unter soteriologischen Gesichtspunkten die Frage stellt, wie Gott mit den Menschen und der Welt in Kontakt kommen könne, und sie mit Verweis auf die Sophia beantwortet, die „der Herr geschaffen hat als Anfang seiner Wege für sein Werk" (Spr 8,22) der Schöpfung (Spr 8,23–33). Allerdings ist die Weisheit – wenn auch vor allen anderen Schöpfungswerken – selbst geschaffen. Sie bleibt Gott ein Gegenüber. Hier radikalisiert der Johannesprolog – in Übereinstimmung mit anderen Glaubensformeln und Christusliedern des Neuen Testaments (1Kor 8,6; Phil 2,6–11; Kol 1,15–20). Der Logos gehört nicht auf die Seite der Schöpfung, sondern des Schöpfers. Deshalb ist der inkarnierte Logos, Jesus von Nazareth, als Gottessohn der Erlöser des ganzen Kosmos, Israel einbeschlossen. In theozentrischer Perspektive zeigt sich ein heilsdramatischer, unauflöslicher Zusammenhang zwischen Schöpfung und Erlösung; dieser Zusammenhang wird christologisch als dem Gottsein Gottes gemäß verstanden und verkündet. Hier liegt der sachliche Kern des jüdischen Widerspruchs gegen das christliche Evangelium, der sich desto deutlicher abzeichnet, je profilierter er erscheint.

---

[39] Den Unterschied zu Johannes markiert Folker SIEGERT, *Der Logos, „älterer Sohn" des Schöpfers und „zweiter Gott". Philons Logos und der Johannesprolog,* in: FREY – SCHNELLE, *Kontexte des Johannesevangeliums,* 277–293.

[40] Vgl. (zum gesamten Themenkomplex) Heinz-Josef FABRY – Klaus SCHOLTISSEK, *Der Messias. Perspektiven des Alten und Neuen Testaments* (NEB Themen 5), Würzburg 2002, 44–52.

[41] Auf der Höhe des heutigen Forschungsstandes wird die Entwicklung nachgezeichnet von Erich ZENGER, *Der Monotheismus Israels. Entstehung – Profil – Relevanz,* in: SÖDING, *Ist der Glaube Feind der Freiheit?,* 9–52.

IV. Die Suche Jesu nach „den verlorenen Schafen des Hauses Israel"

Die Suche nach den Verlorenen ist ein Grundzug des Wirkens Jesu. Die Gleichnisse in Lk 15 zeigen, dass „Verlorenheit" nicht eine nur existentielle Metapher, sondern eine soziale, psychische, religiöse Realität ist. Das Wort des Vaters im Gleichnis vom verlorenen Sohn: „Mein Sohn war tot und lebt wieder; er war verloren und ist wiedergefunden worden" (Lk 15,24.32) misst die Dimensionen sowohl der Verlorenheit als auch des Findens aus. Es geht um Leben und Tod.

Nicht anders ist es, wenn nach dem matthäischen Sondergut Jesus sich „zu den verlorenen Schafen des Hauses Israel gesandt" weiß (Mt 15,24) und nach Markus die Menschen, die „aus allen Städten" Israels zu ihm in die Einsamkeit kommen, als „Schafe, die keinen Hirten haben" (Mk 6,34), ansieht. So gewiss in diesen Versen der deutende Blick und die gestaltende Hand der Evangelisten und ihrer Traditionen auszumachen sind, so kennzeichnend sind sie doch für Jesu Sendung. Welche Bedeutung sie für Israel hat, ergibt sich von den neutestamentlichen Texten aus in zweifacher Ausrichtung: im Blick auf die Verlorenheit, die es notwendig macht, auf die Suche zu gehen, und im Blick auf die Freude des Findens, die auf ein Glück verweist, das jedes menschliche Maß überschreitet. Von daher erklärt sich, auf welche Weise Jesus die Verlorenen sucht und was geschieht, wenn er sie findet – und wenn abgelehnt wird, dass er sie suchen muss und finden kann.

1. Die Verlorenheit der Israeliten im Spiegel des Neuen Testaments

Von der Verlorenheit der Israeliten kann die christliche Theologie nur unter drei Voraussetzungen sprechen: dass (erstens) nicht eine spezielle Schuld „der Juden" hypostasiert, sondern die Universalität der Sündenmacht betont wird, die auch die Völker erfasst, die Erlösungsbedürftigkeit aller begründet und erst endgültig besiegt ist, wenn der Tod ausgespielt haben wird (1Kor 15,20–28); dass (zweitens) keine andere Hamartiologie leitend wird als die der neutestamentlichen Autoren, die nahezu durchweg selbst Juden sind und ihren christlichen Glauben nicht als Absage ans Judentum, sondern als dessen Erfüllung gesehen haben; und dass (drittens) in die geschichtlichen Erfahrungen der nachneutestamentlichen Zeit die Bewertung der exegetisch zu erhebenden Ergebnisse eingehen, insbesondere die Geschichte des pseudochristlichen Antijudaismus von Christen.[42] Von der Verlorenheit der Schafe im Haus Israel zu

[42] Differenzierte Stimmen aus dem internationalen Katholizismus, die zurückhaltend mit dem Vorwurf des Antijudaismus umgehen, finden sich in: *Radici dell'Antigiuda-*

sprechen, heißt nicht, von der Verlorenheit Israels zu reden. In der Spannung zwischen Erwählung und Verstockung, Gottes Treue zu seinem Bund und der Untreue des Volkes zeigt sich bereits das Drama der Geschichte Israels im Alten Testament. Durch Jesus spitzt es sich eschatologisch zu, um sich endgültig zum Heil zu wenden. Davon legt das Neue Testament vielfältig und spannungsreich Zeugnis ab.[43]

a. Synoptische Positionen

Für die Rückfrage nach Jesus haben die synoptischen Evangelien erstrangige Bedeutung. Sie deuten Jesus im Lichte seines Todes und seiner Auferweckung; ihr Anspruch ist, dadurch Jesus in der Perspektive sichtbar zu machen, die von Gott geöffnet wird und dem Kommen der Gottesherrschaft entspricht.

Der Täufer Johannes

Vor Jesus tritt Johannes der Täufer auf.[44] Er steht in der Reihe der prophetischen Gerichtsprediger, die das Gottesvolk zur Umkehr rufen (Mk 1,4 parr.). Johannes verkündet seine Botschaft freilich im Horizont apokalyptischer Theologie. Die prophetische Diagnose, die er stellt, ist alarmierend: Es gibt keinen Israeliten, der von Sünde frei wäre; jeder muss seine Schuld bekennen. Aber der Ort dieses Bekenntnisses, soweit es Vergebung wirkt, ist nicht das Haus, die Synagoge oder der Tempel, sondern der Jordan in der Wüste. Dieser Ort zeigt, wie abgründig Israels Sünde ist und dass nur ein schöpferischer Neuanfang Zukunft schenkt. Johannes wendet sich – idealiter – an alle Israeliten und redet auch diejenigen, die zu ihm kommen, als „Schlangenbrut" an (Lk 3,7 par. Mt 3,7): als Menschen, die das Gift des Todes in sich tragen und um sich verbreiten. Johannes sieht nicht nur die Sünden der Israeliten; in ihnen sieht er auch die Sünde Israels: eine tödliche Unheilsmacht, die sich aller

---

ismo in ambiente cristiano. Colloquio Intra-Ecclesiale. Atti di Simposio teologico-storico 30 ottobre – 1 novembre 1997, Città del Vaticano 2000.

[43] Einige Aspekte des Folgenden habe ich von einem anderen Ausgangspunkt aus sichtbar zu machen versucht in: *Umkehr und Versöhnung. Jesu Botschaft und Praxis im Kontext der Heiligen Schrift,* in: Heiliger Dienst 59 (2005) 8–22.

[44] Das Standardwerk der historisch-kritischen Redaktionsgeschichte stammt von Josef Ernst, *Johannes der Täufer. Interpretation – Geschichte – Wirkungsgeschichte* (BZNW 53); Berlin 1989. Markus (1,4–8) konzentriert sich auf den Täufer und Umkehrprediger, der den „Stärkeren" ankündigt, der mit dem Heiligen Geist taufen wird; Matthäus (3,1–12) und Lukas (3,1–20) wissen die Umkehrpredigt des Täufers – mit Stoff aus der Redenquelle – zu konkretisieren; Johannes reduziert (1,6–8.15; 19–36) den Täufer auf seine Aufgabe als Zeuge Jesu Christi, vertieft dieses Zeugnis aber zu einem gültigen Ausdruck neutestamentlicher Christologie.

bemächtigt, selbst der Juden, die doch Abrahamskinder sind.[45] Deshalb muss der Exodus revidiert und neu inszeniert werden. Das geschieht durch die Taufe im Jordan. Gott reagiert auf die Sünde mit heißem und gerechtem Zorn; das Gericht Gottes, das Johannes verkündet, ist keine innerweltliche Katastrophe, sondern eine endzeitliche, kosmische. Entscheidend ist, dass die Abrahamskindschaft kein Argument ist, sich dem Anspruch des Täufers zu entziehen (Mt 3,9 par. Lk); im Gegenteil: die Berufung auf sie führt nur noch stärker in die Krise, wenn sie verkennt, dass alles auf die Umkehr ankommt.

Folgt man dem Täufer Johannes, sind die Israeliten verloren, wenn sie sich nicht jetzt von ihm mit Wasser im Jordan taufen lassen. Ihre ganze Hoffnung muss sich auf den „Stärkeren“ richten, der mit dem Heiligen Geist taufen und die Erlösung bringen wird – sei dieser Starke für den Täufer nun Gott selbst oder der Menschensohn. Johannes bringt die radikale Gerichtsprophetie der jüdischen Apokalyptik im Neuen Testament zur Geltung und prägt sie durch die Hoffnung auf den „Stärkeren“, den messianischen Retter (oder den kommenden Gott) um. Dem Täufer geht es nicht um die Verwerfung, sondern die Rettung Israels, auch wenn er selbst nicht der Retter ist. Der Täufer zeigt aber in seiner feurigen Gerichtsbotschaft beides: dass Israel nicht am Gericht vorbei gerettet wird, dass aber das Gericht der Rettung dient.

Jesu Liebe zu den Sündern, Jesu Mitleid mit den Armen

Jesus teilt die apokalyptische Analyse des Täufers, dass alle Menschen, auch alle Israeliten „in der Finsternis sitzen und im Schatten des Todes“ (Lk 1,71), wie nach dem Lukasevangelium Simeon im *Benedictus* sagt. In seinem aktuellen Kommentar zu tödlichen Katastrophen, den Lk 13,1–9 festhält, analysiert Jesus in äußerster Schärfe den Reflex der Überlebenden, die Opfer seien selber schuld, als sublimen, desto gefährlicheren Ausdruck allgemeiner Sündenherrschaft.[46] Dass er Einzelnen – auf den Glauben hin – Sünden vergibt (Mk 2,1–12 parr.; Lk 7,47f.), zeigt paradigmatisch allen, wie sehr sie auf die Vergebung Gottes angewiesen sind. Jesus heilt Kranke und treibt Dämonen aus, weil er Mitleid mit den Armen hat, um die zerstörerische Kraft der Sünde weiß und um die verheerende Wirkung des Vorurteils, jedes Gebrechen sei eine Strafe Gottes für die Sünden (Joh 9,1ff.). Seine Wundertaten zeigen, dass alle

---

[45] Helmut MERKLEIN sieht Israel als „Unheilskollektiv“ angeredet (*Jesu Botschaft von der Gottesherrschaft* [SBS 111], Stuttgart ^{3}1989, 28–33); das scheint überzogen. Johannes diagnostiziert, dass auch Israel im Bannkreis der Sünde steht.

[46] Vgl. François BOVON, *Das Evangelium nach Lukas II* (EKK III/2), Neukirchen-Vluyn 1996, 376–379.

des Arztes bedürfen, der ihre Krankheiten heilt (Mk 2,17 parr.; vgl. Lk 4,23).[47] Der Zöllner, der im Tempel betet: „Gott sei mir Sünder gnädig", spricht das einzig wahre Wort – anders als der Pharisäer, der meint, der Umkehr nicht zu bedürfen (Lk 18,9–14).[48] Der heidnische Hauptmann, der weiß, weshalb er sagt: „Herr, ich bin nicht würdig, dass du eingehst unter mein Dach" (Mt 8,8 par. Lk 7,7), erkennt im Glauben seine wahre Lage – anders als diejenigen Israeliten, bei denen Jesus auf taube Ohren stößt. Petrus ist seinem Herrn am nächsten, als er nach Lk 5,8 angesichts des reichen Fischfanges ausruft: „Herr, geh weg von mir, ich bin ein Sünder!"

Jesus freilich redet von der Sünde nicht nur aus Gerechtigkeitssinn, sondern mehr noch aus Mitleid. Er verurteilt die Täter, insbesondere die Heuchler, aber er fühlt mit der Not derer, die in die Irre gegangen sind und den Weg zurück nicht finden. Deshalb ist die Leitmetapher Jesu nicht die Schlange, sondern das – verlorene – Schaf, dass er, der Gute Hirte (Joh 10; Mk 6,34; vgl. Lk 15; Mt 2,6 [Mi 5,1]; 1Petr 2,25; 5,4), unter Einsatz seines Lebens sucht und findet.[49] Jesus will, dass die Sünder nicht an ihrer Schuld sterben, sondern trotz ihrer Schuld gerettet werden. Das zeigt in eindrucksvoller Farbigkeit die ins Johannesevangelium eingefügte Perikope von Jesus und der Ehebrecherin (Joh 8,1–11).[50] Dass die Frau schuldig geworden ist, steht nicht in Frage; die angedrohte Steinigung ist eine symbolische, keine real zu erwartende Strafe, „Wer ohne Sünde ist, werfe den ersten Stein" ist die kritische Aufforderung Jesu an die Adresse derjenigen, die testen wollen, ob Jesus um der Heiligkeit Gottes willen der Vernichtung des sündigen Menschen zustimmt oder in seiner Menschenfreundlichkeit die Sünde nicht wahrhaben will. Es ist eine Aufforderung, nicht zu richten, um nicht gerichtet zu werden (Mt 7,1). Es ist mehr noch die Zusicherung, dass Jesus selbst die Sünderin nicht verurteilt, sondern sie, befreit von Schuld, leben lässt. Schuld wird vergeben nicht weil dies leicht wäre, sondern weil es schwer, ja eigentlich unmöglich ist (Mk 2,1–11 parr.; Lk 7,36–50).[51]

---

[47] Vgl. Reinhard von BENDEMANN, *Christus Medicus. Die Krankheiten in den neutestamentlichen Heilungserzählungen* (BThSt 52), Neukirchen-Vluyn 2003.

[48] Eine problemorientierte Auslegung, die den Antijudaismus auf weiten Strecken der Auslegungsgeschichte nicht marginalisiert, findet sich bei François BOVON, *Das Evangelium nach Lukas III* (EKK III/3), Neukirchen-Vluyn 2001, 201.218.

[49] Vgl. Ruben ZIMMERMANN, *Christologie der Bilder im Johannesevangelium. Die Christopoetik des vierten Evangeliums unter besonderer Berücksichtigung von Joh 10* (WUNT 171), Tübingen 2004.

[50] Vgl. Ulrich WILCKENS, *Das Evangelium nach Johannes* (NTD 4), Göttingen 1998, 137–140.

[51] Vgl. Reinhard von BENDEMANN, *Liebe und Sündenvergebung. Eine narrativ-*

Die tiefste Verlorenheit ist nach der synoptischen Tradition dort erreicht, wo der Kairos des Reiches Gottes verpasst wird, den Jesus mit seiner Gegenwart füllt. Dass in der Ablehnung und Verwerfung Jesu die Zeichen der Zeit eklatant verkannt werden, ist nach Lk 19,41–44 Gegenstand der Klage Jesu. Jesus weiß zwar prophetisch von der kommenden Zerstörung Jerusalems, die er – im Stile eines Propheten – als göttliches Strafgericht ankündigt, weil sich Jerusalem der Friedensbotschaft Jesu (die nie und nimmer mit dem zelotischen Aufstand vereinbar gewesen wäre) verweigert hat; aber er ist von jedem Triumphgefühl meilenweit entfernt, sondern voller Trauer: Er weint um Jerusalem. Dies ist nach Lukas vorbildlich für alle Christen zu allen Zeiten. Der Evangelist nimmt ernst, dass Jesu sich zu keinem Zeitpunkt von den Juden abwendet, sondern ihnen proexistent zugewandt bleibt – bis in den Tod und darüber hinaus.[52]

Jesu Ruf zur Umkehr

Die Umkehr, zu der Jesus Israel ruft (Mk 1,15), besteht nicht nur darin, Gott in seinem Zorn, sondern in seiner Liebe Recht zu geben. Gottes Liebe ist heiß; sie umgreift und verwandelt seinen heiligen Zorn in rettendes Erbarmen. Die erschütternde Erkenntnis, unbedingt geliebt zu sein, wie sie im Gleichnis auf menschliche Weise der verlorene Sohn erfährt, entspricht der aufrüttelnden Frage an die Adresse des älteren Bruders, ob es nicht Grund zu höchster Freude sein sollte, dass „dieser da, dein Sohn", der doch sein „Bruder" ist, genauso geliebt wird wie er selbst (Lk 15,11–32). Gott in seiner Liebe Recht zu geben, heißt, zwar den Widerspruch derer nicht zu unterdrücken, die den ganzen Tag voller Hitze im Weinberg gearbeitet haben, aber doch dem „Herrn" zuzustimmen, der, weil ihm alles gehört, uneingeschränkt gütig sein kann, ohne dadurch im mindesten das Recht der anderen zu verletzen (Mt 20,1–16). Gott in seiner Liebe Recht zu geben, heißt auch, Jesus zuzustimmen,

---

traditionsgeschichtliche Analyse von Lk 7,36–50, in: Biblische Zeitschrift 44 (2000) 161–182.

[52] Viele Kommentare haben keinen rechten Sinn für das „Dominus flevit" und geben dem Text eine unnötige Schärfe gegen Jerusalem, indem sie den Akzent auf die Unheilsprophetie Jesu lenken, die „Blindheit" aber nicht deutlich genug als Verstockung deuten und deshalb auch nicht das Gericht dem Heil zuordnen. Anders das Dokument der Päpstlichen Bibelkommission von 2001 über *„Das jüdische Volk und seine Heilige Schrift in der christlichen Bibel"*. Es spricht nicht nur von Jesu Schmerz angesichts der „tragischen Folgen", die die Ablehnung Jesu hat, sondern schlägt auch die Brücke zum Kreuzweg: „Er weint über das Schicksal Jerusalems (19,41–44) und stellt sein eigenes beklagenswertes Los unter das Unglück der Frauen und ihrer Kinder in dieser Stadt (23,28–31)."

wenn er die Armen, die Hungernden und Weinenden (Lk 6,20f.), nach Matthäus (5,3–12) auch die um der Gerechtigkeit willen Verfolgten selig preist – weil der Ausgleich, den Gott schafft, in einem Überfluss besteht, der jedes Maß sprengt.

Jesu Umkehrpredigt wertet Israel nicht ab, sondern auf[53]; er ist nach der Bergpredigt gekommen, „Gesetz und Propheten" nicht „aufzulösen, sondern zu erfüllen" (Mt 5,17–20).[54] Deshalb kann das Ziel seiner Sendung nicht die Zerstörung, sondern nur die Rettung Israels sein – die freilich angesichts seiner Schuld und Not, inmitten der Leidensgeschichte der Menschheit, weder Anspruch noch Verdienst, weder unnötig noch selbstverständlich ist, sondern als reine Gnade und neue Schöpfung vorgestellt werden kann. Israel aber bedarf seiner zu seinem Heil – davon ist die synoptische Tradition so tief überzeugt, dass sogar der Name Jesu so gedeutet wird: „Er wird sein Volk von seinen Sünden erlösen" (Mt 1,21). Bei aller gebotenen Vorsicht der historischen Rückfrage und allem Wissen um das christologische Interesse der Evangelien: Alle Anzeichen sprechen dafür, dass Jesus seine ureigene Sendung als eine verstanden hat, die der Rettung seines Volkes dient, das der eschatologischen Rettung bedarf, und dass die Rettung der Völker über seinen Heilsdienst an Israel vermittelt ist. Die Sendung Jesu signalisiert gerade nicht, dass Gott seinen Bund gekündigt hatte, sondern im Gegenteil, dass er zu ihm in unverbrüchlicher Treue steht.

Daraus aber folgt: Die Umkehr, zu der Jesus Israel ruft, ist nicht Abkehr vom Judesein, von der Abrahamskindschaft, von Mose, vom Bund und Gesetz, sondern Hinkehr zum Gott der Basileia, dem Vater Jesu, der sich im brennenden Dornbusch als „Gott Abrahams und Gott Isaaks und Gott Jakobs" und dadurch als „Gott der Lebenden" offenbart hat (Mk 12,18–27 parr.).

b. Johanneische Positionen

Nach dem Vierten Evangelium wird Jesus vom Täufer mit dem ersten Christuswort der Erzählung als „Lamm Gottes" angekündigt, das „die Sünde der Welt hinwegnimmt" (Joh 1,29). Im weiteren Gang des Evan-

---

[53] Matthäus hat sogar, dass Jesus in Galiläa zu predigen beginnt, im Licht des Alten Testaments reflektiert und damit theologisch aufgewertet; vgl. Mt 4,12–17 mit Jes 8,23–9,1.

[54] Dieser Passus, der in der Bergpredigt eine hermeneutische Schlüsselposition innehat, wird von der Forschung sehr oft als rejudaisierende Interpolation in die von den „Antithesen" geprägte Predigt der „Gesetzesfreiheit" gedeutet; anders allerdings Ulrich WILCKENS, *Theologie des Neuen Testaments I/1: Geschichte des Wirkens Jesu in Galiläa,* Neukirchen-Vluyn 2002, 282–286.

geliums wird zweierlei erklärt: erstens dass auch „die Juden“ von dieser Sünde nicht frei sind, zweitens dass Jesus sie hinwegnimmt durch die Hingabe seines Lebens, weil verloren wäre, wer in dieser Sünde bliebe.[55] Das Vierte Evangelium ist ein eminentes Zeugnis des Christusglaubens (vgl. 20,30f.). Deshalb gilt es der Exegese über weite Strecken als narrativierte Dogmatik. Tatsächlich erreicht es einen Gipfel neutestamentlicher Theologie. Doch präsentiert es sich als Erinnerung an Jesus; es erzählt seine Geschichte vom Jordan bis Golgatha. Das Vierte Evangelium muss als Jesustradition ernstgenommen werden, auch wenn es historischen Rückschlüssen viele Hürden in den Weg stellt.[56]

Die Sünde und die Sünden

„Sünde“ steht bei Johannes an erster Stelle (Joh 1,29) und meist im Singular (Joh 8,21; 9,41; 16,8). Der Vierte Evangelist überliefert zwar auch, dass Jesus Sünd*en* ihm Plural vor Augen gehabt habe (Joh 8,24; 15,22) und dass deren Vergebung geradezu ein Inbegriff der Sendung ist, die der Auferstandene seinen Jüngern anvertraut (Joh 20,23). Der Erste Johannesbrief fordert die Glaubenden auf, im Vertrauen auf Vergebung die Sünden zu bekennen (1Joh 1,9). Bei den Sünd*en* ist an die „bösen Taten“ (Joh 3,19ff.), die vielen Verfehlungen gegen das Liebesgebot zu denken, in dem Jesus den ethischen Anspruch des Gesetzes zusammenfasst (Joh 13,34; 15,12; 1Joh 2,7–12). Johannes konkretisiert sie kaum, weil sie ihn unter dem zentralen Aspekt interessieren, dass sie die Liebe verraten. Hier zeigt sich der Zusammenhang mit dem theologisch dominanten Gebrauch der Sünde im Singular. Nach dem Johannesevangelium setzt Jesus zwei Akzente: *Zum einen* ist die Sünde eine Unheilsmacht, die dem Menschen die Freiheit nimmt: „Wer die Sünde tut, ist Sklave der Sünde“ (Joh 8,34); denn, wer sündigt, zerstört auch sein eigenes Leben, weil er nicht Gott, sondern den Teufel zu seinem Herrn macht, der in der Versklavung und Zerstörung des Menschen sein Ziel sieht (Joh

---

[55] Eine sorgfältige Studie, die in die Bahnen protestantischer Hamartiologie einmündet, entwickelt Rainer METZNER, *Das Verständnis der Sünde im Johannesevangelium* (WUNT 122), Tübingen 2000. Er versteht Sünde als Unglaube, insofern als Verstoß gegen das Erste Gebot, während die Sünde gerade nicht als Gesetzesübertretung erscheint. Martin HASITSCHKA (*Befreiung von der Sünde nach dem Johannesevangelium. Eine bibeltheologische Untersuchung* [IthSt 27], Innsbruck 1989) ist hingegen in seiner gleichfalls wichtigen Arbeit – auf typisch katholische Weise – daran interessiert, *die* Sünde nicht von *den* Sünd*en* zu trennen und die Vergebung der Sünden als jene Perspektive aufzudecken, in der sie thematisiert werden.

[56] Über den Paradigmenwechsel der Johannesexegese – und die neuen Kontroversen – informiert der von mir herausgegebene Sammelband: *Johannesevangelium – Mitte oder Rand des Kanons?* (QD 203), Freiburg-Basel-Wien 2003.

8,44). Nach dem Johannesevangelium malt Jesus die zerstörerische Kraft des Bösen nicht aus, macht aber den entscheidenden Punkt sichtbar: die Selbstentfremdung und Selbsttäuschung derer, die „die Finsternis mehr lieben als das Licht" (Joh 3,19; vgl. 1,5), um ihrer radikalen Angewiesenheit auf Gottes Gnade nicht inne zu werden. *Zum anderen* zeigt sich in vielen einzelnen (leichten und schweren) Sünde eine wesentliche: die Absage an Gott, die Verkehrung der Gottesliebe in Gotteshass (Joh 15,24). Sünde und Unglaube gehören zusammen. Denn Sünde ist im Kern Unglaube, weil sie – praktische – Absage an Gott ist. Der Umkehrschluss ist weniger klar. Denn Unglaube resultiert nicht aus persönlichen Fehlverhalten. Wohl aber wirkt sich die Unheilsmacht der Sünde so aus, dass aus Verblendung Hass gegen Jesus entsteht, obwohl Jesus Gott als den Vater und sich als den Sohn offenbart. Entscheidend ist, dass nach Johannes Jesus sagt, es sterbe in der Sünde (Joh 8,21) und in den Sünden (Joh 8,24), wer nicht glaube. Denn allein der Glaube, verstanden als Glaube an den Vater und den Sohn, zu dem Jesus die Jünger aufruft (Joh 14,14), führt zur von Jesus offenbarten Wahrheit, die befreit (Joh 8,32).

„Die Juden" im Machtbereich der Sünde

Nach dem Johannesevangelium sind Juden, wie Jesus sie sieht und anspricht, weder von Sünden noch von der Sünde frei.[57] Sie zeigt sich bei ihnen allerdings in spezifischer Weise.

Signifikant ist der Kontrast zu den Samaritern. Deren prekäre Stellung im Umkreis der Tora, aber in Entfernung von Jerusalem personifiziert die Frau am Jakobsbrunnen, der Jesus auf den Kopf zusagt, dass sie nach fünf Männern, deren Frau sie war, jetzt mit einem zusammenlebt, der nicht ihr Mann ist (Joh 4,17f.).[58] Demgegenüber sind, wie Jesus sagt, „wir" Juden dadurch ausgezeichnet, anzubeten, „was wir kennen" (Joh 4,22). Die Abrahamskindschaft wird den Juden nach dem Johannesevangelium – wie nach den Synoptikern – nicht bestritten (Joh 8,37; vgl. Lk

[57] Die Rede von „den Juden" im Johannesevangelium steht im Verdacht des Antijudaismus – der dann freilich gegen einen judenchristlichen Evangelisten gerichtet würde. Tatsächlich aber arbeitet Johannes heraus, dass die Gegner Jesu mit Berufung auf ihr Judentum gegen Jesus agieren; seine Kritik geht dahin, dass sie durch die Verwerfung Jesu ihr Judentum verraten; vgl. Rudolf PESCH, *Antisemitismus in der Bibel? Das Johannesevangelium auf dem Prüfstand,* Augsburg 2004.

[58] Nach JOSEPHUS (ant. 9.288) haben die Samariter fünf (nach 2Kön 17.29–41 sieben) Gottheiten verehrt. Aber Jesus wirft ihnen keinen Synkretismus vor. HIERONYMUS (ep. 108) und ORIGENES (Joh. 13,8 [GCS 10,232]) deuten die fünf Männer auf die fünf Bücher Mose, die von den Samaritern akzeptiert sind. Das würde zum Text passen, nicht aber die Weiterführung des Hieronymus, der gegenwärtige „Mann" sei der Ketzer Dositheos. Der Text verweist vielmehr auf das Schisma, für das der Garizim steht.

13,16; 19,9). Aber Johannes arbeitet heraus, dass dieses erwählungsgeschichtliche Privileg nicht vor der Versuchung feit, Jesus für besessen zu erklären (8,48) und ihn umzubringen (8,40). Besonders gefährdet sind jene, die ihm eigentlich Glauben zu schenken bereit sind (8,30), aber nicht bereit sind, anzunehmen, dass Jesus nicht nur – als messianischer Prophet – Gottes Wort *sagt,* sondern – als präexistenter Gottessohn – *ist* (8,31–59).

Einen programmatischen Vergleich mit den Heiden und deren Schuld gibt es nicht. Aber Jesus spricht oft von „der Welt". Dass er damit speziell „die Juden" meine, die geradezu die Repräsentanten des Kosmos seien, wird zwar in der Literatur oft behauptet, entspricht aber nicht dem Text. Der Kosmos ist einerseits dadurch bestimmt, dass Gott ihn erschaffen hat (Joh 1,10) und durch Jesus rettet (Joh 1,29; 3,16f.; 4,42; 6,33.51; 8,12.26; 9,5; 12,47; vgl. 6,14; 10,36; 11,27), andererseits aber durch eine unvordenkliche (1,10), je neue und sich im Kommen Jesu radikalisierende Ablehnung Gottes durch die Menschen (Joh 7,7), in der Unkenntnis (Joh 1,10) sich mit Schuld paart (Joh 3,19f.) und zum Hass führt (Joh 15,19; 17,14), weil der Teufel sich zum Fürsten dieser Welt aufgeschwungen hat (Joh 12,31).

Von dieser Sünde der Welt sind nach Johannes auch die Juden nicht frei, wenn sie sich gegen das Wort Gottes aussprechen (Joh 1,10). Diese Ablehnung konkretisiert sich in der Verwerfung Jesu. Nach Johannes erfolgt sie keineswegs einhellig, sondern mit sehr viel Widerspruch, der sich selbst im Hohen Rat zu Wort meldet (7,50ff.). Auch das Volk[59] bildet keine Einheitsfront gegen Jesus, sondern bietet Raum für Kontroversen (7,37–49). Bei denen aber, die Jesu Passion betreiben, ist nach Johannes Verblendung im Spiel. Sie ist eine Mischung aus Schuld (Joh 9,41ff.) und Verstockung (Joh 12,37–43). Die Schuld besteht darin, trotz der Werke, die Jesus tut, und trotz der Zeugen, die er aufbietet (immerhin Mose und die Schrift sowie den Täufer Johannes), sehenden Auges ihn zu verwerfen und wider das Gesetz ihn zu töten (Joh 7,19). Verstockung ist diese Schuld, insofern Gott durch Jesus Gericht hält – im Sinne radikaler Unterscheidung zwischen denen, die seinem ewigen Wort folgen, und jenen, die es verwerfen.[60] Diese Verstockung ist keine Verwerfung, sowenig wie bei Jesaja (6,1–4) und bei Jesus nach der

[59] Joh 7,39 tradiert das harte Wort über Rabbinische Parallelen nennt Bill II 494–519; dazu Rudolf MEYER, *Der Am ha-Ares,* in: DERS., *Zur Geschichte und Theologie des Judentums in hellenistisch-römischer Zeit,* Berlin 1989, 21–39.

[60] Vgl. Roman KÜHSCHELM, *Verstockung, Gericht und Heil. Exegetische und bibeltheologische Untersuchung zum sogenannten „Dualismus" und „Determinismus" in Joh 12,35–50* (BBB 76), Frankfurt a. M. 1990.

synoptischen Tradition (Mk 4,12 parr.). Die Verstockung ist notwendig, um den Widerstand aufzudecken, der sich gegen das Wort Gottes breitmacht; die Verstockung zielt aber auf die Verwirklichung umfassenden Heiles durch das Gericht (Joh 3,17; 12,47). Wenn es also bei Johannes heißt, dass Jesus die Verstockung bewirkt, die zu seiner Ablehnung führt, sind zwei Aussagen wesentlich: erstens, dass Jesus die Verstockung gerade dadurch herbeiführt, dass er in radikaler Klarheit das Wort Gottes verkündet; zweitens, dass eben deshalb das Wort Gottes in seiner Leben schaffenden Kraft das Nein, das es provoziert, letztlich aufhebt.

Im Falle von Juden ist es nach Johannes paradoxerweiser das Erste Gebot, das den Widerspruch zu Jesus begründet, obgleich Jesus nichts anderes macht, als Gott die Ehre zu geben und für seine Einzigkeit einzutreten (5,34), die ewige Gültigkeit seines Wortes (Joh 8,37). Während es gälte, an Jesu Worten und Zeichen neu zu entdecken, wer von Ewigkeit her Gott ist, verweigern sich die „Seinen" (Joh 1,10) dem, den Gott zu ihrem und der ganzen Welt Heil gesandt hat (Joh 3,16).

Ähnlich wie nach den Synoptikern erweist Jesus auch nach Johannes inmitten dieses Widerspruchs seinen Heilsdienst an den Israeliten, die durch Schuld und Not leiden müssen. Die Heilung des Sohnes des königlichen Beamten (Joh 4,43–54), des Gelähmten (Joh 5) und des Blindgeborenen (Joh 9) sind eindeutige Zeichen. Das größte, die Auferweckung des Lazarus, wird den Todesbeschluss gegen ihn auslösen. Schärfer noch als nach den Synoptikern arbeitet Jesus nach Johannes die Schuld derer heraus, die Jesus auf dem Gewissen haben (Joh 19,11). Im Passionsbericht heißt es zwar an vielen Stellen, „die Juden" hätten Jesus angeklagt und seinen Tod gefordert (Joh 18,31.38; 19,7). Aber aus dem Zusammenhang geht hervor, dass damit keineswegs – anders als es die Exegese, sei es antijüdisch, sei es johanneskritisch, meistens meint – eine Kollektivschuld des jüdischen Volkes gemeint ist. Vielmehr wird im Text deutlich signalisiert, es seien die „Hohenpriester und ihre Diener" gewesen (18,28.30.35; 19,6.12; vgl. 19,15), die Jesus zu Tode gebracht haben, freilich hätten sie als Juden gehandelt, d. h. unter Berufung auf ihr Judentum (Joh 18,35) und das Gesetz (19,7), obgleich Johannes deutlich zu verstehen gibt, das gerade sei ihr Irrtum, ihre Verblendung und ihre Schuld. Sie besteht am Ende darin, dass sie, um Jesus ans Kreuz zu bringen, ihre eigene Messiashoffnung und ihren eigenen Gottesglauben verraten, indem sie erklären, keinen anderen König als den Kaiser zu haben (Joh 19,15).

Es besteht in weiten Teilen der Forschung der Eindruck, die johanneische Christozentrik grenze an einen Christomonismus, werte die Erwählung Israels ab[61], sauge seine Geschichte auf[62] und reduziere seine Heilige Schrift, das „Alte Testament", auf eine Voransage des Messias.

Das ist eine optische Täuschung.[63] Die Patrozentrik ist der Nerv der gesamten Sendung Jesu[64] – sowohl in der absteigenden Linie, die sich in der Sendungschristologie bündelt, als auch in der aufsteigenden Linie, die auf das „hohepriesterliche Gebet" Joh 17 zuführt.[65] Die Abrahamskindschaft wird von Jesus radikal affirmiert und gerade durch seine Kritik am Verhalten derer, die ihn umbringen wollen, theologisch gefüllt (Joh 8,53–59). Mit Ps 82 unterstreicht er die Gottessohnschaft der Israeliten (Joh 10,34; Ps 82,6). Dass die Juden „Jünger des Mose" sind (Joh 9,28; vgl. Bill II 535), ist nicht abschätzig gemeint, sondern bezeugt – durch die Kritik hindurch – höchste Wertschätzung. Das Gesetz, das nach Joh 1,17 Gott „durch Mose" gegeben hat, wird zwar im Kern als Zeugnis messianischer Verheißung interpretiert, wie Philippus dem Nathanaël bezeugt (Joh 1,45), muss aber nach Jesu Wort als Gebot unzweideutig „getan" werden (Joh 7,49), rechtfertigt niemals den Tod eines Unschuldigen (Joh 7,51) und wird deshalb missbraucht, wenn es die Kreuzigung Jesu begründet soll (Joh 19,7). Die Geschichte Israels wird zwar nicht nacherzählt; aber es werden bei Johannes eher mehr Namen und Institutionen als bei den Synoptikern genannt; die Beschneidung (Joh 7,22), die Bindung Isaaks (Joh 8,40), der Exodus (6,49.58), die Offenbarung an Mose (Joh 9,28), die Gabe des Gesetzes (1,17)[66], das Manna in der Wüste, das „Brot vom Himmel" (Joh 6,31f.: Ps 78,24).

---

[61] Christian DIETZFELBINGER, *Das Evangelium nach Johannes I–II* (ZBK 4/1.2), Zürich 2001, I 312: „So hat die der Heilsgeschichte verpflichtete Idee des Gottesvolkes in diesem Evangelium keinen Platz."

[62] Jürgen ROLOFF (*Kirche im Neuen Testament* [NTD.E 10], Göttingen 1995, 305f.) spricht von einer „Entwirklichung" des Gottesvolkgedankens.

[63] Ausführlicher zum folgenden mein Beitrag: *Die Offenbarung des Logos. Biblische Theologie und Religionsgeschichte im johanneischen Spektrum,* in: LABAHN – SCHOLTISSEK – STROTMANN, *Israel und seine Heilstraditionen im Johannesevangelium*, 387–415.

[64] Vgl. Wilhelm THÜSING, *Die neutestamentlichen Theologien und Jesus Christus. Grundlegung einer Theologie des Neuen Testaments III: Einzigkeit Gottes und Jesus-Christus-Ereignis,* Münster 1999.

[65] Vgl. Wilhelm THÜSING, *Herrlichkeit und Einheit. Eine Auslegung des Hohepriesterlichen Gebetes Jesu (Joh. 17),* Münster 1975.

[66] Trotz gewichtiger Gegengründe spricht das Gesetzesverständnis des Johannes gegen eine Deutung als antithetischer Parallelismus wie bei Otfried HOFIUS, *„Der in des Vaters Schoß ist" (Joh 1,18)* (1989), in: DERS. – Hans-Christian KAMMLER,

Die Sünde, die Jesus nach dem Johannesevangelium am Werk sieht, zerstört nicht die Identität Israels, die vielmehr durch Gottes Erwählung und Führung bestimmt ist. Die Sünde vergiftet aber das Leben innerhalb Israels, wie sich am deutlichsten im Todesbeschluss des Kaiaphas zeigt (11,45–53). Deshalb ist der Glaube, zu dem Jesus nach dem Johannesevangelium (wo er nicht zur Umkehr ruft) führen will, keine Absage an das Judentum, an Israel, an das Gesetz, an Mose und die Propheten, sondern im Gegenteil eine radikale Hinkehr zu ihnen, allerdings im Zeichen der Offenbarung, die Jesus, das fleischgewordene Wort Gottes, definitiv bringt (1,18). Wie wenig der Christusglaube im johanneischen Verständnis den Bruch mit dem Judentum bedeutet, wie sehr er vielmehr als dessen Konsequenz verstanden wird, zeigt paradigmatisch die Berufung Nathanaëls. Da er auf Jesus zukommt, begrüßt Jesus ihn: „Siehe, ein wahrer Israelit, in dem kein Falsch ist" (Joh 1,47); dem entspricht das Bekenntnis des Nathanaël: „Rabbi, du bist der Sohn Gottes, du bist der König von Israel" (Joh 1,50). Der Streit, den Jesus besonders mit Pharisäern austrägt, ist nicht nur ein Streit um die Gottessohnschaft, sondern eben deshalb auch ein Streit um Mose und das Gesetz, den Sabbat und die Abrahamskindschaft. Nicht Kaiaphas, sondern Nikodemus steht auf dem Boden des Gesetzes (Joh 7,50ff.). Der Glaube der Jünger ist entschieden durch die Einheit des Bekenntnisses zu Gott, dem Vater, und zu Jesus, dem Sohn Gottes, geprägt (14,1). Christusglaube ist konsequenter Gottesglaube.

Dieser Christusglaube ist nach dem Johannesevangelium jüdischer Glaube nicht schon deshalb, weil er sich in einem jüdischen Milieu entwickelt und eine alttestamentliche Basis hat, sondern weil Jesus Jude ist und dieses Judentum bejaht[67] – bis in den Tod hinein und darüber hinaus.

c. Paulinische Positionen

In der Theologie der Briefe wird die Hamartiologie Jesu unter dem Eindruck des Kreuzestodes wie der Auferweckung radikalisiert. Besonders Paulus tut sich in der Differenzierung hervor.[68]

Johannesstudien (WUNT 88), Tübingen 1996, 24–32. 30ff.

[67] Das Judesein Jesu wird vom Vierten Evangelisten im Kontext konkreter Inkarnationstheologie christologisch akzentuiert – wie ich nachzuzeichnen versucht habe in: *„Was kann aus Nazareth schon Gutes kommen?" (Joh 1,46). Zur Bedeutung des Judeseins Jesu im Johannesevangelium,* in: New Testament Studies 46 (2000) 21–41.

[68] Wichtige Beobachtungen sammelt Günther RÖHSER, *Metaphorik und Personifikation der Sünde. Antike Sündenvorstellungen und paulinische Hamartia* (WUNT II/25), Tübingen 1987. Er problematisiert auf neue Weise das Verhältnis zwischen der – im

Die Sünde, die Sünden und das Gesetz

In der westlichen Exegese hat sich zwar die fatale Neigung herausgebildet, Paulus so zu verstehen, als würde er das Judentum im Horizont der Rechtfertigungslehre als eine Religion der Leistung entlarven, die Gott zum Handelspartner egoistischer Heilsinteressen mache; aber das ist eine Projektion.[69] Im Römerbrief weist der Apostel zu Beginn (1,18–3,20) eingehend nach, dass nicht nur die Heiden, sondern auch die Juden unter der Macht der Sünde stehen und immer wieder sündigen: die Heiden, weil sie den Schöpfer nicht aus der Schöpfung erkennen, die Juden, weil sie das Gesetz brechen. Wenn sich die Übertreter des Gesetzes dieses Gesetzes rühmen – desto schlimmer (Röm 2,17–29). Das spricht aber nicht gegen das Gesetz. Es hat zwar, so Paulus, nicht die Kraft, die Menschen im Bannkreis der Sünde vor dem Bösen zu bewahren (Röm 5,20f.; vgl. Gal 3,19–25); es wird sogar von der Sünde benutzt, Übertretungen zu provozieren (Röm 7,8) und auf „Werke" zu setzen, obgleich es, bei Lichte besehen, den Glauben bezeugt (Röm 3,21f.). Aber deshalb ist es doch nicht schlecht, sondern im Gegenteil „heilig, gerecht und gut" (Röm 7,12), ja: „geistlich" (Röm 7,14). Gerade dass es Sünde identifiziert und verurteilt, was für den Sünder auf den Tod hinausläuft (Röm 6,23), zeigt, dass es das Gesetz ist, das Gott durch Mose seinem Volk gegeben hat. Entsprechend zielt der Glaube nicht auf die Destruktion (Röm 3,31), sondern auf die Erfüllung des Gesetzes in der Liebe (Röm 13,8ff.; Gal 5,14f.). Umgekehrt zeigt sich, wie verheerend die Macht der Sünde von Adam an ist (Röm 5,12–21), gerade daran, dass selbst die Mitglieder des erwählten Volkes, obgleich sie das Gesetz haben, dennoch mit der Tora, den Propheten und den Schriften (Röm 3,9–20) bekennen müssen, dass alle Welt, Israel einbeschlossen, sich nicht von Schuld freisprechen kann, sondern im Würgegriff der Sünde steht.

Luthertum von Augustin her stark betonten – „Macht" der Sünde, die von der jüdischen Apokalyptik scharf ins Auge gefasst worden war, und den konkreten Tatsünden, die nicht nur in der katholischen Kirche aus pastoralen Gründen immer stark betont worden sind, sondern auch dem jüdischen Grundverständnis der Sünden als Gesetzesübertretungen entsprechen. Allerdings deutet er die nicht zu leugnende *Sündenmacht* als „Eigendynamik menschlicher Tatverfehlungen" (179). Das ist aber nur ein Aspekt. Es ist erst ein dezidiert theologisches Verständnis des Heiles, das die Realität der Sünde und der Sünden hervortreten lässt. In diesem Raum ist bei Paulus die „Sünde" im Singular mehr als eine rhetorische Figur, eine Personifikation.

[69] Zur Kritik vgl. meinen Beitrag: *Der Skopos der paulinischen Rechtfertigungslehre. Exegetische Interpretationen in ökumenischer Absicht,* in: ZThK 97 (2000) 404–433.

Die bleibende Erwählung Israels

Die Israeltheologie, die seiner Rechtfertigungslehre entspricht, skizziert Paulus in Röm 9–11. Die Verse richten sich kritisch an die Adresse von Heidenchristen, die in der Gefahr stehen, ihre jüdischen Wurzeln zu vergessen (Röm 11,18). Ihnen bezeugt der Apostel zunächst seine eigene Not angesichts der Glaubensverweigerung der weitaus meisten Israeliten und, mehr noch, seine Bereitschaft, um ihrer Rettung willen, wenn es denn dieses Preises bedürfte, verflucht zu werden (Röm 9,2f.). Entscheidend ist aber, dass er in diesem Abschnitt darlegt, die Unheilsmacht der Sünde, ihre Herrschaft auch über die Israeliten, destruiere nicht etwa die Erwählung Israels, die Bundesschlüsse, die Gesetzgebung, den Gottesdienst, die Berufung Abrahams, die Segensverheißung. Würde Paulus so denken, triebe er schlechte Theologie: Er würde Gottes Gnade kleinreden. Er hält aber dafür, dass Jesu Geburt als Jude – in Röm 1,3f. heißt es: als Davidssohn – in die Reihe der bleibenden Privilegien Israels gehört (Röm 9,5). Die Verbindung ist wechselseitig. Jesu Zugehörigkeit zum jüdischen Volk ist ein wesentlicher Aspekt seiner Messianität und Gottessohnschaft, ist Gott doch ein und derselbe, an den schon Abraham als den glaubte, der die Toten lebendig macht (Röm 4,17). Umgekehrt erweist sich die ganze Größe der Erwählung Israels darin, dass der Christus Jesus „dem Fleische nach", d. h. als wahrer Mensch, Jude ist.

Paulus stellt ausdrücklich die Frage, wie angesichts der Unheilsmacht der Sünde noch von den Vorzügen Israels gesprochen werden könne (Röm 3,1). Er stellt diese Frage nicht nur unter dem Eindruck seiner Sündentheologie; er stellt sie auch, weil in Rom offenbar gedacht worden ist, das Kommen Jesu Christi würde die Geschichte Israels überholen. (So wie auch gedacht worden ist, das Gesetz sei abgetan.) Die Frage, wie es mit der Erwählung Israels stehe, wird aber von Paulus ausdrücklich positiv beantwortet: mit dem Hinweis auf die „Worte Gottes", die dem Volk Gottes anvertraut seien (Röm 3,1f.). Paulus denkt besonders an Mose und die anderen Propheten, aber auch an die Heiligen Schriften, durch die Gott nach Röm 1,2f. seine Frohe Botschaft „vorangekündigt" hat. Israel ist der Ort, an dem Gott sich durch die Offenbarung des Gesetzes definitiv offenbart hat. Israel ist das Volk, dem Gott seine Liebe schenkt (Röm 9,13: Mal 1,2f.). Dies ist nach Paulus das entscheidende Motiv. Aus ihm leitet er in Röm 9 ab, dass es in der Erwählung Israels, weil sie eine Verheißung des Geistes ist, angelegt sei, allen Glaubenden das Heil zu schenken, das sich präsentisch-eschatologisch in der Zugehörigkeit zum Gottesvolk, neutestamentlich: der Kirche aus Juden und Heiden erweist. Aber diese Konsequenz führt ihn nicht von Israels Erwählung weg, sondern zu ihrer Wurzel hin: der Erwählung Abrahams, die mit Gottes Segen für alle Völker verbunden ist.

Eifer für Gott und Christuserkenntnis

Paulus analysiert selbstkritisch, weshalb die Mehrheit der Juden Jesus Christus ablehnt: aus „Eifer für Gott“ (Röm 10,2). Es geht wie beim Priester Pinhas (Num 25; Ps 106,30; Sir 45,23f.) und beim Propheten Elia (1Kön 19) um den entschiedenen Einsatz für die Einheit und Einzigkeit Gottes, von der Paulus aber – zu recht – unterstellt, dieser Eifer würde sich in frühjüdischer Zeit auf das Gesetz richten (1Makk 2,26.54). Hier liegt das Dilemma. Anders als im Johannesevangelium ist in den Paulusbriefen nicht zu erkennen, dass sich die Christen des Vorwurfs zu erwehren hatten, die Christologie der Gottessohnschaft Jesu verletze das Erste Gebot. Paulus selber hätte diesen Vorwurf leicht als falsch erweisen können. Denn er ist unzweideutig ein Propagandist des biblischen Monotheismus (1Thess 1,9f.); das Christusbekenntnis versteht er nicht als Ergänzung, sondern als Auslegung des Hauptgebotes (1Kor 8,6).[70]

Paulus rückt aber in den Vordergrund, dass der Eifer für die Einzigkeit Gottes verzerrt wird, wenn er sich im Eifer für das Gesetz erschöpft. Zwar ist das Gesetz von Gott; deshalb wird es durch das Evangelium nicht niedergerissen, sondern aufgerichtet (Röm 3,31). Aber an seiner eigenen Person hat Paulus es bitter erfahren, dass Gesetzeseifer zur Verfolgung der Kirche hat werden können (Gal 1,14; vgl. Apg 22,3). Er sieht auch – in einem äußerst problematischen Text, der mit einem Topos des paganen Antijudaismus spielt – einen Zusammenhang dieses Eifers mit der Hinrichtung Jesu (1Thess 2,15f.). Aber er sagt keineswegs, dass es sein konsequentes Judentum gewesen sei, das ihn militant habe werden lassen. Er differenziert vielmehr genau. Zwar bescheinigt er sich, „untadelig in der Gerechtigkeit des Gesetzes gewesen“ (Phil 3,6) zu sein und „im Judesein all seine Altersgenossen übertroffen“ zu haben (Gal 1,14). Aber er setzt nicht den allgemeinen Eifer für das Gesetz, wie es das Judentum der Juden kennzeichnet, mit der Verfolgung Christi und der Christen gleich, sondern rechnet es sich als persönliche Schuld zu, „im Übermaß“ die Kirche verfolgt zu haben (Gal 1,13). Dem entspricht, dass er seine Konversion nicht als Absage ans Judentum, sondern als Rückwendung zum originären Judentum Abrahams, Moses und der Propheten verstanden hat.[71]

---

[70] Vgl. Otfried HOFIUS, *Paulusstudien II* (WUNT 143), Tübingen 2002, 167–180.

[71] Ausführlich dazu Karl-Wilhelm NIEBUHR, *Heidenapostel aus Israel. Die jüdische*

Dass Paulus Israel nach Röm 10,2 „Eifer für Gott“ *bezeugt,* ist nicht gegen Israel gerichtet, sondern zugunsten des Volkes gesagt. Freilich sagt der Apostel zugleich, dass diesem „Eifer“ die rechte „Erkenntnis“ fehle. Damit ist die Glaubenserkenntnis gemeint, die nach Gottes Gnade denen zuteil wird, die sehen, dass im Kreuz die ganze Weisheit Gottes beschlossen ist (1Kor 1–2). Diese Erkenntnis hat überragende Bedeutung (Phil 3,8ff.). In ihrem Licht zeigt sich nach Paulus, was das Gesetz und die Erwählung wirklich bedeuten: Das Gesetz ist Zeuge für Israels Messiashoffnung und den Völkersegen; es gibt vor, wie der Glaube, durch Liebe wirksam (Gal 5,6), den Willen Gottes zu erfüllen ist; die Erwählung Israels zielt auf die Geburt Jesu im Schoß des Gottesvolkes und die Verwirklichung des Abrahamssegens, der allen Glaubenden zuteil wird.

Dieser „Eifer für Gott“, dem die rechte „Erkenntnis“ fehlt, zeigt sich darin, die „Gerechtigkeit“ nur im Gesetz zu suchen, nicht aber im Messias Jesus (Röm 10,3). Wie es dazu hat kommen können, wiewohl doch das Evangelium, Gottes Wort, laut und deutlich verkündet worden ist (Röm 10,16–21), ist für Paulus kaum zu erklären. Er macht es sich mit einer Antwort schwer. Er findet sie Schritt für Schritt in den Erfahrungen der Propheten, die im Alten Testament kodifiziert worden sind. Mose, Elija und Jesaja sind die Zeugen dafür, dass Israel immer wieder das Wort Gottes nicht hören wollte, dass aber Gott doch auch auf diese Weise seinem Willen Geltung verschafft. Dann gilt, dass Israels „Unglaube“ nicht etwa beweist, dass Gott sein Volk „verstoßen“ habe (Röm 11,1). Vielmehr ist zu klären, wie Gott Israels Unheil ins Heil verwandelt.

In diesem Kontext spricht Paulus von der Verstockung (Röm 10,7–10) – mit Rückgriff auf Jesaja (29,10) und 'David' (Ps 69,23f.^{LXX}). Dann aber kann er zugleich klären, dass Israel nicht etwa am Stein des Anstoßes, den die Kreuzesbotschaft bildet, „gestrauchelt“ ist, „um zu Fall zu kommen“ (Röm 10,11), sondern um die Völker zum Glauben zu führen – und am Ende gerettet zu werden (Röm 11,26).

Die Umkehr, zu der Gott nach dem Wort des Apostel alle Menschen führen will, besteht darin, sich von seiner Güte treiben zu lassen (Röm 2,4) – zur Gerechtigkeit. Der Glaube an Jesus Christus, der rechtfertigt, ist zwar bei Juden Abkehr von der Überzeugung, durch Gesetzesgehorsam Gottes Gerechtigkeit zu entsprechen (Phil 3), darin aber Hinkehr zu Abraham, Gehorsam gegenüber Mose, Zustimmung zu David, Öffnung für Jesajas Prophetie.

Identität des Paulus nach ihrer Darstellung in seinen Briefen (WUNT 62), Tübingen 1992.

d. Auswertung

Bereits die frühjüdische Apokalyptik, deren Stimme im Neuen Testament der Täufer Johannes ist, destruiert ein falsches Heilsvertrauen, das sich aus der unbestrittenen und unbestreitbaren Tatsache der Erwählung Israels die Rettung aller Israeliten ableitet. In dieser Apokalyptik wird verschärft, was bereits Micha (3,11f.) und Joël (2,15) kritisch zu einer Zion-Theologie gesagt haben, die vom Leben des Gottesvolkes isoliert und als Heilsgarantie verfälscht wird. Paulus analysiert das Verhältnis zwischen der globalen Unheilsmacht der Sünde, die von Adam ausgeht, und den Sünden der Juden wie der Heiden. Das ist keine künstliche Theorie, um die allgemeine Erlösungsbedürftigkeit der Menschen, auch der Juden, ihrer aller Angewiesenheit auf Gottes Gnade, zu inszenieren, sondern eine theologische Reflexion dessen, weshalb Jesus nach der synoptischen Tradition und auch nach Johannes überhaupt gekommen ist, die Gottesherrschaft und das ewige Leben zu verkünden.

Die Verlorenheit Israels bemisst sich nicht nach der Quantität und Qualität einzelner Gesetzesverstöße. Dass der Tod herrscht, dass es Leid und Not gibt, verschuldet und unverschuldet, zeigt vielmehr die radikale Angewiesenheit aller auf den lebendigen Gott. Denn es waltet kein blindes Schicksal, sondern es wirkt sich die Unheilsmacht der Sünde aus. Israel ist von ihr nicht frei. Sie nimmt sich vielmehr das Beste, das Gesetz mit dem Ersten Gebot, die Erwählung mit der Verpflichtung auf die Beschneidung, um es gegen den Heilswillen Gottes zu kehren. Sie kann aber weder das Gesetz zerstören noch die Erwählung revidieren. Der Bund wird zwar vom Volk gebrochen. Aber Gott steht zu ihm.

Die Größe der Verlorenheit erschließt sich erst im Blick Jesu Christi. Denn er bringt mit dem Reich Gottes einerseits eine Verheißung, die noch die kühnsten Hoffnungen der Propheten übertrifft und dem Volk Gottes schenkt, was es gar nicht zu erbitten wagte; andererseits aber deckt er auf, in wie subtiler Weise der Tod mithilfe der Sünde gerade unter den anscheinend Gerechten das Szepter führt. Deshalb gibt es kein Heil am Gericht vorbei – für die Völker und für das Volk Gottes.[72]

2. Israels Hoffnung

Umkehr ist nicht nur nötig, weil Schuld zu bekennen ist und weil die Unheilsmacht der Sünde auch Israel im Griff hat, sondern weil mit dem

[72] Vgl. Helmut MERKLEIN, *Gericht und Heil. Zur heilsamen Funktion des Gerichts bei Johannes dem Täufer, Jesus und Paulus* (1990), in: DERS., *Studien zu Jesus und Paulus II* (WUNT 105), Tübingen 1998, 60–81.

Kommen der Herrschaft Gottes die Zeit erfüllt ist (Mk 1,15) und etwas Neues beginnt (Mk 2,22 parr.): die Zeit Jesu, des Bräutigams Israels (Mk 2,19f. parr.). Das Kommen der Gottesherrschaft ist der Inbegriff des Heiles. Jesus verkündet es nicht nur, sondern verwirklicht es. Er verkörpert Gottes Reich; wo er ist, ist es da (Lk 17,20f.). Der Blick des Neuen Testaments richtet sich mit Jesus auf die Vollendung des Reiches Gottes, das eine Größe der eschatologischen, transzendenten Zukunft ist und bleibt, aber durch Jesus bereits in die irdische Gegenwart vorstößt (Lk 11,20). Johannes wird diese präsentische Eschatologie stark akzentuieren, ohne den Blick auf die noch ausstehende Vollendung zu verstellen.[73] Wie wirkt sich dies für Israel aus? Es geht um die Vergebung der Schuld, mehr noch: um die Befreiung aus der Macht der Sünde und des Todes. Es geht um den Zugang ins Reich Gottes und um die Gegenwart, die durch den Konflikt zwischen Juden und Christen über die richtige Sicht des Gesetzes und Jesu geprägt ist.

a. Synoptische Perspektiven

Jesus fordert Umkehr und Glauben an das Evangelium (Mk 1,15). Weshalb ist die Vergebung an die Umkehr und den Glauben gebunden? Und was ist, wenn die Forderung Jesu nicht erfüllt wird?

Der rettende Glaube

Der Glaube rettet.[74] Das ist die Grundbotschaft vieler Wundergeschichten. Nach der synoptischen Jesustradition vergibt Jesus Sünden auf den Glauben hin, und zwar in der Vollmacht, die der Menschensohn auf Erden von Gott bekommen hat (Mk 2,1–12 parr.). Er stellt diesen Glauben in einen eschatologischen Horizont (Lk 18,8). Der Glaube entzündet sich in der Begegnung mit Jesus und im Hören auf das Evangelium. Er umfasst das Bekenntnis zu Jesus. Nach Lk 12,8f. wird der Menschensohn im Endgericht sein Urteil davon abhängig machen, ob Jesus vor den Menschen „bekannt“ oder „verleugnet“ worden ist (vgl. Mk 8,38).

[73] Hans-Christian KAMMLER vertritt zwar (wieder) eine radikal präsentisch-eschatologische Johannesdeutung: *Christologie und Eschatologie. Joh 5,17–30 als Schlüsseltext johanneischer Theologie* (WUNT 126), Tübingen 2000. Aber die futurische Eschatologie lässt sich weder als redaktionelle Bearbeitung identifizieren, wie dies Jürgen BECKER sieht (*Johanneisches Christentum. Seine Geschichte und Theologie im Überblick*, Tübingen 2004), noch wird sie von der präsentischen aufgesogen; vgl. Jörg FREY, *Die johanneische Eschatologie I–III* (WUNT 96.110.117), Tübingen 1997–2000.

[74] Ausführlicher habe ich zum folgenden Stellung bezogen in: *Erlösung vom Bösen. Jesu Umgang mit Schuld und Leid*, in: Martin KLEER (Hg.), *Wie böse ist der Mensch?*, Paderborn 1999, 73–104.

Dass die Befreiung von Sünde und Tod eine Wirkung des Glaubens ist, ergibt sich aus der Sache. Jesus leugnet nicht, er fordert im Gegenteil, dass Menschen einander ihre Schuld vergeben (Mt 5,23f.) – nicht nur siebenmal, sondern siebenundsiebzigmal (Mt 18,21f.); ob sie glauben oder nicht – der Anspruch der Vergebung bleibt bestehen. Er ist aber gedeckt durch die Lebenshingabe Jesu. Erst sie, die stellvertretend für alle geschieht, verwindet die Folgen der Schuld, die – außer Jesus – kein Mensch zu tragen imstande wäre, der mit der Vergebung auch deren Konsequenzen zu tragen hat. Die schwerste liegt darin, die Schwere der Schuld und das Leid der Opfer nicht zu verdrängen. Mehr noch: In den kleinen und großen, den leichten und schweren Sünden der Menschen zeigt sich die Unheilsmacht der Sünde, die in ihrer Unmenschlichkeit stärker ist als jedes Menschen guter Wille und gute Tat. Die Erlösung kann nur von Gott her kommen; sie kann nur von den Opfern der Sünde her erfolgen. Sie ist nicht gelungen, wenn der Tod nicht besiegt ist. Deshalb wird sie im Glauben zugesprochen; denn der Glaube ist in der Einheit von Bekenntnis und Vertrauen gerade die Weise, in der Menschen sich in Christus ganz Gott überlassen.

Das Gleichnis vom Weltgericht Mt 25,31–46[75] zeigt allerdings, dass der Glaube zwar in einem eminent positiven Sinn als Grund der gegenwärtigen und kommenden Rettung angesehen werden kann, doch nicht für sich allein steht. Die Pointe des Gleichnisses besteht darin, dass als entscheidender Maßstab für das Urteil des königlichen Menschensohnes die „Liebeswerke" angesehen werden, die getan oder unterlassen werden. Die Liebeswerke sind eine gut jüdische Tradition[76], die – weithin mit einem interkulturellen Ethos der Solidarität kompatibel – benennen, was kein Gesetz dieser Welt vorschreiben kann, was aber getan werden muss, wenn die Welt nicht zugrundegehen soll: Hungernde speisen, Dürstende tränken, Fremde und Obdachlose aufnehmen, Nackte bekleiden, Kranke besuchen und Gefangene betreuen. Nach dem Gleichnis vom Weltgericht ist es nicht einfach das Ethos (gar im Gegensatz zum Glauben), das rettet. Denn „was ihr dem geringsten meiner Brüder getan habt", kann nur deshalb Grund für die Einladung ins Reich Gottes sein, weil Jesus es ist, der dies im Namen Gottes, des Vaters, sagt und durch

[75] Eine herausragend problemorientierte Deutung gibt Ulrich LUZ, *Das Evangelium nach Matthäus III* (EKK I/3), Neukirchen-Vluyn 1997, 515–544. Allerdings hat er Zweifel an der historischen Authentizität des Gleichnisses, weil er Jesus nicht die Identifikation mit dem Menschensohn zutraut.

[76] Vgl. Jes 58,7; Ez 18,7.16; Ijob 22,6f.; 31,17–32; Tob 1,16f.; 4,16; Sir 7,34f.; slHen 9,1; 42,8; 63,1; AbothRN 7. Nicht übersehen werden darf die Korrespondenz mit den Seligpreisungen.

die Hingabe seines Lebens deckt; nur deshalb gilt: „…, das habt ihr mir getan. Denn ich war hungrig …“ (Mt 25,35). Ob Jesus mit den „geringsten Brüdern“ Christen meint[77] oder prinzipiell alle Menschen, ändert nichts daran, dass es die Identifikation Jesu mit den Geringen ist, die den guten Werken, die von ihnen getan werden, erst ihre soteriologische Kraft gibt. Das Gleichnis vom Weltgericht relativiert nicht die soteriologische Bedeutung Jesu Christi; aber sie relativiert die Bedeutung des expliziten, vom Bekenntnis getragenen Glaubens, indem sie auf eine Form der Christusbeziehung hinweist, die unterhalb der Schwelle bewusster Entscheidung liegt. Den besten Kommentar liefert Jakobus: „Ich werde dir aus meinen Werken meinen Glauben zeigen“ (Jak 2,18).[78]

Widerstand und Hingabe

Jesus erfährt mit seiner Botschaft, die auf die Rettung Israels und der Völker zielt, zwar nach den Berichten der Synoptiker anfangs sehr viel Sympathie und bei den Jüngern sogar Glaube. Aber die Evangelien verhehlen nicht, wie wenig tragfähig die Begeisterung für den Wundertäter ist; sie verschweigen auch nicht, dass die Jünger Jesu allesamt geflohen sind, als es darauf angekommen wäre, zur Kreuzesnachfolge zu finden (Mk 14,50). Jesus selbst hat sich in seinen Gleichnissen und Lehrgesprächen intensiv mit der Erfahrung des Widerstandes, der Ablehnung, des fehlenden Interesses auseinandergesetzt. Im Gleichnis vom Sämann (Mk 4,3–9) lenkt er den Blick zuerst auf all die Misserfolge, die erntet, wer den Samen ausstreut, und lässt sich doch nicht vom Ausblick auf das wogende Ährenmeer am Ende ablenken. Im Gleichnis von der Einladung vom Festmahl spricht er ziemlich unverblümt die Haltung derjenigen an, die eigentlich wissen müssen, dass auf sie die Einladung ins Reich Gottes wartet und jetzt, da es ernst wird, allesamt etwas scheinbar besseres vorhaben – und am Ende nur hoffen können, sich doch unter denen an den Hecken und Zäunen wiederzufinden, die nicht im Traum damit gerechnet hätten, zum Gastmahl willkommen zu sein (Lk 14,15–24 par. Mt 22,1–10).[79] Die Wehereden, die Jesus an die Adresse der

---

[77] So Rainer KAMPLING in: Josef Schreiner – DERS., *Der Nächste – der Fremde – der Feind. Perspektiven des Alten und Neuen Testaments* (NEB.Themen 3), Würzburg 2000, 91ff.

[78] Eine überzeugende Formanalyse bei Hubert FRANKEMÖLLE, *Der Brief des Jakobus I–II* (ÖTK 17/1–2), Gütersloh 1994, II 420–429. 439–443.

[79] In diesem Sinn habe ich das Gleichnis auszulegen versucht in: *Das Gleichnis vom Gastmahl (Lk 14,15–24 par Mt 22,1–10). Zur ekklesiologischen Dimension der Reich-Gottes-Verkündigung Jesu,* in: Rainer KAMPLING – Thomas SÖDING (Hg.), *Ekklesiologie des Neuen Testaments* (FS K. Kertelge), Freiburg-Basel-Wien 1996, 56–84.

unbußfertigen Israeliten richtet (Mt 11,21 par. Lk 10,13; vgl. Mt 23; Lk 6,24ff.; 11,42–46.52), sind nicht nur Warnungen, es nur ja nicht zum Äußersten kommen zu lassen[80], sondern auch Signale, dass es keinen anderen Weg des Heiles gibt als den durch das Gericht.[81]

Jesus sagt zwar den Jüngern, die er aussendet, sie sollten, wenn sie abgelehnt werden, „den Staub" von ihren „Füßen schütteln" (Mk 6,11 parr.). Aber das markiert eine momentane, keine dauerhafte Distanz. Das ganze Pathos der Gleichnisse vom Verlorenen besteht vielmehr darin, dass keine Mühe zuviel sein sollte, immer und immer wieder neu die Suche zu beginnen und sie nicht zu schnell aufzugeben. An Jesu harte Sündenkritik Lk 13,1–5 schließt das Gleichnis vom Feigenbaum an (Lk 13,6–9): Nicht dass am Ende der Baum, der keine Früchte bringt, doch umgehauen wird, ist die Pointe, sondern dass der Weingärtner, der in der Tradition zu recht auf Jesus gedeutet worden ist, einen Aufschub erwirkt, indem er den Boden kultiviert, auf dass der Baum doch Früchte treibe. Da das Umhauen des Baumes ein Bild des Täufers für das Endgericht ist (Mt 3,10 par. Lk 3,9), wird man nicht fehlgehen, dass, solange die Zeit währt, die Frist nicht abgelaufen ist. Das ergibt sich auch aus dem Gleichnis vom Taumelloch im Weizen Mt 13,24–30: „Lasst beides wachsen bis zur Ernte", ist die Entscheidung des Gutsherrn, der auf Gott verweist.[82]

Selbst als es zum Äußersten kommt, bricht Jesus nicht mit Israel, sondern bleibt ihm in Liebe verbunden. Sogar für seine Henker hat er nach Lk 23,34 ein Wort der Vergebung: „Vater, vergib ihnen, sie wissen nicht, was sie tun". In den anderen synoptischen Passionsgeschichten fehlt diese Explikation. Aber sie alle zeigen Jesus in der Haltung des leidenden Gerechten (vgl. Ps 22; 31), die gerade dadurch ausgezeichnet ist, die Feinde, die ihm Unrecht tun, nicht zu fluchen, sondern alles Gott in die

---

[80] So die Grundlinie der tiefschürfenden Exegese von Marius REISER, *Die Gerichtspredigt Jesu. Eine Untersuchung zur eschatologischen Verkündigung Jesu und ihrem frühjüdischen Hintergrund* (NTA 23), Münster 1990.

[81] So jedenfalls mein Interpretationsvorschlag in: *Feuer und Schwert. Das Gericht Gottes in der Basileia-Verkündigung Jesu*, in: *Der Religionsunterricht an höheren Schulen* 43 (2000) 213–224.

[82] Die patristische Exegese deutet dies gerne auf die *ecclesia permixta*; im Kontext Jesu geht es aber eher um diejenigen, die seiner Botschaft zustimmen und die sie ablehnen. Ulrich LUZ, der das Gleichnis nicht für jesuanisch hält, denkt an den „jesusfeindlichen Teil Israels", auf den die vormatthäische Gemeinde schaue, während Matthäus auf die Verhältnisse innerhalb der Kirche schaue (*Das Evangelium nach Matthäus II* [EKK I/2], Neukirchen-Vluyn 1990, 325).

Hand zu geben.[83] Dass Jesus dem Hohenpriester, der ihn daraufhin des Todes schuldig findet, vorhält, er werde ihn als Menschensohn „zur Rechten der Macht sitzen und mit den Wolken des Himmels kommen sehen" (Mk 14,61), verweist auf das Jüngste Gericht als Stunde der Wahrheit, in der sich der ungerechte Richter vor seinem himmlischen Richter wiederfinden wird, und markiert damit in einem Moment höchster Konzentration die soteriologische Dialektik seiner gesamten Basileia-Botschaft.

Nach den Evangelien gibt es keine Kollektivschuld des jüdischen Volkes am Tode Jesu. Jede Pauschalisierung verbietet sich. Freilich braucht man vom Neuen Testament aus auch keine Scheu zu haben, von einer Mitverantwortung der Hohenpriester, vielleicht auch des aufgeputschten Mobs zu reden, der schließlich Jesu Kreuzigung verlangt hat. Denn die Pointe neutestamentlicher Theologie besteht gerade nicht darin, diese Schuld zu isolieren oder zu perhorreszieren, sondern sie einzuordnen in den globalen Schuldzusammenhang, der das „für das Volk" mit dem „für viele" und „für alle", auch mit dem „für dich" und „für mich" notwendig macht.

Dies hängt allein daran, dass der Menschensohn sich bis zum Letzten in den Dienst an der Rettung Israels stellt. Das Wort aus dem matthäischen Passionsbericht: „Sein Blut komme über uns und unsere Kinder" (Mt 27,25) hat Matthäus mit der Zerstörung Jerusalems zusammengedacht; aber nicht als ewige „Selbstverfluchung"; der letzte Grund ist christologisch: „Sein Blut", das „über" sie kommt, ist das „Blut", das Jesus nach der Abendmahlstradition „vergossen hat für viele zur Vergebung der Sünden" (Mt 26,26).

Neue Hoffnung

Dass mit dem Tode Jesu die Frist für Israel, das Heil zu erlangen, nicht abgelaufen ist, zeigt besonders Lukas in seinem Doppelwerk. Die Menschen aus dem Volk, die dem „Schauspiel" der Kreuzigung Jesu in einer Mischung von Faszination und Abscheu beiwohnten, schlagen sich nach Jesu Tod an die Brust (Lk 23,48); es werden diejenigen sein, an die sich nach Pfingsten die Evangeliumspredigt in Jerusalem richtet. Aber auch in der Apostelgeschichte gibt es keinen Zeitpunkt, an dem der Israeliten Heilsprognose definitiv negativ wäre, weil sie dem Evangelium keinen Glauben geschenkt haben. Der Schluss der Apostel-

[83] Eine synoptische Lektüre der Psalmen mit ihrer Rezeption in den Passionsgeschichten würde zeigen, dass durch in die den Zitaten gewählten Ausschnitte diese Haltung noch weiter konturiert wird.

geschichte, in den das Verstockungswort Jesajas eingebaut und in dem die programmatische Heidenmission verkündet wird (Apg 28,25–28), ist zwar nicht selten so gedeutet worden[84], aber unter Missachtung der Formgeschichte: Die Verstockung wird nach Gottes Willen verhängt, um nach Gottes Willen aufgehoben zu werden.[85] Wie dies geschieht, bleibt allerdings im lukanischen Doppelwerk offen. Dass aber „Israel die Umkehr und Vergebung der Sünden geschenkt wird" (Apg 5,31) und dass Jesus die „Wiederherstellung" Israels in seiner gottgemäßen Vollkommenheit wirkt (Apg 3,21), bleibt in Geltung, selbst wenn die Missionare, so sie in den Synagogen abgelehnt werden, den Staub von ihren Füßen schütteln und sich den Heiden zuwenden (Apg 13,46–51; 18,6).

Das Gleichnis von den bösen Winzern (Mk 12,1–12)[86] enthält eine ekklesiologische Deutung, die – ob jesuanisch authentisch oder nicht – von großer Bedeutung für die neutestamentliche Israeltheologie ist und nicht selten als Verwerfung Israels gedeutet wird, das mit der Tötung des geliebten Sohnes den Bogen endgültig überspannt habe. Aber anders als im Weinberglied des Jesaja (Jes 5), das beim Gleichnis Pate gestanden hat, ist nicht die Unfruchtbarkeit des Weinbergs angeprangert, der für das Volk Israel, seine Erwählung und Berufung steht, sondern die Brutalität der Weinbergpächter. Der „Weinberg wird anderen gegeben" werden (Mk 12,9), heißt nicht, dass nun die Kirche an die Stelle Israels trete, sondern dass die am Tode Jesu Schuldigen ihr Recht auf den Weinberg, d. h. auf die Führung des Volkes Gottes verwirkt haben und die Jünger Jesu nun ihrerseits Arbeiter im Weinberg des Herrn sind, die Gott geben müssen, was Gottes ist.[87]

Wichtig bleibt die Erinnerung an Jesu Einzug in Jerusalem (Mk 11,1–11 parr.). Nicht dass aus dem „Hosianna" allzu schnell das „Kreuzige ihn" wird, ist die Pointe, sondern dass Jesus begrüßt wird als Gesegneter, der „kommt im Namen des Herrn" und das „Reich unseres Vaters David" bringt, das Reich Gottes (Mk 11,9f. parr.; Ps 118,25f.). In einer Tradition, die auf die Logienquelle zurückgeht, wird dieses Motiv auf die Parusie bezogen. In einem Gerichtswort Jesu über die Stadt Jerusalem und den Tempel heißt es an die Adresse derer, die ihn umbringen

---

[84] So von Josef ZMIJEWSKI, *Die Apostelgeschichte* (RNT), Regensburg 1994, 886.

[85] Dies lässt sich der Verstockungstheologie entnehmen, die mit dem Parabelverständnis verbunden ist; vgl. Mk 4,10ff.21–25 par. Lk 8,9f.16ff.

[86] Vgl. Alexander WEIHS, *Jesus und das Schicksal der Propheten. Das Winzergleichnis (Mk 12,1–12) im Horizont des Markusevangeliums* (BThSt 61), Neukirchen-Vluyn 2003.

[87] Wenn in der matthäischen Variante von einem „anderen Volk" die Rede ist, geht es um die Kirche Jesu Christi aus Juden und Heiden.

werden, wie schon vorher Propheten umgebracht worden waren: „Ihr werdet mich nicht mehr sehen, bis ihr sagen werdet: Gepriesen, der kommt im Namen des Herrn“ (Lk 13,35 par. Mt 23,39). Bei allen Deutungsmöglichkeiten, die aus der offenen Sprache resultieren, scheint es am besten zu sein, den Vers nicht auf den Einzug Jesu in Jerusalem zu beziehen, sondern als eine versteckte Leidens- und Auferstehungsankündigung, die auf das zweite Kommen Jesu verweist, die Parusie. Ist dies aber richtig, öffnet das Logion durch das Gericht hindurch den Horizont endgültiger Heilsgemeinschaft: Der Menschensohn Jesus wird jenseits der gegenwärtigen Ablehnung als der begrüßt, der Gottes Segen spendet.[88]

Konflikte und Lösungen

Konfliktbeladen ist im Spiegel der synoptischen Evangelien nicht der Bezug auf die Vergangenheit. Mose und die Propheten, die Gesetzgebung, die Schrift und der Bund bilden wesentliche Bezugspunkte Jesu von Nazareth. Konfliktbeladen ist auch nicht so sehr die Zukunft: die Vollendung des Reiches Gottes bietet Raum für das vollendete Israel. Konfliktbeladen ist die Gegenwart. Sie ist es, weil die synoptischen Evangelien von einer radikal positiven Israeltheologie geprägt sind. Sie geht in den Konflikten um Jesus nicht verloren, sondern schält sich deutlich heraus. Jesus tritt mit seinem Leben dafür ein. Der Dienst Jesu an der Gottesherrschaft führt dazu, dass in der Jesusnachfolge der Anspruch wächst, durch sie authentische Israeltraditionen zu entdecken, zu pflegen und zu entwickeln. Der Streit, was dem Gesetz entspricht und was nicht, ist vorprogrammiert. Er wird aber nicht mit *dem* Judentum geführt. Das Bild ist weit differenzierter.

In den synoptischen Evangelien werden Differenzierungen vorgenommen.[89] Mit den *Sadduzäern* verbindet Jesus zwar das Wissen um die Heiligkeit des Tempels, aber es trennt ihn entschieden der Glaube an die Auferstehung der Toten, die Hochschätzung der Prophetie, das Setzen auf die eschatologische Neuschöpfung der Basileia; die Tempelaktion

---

[88] Die Auslegung ist umstritten. François BOVON (*Lk* II 459) deutet zwar das Kommen eschatologisch, glaubt dann aber, ausmachen zu müssen, dass Lukas den Zeitpunkt einer letzten Umkehrmöglichkeit mit dem paulinischen Verstockungswort in Rom verstrichen sieht. Ulrich LUZ (*Mt* III 383f.) deutet als Gerichtswort. Das steht aber im Widerspruch zum Klang des Hallelpsalms.

[89] Ausführlicher zum folgenden ist mein Differenzierungsversuch in: *Das Jüdische im Christentum – Verlust oder Gewinn christlicher Identität? Thesen eines Neutestamentlers,* in: Trierer Theologische Zeitschrift 109 (2000) 54–76.

Jesu wird dies ans Tageslicht bringen.[90] Mit den *Zeloten* verbindet Jesus zwar die leidenschaftliche Hoffnung auf Gottes Reich; einer der Zwölf – Simon Kananäus – ist ein (ehemaliger) Zelot, aber es trennt ihn radikal die Ethik der Bergpredigt, aufgipfelnd in der Feindesliebe, und damit verbunden die Verkündigung eines leidenden, gewaltlosen, rein auf die Macht des Wortes setzenden Messias. Weit mehr verbindet ihn mit den *Pharisäern:* der Auferstehungsglaube, das Interesse an einer spirituellen Erneuerung Israels, die Sorge um die Erfüllung des Gesetzes, die Gebete, auch die Messiashoffnung; es unterscheidet ihn aber sein Verständnis von Reinheit: „dass nichts, was von außen in den Menschen hineinkommt, ihn unrein machen kann" (Mk 7,15); es unterscheidet ihn sein Verständnis des Sabbats: dass an ihm, weil er „um des Menschen willen" da ist, kräftig Gutes getan werden kann (Mk 2,23–3,6 parr.); es unterscheidet ihn sein Verständnis des Gesetzes, dass es nötig ist, das Gewicht der Gebote vom Doppelgebot her zu bestimmen und nicht die prinzipielle Gleichwertigkeit aller Gebote zählt, sodass – wie es polemisch zugespitzt heißt – über dem Verzehnten von „Minze, Dill und Kümmel" die Gerechtigkeit aus dem Auge gerät (Mt 23,23). Andererseits stellt sich das Judentum Jesu Christi entschieden auf die Seite des Täufers Johannes und – wie die Kindheitsgeschichten zeigen – auf die Seite Zacharias und Elisabeths, Marias und Josefs, Simeons und Hannas: auf die Seite von Juden, denen der Tempel etwas gilt und die Hoffnung auf einen messianischen Retter aus Davids Geschlechts, der Glaube der Armen und die „Kraft des Elija" (Lk 1,17).

Was aber ist mit den Juden, die es weiter mit den Sadduzäern, den Pharisäern, den Zeloten gehalten oder sich gar nicht im Judentum engagiert haben? In der Reihe Jerusalemer Gespräche, die Jesus vor Beginn seiner Leidenswoche führt, fällt eines aus dem Rahmen: das Gespräch mit dem Schriftgelehrten, der Jesus nach dem wichtigsten Gebot fragt und ihm zustimmt, dass dieser Dtn 6,4f. und Lev 19,18 zum Hauptgebot kombiniert; ihm attestiert Jesus: „Du bist nicht weit vom Reiche Gottes" (Mk 12,34). Damit wird die Basis einer Verständigung sichtbar zwischen Jesus und Schriftgelehrten, die wissen, dass sie im Grundverständnis des Gesetzes übereinkommen, auch wenn von einem expliziten Glaubensbekenntnis nicht die Rede ist. Für sie bleibt gültig, was Simeon prophetisch sagt; da er Jesus sieht, weiß er, Gottes „Heil" zu sehen: „Licht zur Erleuchtung der Heiden und Herrlichkeit deines Volkes Israel" (Lk 2,32)

---

[90] Vgl. Christine METZDORF, *Die Tempelaktion Jesu. Patristische und historisch-kritische Exegese im Vergleich* (WUNT II/168), Tübingen 2003.

b. Johanneische Perspektiven

Johannes forciert, dass es der Glaube ist, der rettet, weil er die Universalität des Heiles herausstellt und es als Teilhabe am Leben Gottes selbst versteht. Das führt Israel in die Krise, die seinem Heile dient.

Der Glaube als Anteilgabe an der Liebe Gottes

Der Inbegriff der Vollendung ist die Anteilhabe an der Liebe zwischen dem Vater und dem Sohn im Heiligen Geist. Dies ist eine Radikalisierung synoptischer Eschatologie und Soteriologie. Das Stichwort Reich Gottes ist zwar ganz und gar durch Jesu Person und Sendung, sein Wort und Werk, seinen Tod und seiner Auferstehung geprägt; aber es ist doch so gewählt, dass sein Rückbezug auf die Hoffnung der Propheten Israels deutlich wird. Johannes spricht dieses Grundwort im ersten Glaubensgespräch Jesu an (Joh 3,3.5), überführt es dann aber in sein Leitwort „ewiges Leben", das auch bei den Synoptikern als Korrelatbegriff erscheint. Dieses Wort ist an sich noch offener als das alttestamentlich vorgeprägte „Reich Gottes". Aber er füllt es, indem er es auf die Agape zurückführt, die zwischen dem Vater und dem Sohn herrscht und kraft des Geistes so auf die Menschen ausstrahlt, dass sie in sie einbezogen werden (Joh 14,20; 17,21).[91] Deshalb kann es nur der Glaube sein, in dem die Menschen bereits gegenwärtig das Heil Gottes erfahren können; denn der Glaube ist es, der den Geist empfängt (Joh 7,39). Weil „Gott Geist ist", kann die wahre, die vollkommene Anbetung nur „im Geist und in der Wahrheit" erfolgen (Joh 4,24), im geistgewirkten Christusglauben. Im Glauben finden die zusammen, die nach Joh 1,14 in Jesus die Herrlichkeit des eingeborenen Sohnes gesehen und nach Joh 1,16 „Gnade über Gnade" empfangen haben.

Dieser Glaube ist nach johanneischem Verständnis zutiefst jüdisch. Er wurzelt in der Geschichte Israels; er weiß Mose als Zeugen und den Tempel in Jerusalem als Haus Gottes (Joh 2,17). Aber er steht anderen offen: den Samaritern, die ihn, den Juden, auf seine Worte hin als „Retter der Welt" (Joh 4,42) glauben; und den Griechen, die auf Jesu Tod und Auferstehung hoffen dürfen (12,20–36). Umgekehrt ist es letztlich Jesus selbst, der durch sein Kommen den heilgeschichtlichen Kernsatz bewahrheitet: „Das Heil kommt von den Juden" (Joh 4,22).

---

[91] Vgl. Klaus SCHOLTISSEK, *In ihm sein und bleiben. Die Sprache der Immanenz in den johanneischen Schriften* (HBS 21), Freiburg-Basel-Wien 2000.

Vollendete Einheit

Der rettende Glaube ist nach Johannes gerade dadurch gekennzeichnet, dass er Gott wirken lässt. Das Wirken Gottes aber überschreitet jede menschliche Möglichkeit (vgl. 1 Joh 3,20). Er verwindet auch jeden Widerstand. Im Johannesevangelium finden sich ausgesprochen viele Texte, die von der Universalität der Rettung sprechen: „Alle“ sollen durch den Täufer zum Glauben kommen (Joh 1,7); gemeint sind: alle Juden. Dass dies im Johannesprolog steht, um das Scheitern des Planes zu dokumentieren, den Jesus mit der Sendung des Täufers verfolgt, ist ausgeschlossen; die Antwort, wie Gottes Plan gelingt, kann nur in der Konsequenz der Inkarnation bestehen. „Alle, die in den Gräbern sind“, werden die Stimme Gottes in Jesus Christus hören (Joh 5,28f.), um zum Gericht aufzuerstehen – etwa um zu erfahren, dass falsch wäre, was Jesus nach Joh 12,47 sagt, dass er gekommen sei, die Welt „zu retten“? „Alle werden Schüler Gottes sein“, ist nach Joh 6,45 die prophetische Verheißung des Neuen Bundes (Jes 54,13; Jer 3,1,31f.); sollte Jesu Sendung sie unterbieten? „Wenn ich über die Erde erhöht sein werde, werde ich alle an mich ziehen“, sagt Jesus nach Joh 12,32 im Blick auf seine Kreuzigung; sollten etwa diejenigen ausgeschlossen sein, denen er es sagt? Es ist die „Menge“ in Jerusalem, die nicht versteht, was Jesus Gott, seinem Vater, und was der Vater seinem Sohn sagt (Joh 12,29).

Die Dimensionen der Vollendung können nicht geringer sein als die der Schöpfung; sonst wäre Gottes Gnade nicht Gnade. Sie ist es aber im Überfluss (Joh 10,10). Im Johannesevangelium ist ein prägnanter Begriff der Vollendung die Einheit, verstanden als Gemeinschaft im *einen* Gott, die auf die geeinte Schöpfung ausstrahlt. „Alle sollen eins sein“, ist die bestimmende Bitte Jesu, deren Erfüllung nicht im Zweifel stehen kann (Joh 17,21). Es sind aber nicht nur die Jünger Jesu gemeint. Jesus unterscheidet im hohepriesterlichen Gebet nicht zwischen Christen und Juden, sondern zwischen den Glaubenden und der „Welt“, ohne dass die ungläubige Welt mit „den Juden“ identifiziert werden dürfte. Die Unterscheidung aber ist die Kehrseite ihrer Überwindung. Vollendete Einheit kann es nur durch vollkommene Integration geben. Wie Joh 1 öffnet Joh 17 kosmische Dimensionen – präsentisch- und futurisch-eschatologisch. Die Abschiedsreden Joh 14–16 hatten die Jünger darauf vorbereitet, dass Juden meinen können, Gott einen Dienst zu tun, wenn sie die Jesusgläubigen verfolgen (Joh 16,2). Diese Juden können aus der umfassenden Bitte Jesu in Joh 17 nicht ausgeschlossen sein.

Die Integration der Juden in die vollendete Einheit, um die Jesus bittet, kann aus dem Horizont des Abschiedsgebetes Jesu um so weniger ausgeschlossen werden, als Jesus nach Joh 10,4 als Guter Hirte „alle“

seine Schafe hinaustreibt, um sie auf die gute Weide zu führen. Wenn Jesus in der Weiterführung der Bildrede in Joh 10,16 mit Blick auf die Völker von „anderen Schafen“ redet, die er weiden muss, ist damit im Rückkehrschluss desto deutlicher, dass ganz Israel im Blick seines Heilshandelns liegt. „Ein Hirt – eine Herde“: die Einheit Gottes, die Einzigkeit Jesu Christi entspricht der vollkommenen Einigkeit des Volkes Gottes. Von ihr könnte, von ihr dürfte ohne die Juden nicht gesprochen werden.

Konfliktbewältigung

Nach den Abschiedsreden[92] müssen die Jünger Jesu damit rechnen, aufgrund ihres Christusglaubens aus der Synagoge ausgeschlossen zu werden (Joh 16,2; vgl. 12,42) – wie der Blindgeborene es bereits erfahren habe (Joh 9,22). Das dürfte zur geschichtlichen Erfahrung der johanneischen Gemeinde gehören. Die Abschiedsreden sagen, wie Jesu Jünger darauf reagieren sollen: Sie sollen keine Angst haben, von Jesus alleingelassen zu sein (Joh 14; 16,5f.), sie sollen wie Jesus leidensfähig und leidensbereit werden (Joh 15,20–25); sie sollen im Leiden von Jesus Zeugnis ablegen (Joh 15,27). Vor allem sollen und dürfen sie auf das Kommen des Parakleten hoffen, der in ihnen nicht nur die Erinnerung an Jesus lebendig halten, sondern auch „die Welt überführen wird“ (Joh 16,8). Nach dem Kontext sind die nicht an Jesus glaubenden Juden einbeschlossen. Die „Überführung“ ist die Aufdeckung der Wahrheit, das Ausleuchten des Widerspruchs gegen Gott, den die Sünde sich verbergen will (Joh 3,20), und das Entzünden des Lichtes in der Finsternis, wie es in der Schöpfung angelegt ist (Joh 1,5). Nach Joh 16,8ff. deckt der Geist nicht nur den Unglaube als Sünde auf, d. h. als Widerspruch gegen Gott als Vater Jesu, sondern auch umgekehrt die Gerechtigkeit Gottes, die Jesus personifiziert. Beides kulminiert darin, dass der Geist aufdeckt, worin das Gericht besteht: darin, dass der „Fürst dieser Welt“, der Satan, „gerichtet ist“. Das vollzieht sich nach Joh 12,31 im Kreuzestod Jesu. Die Wirkung kann nicht darin bestehen, dass der Satan die „ungläubigen Juden“ mit in den Abgrund zieht, sondern dass Gott sie durch Jesus, den auferweckten Gekreuzigten rettet.

Nach den Abschiedsreden sollen die Jünger auf die ihnen von jüdischer Seite zuteil werdende Anfeindung im Geiste Jesu mit absoluter Gewaltlosigkeit reagieren und, mehr noch, ganz auf das Werk des

---

[92] Die Diskussion um deren Traditionsanalyse kann hier nicht geführt werden. Ein hilfreiches Modell ist das der relecture bei Jean ZUMSTEIN, *Kreative Erinnerung. Relecture und Auslegung im Johannesevangelium* (AThANT 84), Zürich ^{2}2004.

Geistes setzen, der auch im Verhältnis von Juden und Christen jene eschatologische Einheit wirken wird, die Gott will.

c. Paulinische Perspektiven

Paulus reflektiert in seiner Rechtfertigungstheologie ausdrücklich, weshalb nicht die „Werke des Gesetzes“, sondern der „Glaube an Jesus Christus“ rechtfertigt (Gal 2,16; Röm 3,28).[93] Im Zuge dieser Rechtfertigungslehre findet er zur klarsten Israeltheologie des Neuen Testaments. Im Römerbrief arbeitet er drei *essentials* heraus.

Erstens: Juden und Christen sind radikal verbunden (Röm 11,36). Die Kirche ist in Israel verwurzelt. Es gibt die Kirche nur, weil es Israel gibt. Es gibt Israel nur, weil das Gesetz der Verheißung gilt (Röm 9). Im Lichte der Verheißung ist die Geschichte Israels bis zum Kommen Jesu Christi für die Kirche aus Juden und Heiden keine fremde Geschichte, auch keine ferne Vergangenheit, sondern die eigene Geschichte, die lebendige, gegenwärtige Vergangenheit, die durch Jesus Christus nicht vergeht, sondern Zukunft eröffnet.

Zweitens: Juden und Christen werden in Gottes eschatologischer Zukunft vereint sein. Paulus weiß in prophetische Klarheit: „Ganz Israel wird gerettet werden“ (Röm 11,26). Wäre es anders, hätte Gott seine Gnade gereut; auf seine Verheißung wäre kein Verlass; er war sich selbst nicht treu; von Gottes Gerechtigkeit könnte keine Rede sein (Röm 11,29). „Ganz Israel“ meint nicht nur: alle Judenchristen[94], sondern – wie der Kontext sagt – alle, denen die Erwählung gilt, einschließlich derer, die dem Evangelium keinen Glauben geschenkt haben.[95] Wie Israel gerettet wird, erhellt der Apostel im Lichte der Heiligen Schrift. Mit Jesaja (59,20f.^{LXX}) und Jeremia (31,31ff.) setzt Paulus auf den „Retter vom Zion“, der „alle Gottlosigkeit von Jakob fortnehmen“ (Röm 11,26) und alle Schuld vergeben wird (Röm 11,27). Dass für Paulus der „Retter vom Zion“ ein anderer als Jesus Christus sein könnte, ist ausgeschlossen. Dann aber ist ebenso klar, dass er – obgleich er, der Judenchrist, sehr viel auf die Christusmission unter Juden setzt – nicht an

---

[93] Näheres dazu in meinem Beitrag: *Nicht aus Werken des Gesetzes, sondern aus Glauben. Zur exegetischen Deutung der paulinischen Rechtfertigungslehre,* in: Siegfried KREUZER (Hg.), *Gerechtigkeit glauben und erfahren. Beiträge zur Rechtfertigungslehre,* Neukirchen-Vluyn 2002, 145–178.

[94] So aber Udo SCHNELLE, *Paulus. Leben und Denken*, Berlin 2003, 389. Was soll dann das „ganz“?

[95] Dagegen kann nicht Röm 11,20.23 gehalten werden; das „Heraushauen“ und „Aufpfropfen“ bezieht sich auf die Zugehörigkeit zur Kirche in der Zeit, nicht aber auf das vollendete Reich Gottes jenseits der Zeit.

einen finalen Missionserfolg denkt, sondern an das Parusiegeschehen selbst.[96] Nach Paulus gibt es für Israel kein Heil ohne Jesus, aber der Raum des Heiles reicht durchaus weiter als die Kirche, erst im Reich Gottes ist es vollendet. Soll man deshalb von einem „Sonderweg“, besser wohl: einem eigenen, ursprünglichen Weg Israels zum Heil reden?[97] Richtig daran ist, dass im Horizont des Christusglaubens die Erwählung Israels radikal bejaht und die Hoffnung auf umfassende Erlösung geteilt wird; allerdings wird die mangelnde Christuserkenntnis von Paulus kritisiert – aber im Geheimnis Gottes (Röm 11,33–36) so angenommen, wie Gott sein Volk zum Heil führt.

Drittens: Die Gegenwart ist von Auseinandersetzungen über Jesus Christus, das Gesetz und die Rettung der Heidenvölker geprägt. Paulus sieht, solange die Zeit währt, den Unterschied zwischen Christen und Juden. Er greift geschichtliche Erfahrungen der ursprünglichen Mission auf, wenn er sagt, dass es gerade der Erfolg des Evangeliums unter den Heiden sei, der ihm unter den Juden die Zustimmung erschwere. Er greift auch auf das Theologoumenon von der Verstockung Israels zurück – die aber das Gegenteil einer Verwerfung ist. Aber Paulus legt den größten Wert darauf, dass in den unvermeidbaren Konflikten zwar keine Abstriche vom Glaubensevangelium gemacht werden, aber von den Christen weder die Erwählung noch die Hoffnung Israels geleugnet wird.

Röm 9–11 ist in der Klarheit einer positiven Israeltheologie einzigartig, aber nicht isoliert, sondern konsequent. Paulus steht dafür, dass es gerade die entwickelte Christologie des Todes und der Auferweckung Jesu ist, die nicht nur in den Abgrund an Leid und Schuld zu schauen vermag, aus dem Israel sich mit eigener Kraft nicht befreien kann, sondern die Juden als von Gott Geliebte radikal bejaht und daraus die Vision einer Zukunft gewinnen kann, in der gilt: „Gott alles in allen“ (1Kor 15,28).

---

[96] Das ist freilich in der Exegese nicht unumstritten. Auf das erste Kommen bezieht sich Dieter ZELLER, *Der Römerbrief* (RNT), Regensburg 1985, 199. Zur hier favorisierten Deutung vgl. Otfried HOFIUS, *Paulusstudien* (WUNT 51), Tübingen 1989, 197.

[97] So (prädestinatorisch gedacht) Friedrich-Wilhelm MARQUARDT, *Die Juden im Römerbrief* (ThSt 107), Zürich 1971; auch (ekklesiologisch pragmatisch gedacht) Krister STENDAHL, *Paul among Jews and Gentiles,* Philadelphia 1976, 4. Wesentlich anders begegnet, was die Literatur nicht immer bedenkt, die These vom „Sonderweg“ bei Franz MUSSNER, *Traktat über die Juden,* München [2]1988 (1979), 60: „Gott rettet ganz Israel durch Christus ('solus Christus') und zwar 'allein aus Gnade' und 'allein aus Glauben' ohne Werke des Gesetzes, da sich Israels *emuna* nun ganz und gar dem wiederkommenden Christus zuwendet. So bleibt auch im 'Sonderweg' der Rettung ganz Israels die paulinsche Rechtfertigungslehre voll wirksam.“ Dies entspricht der Position von *Nostra Aetate.*

Das Neue Testament macht in der Vielzahl seiner Positionen klare Vorgaben einer christlichen Theologie Israels und der Juden. Ein zentrales, exegetisch stark umstrittenes Problemfeld ist die Ekklesiologie: Wie sieht sich die Kirche im Verhältnis zu Israel? Ist die Kirche ihrem Wesen nach antijüdisch – oder projüdisch?

1. Ekklesiologische Modelle

Ein früher oft gutgeheißenes, heute oft kritisiertes Modell ist das der *Substitution.* Die Kirche sei die Erbin Israels; sie stehe in lebendiger Kontinuität mit dem Israel der Väter; die Juden hingegen, weil sie sich Jesus verweigern, seien aus dieser Entwicklung herausgefallen; insofern stehe jetzt die Kirche an der Stelle Israels. Es ist klar, dass eine positive Theologie des Judentums dann nicht möglich ist. Aber es ist keineswegs klar, dass die Substitutionsekklesiologie eine, gar *die* neutestamentliche Ekklesiologie wäre. Zwar wird auch in neuester Literatur geurteilt, bei Matthäus, Lukas und Johannes sei sie dominant (was dann Anlass zur Sachkritik gibt).[98] Doch das hält einer kritischen Prüfung nicht stand. Kennzeichnend ist vielmehr die Spannung zwischen der Bleibendheit der Erwählung Israels und der Neuheit des christologischen Heilshandelns, zwischen der radikalen Verbundenheit der Juden und der Christen und ihren gegenwärtigen Spannungen, zwischen der Kritik den Protagonisten Israels, die Jesus zu Tode gebracht haben, und der Friedfertigkeit im Verhältnis der Christen zu den Juden. Die Substitutionsekklesiologie, selbst wenn sie hier und da im Neuen Testament durchschiene, wird der Größe der Gnade Gottes nicht gerecht. „Unwiderruflich sind Gnade und Berufung, die Gott gewährt" (Röm 11,29).

Ein neu ins Gespräch gebrachtes, von einigen führenden Vertreten des jüdisch-christlichen Dialoges favorisierte Modell ist das der *Inkorporation.* Danach stünden die Juden immer schon im unkündbaren und ungekündigten Gottesbund; Jesus sei der Türöffner für die Heiden; er nehme in den Bund auf, die vorher außerhalb seiner Grenzen leben mussten.[99] Das ist freilich mit dem Neuen Testament nicht zu vermitteln.

[98] Jürgen ROLOFF, der das führende Werk zur neutestamentlichen Ekklesiologie vorgelegt hat (*Die Kirche im Neuen Testament* [NTD.E 10], Göttingen 1993), rechnet bei Matthäus mit einer Substitutionsekklesiologie (ebd. 148–154), bei Lukas mit einem „Selbstausschluß großer Teile des jüdischen Volkes aus dem Gottesvolk" (ebd. 206), bei Johannes mit einer „Entwirklichung" Israels als Gottesvolk (ebd. 305).

[99] So MARQUARDT, *Die Juden im Römerbrief,* 16.

Erstens würde die verheerende Macht der Sünde wesentlich unterschätzt, die auch die Juden im Griff hat; zweitens blieben alle Texte ausgeblendet, die von Jesu Heilsdienst an den verlorenen Schafen des Hauses Israel reden. Das „Zuerst den Juden" ist nach dem Römerbrief (1,16; 2,9f.) eines des Gerichtes und des Heiles. Wenn Jakobus nach Apg 15,16f. mit Amos (9,11f.^{LXX}) und Jeremia (12,15) sagt, erst werde die „zerfallene Hütte Davids wieder aufgerichtet", bevor „alle Völker" den Herrn suchen, hat er die Sendung Jesu zum Heil Israels im Blick, die von der Mission in Jerusalem und Judäa fortgeführt wird, um sich dann in der Kraft des Geistes für die Mission in Samaria und unter den Heiden zu öffnen (Apg 1,8).

Eine radikale Variante dieses Modells wäre das Modell einer *Parallele*. Israel würde für sich weiter im Judentum bestehen, gebunden an das Gesetz; daneben aber stände die Heidenkirche, geprägt durch den Christusglauben. Zuzugestehen ist, dass dann ein friedliches Nebeneinander denkbar wäre. Letztlich ist dies die Perspektive Markions. Mit der bleibenden Geltung des „Alten Testaments" ist sie unvereinbar, man würde es denn als unproblematisch ansehen, dass ein und derselbe Text, der mit dem Anspruch auftritt, Gottes Wort zu bezeugen, einmal so und einmal wesentlich anders gedeutet würde. Die paulinische Hoffnung auf die Rettung ganz Israels, stringent aus seiner Theologie der Gerechtigkeit Gottes entwickelt, fußt nicht auf einer Einschränkung, sondern einer Radikalisierung der Christologie.

Weiter hilft vielleicht das Modell der *Partizipation*. Die Ekklesia ist, neutestamentlich konsequent verstanden, in Gottes vorzeitlicher Gnadenwahl begründet. Sie ist eine präexistente Größe, wie vor allem der Epheserbrief erhellt (Eph 1,3–14). Als solche ist sie ein Korrelatbegriff zum Reich Gottes (das freilich die gesamte Schöpfung umfasst). Dann wird die Korrespondenz von Protologie und Ekklesiologie sichtbar. Ist aber schon die Erwählung Israels in diesen protologischen und eschatologischen Zusammenhängen zu sehen, so ist der Zugang der Heiden kein nachträgliches Ereignis, gar Zugeständnis, sondern die Realisierung ursprünglicher Erwählung; umgekehrt erhellt, dass die an Jesus Christus Glaubenden „in Jesus Christus" bereits gegenwärtig Anteil am Reich Gottes und im Zuge dessen am Volk Gottes erhalten, ohne deshalb die Juden zu verdrängen.[100] Das Bild vom Ölbaum Röm 11,13–24 hält genau in diesem Sinne die Identität des Gottesvolkes fest, die in Gottes Heilswillen begründet ist. Es zeigt, dass die Integration der Völker ein

[100] Vgl. Joseph Kardinal RATZINGER, *Die Vielfalt der Religionen und der Eine Bund*, Bad Tölz 2002.

Akt eschatologischer Neuschöpfung ist, die aber gerade Gottes Identität ausmacht und realisiert, was von Anfang an durch Jesus Christus in der Erwählung Israels angelegt war. Dies geschieht, wie Paulus sagt, nicht auf Kosten der Juden, sondern in der Perspektive ihrer eschatologischen Rettung.

2. Projüdische Ekklesiologie

Entscheidend ist die Einheit Gottes, die implizit trinitarisch verstanden wird; ihr entspricht die Einheit des Gottesvolkes.[101] Aus der Einheit Gottes folgt die radikale Verbundenheit von Juden und Christen in der Erwählung und Segensverheißung Abrahams, die aber aus demselben Grund nach neutestamentlichem Verständnis nie ohne Jesus Christus gedacht werden kann.[102] Aus derselben Einheit Gottes, seiner Gerechtigkeit, folgt auch die Hoffnung – die immer nur Hoffnung wider alle Hoffnung sein kann (Röm 4,18) – auf umfassende Einheit in der Vollendung, in der ganz Israel zusammen mit der Vollzahl der Heiden gerettet werden wird.[103] Im Neuen Testament gibt es keine einzige theologische Position, die an jüdischen Wurzeln des Christentums nagte; es gibt auch keine einzige, die Juden, weil sie Juden sind und bleiben, vom endgültigen Heil ausschlösse. Vielmehr ist das Neue Testament in Kontinuität durch eine radikale Affirmation der bleibenden Erwählung Israels und der gemeinsamen Hoffnung geprägt.

---

[101] Näheres in meiner Studie: *Einheit der Heiligen Schrift? Zur Theologie des biblischen Kanons* (QD 211), Freiburg-Basel-Wien 2005, 156–224.

[102] Tiefgreifende Interpretationskonflikte spiegeln die Beiträge, die aus Anlass des „Ökumenischen Kirchentages 2003" mit dem an Gen 12,2 angelehnten Motto entstanden sind. Gesammelt in: *Ihr sollt ein Segen sein*, Bibel und Kirche 58 (2003), darin insbesondere der Beitrag von Jürgen EBACH, *Ihr sollt ein Segen sein. Das Leitwort und die Bibel. Eine Problemanzeige* (62–70) – mit der These, dass Abraham nicht nur „Vorbild", sondern Segnender sei, aber dem Problem, dass Paulus in Gal 3 und Röm 4 vom Abraham als *Glaubendem* spricht und somit der Abrahamssegen allein in Christus, dem einzig wahren Heilsmittler, den Völkern zuteil wird.

[103] Diese Hoffnung wird von Martin BUBER geteilt: „Kein Mensch außerhalb von Israel weiß um das Geheimnis Israels. Und kein Mensch außerhalb der Christenheit weiß um das Geheimnis der Christenheit. Aber nichtwissend können sie einander im Geheimnis anerkennen. Wie es möglich ist, dass es diese Geheimnisse nebeneinander gibt, das ist Gottes Geheimnis. Wie es möglich ist, dass es eine Welt gibt als Haus, in dem diese Geheimnisse (mitsammen) wohnen, das ist Gottes Sache, denn die Welt ist ein Haus Gottes", in: Karl Ludwig SCHMIDT – Martin BUBER, *Kirche, Staat, Volk, Judentum. Zwiegespräch im Jüdischen Lehrhaus Stuttgart am 14. Januar 1933*, in: Karl Ludwig SCHMIDT, *Neues Testament – Judentum – Kirche. Kleine Schriften* (TB 69), München 1981, 149–165, 159.

Schwierigkeiten bereitet die Bewältigung geschichtlicher Gegenwart. Das Neue Testament ist auch ein Zeugnis des Konfliktes mit Sadduzäern und Pharisäern, also den dominanten Strömungen des Frühjudentums zur Zeit Jesu; die zahlreichen Auseinandersetzungen in und mit den Synagogengemeinden in Jerusalem und der Diaspora sind nicht reine Fiktion. Das Neue Testament ist in seinen Schriften mehr an der Profilierung christlicher Identität der Kirche aus Juden und Heiden interessiert als am Brückenbau zu den Juden, die nicht an Jesus glauben. Es gibt auch kein schiedlich-friedliches Nebeneinander; das Christentum entwickelt sich nicht mit dem Rücken zum Judentum, sondern im Angesicht der Juden: gerade weil das Jüdische im Christentum nicht ausgemerzt werden kann, sondern stark sein muss. Jesu Judesein, die Übernahme der (alttestamentlichen) „heiligen Schriften", die Hoffnung auf das Reich Gottes, das Leben nach dem Gesetz, der Glaube an den einen Gott, den Schöpfer und Erlöser, den Herrn der Geschichte, das Bekenntnis zur Erwählung Israels, das Setzen auf den Segen Abrahams – dies alles und noch viel mehr begründet eine derart substantielle Gemeinsamkeit, dass zwischen Juden und Christen nur ein Miteinander gedacht werden kann.

In wesentlicher Hinsicht ist es ein Beieinander: Ob Jesus der Sohn Gottes ist, der Herr und Heiland, ist keine Marginalie; der Rekurs auf den Monotheismus bildet nicht den archimedischen Punkt außerhalb der theologischen Kontroversen, sondern den Brennpunkt der Verbindung wie der Unterscheidung. Dass jedes Gegeneinander aber von einem noch ungleich stärkeren Füreinander aufgehoben wird – das gerade ist die Aufgabe und Vorgabe Jesu Christi.

Jesus Christus: *Wiederholung* oder *Bestimmung* der Heilsgeschichte Israels?

Zwei Grundgestalten jüdisch perspektivierter Christologie

von Karl-Heinz Menke, Bonn

Wie ein roter Faden zieht sich durch die deutschsprachige Theologie der vergangenen zwanzig Jahre das Bemühen, alle christologisch motivierten Antijudaismen zu eliminieren und die Traktate der christlichen Dogmatik ebenso wie die Exegese der neutestamentlichen Schriften im Blick auf den ungekündigten Bund mit Israel zu interpretieren. So sind auf katholischer wie protestantischer Seite Christologien entstanden, die das Bekenntnis zur Einzigkeit Jesu Christi als Darstellung der Einzigkeit Israels verstehen. Da bereits mehrere Dissertationen und Sammelbände so etwas wie eine Bilanz dieser Bemühungen gezogen haben,[1] konzentriere ich mich hier auf einen Vergleich zweier Grundgestalten. Abschließend entwickle ich im Gespräch mit Pannenberg die Gründe, die mich zu einer Ablehnung der ersten und zu einer Verteidigung des zweiten Entwurfs einer jüdisch perspektivierten Christologie bewegen.

---

[1] Ich nenne exemplarisch: Bertold KLAPPERT – Helmut STARCK (Hg.), *Umkehr und Erneuerung. Erläuterung zum Synodalbeschluß der Rheinischen Landessynode 1980 „Zur Erneuerung des Verhältnisses von Christen und Juden“*, Neukirchen 1980; Gabriele NIEKAMP, *Christologie nach Auschwitz. Kritische Bilanz für die Religionsdidaktik aus dem christlich-jüdischen Dialog,* Freiburg 1994; Gabriele GRUNDEN, *Fremde Freiheit. Jüdische Stimmen als Herausforderung an den Logos christlicher Theologie* (Religion – Geschichte – Gesellschaft. Fundamentaltheologische Studien 5), Münster 1996; Barbara PETERSEN, *Theologie nach Auschwitz? Jüdische und christliche Versuche einer Antwort* (VIKJ 24), eingel. v. Otto Hermann Pesch, Berlin ^{2}1998; Martin BOCK, *Ihr aber, wer sagt ihr, daß ich sei (Mk 8,29). Christologische Fragestellungen im christlich-jüdischen Gespräch nach 1945* (Beiträge zur theologischen Urteilsbildung 4), Frankfurt 1998; Stephan VASEL, *Philosophisch verantwortete Christologie und christlich-jüdischer Dialog. Schritte zu einer doppelt apologetischen Christologie in Auseinandersetzung mit den Entwürfen von H.-J. Kraus, F.-W. Marquardt, P. M. van Buren, P. Tillich, W. Pannenberg und W. Härle,* Gütersloh 2001; Barbara MEYER, *Christologie im Schatten der Shoah – im Lichte Israels. Der amerikanische und der deutsche Diskurs am Beispiel von Paul van Buren und Friedrich-Wilhelm Marquardt* (Diss. masch. Theol. Fak. Heidelberg 2003); Peter HÜNERMANN – Thomas SÖDING (Hg.), *Methodische Erneuerung der Theologie. Konsequenzen der wiederentdeckten jüdisch-christlichen Gemeinsamkeiten* (QD 200), Freiburg 2003.

I. Friedrich-Wilhelm Marquardt: Christologie als Lehre von der Gemeinschaft Gottes mit der um Israel versammelten Menschheit

Der protestantische Systematiker Friedrich-Wilhelm Marquardt hat die Prämissen seiner Christologie in den *Prolegomena* zu seiner siebenbändigen Dogmatik[2] unter dem bezeichnenden Titel „Von Elend und Heimsuchung der Theologie" reflektiert. Er versteht sich als Schüler Karl Barths,[3] wenn er von der Unmöglichkeit spricht, dem Gott des Juden Jesus außerhalb der gebeteten oder existentiell gelebten Antwort entsprechen zu wollen. So gesehen sind Aussagen *über* Gott von vornherein Ausdruck der Ursünde, über Gott verfügen zu wollen. Marquardt fordert den generellen Verzicht auf philosophisch-metaphysische Denkformen, weil eine der Bibel verpflichtete Theologie *„überhaupt keine anderen Sätze als nur Verheißungssätze* bilden kann"[4]. Marquardt stellt der griechischen eine biblische Ontologie gegenüber, plädiert für die Vorordnung der Ethik vor die Dogmatik und spricht mit Berufung auf Apk 22,20 von einer Verifikation christologischer Aussagen durch deren Bewährung in der Zukunft. Immer wieder erklärt er die Anerkennung der Erwählung Israels zum alleinigen Kriterium der Unterscheidung zwischen Glaube und Unglaube – z. B. mit folgenden Sätzen aus dem dritten Band seiner Eschatologie: „Biblische Lehre unterweist uns, *a.* von nichtjüdischen Völkern nur in der Mehrzahl zu sprechen und *b.* von ihnen nur unter dem Gesichtspunkt einer Konstitution, die in ihrer Verbindlichkeit *nicht* Gott entspricht, theologisch also dubios erscheint. [...] Ihre wesentliche Bestimmung bekommen Völker nur aus ihrer Beziehung zu dem eigentlichen und einen Volk – dem Volk *Gottes* – heraus."[5]

Aus der Sicht von Marquardt ist das Christentum in dem Maße Abwendung vom Heidentum, als es die vielen Völker (hebr. *goyim*) „mit 'dem' Volk, dem jüdischen, dem ersten und bleibenden 'Licht der

---

[2] Folgende Bände aus Marquardts großer Synthese werden unter den in eckigen Klammern angeführten Kürzeln im Folgenden verwandt bzw. zitiert: *Von Elend und Heimsuchung der Theologie. Prolegomena zur Dogmatik*, München 1988 *[Prolegomena]*; *Das christliche Bekenntnis zu Jesus, dem Juden. Eine Christologie*, Bd. I, München 1990 [*Christologie* I]; Bd. II, München 1991 [*Christologie* II]; *Was dürfen wir hoffen, wenn wir hoffen dürfen? Eine Eschatologie*, Bd. I, Gütersloh 1993 [*Eschatologie* I]; Bd. II, Gütersloh 1994 [*Eschatologie* II]; Bd. III, Gütersloh 1996 [*Eschatologie* III].

[3] Marquardts 1967 in München publizierte Promotionsschrift trägt den Titel: Die Entdeckung des Judentums für die christliche Theologie. Israel im Denken Karl Barths.

[4] *Eschatologie* III, 56.

[5] Ebd. 292.

Völker'"[6], verbindet. Und umgekehrt: „Überall da, wo Christianisierung nicht Hinführung eines Volkes zum Zion, d. h. zur Tora, [...] war, machte sich die Kirche zum Anwalt des Heidentums"[7].

Ohne sich ausdrücklich auf Bultmann zu berufen, unterscheidet Marquardt zwischen Historie und Geschichte. Die historisch-kritische Exegese – so betont er – macht aus Jesus ein Objekt der Vergangenheit bzw. ein Konstrukt ihrer erkenntnisleitenden Interessen. Für die Evangelisten sei Jesus aber kein Objekt der Vergangenheit, sondern im Gegenteil die Zukunft ihrer Gegenwart[8]. Marquardt beruft sich auf Balthasars Maxime: „Israel ist seinem Wesen nach formale Christologie."[9] Aber er distanziert sich zugleich von dem katholischen Theologen, wenn dieser die Bezeichnung der Geschichte Israels als 'Form' mit anderen 'Denkformen' – z. B. der aristotelischen oder platonischen – vergleicht. Denn die philosophischen Denkformen der Christologie sind aus seiner Sicht der letztlich heidnische Versuch, Jesus mit Hilfe eigener Kategorien statt im Blick auf die Geschichte Israels zu verstehen. Wenn Marquardt das besagte Balthasar-Zitat verwendet, kehrt er dessen Aussageintention geradezu um: Wo Balthasar die Geschichte Israels als *forma* und das Christusereignis als „inhaltliche Bestimmung" (*materia*) bezeichnet, tendiert Marquardt umgekehrt zur inhaltlichen Bestimmung der Christologie durch die Geschichte Israels. Wo Balthasar in dem Schema von Verheißung und Erfüllung denkt, spricht Marquardt von der Grundfigur der *Wiederholung* und *Wiederkehr* der Geschichte Israels in der Geschichte des Juden Jesus. Was er damit genauerhin meint, soll im Folgenden exemplarisch verdeutlicht werden.

Ein erstes Beispiel ist die Bezeichnung Jesu als des universalen Stellvertreters. Marquardt will zeigen: „Der Stellvertretungsgedanke in

---

6 *Eschatologie* II, 159.

7 Ebd. 158.

8 „Zwar haben die Kirchen gründlich und systematisch das vollendete Werk Jesu verkündigt (Joh 17,4), formelhaft sich an das *eph hapax* des Hebräerbriefs (9,26–28), damit an die Unüberholbarkeit Jesu, gehalten. Doch nicht ebenso an die *erchomena*, das Zukünftige, auf das der gehende Jesus ausdrücklich hingewiesen hat (Joh 16,13)." (*Christologie* II, 409)
Der *historische Jesus* „unterscheidet sich von dem wissenschaftlich gefundenen und erfundenen darin, daß jener ein Jesus der Vergangenheit, dieser dagegen ein Jesus der Zukunft ist. 'Real-historisch' heißt für die Evangelisten zukunftsträchtig, nicht: manifest in der Vergangenheit." (*Eschatologie* I, 379).

9 *Christologie II,* 56. – Vgl. Hans Urs von BALTHASAR, *Einsame Zwiesprache. Martin Buber und das Christentum,* Köln-Olten 1958, 83. – Dazu: Hans Hermann HENRIX, *„Israel ist seinem Wesen nach formale Christologie". Die Bedeutung H. U. von Balthasars für F.-W. Marquardts Christologie,* in: BThZ 10 (1993) 135–153.

Anwendung auf Jesus hat seine Voraussetzung in der Stellvertretung, die Israel als Knecht Gottes unter den Völkern wahrnimmt."[10] Er reserviert den Begriff 'Volk Gottes' für Israel. Denn das Volk Israel ist als einziges unter allen Völkern erwählt, den Willen Gottes (die Tora) so darzustellen, dass alle anderen Völker „zum Zion pilgern", d. h. sich dem gelebten Gehorsam Israels anschließen. Wenn Marquardt einen Abschnitt seiner Christologie mit dem Titel „Der 'wahre Mensch' ist wahrer Jude" überschreibt[11], dann deshalb, weil jeder Mensch letztlich nur durch seine Treue zur Tora (zum Willen des von Israel als einzig bezeugten Gottes) 'richtig Mensch' wird. Wiederholt unterstreicht er, dass das Judentum immer von der Universalität der Tora überzeugt war. „Das Judentum hat in Übereinstimmung mit der Bibel beider Testamente die Tora immer für eine Weisung an die gesamte Menschheit gehalten, nicht nur an Juden. Daß die nichtjüdischen Völker sich der Tora verschließen, gilt gerade nur als ein de-facto-Zustand. Angeboten war nach jüdischer Haggada die Tora allen Nationen. [...] Dies Angebot an alle entspricht in der Struktur dem biblischen Duktus, in dem die allgemein-menschliche 'Urgeschichte' der Geschichte von der besonderen Erwählung Israels bleibend vorangeht [...] Durch die sogenannten noachidischen Gebote wurde eine Kurzform der Tora entwickelt, der alle Menschen aller Völker sich unterwerfen können. [...] Aber diese Minimal-Tora ist doch nur eine offene Tür, die den Völkern Zugang zur ganzen Tora schaffen soll; grundsätzlich steht sie jedem offen."[12] Marquardt sieht in der Heilsuniversalität Jesu nichts anderes als eine Explikation der Heilsuniversalität Israels. „Das Judentum" – so bemerkt er – „sieht die Tora, wie das Christentum Jesus von Nazaret gesehen hat: vor aller Zeit und Geschichte, nämlich vor Erschaffung der Welt – mit dem Theologenbegriff ausgedrückt: präexistent; der christologische Lehrsatz von einer Präexistenz Jesu von Nazareth ist im jüdischen Lehrsatz von der Präexistenz der Tora vorausgebildet, dort hat er seine Herkunft und Analogie; und in Bezug auf die präexistente Tora hat der präexistent gesehene Jesus von Nazareth auch seine definierte Bedeutung: den Christen ist Jesus, was den Juden die Tora ist. Wie Christen aber von Jesus auch sein Bleiben verkündigen in alle Äonen, so Juden das ewige Bleiben der Tora."[13]

Vehement wendet sich der Protestant Marquardt gegen das reformatorische Missverständnis, der Begriff des Gesetzes bezeichne das Gegen-

---

[10] *Christologie I,* 237.
[11] Ebd. 138.
[12] *Prolegomena,* 208.
[13] *Christologie I,* 243.

teil von Freiheit, Befreiung und Erlösung[14]. Wenn Paulus vom Gesetz des Todes spricht, meint er gerade nicht die Tora, die auch nach seinem Damaskuserlebnis das Gesetz des Lebens bleibt. Ausdrücklich hält er fest am dem Urteil der Hebräischen Bibel: „Verflucht ist jeder, der nicht verharrt bei allem, was geschrieben steht im Buch des Gesetzes, um es zu tun." (Gal 3,10b = Dtn 27,26); an der Verheißung: „Wer die im Buch des Gesetzes geschriebenen Gebote tut, wird durch sie leben." (Gal 3,12b = Lev 18,5). Nach Paulus ist nicht das Tun der Tora, sondern die Übertretung der Tora Sünde (vgl. Röm 10,5). Die Tora erweist sich jedem, der sie erfüllt, als Befreiung durch die Gnade Gottes. Wo sich jemand durch die Erfüllung der Tora über andere erheben oder mit der Tora den eigenen Stolz schmücken will, wird die Gabe Gottes in ein Mittel der Selbstrechtfertigung pervertiert. Insofern – aber auch nur insofern! – kann das Gesetz einen Menschen als Sünder ausweisen bzw. ihm zum Fluch werden. Die paulinische Redewendung „nicht gerecht aus Werken des Gesetzes" richtet sich also nicht gegen die Heilsvermittlung der Tora, sondern gegen die Menschen, die die Tora zu einem Mittel der Selbstrechtfertigung pervertieren[15].

Marquardt unterscheidet zwischen der Freiheit, insofern diese eine formale Ausstattung des Menschen ist, und der inhaltlichen Freiheit, die in der Annahme der Tora wirklich wird. Wer Knecht Gottes geworden ist, wer sein Leben von der Tora bestimmen lässt, der ist nicht nur formal (potentialiter), sondern auch inhaltlich (actualiter) frei[16]. „Jedenfalls" – so Marquardt – „macht der Geist die Christen nach der Meinung des Paulus zu nichts Freierem, als es die Juden im Bunde mit Gott und in der Zuversicht des ungekündigten Bundes immer waren und sind."[17] Wenn die vom Geist des auferstandenen Jesus aus ihrer Sünden-Entfremdung Befreiten von Paulus als „Söhne Gottes" (Röm 8,14) bezeichnet werden, dann ist daran zu erinnern, dass die Hebräische Bibel zuvor das Volk Israel als „Sohn Gottes" bezeichnet (Jes 43,6; 49,22; 60,4; Jer 31,9). Und

[14] „Nichts ist am Protestantismus so unglaubwürdig, wie daß unter der Parole 'Frei vom Gesetz', unter der Juden und Katholiken, 'Schwärmer' und 'natürliche' Menschen leidenschaftlich angegriffen und abgelehnt werden, der reine 'Glaube' zum einklagbaren Gesetz pervertiert worden und die Floskel, daß 'die Juden den Herrn Jesus nicht erkannt haben', zum Vorwurf gemacht worden ist. Keine perfidere Gesetzlichkeit als diese!" (Ebd. 260).

[15] „Aber es wird Zeit, daß wir begreifen: Juden verstehen das Gesetz Gottes als den Weg des Lebens selbst; sie tun die Werke des Gesetzes nicht, um zu leben, sondern sie leben, indem sie sie tun. Das Gottesleben ist diesem Tun inne, und die Tora ist das Geschenk des Lebens selbst." (Ebd. 269).

[16] Vgl. ebd. 242.

[17] Ebd. 266.

wenn man die Gottessohnschaft der Christen mit der Gottessohnschaft der Israeliten vergleicht, dann muss man mit Paulus (vgl. Röm 8,17) festhalten: Obwohl die Christen durch den Geist, den der Auferweckte sendet, zu Erben des Gottes Abrahams, Isaaks und Jakobs werden, sind „sie es doch niemals in Gottunmittelbarkeit, wie dies für Israel gilt. [...] Söhne dieses Gottes werden und bleiben sie nur in ewiger Vermittlung durch den jüdischen Gottessohn Jesus.“[18]

Befreiung und Gebot gehören für die Christen ebenso zusammen wie für die Juden. In der Interpretation von Marquardt zieht Paulus in Röm 8 eine bis ins Detail gehende Parallele zwischen dem Zusammenhang von Exodusgeschehen und Tora einerseits und Christusgeschehen und Mitvollzug seines Sterbens andererseits. Marquardt geht bis zu der Formulierung: „Der vom Tode erweckte Jesus von Nazareth erkämpft der 'Tora Gottes' (Röm 8,7) ihre ureigene Kraft zurück. Damit ordnet Paulus das Befreiungswerk Christi dem Dienst der Tora zu. Er legt es als das Exodusgeschehen aus, das aufs Sinaigeschehen hinzielt. Unsere von Christi Geist ermöglichte Teilnahme an Tod und Auferstehung Christi ist die Wiederholung des 'Jochs des Himmelreichs', das uns befreit zur Tora, zur Übernahme des 'Jochs der Gebote'. Und beide – Befreiung und Verpflichtung – sind das eine Ganze des Bundes.“[19]

Die Heilsfunktion des Christusgeschehens liegt so gesehen in nichts anderem als in der Bestätigung, in der Bejahung und in der Freilegung der Heilsfunktion der Tora. Über den Verfasser des Römerbriefes sagt Marquardt: „Die Grenzüberschreitung des Paulus über das zu seiner Zeit jüdisch-Denkbare hinaus ist aus einer einzigen Position bestimmt: vom positiven Eindruck des Gekreuzigten auf ihn; ihr geht keine Negation des Judentums voran“[20]. Also gilt ganz allgemein: „Wer aus Jesu Geschichte nicht leben kann, weil sie sich ihm nicht erschlossen hat, der muß, aber kann auch durch das Tor der Umkehr hin zur Tora sich flüchten. Das Sterbenmüssen vor Gott holt anders ihn ein.“[21] Denn was Christen als ihr Mitsterben mit Jesus beschreiben, können Juden im Blick auf ihre eigene Geschichte erfahren. Im Blick auf Auschwitz fragt Marquardt: „Wie sollte der eine Tod des Einen zu ihnen sprechen können angesichts von ihrer aller Todesbedrohtheit, wie das Martyrium Jesu schwerer wiegen als die Martyrien des ganzen Volkes?“[22]

18 Ebd. 268.
19 Ebd. 276.
20 Ebd. 257f.
21 Ebd. 261.
22 Ebd. 263.

An Marquardts Verhältnisbestimmung der Heilsbedeutung der Tora und des Christusereignisses wird endgültig offensichtlich, dass in seiner siebenbändigen Dogmatik die Geschichte Israels nicht die Fragen bereitstellt, die durch die Christologie beantwortet werden, sondern umgekehrt: Die Jesus-Geschichten bieten dem Berliner Systematiker die heuristischen Begriffe, deren Inhalt durch die Geschichte Israels bestimmt wird. Marquardt selbst stellt sich die Frage: „Ist Christus nur Weichensteller für die Anbahnung eines guten Verhältnisses zur Tora?" Und er gibt sich die Antwort, dass die von ihm geschaffene Formel: 'Israels Verhältnis zur Tora ist formale Christologie' einer Präzisierung bedürfe. Im Folgenden erklärt er Christus zur Darstellung der befreienden Wirkkraft der Tora. Er spricht von der Tora und Jesus Christus als dem „*einen* geeinten Subjekt der Befreiung"[23]. Im Unterschied zu den entsprechenden Ausführungen des Neutestamentlers W. D. Davies[24] bezeichnet er Christus nicht als „neuen Gesetzgeber", sondern als das Erscheinen der einen, ewigen, präexistenten und schließlich Fleisch gewordenen Tora. Wörtlich bemerkt er: „Im Leben und Wirken Jesu Christi wird die Tora mit ihrer lebenspendenden Kraft lebendig: inmitten der Heiden. Eben dies 'erfüllt' den Sinn, den die Tora schon immer hatte. Denn so sehr sie als Tora des Mose Israel gegeben war, so diente sie doch nur zur Verpflichtung Israels für ein Zeugnis unter allen Völkern. In diesem Sinne gehört ja die Tora – von der jüdisch Präexistenz und lebenspendende Schöpfungsmittlertätigkeit ausgesagt werden kann (mit gleichen Worten wie im Kolosserbrief von Jesus Christus: 1,15) – der Menschheit insgesamt."[25]

Weil Jesus Christus die befreiende Heilsbedeutung der Tora nicht ersetzt, sondern im Gegenteil bestätigt und inmitten der Heiden zur Geltung bringt, steht aus Marquardts Sicht als trennendes Hindernis zwischen Juden und Christen nicht Jesus Christus, sondern erst ein Christentum, das sich von der Synagoge getrennt hat und seine Mission als Ersetzung der jüdischen Mission versteht. Die paränetische Spitze von Röm 9–11 sieht Marquardt im Tadel derer, die sich als ehemalige Heiden ihres Christseins gegenüber den Israeliten rühmen. Denn von einem

---

[23] Ebd. 278. – Dazu: Gerhard DAUTZENBERG, *Jesus und die Tora*, in: Erich ZENGER (Hg.), *Die Tora als Kanon für Juden und Christen*, Freiburg 1996, 345–378; Jacobus SCHONEVELD, *Die Thora in Person. Eine Lektüre des Prologs des Johannesevangeliums als Beitrag zu einer Christologie ohne Antisemitismus*, in: KuI 6 (1991) 40–53.

[24] Marquardt bezieht sich auf das siebte Kapitel *'The Old and the New Torah: Christ the Wisdom of God'* der viel zitierten Untersuchung: William David DAVIES, *Paul and Rabbinic Judaism. Some Rabbinic Elements in Pauline Theology*, ^{3}1979, 147–176.

[25] *Christologie I*, 278.

jüdischen Ungehorsam (Röm 11,30–32) spricht Paulus „nur in einem Atemzug mit einem christlichen Hochmut gegen Israel (Röm 11,20)“[26] Der Apostel sieht, wie Marquardt betont, die Gefahr der Abkoppelung des Christentums von Israel; aber offensichtlich gehört dieser aus der Rückschau unheilvolle Prozess aus der Sicht des Paulus zu den „unausdenkbaren Wegen Gottes“ (Röm 11,33).

Ausführlich wendet Marquardt sich gegen die traditionelle christliche Dogmatik, weil diese „das 'Wort Gottes' als ein Wesen des In-Seins in Gott“[27] beschreibe. Er plädiert für eine Rückkehr der metaphysischen in die biblische Denkform. Denn – so betont er – in der Sache will das Dogma von der in Christus erfolgten *Einheit* zwischen Gott und Mensch nicht nur Ähnliches, sondern *dasselbe* sagen, was die Hebräische Bibel in Beziehungsbegriffen von der immer wieder erfolgten *Einung* zwischen Jahwe und Israel sagt. Um diese These zu untermauern, verweist er nicht nur auf die Gottesknechtlieder in Jes 52f, sondern auch auf den inkarnatorischen Charakter der Beziehung Gottes zu seinem Volk Israel. Damit meint er nicht nur, „daß Gott sich Israels Stiftshütte als Wohnung erwählt hat und ebenso den Jerusalemer Tempel“[28]; auch nicht nur, „daß Gott in die Welt des Menschen eintritt, daß er an bestimmten Orten erscheint und dort wohnt“[29], sondern auch das, was der Johannesprolog die „Fleischwerdung des Wortes“ nennt. Inkarnation, das bedeutet aus seiner Sicht vor allem dies: dass Gott dahin geht, wo die gottfeindlichen Strukturen und Gewalten ihre Logik des Todes entfalten. Aus seiner Sicht will Johannes sagen: Indem Jesus das Wort Gottes (die Tora) dahin trägt, wo das Fleisch (die sich autark gebärdende, selbstherrliche, widergöttliche Welt) herrscht, entsteht eine neue Situation: „A priori jede Realität – z. B. die politische, naturwissenschaftlich-gesetzliche, einzelseelische, triebhafte – ist jetzt nur noch unter dem Gesichtspunkt ihrer Einung mit Gott zu betrachten. Unmöglich ist damit z. B. eine wissenschaftliche Weltbetrachtung oder menschliche Daseinsanalyse geworden, wenn sie ohne ihre theologische Perspektive behandelt wird. Jeder wissenschaftlichen Objektbetrachtung und jedem praktischen Objektverhältnis fehlt ein Element an Realität, wenn das Objekt nicht unter dem Blickpunkt gesehen wird, dass es aufgenommen worden ist in die Einheit mit dem Worte Gottes. Im Wort Gottes haben z. B. Atomphysik, Genbiologie und -technik, Strahlenphysik, haben Tiefenpsychologie und

[26] *Ebd.* 295.
[27] *Christologie II,* 130.
[28] Michael WYSCHOGROD, *Inkarnation aus jüdischer Sicht*, in: EvTh 55 (1995) 13–28; 22.
[29] Ebd.

Sozialpsychologie, juristische Normen und politische Wertsetzungen, habe ich-selbst (liebend, mich und andere quälend, scheiternd und optimistisch neu anfangend) einen ersten und letzten Realitätsbezug."[30]

Mit diesem predigtartigen Exkurs unterstreicht Marquardt, dass nicht nur im Blick auf Jesus Christus, sondern auch im Blick auf Israel schlechthin alles in ein neues Licht tritt. Auch Israel als der Gottesknecht „steht fürs Universale, ist ja zum Licht der Völker, zum Bundesmittler für sie erwählt, wird 'viele Völker in Erstaunen setzen' [...], denn er trug ja die Sünden der Vielen, d. h. aller (Jes 53,12)"[31]. Jesus stellt das inkarnatorische Hintreten Gottes an die Stelle des Risses zwischen Leben und Tod exemplarisch dar. Nicht sein Wesen, sondern seine Funktion ist einzig. Wörtlich bemerkt Marquardt: „Gott ist in ihm gegenwärtig, wie er je zu zelten verheißen hat unter Israel [...] Gott leidet in ihm, wie er in jedem Leiden Israels sonst leidet: wesensbetroffen. Nur daß Leiden in Israel, je tiefer es erlitten wird, um so unsäglicher wird, um so anonymer – Jesu von Nazareth Leben, Leiden und Wirken aber einen Namen bekommen hat, der über alle Namen ist [...]. Das ist Jesus für Israel: Er dient Israel darin, daß Gott durch ihn Antwort der Völker auf das Leiden des Volkes der Gottesknechte bewirkt."[32]

Marquardts „Christologie im Angesicht der Shoah" gewinnt ihre Sinnspitze in der Bestreitung jeder ontologischen Exklusivität. Wie denn – so fragt er – lässt sich eine solche Exklusivität rechtfertigen – „angesichts so vieler jüdischer Märtyrer, die auch bis zum letzten Atemzug Gott treu und seinem Gesetz in Ganzheit hingegeben lebten und starben, – angesichts auch des durch und durch jüdischen Sinns der Halacha, die Jesus mit seinem Leben und Sterben gab und die keinen Fingerbreit abwich von den Überzeugungen aller Juden: Ist dieses Nur-er nicht lediglich Ausdruck eines christlichen Vorurteils, das auf Biegen und Brechen eine Unvergleichlichkeit Jesu behaupten muß?"[33]

Wo die traditionelle christliche Dogmatik im Blick auf Jesus Christus statt von einer erhofften Einung von einer unüberholbaren Einheit, nämlich von einer hypostatischen bzw. personalen Einheit des Juden Jesus mit dem ewigen Logos, spricht; und wo die traditionelle Dogmatik das Ereignis von Kreuz und Auferstehung als ein Ereignis beschreibt, in dem die Sünde aller Menschen aller Zeiten ihrer eigentlichen Macht – nämlich der Trennung des Menschen von Gott – beraubt wurde, da erhebt Marquardt den Vorwurf einer Aufhebung der realen Geschichte in

---

[30] *Christologie II,* 128.
[31] Ebd. 128f.
[32] Ebd. 134f.
[33] Ebd. 193.

das 'Immer-schon' der längst erfolgten Erlösung. Er kann nicht leugnen, dass Paulus bekennt, Gott könne uns nicht mehr sagen als uns in dem Gekreuzigten gesagt ist (1 Kor 1,24). Er kann nicht leugnen, dass Paulus das, was „den Juden ein Ärgernis und den Heiden eine Torheit“ (1 Kor 1,18) ist, als „Gottes Kraft und Gottes Weisheit“ bezeichnet. Er bestreitet auch nicht, dass Paulus von Unüberbietbarkeit spricht und also in Jesu Sterben und Auferstehen ein Urteil über den Sinn aller Zeit und Geschichte erkennt. Aber Marquardt will aus diesen paulinischen Bekenntnissen nicht folgern, was die traditionelle christliche – vor allem die reformatorische Theologie[34] – daraus gefolgert hat: nämlich das Ende der Heilsbedeutung des jüdischen Volkes und der Tora. Bestimmt von dem erkenntnisleitenden Interesse einer jüdisch perspektivierten Christologie erweist er sich auch in diesem Punkt als Meister der Interpretation. Wenn Paulus Christus als Ende der Tora bezeichnet (Röm 10,4), dann bedeutet das – so Marquardt – „eigentlich nicht: Das Gesetz ist am Ende, sondern der mit dem Gesetz Schindluder treibende Mensch ist am Ende. Indem in Christus ein wahrer Mensch das Gesetz erfüllt, ist es jetzt aus den Händen von Sündern in die Hände dessen gekommen, der von keiner Sünde wußte (2 Kor 5,21); und so kommt es [das Gesetz] zu seiner Gotteskraft zurück“[35].

Marquardt sieht in Jesus *einen* – keineswegs den *einzigen* – Israeliten, der ganz und gar darauf verzichtet hat, die Tora im Sinne von 'Selbstrechtfertigung' zu missbrauchen; *einen* – keineswegs den *einzigen* –

[34] Marquardt sieht in der Verdrängung der realen Welt und ihrer Geschichte den Grundfehler eines Protestantismus, der den Glauben als individuelles, zeitenthobenes, unsichtbares 'Immer-schon-bei-Gott-Sein' des einzelnen Christen charakterisiert. Bultmann ist aus seiner Sicht ein Meister der Verdrängung all dessen, was uns von außen – von außerhalb unserer eigenen Existentialien – gesagt wird. Wörtlich bemerkt er: „Man kann fragen, ob im Zeitverständnis Bultmanns und seiner Freunde nicht zuviel *Über-druß* an der Zeit wirksam ist, ob da nicht z. B. zuviel Nietzsche und in dessen Sinn nihilistische Stimmung die Gedanken beeinflusst – und zugleich ein Quentchen zu viel Wissenschaftler-Abstraktion, sofern Wissenschaftler immer daran interessiert sind, der Zeit ihr Zufälliges zu nehmen (das sie biblisch gerade auszeichnet), um ihres reinen Wesens als Zeitlichkeit inne zu werden.“ (*Christologie II,* 259).

[35] Ebd. 263. – Die reformatorische Gegenüberstellung von Gesetz und Evangelium wird von Marquardt als fundamentaler Irrtum verworfen: „Leider können Luther und die Bultmann-Freunde sich mit der Dialektik des verschiedenen *Verhältnisses* zum Gesetz – hier des Sünders, dort des befreiten Menschen – nicht begnügen: obgleich das doch die ganze Substanz der paulinischen und evangelischen Rechtfertigungsbotschaft ausmacht. Daß das Gesetz, getan von Befreiten und freien Menschen, seine alte Gotteskraft bewahrt, das genügt den Theologen vielfach nicht. Sie lehren, daß das Gesetz überhaupt mit Christus jeden göttlichen Sinn und Anspruch verloren habe.“ (Ebd.).

Israeliten, – in dem die Tora ihre Kraft zur Einung des Menschen mit Gott erwiesen hat; *einen* – keineswegs den *einzigen* – Israeliten, an dem die den Tod (die Trennung von Gott) brechende Macht der Tora sichtbar geworden ist[36]; und *einen* – nicht ein für allemal den *einzigen* – Israeliten, in dem andere Völker (*goyim*) die den Tod (die Trennung von Gott) überwindende Macht der Tora erkannt haben. Die paulinische Auferstehungsbotschaft wird von Marquardt als „Aufrichten der Tora"[37] inmitten der Völker bezeichnet und „Jesu Auferstehungsleben" als „Wiederholung des Gotteslebens, das Israel führt: inmitten der Völker"[38].

Jesus hat universale Bedeutung, weil er de facto zur Verheißung der Gemeinschaft mit dem Gott des Lebens an alle Völker wurde; nicht aber deshalb, weil er vor zweitausend Jahren für alle Menschen aller Zeiten vor ihm und nach ihm etwas vollbracht hat, was diese selbst nicht vollbringen können. Würde man die von Paulus unbestritten beschriebene Unüberbietbarkeit des Christusereignisses im Sinne einer exklusiven Stellvertretung deuten, dann wäre – so betont Marquardt immer wieder – die Zeit nach Christus „kein Hoffnungs- und Sinnträger mehr [...], weil für das Heil der Welt nach Jesu Tod und Auferweckung nichts mehr zu erwarten ist"[39]. Marquardt geht zwar bis zu der Formulierung, dass das

---

[36] Im Zuge des Nachdenkens über die unbestreitbare Tatsache, dass der Tora besonders treue Israeliten unschuldig und vorzeitig sterben mussten, gelangt Israel zu dem Glauben, Jahwe werde diesen Gerechten seine Gemeinschaft jenseits der Todesgrenze nicht entziehen. Bei den Totenerweckungen durch Elischa (2 Kg 4,31–37; 13,21) oder Elija (1 Kg 17,17–24) allerdings handelt es sich um die Rückführung in das Leben *diesseits* des Todes. Und die Entrückung des Elija (2 Kg 2,11) und des Henoch (Gen 5,24) geschieht *vor* dem Tod. Und auch die in Jes 26,19 schon angedeutete und in Dan 12,1–4 förmlich ausgesprochene Glaubensvorstellung von einer Auferstehung der physisch Toten meint ein dem diesseitigen Leben vergleichbares neues Leben derjenigen, die auch in der Drangsal bzw. im Martyrium der Tora treu geblieben sind. Doch die apokalyptische Eschatologie zwischen dem ersten Jahrhundert vor und dem zweiten Jahrhundert nach Christus entwickelt eine Auferweckungshoffnung für die der Tora treuen Israeliten, die Marquardts These stützen, der Auferstehungsglaube sei Bestandteil einer genuin jüdischen Eschatologie. Dazu Näheres bei: VASEL, *Philosophisch verantwortete Christologie*, 144–152.

[37] Eschatologie *I*, 246.

[38] *Christologie II*, 294. – „Wer Gottes Wege mit Israel kennt, braucht sich doch von Ostern nicht verwirren zu lassen, sowohl am Karfreitag wie an Ostern wiederholte sich in Jesus von Nazareth nur das innere Gesetz der Geschichte Israels, will sagen: Gottes Wirksamkeit in ihr." (Ebd. 291). – Die „Konzentration in *einem* Sterben und Leben bedeutet nicht etwa eine Entlassung Israels aus dieser Ordnung, sondern die Zu-Ordnung Jesu zur gleichen Zeugnis-Realität, die die Schrift als die Israels aussagt." (Ebd. 295).

[39] *Christologie II*, 254. – „Wird Jesus als 'eschatologisches Ereignis' im Sinne des 'Endes', also der Verwerfung von Zeit und Geschichte, Gesetz und Israel gedeutet, dann

Ereignis von Ostern „der Zeit etwas angetan“[40] habe. Doch seine Erklärung dieses änigmatischen Bekenntnisses geht nicht über das oben Gesagte hinaus. Weil Jesus in Raum und Zeit die den Tod (die Trennung von Gott) überwindende Macht der Tora offenbart, darf jeder Mensch im Blick auf ihn glauben, dass es auch für ihn „kein zwangsläufig-ewiges Verfallen an den Tod mehr gibt“[41]; dass es auch für ihn „keine zwangsläufig-ewige Übermacht der Vergangenheit mehr über Gegenwart und Zukunft“[42] gibt.

Marquardts gesamte Eschatologie basiert auf dem Gedanken, dass Gott sich durch die Erwählung Israels, durch die Tora und in Gestalt einer konzentrierten „Wiederholung“ in dem Juden Jesus als das Leben erweist, welches die sinnzerstörenden Mächte der heidnischen Verweigerung besiegen kann. Aber er lehnt das christliche Reden von einer endgültigen Entmachtung des Todes ab. Die geschichtliche Vermittlung von Gott und Tod ist aus Marquardts Sicht nicht nur die Quintessenz der Hegelschen Vorlesungen zur Religionsphilosophie mit ihren Ausführungen über einen „spekulativen Karfreitag“, sondern die Eintragung des Widergöttlichen (Heidnischen) in den Willen Gottes. Marquardt lehnt jede Theologie ab[43], die unter dem Etikett „Sühne“ oder dem Etikett „Opfer“ eine Theorie für die Vereinbarkeit Gottes mit dem Elend der Geschichte einschließlich der Schrecken von Auschwitz bietet. Angesichts der Shoah bleibt uns nur der Schrei nach Sinn ohne die Gewissheit einer erklärenden Versöhnung Gottes mit dem Elend[44].

---

ist dies im Kern ein Großangriff auf die biblische *Erwählungs*botschaft, und so ist das auch gemeint. 'Ende' Israels heißt für den Bultmannianer G. Klein: seine 'Paganisierung', d. h. Israels Entlassung aus seinem Gottesdienst und seine Zurückstellung in Reih und Glied eines allgemeinen Menschseins, in dem es von Gott keine *charismata* der Erwählung und Berufung mehr gibt, keine verschiedenen Dienstqualitäten; genauso hat der Lutheraner P. Althaus das gelehrt. Und für R. Bultmann ist der Gedanke eines erwählten empirischen Volkes überhaupt ein undenkbarer Widersinn in sich, so daß, wenn Christus Ende Israels ist, das auch Schluß macht mit einer logischen Absurdität.“ (Ebd. 274).

[40] Ebd. 285.

[41] Ebd. 285.

[42] Ebd. 285.

[43] „Und wie oft waren nicht auch wirklich die abendländischen Kirchen eher Sachwalter des Todes als des lebendigen Gottes, wenn sie [...] das Kreuz über Soldaten, die ins Feld zogen, schlugen, – und jede Opferforderung legitimierten, als wäre Gott, der dem gekreuzigten und gestorbenen Jesus nahe ist, eigentlich doch Moloch, ein Opfergieriger und Menschenfresser; mit theologia crucis im Rücken haben wir Protestanten fast jede sittliche, aber auch unsittliche Opferforderung – wessen auch immer – legitimiert. Und wir boten dem Tod nie richtig Widerstand, weil wir ihn eben in Jesu Tod so nahe mit Gott verbunden sahen.“ (Ebd. 115f.).

[44] Wenn Marquardt das Christusereignis als ein eschatologisches qualifiziert, will er

II. Jean-Marie Lustiger: Christologie als Lehre von der Bestimmung des Verhältnisses zwischen Jahwe und Israel durch Jesus Christus

Jean-Marie Lustiger – 1926 unter dem Namen Aaron als Sohn polnischstämmiger jüdischer Einwanderer in Paris geboren, trotz der Deportation seiner Mutter und fast aller Verwandten bewusst und gegen den heftigen Widerstand seines Vaters zum Katholizismus konvertiert, später Priester, Bischof, Erzbischof und Kardinal – ist im Unterschied zu Marquardt kein Christ, der sich nach der Shoah auf die jüdischen Wurzeln seines Christentums besinnt, sondern umgekehrt ein Jude, der ausgerechnet in der Zeit der furchtbarsten Verfolgung des Judentums Christ wird, ohne deshalb sein Jude-Sein auch nur im geringsten aufgeben zu wollen. Lustiger ist kein Fachtheologe wie Marquardt, zählt aber seit Jahrzehnten zu den einflussreichsten Intellektuellen Frankreichs.

Die Lebenserinnerungen, die der Erzbischof von Paris in einem umfassenden Dialog mit zwei Vertretern des atheistischen französischen Rationalismus – mit dem französischen Politikwissenschaftler Jean-Louis Missika und dem Direktor des französischen Forschungszentrums C.N.R.S. Dominique Wolton – publiziert hat, sind ein Zeitdokument, das konkrete Erfahrungen in einen die gesamte Geschichte des Judentums und des Christentums umfassenden Horizont stellt. Das 1992 von Thorsten Schmidt aus dem Französischen ins Deutsche übersetzte Buch trägt den Titel: „Gotteswahl“. Es wird ergänzt durch einen Sammelband mit verschiedenen Beiträgen zur Verhältnisbestimmung von Judentum und Christentum und durch die erst vor wenigen Monaten erfolgte Veröffentlichung von Exerzitienvorträgen zu dem Thema „Das Geheimnis Israels“[45].

---

nicht dessen universalgeschichtliche Bedeutung, sondern dessen 'Vor-läufigkeit' und vor allem den auch nach Ostern weitergehenden Kampf Gottes mit dem Tod betonen. Marquardts Verhältnisbestimmung von Christologie und Eschatologie ist der auf katholischer Seite von Johann Baptist Metz vertretenen sehr ähnlich. Vgl. dazu die ausgezeichnete Analyse von: Jan-Heiner TÜCK, *Christologie und Theodizee bei Johann Baptist Metz. Ambivalenz der Neuzeit im Licht der Gottesfrage*, Paderborn ²2001, bes. 49–74.155–220.

[45] Die drei Publikationen, auf die sich die folgenden Ausführungen beziehen, sind: Jean-Marie LUSTIGER, *Gotteswahl. Gespräche mit Jean-Louis Missika und Dominique Wolton*, aus dem Frz. übers. v. Thorsten Schmidt, München 1992 [zit. unter dem Kurztitel: *Gotteswahl*]; DERS., *Wagt den Glauben. Artikel, Vorträge, Predigten, Interviews 1981–1984* (Theologia Romanica 14), aus dem Frz. übers. v. Hans Urs von Balthasar, Einsiedeln 1986 [zit. unter dem Kurztitel: *Glauben*]; DERS., *Die Verheißung vom Alten zum Neuen Bund*, aus dem Frz. übers. v. Dominic Schubert, Augsburg 2003 [zit. unter dem Kurztitel: *Verheißung*].

Im Rückblick auf seine Kindheit bekennt Lustiger: „Ich erinnere mich noch gut an bestimmte Grundwerte, die mich tief geprägt haben: eine sehr große Achtung vor dem Wissen und eine große Liebe zur Weisheit. Ihnen verdanken wir auch unseren Respekt vor der Wissenschaft, nicht im positivistischen Sinne des Wortes, sondern im Sinne von Erkenntnis, Studium. Das war in den Augen meiner Eltern ein hoher Wert, der in der jüdischen Tradition verankert war. Ebenso die Wertschätzung von Büchern. Und auch die Verpflichtung zu einer sehr strengen moralischen Lebensführung, in der Gut und Böse als unzweifelhafte Maßstäbe galten. Dazu ein fast stolz zu nennendes jüdisches Selbstbewußtsein. Wir sollten, anders als die *Goyim*, die Nicht-Juden, gut handeln, weil Gott uns mit der Verwirklichung der Gerechtigkeit beauftragt hat."[46] Und weiter: „In bezug auf meine Kameraden und Freunde erinnere ich mich dunkel daran, ein starkes Gefühl des Andersseins empfunden zu haben, das zugleich von Unter- und Überlegenheit geprägt war. Mein Unterlegenheitsgefühl rührte daher, daß ich als jüdisches Kind, als Sohn jüdischer Einwanderer, ständig von Verfolgungen bedroht war. Mein Überlegenheitsgefühl andererseits fußte auf dem Bewußtsein eines großen Erbes, einer bedeutenden Geschichte und einer großen Verantwortung: Erinnere dich daran, daß du Jude bist. Ich wußte, was das Zeichen des Bundes, die Beschneidung, bedeutete: Du sollst nicht lügen, du sollst nicht falsch handeln, du sollst Gutes tun; sei nicht so wie die 'Heiden'. Das Anderssein wurde zu einer Forderung, ja durch die innere Mahnung zu einer Pflicht. Schon als Kind, das nicht so war 'wie die anderen', wußte ich, daß die Meinung 'der anderen' nicht genügt, um das Gute zu definieren und mein Verhalten zu legitimieren. Ich habe erfahren, was es heißt, seinen Überzeugungen treu zu sein – sei es auch um den bitteren Preis der Einsamkeit oder der Ausgrenzung."[47]

An dem Bekenntnis zur Erwählung Israels entscheidet sich schon für den zehnjährigen Aaron [nach der Taufe: Aaron Jean-Marie Lustiger] die Treue gegenüber Gottes Willen. Das Heidnische der Heiden ist die Ablehnung der Erwählung Israels. Diese Erwählung bedeutet ja: Es gibt nur einen Herrn der Welt und ihrer Geschichte. Israel ist das Volk, das diese Wahrheit bezeugt; das Volk, „das vollständig abhängt von Gott und von ihm sein Auskommen im Gehorsam ihm gegenüber erhält"[48]. Heutzutage – so bemerkt Lustiger – bezeichnet der Begriff „Volk" oft etwas ganz anderes als innerhalb der Bibel. Da ist z. B. die Rede davon, dass ein

[46] *Gotteswahl*, 22f.
[47] Ebd. 29.
[48] *Verheißung*, 110.

souveränes Volk aus eigenem Willen handelt. In der Bibel wird diese Tendenz, aus dem eigenen Willen denken, planen und handeln zu wollen, als heidnisch bezeichnet. Auch Israel ist in seiner Geschichte immer wieder versucht, ein Volk in diesem Sinne – wie die anderen auch! – sein zu wollen. Und doch besteht sein Glaube an Gott exakt darin, „sich genau dessen zu enteignen"[49]. Gott allein bestimmt die Kriterien des wahren Volk- und des wahren Mensch-Seins; und Israel ist erwählt, diese Kriterien sichtbar zu machen, sie zu bezeugen. Lustiger anerkennt, dass die Präambeln der Verfassungen westlicher Demokratien von der unantastbaren Würde jedes Menschen sprechen. Aber er fügt hinzu: „Man hat in dieser Hinsicht solange nichts Entscheidendes gesagt, als man verschweigt, dass die Menschen den Quell ihrer wahren Würde nicht in sich selbst zu finden vermögen. Sie sind nach Gottes Bild geschaffen. Nur auf diesem Felsgrund kann Menschenwürde erbaut werden. Denn es gibt keine Grenzen, die der Mensch selber zu ziehen vermöchte, indem er seine Rechte bestimmt, das Unterhalb und Oberhalb der Ehrfurcht vor dem Menschen festlegt, als stünde es in des Menschen Macht, die Grenzen von Gut und Böse zu bestimmen."[50]

Lustiger ist überzeugt, dass die Judenprogrome zwar von unterschiedlichen Anlässen ausgelöst wurden, aber letztlich immer motiviert waren von dem, was in der Bibel mit 'Heidentum' gemeint ist: von der Ablehnung der Herrschaft Gottes bzw. von dem Wahn, selbst Herr sein zu wollen. Der Judenhass ist letztlich ein Hass auf den Gott der Gebote und Verbote. Das gilt für den Pharao, der jede männliche Neugeburt in Israel umbringen will. Das gilt für Herodes. Das gilt aber auch für den abgründigen Judenhass eines Voltaire und eines Diderot, die ihre eigene Vernunft vergötzen. Lustiger sagt seinen auf die französische Aufklärung schwörenden Interviewpartnern ins Gesicht: „Ich glaube, daß der Antisemitismus Hitlers aus dem Antisemitismus der Aufklärung, und nicht aus einem christlichen Antisemitismus hervorgegangen ist."[51] Über

---

49 Ebd. 111.

50 *Glauben*, 78.

51 *Gotteswahl*, 86. – Lustiger unterscheidet stets sehr genau zwischen Antijudaismus und Antisemitismus. Das Christentum des Mittelalters, so schreibt er, war weithin antijudaistisch, aber kaum antisemitisch. Das Christentum, welches das Erbe des Judentums im Sinne einer Ersetzung des neuen durch den alten Bund ausschließlich für sich beansprucht hat, war durchaus geprägt von einer Hochschätzung des Erbes Israels. Wie, so fragt Lustiger, kann jemand etwas verachten, was er unbedingt haben oder sein will? Solange Christen mit theologischen Gründen Israel sein Erbe streitig machen, ist ihre Theologie zwar antijudaistisch, aber keineswegs antisemitisch. Erst wenn die Juden als Juden verächtlich gemacht und ausgegrenzt oder gar verfolgt werden, spricht Lustiger von Antisemitismus. Und der – so wird er nicht müde zu erklären – ist von

seinen vom Vater nie akzeptierten Schritt ins Christentum bemerkt Lustiger: „Ich hatte keineswegs das Gefühl, etwas zu verraten, mich zu verstecken oder irgend etwas aufzugeben, sondern vielmehr das Gefühl, erst jetzt die Tragweite und Bedeutung dessen, was ich von klein auf empfangen hatte, zu verstehen."[52] Im Rückblick bekennt er: „Ich habe an meiner Eigenschaft als Jude festgehalten [...] Natürlich bin ich kein 'religiöser Jude' in dem Sinne, wie jene ihn verstehen, welche die jüdische Orthodoxie definieren. Aber sagen kann ich, daß ich, indem ich Christ wurde, nicht aufhören wollte, der Jude zu sein, der ich damals war."[53] Was Marquardt die Wiederholung der Geschichte Israels in der Geschichte Jesu Christi nennt, erschließt sich schon dem vierzehnjährigen Aaron Lustiger, als er – eher zufällig – an eine Bibel gerät, die nicht nur das AT, sondern auch das NT enthielt: „Von diesem Augenblick an", so erzählt er, „hatte sich das Neue Testament tief in mein jüdisches Bewußtsein eingeprägt. [...] Ich bin überzeugt davon, daß ich unmittelbar und intuitiv in dem leidenden Messias das Schicksal des verfolgten jüdischen Volkes erkannte. Andererseits wußte ich aus Erzählungen meiner Eltern von den Verfolgungen seitens der Christen; aber diese

---

seiten der Christen ein Selbstwiderspruch. Auf die Frage, ob es denn nicht auch christlichen Antisemitismus gegeben habe, antwortet der Kardinal, dass ein Christ automatisch aufhöre Christ zu sein, sobald sich auch nur Ansätze von Antisemitismus in sein Denken und Handeln einschleichen. Ein Christ, der nicht mehr weiß, dass sein Christentum an der Erwählung Israels partizipiert, lebt nicht mehr aus den Direktiven des erwählenden Gottes, sondern beginnt, im Sinne einer selbstverschlossenen Autarkie selbst zu bestimmen, was wahr und falsch, was gut und was böse ist. Solches Heidentum wird aus der Sicht von Lustiger geradezu exemplarisch repräsentiert von dem Rationalismus eines Voltaire oder Diderot. „Ich wehre mich", so Lustiger, „gegen eine völlig undifferenzierte Betrachtungsweise der Geschichte, die 2000 Jahre christlichen Antijudaismus und atheistischen Antisemitismus in einen Topf wirft." (*Gotteswahl*, 91). Lustiger grenzt den Zeitraum vom 18. bis zum 20. Jahrhundert als den eines ideologischen Antisemitismus von der gesamten Geschichte bis dahin ab und schreibt: „Ich behaupte nicht, daß es vorher keine antisemitischen Tendenzen gab, angefangen von den Beschuldigungen des Ritualmords und der Hostienschändung über die Ausgrenzungen, die ständigen Verbote und die Vertreibungen, bis hin zur Rückeroberung Spaniens, zu den Zwangstaufen und zu den Marranen. Aber im 1. Jahrtausend hat das gesamte christliche Europa das Erbe Israels für sich in Anspruch genommen; ja, es wachte mit neiderfülltem Stolz darüber; die christlichen Generationen haben den Juden vorgeworfen, ihre Väter und Propheten verraten zu haben, aber sie haben nie die Biblische Geschichte von Gottes Bund mit Israel in Zweifel gezogen. Man verfälscht die abendländische Geschichte, wenn man die moderne ideologische Radikalisierung eines atheistischen und politischen Antisemitismus auf eine religiöse Vergangenheit projiziert, in der Christen und Juden dasselbe Erbe verehrten. Mit dem Antijudaismus allein lassen sich die Konzentrationslager nicht erklären." (Ebd. 92).

[52] Ebd. 50.

[53] *Glauben*, 46.

Erzählungen bezogen sich auf die Antisemiten und nicht auf die Personen, von denen das Neue Testament berichtet: Jesus und seine Jünger."[54]

Im Unterschied zu Marquardt erkennt Lustiger in Jesus Christus nicht nur die *Wiederholung* der Geschichte Israels, sondern auch deren *Bestimmung*. Der Begriff 'Bestimmung' drückt besser – weil weniger missverständlich! – als beispielsweise der Begriff 'Erfüllung' aus, dass etwas durch etwas näher bestimmt, aber deshalb nicht aufgehoben oder ersetzt wird. In der stets umsichtig differenzierenden Theologie des Münsteraner Systematikers Thomas Pröpper gewinnt der Begriff 'Bestimmung' so etwas wie eine Schlüsselfunktion. In einem Kommentar zu den von Tiemo Rainer Peters formulierten „Thesen zu einer Christologie nach Auschwitz" bemerkt Pröpper: „So gewiß Israels Glaube durch das Christusgeschehen näher bestimmt wird, so wesentlich wird er dabei vorausgesetzt und bekräftigt, so daß nun auch der Glaube der Christen von dieser Wurzel sich nährt."[55]

In exakt demselben Sinn bezeichnet Lustiger zwei Ebenen des christologischen Verstehens, von denen die zweite die erste näher 'bestimmt'. So lesen wir in seinem Kommentar zu der Taufszene Jesu im Jordan: Die „Offenbarung Jesu als Sohn, der die Fülle des Geistes Gottes empfängt und von Gott als der wahre Sohn bezeichnet wird, an dem er sein Wohlgefallen hat, können wir auf zwei verschiedenen Ebenen verstehen, die einander nicht ausschließen, sondern ganz im Gegenteil bedingen, denn die eine verwirklicht sich nur in der anderen. Der erste, offensichtliche Sinn, die erste Ebene ist, daß Jesus als der Sohn schlechthin bezeichnet wird. Er wird nicht als ein Ersatz für Israel bezeichnet, sondern als die Verwirklichung der Berufung Israels. [...] Das heißt, daß in ihm alle Verheißungen Gottes verwirklicht wurden, bis einschließlich der Verheißung vom besiegten Tod. Denn auch das gehört zur Hoffnung Israels: die Heiligkeit, die Gottesschau von Angesicht zu Angesicht, die Auferstehung der Toten, die Versammlung des Volkes in seinem Land und alle eschatologischen Güter. [...] Die zweite Ebene ist die, in der uns dieser geliebte Sohn, der Grund der himmlischen Liebe des Vaters, als das Wort selbst offenbart wird, als der ewige Sohn, der Fleisch annimmt. Er ist Sohn in einem unvorstellbaren Sinn. In ihm ist Israel nicht nur das Gegenüber Gottes, sondern der, dem die Herrlichkeit Gottes innewohnt.

[54] *Gotteswahl*, 33.

[55] Thomas PRÖPPER, *Wegmarken einer Christologie nach Auschwitz*, in: Jürgen MANEMANN – Johann Baptist METZ (Hg.). *Christologie nach Auschwitz. Stellungnahmen im Anschluß an Thesen von Tiemo Rainer Peters* (Religion – Geschichte – Gesellschaft. Fundamentaltheologische Studien 12), Münster 1998, 135–146, 139.

Er ist der, in dem sich die Herrlichkeit nicht nur ausspricht und vernehmbares Wort wird, sondern in dem sie zum fleischlichen Wort wird. Gott selbst gibt sich im Sohn preis."[56]

Lustiger ist zutiefst überzeugt, dass Jesus Christus es ist, durch den die Sohnschaft des heiligen Volkes *bestimmt* wird. „Jesus", so erkennt er, „hat die Gebote, die Mose von Gott für sein Volk Israel erhalten hatte, befolgt und erfüllt. Ohne je schwach zu werden, hat er erfüllt, was dem jüdischen Volk aufgetragen war: zu leben in Heiligkeit, für das Heil aller Völker, für die Erlösung der Kinder Adams"[57]. Jesus Christus ist die *Bestimmung* – nicht die Ersetzung! – der Erwählung Israels. Lustiger spricht in diesem Zusammenhang von der „Kontingenz des Absoluten" als der „Grundfigur der Offenbarung"[58]. Er will damit sagen, dass Gottes Wille in Jesus Christus so konkret ist, dass man ihn nicht mehr mit den eigenen Ideen bzw. Projektionen verwechseln kann[59]. Das aber heißt für jeden Juden, der in Jesus nicht den erhofften Messias erkennt: In dem Maße, in dem er die eigene Erwählung annimmt, ist er unterwegs zu Christus – auch dann, wenn er dies auf der reflexen Ebene ausdrücklich leugnet. Denn Jesus Christus ist der Jude, der nichts anderes sein wollte als der ganz und gar vom Willen Gottes Bestimmte.

Viele Aussagen von Lustiger treffen sich mit denen, die Emmanuel Levinas in seinem Aufsatz „Ein Gott-Mensch?" entwickelt[60]. Denn auch

---

[56] *Verheißung,* 78f.

[57] *Gotteswahl,* 79.

[58] Ebd. 78.

[59] „Die Heiden – selbst wenn sie Christen geworden sind – sind ständig versucht, die Sonderheit der Heilsgeschichte und der Auserwählung zu leugnen. Sie neigen dazu, Jesus zur bloßen Projektion des idealen Menschen zu machen, den jede Kultur und jede Zivilisation trägt. Das ist die unverblümte Methode, Gott auf die Gestalt des Menschen zu reduzieren, anders gesagt, sich selbst anzubeten und einem Götzendienst zu huldigen. Jede christlich gewordene heidnische Kultur läuft womöglich Gefahr, aus Jesus ihren Apollo zu machen und ihr eigenes Menschenbild auf ihn zu projizieren, um sich darin selbst zu gefallen. Christus selbst, die Gestalt Christi in ihrer Wirklichkeit, kann jedes Gesicht der Menschheit annehmen, aber er kann dies nur, weil er vor allem anderen der in Bethlehem in Judäa Geborene ist. Ein Satz aus dem Matthäusevangelium verschafft uns Klarheit: Die Sterndeuter, selbst Heiden, kommen und fragen: 'Wo ist der König der Juden?' Sie suchen und sie finden die Antwort in der Schrift der Juden: 'In Bethlehem in Judäa.' Nirgendwo sonst. Er ist es, nicht 'ein' Kind, sondern 'dieses' Kind. Somit ist die Kontingenz des Absoluten die Grundfigur der Offenbarung." (Ebd. 77f).

[60] Vgl. Emmanuel LÉVINAS, *Menschwerdung Gottes?*, in: DERS., *Zwischen uns*, München 1995, 73–82 (frz. Fassung: Un Dieu Homme?, in: DERS., *Entre nous,* Paris 1991, 69–76). – Dazu: Dieter HATTRUP, *Emmanuel Levinas und die Christologie*, in: ThGl 88 (1998) 324–341; Thomas FREYER, *Emmanuel Levinas' Vorstellung vom Gott-Menschen – eine Herausforderung für die Christologie?*, in: ThQ 179 (1999) 52–72.

Levinas spricht im Blick auf Jesus von dem Ich, das sich nicht erst dazu entscheidet, sich von der Andersheit des ganz Anderen bestimmen zu lassen; auch Levinas beschreibt das 'Ich', das auf Grund einer Passivität „diesseits von Sein und Bewußtsein" bzw. „diesseits der Identität" gleichsam zur „Geisel für den Anderen" wird[61]. Aber dieses als „messianisch" bezeichnete 'Ich' kann und sollte, wie Levinas betont, *jeder* Mensch sein bzw. werden. Deshalb wendet sich der jüdische Philosoph ausdrücklich gegen die Aushöhlung der Einzigkeit *jedes* Menschen durch die Lehre von der Exklusivität des *einen und einzigen* „Gott-Menschen" Jesus von Nazareth. Was diesen Punkt betrifft, ist Lustiger diametral anderer Ansicht. In „diesem Einen", so betont er, offenbart sich nicht nur der Wille Gottes, sondern das, was Gott selbst ist, nämlich die Beziehung des Vaters zum Sohn und des Sohnes zum Vater. Weil Jesus ganz vom Vater her und auf den Vater hin lebt, darf er als einziger Jude von sich sagen: „Wer mich sieht, sieht den Vater." (Joh 12,45). Und weil er allein dies sagen darf, ist auch einsichtig, warum erst im Blick auf ihn die Universalität der Sünde offenbar wird.

Was Lustiger über das Aufdecken der Universalität der Sünde durch Jesus Christus sagt[62], bestätigt der Heidelberger Neutestamentler Klaus Berger, indem er Röm 3,25 („Gott hat Jesus zum Ort der Sühne [hebr. *kapporet*; griech. *hilasterion*] gemacht mit seinem ganzen Leben [Blut], und wir haben Zugang dazu durch den Glauben.") wie folgt erklärt: Dort, wo die Sünde sich als kreuzigender Hass erweist, offenbart Gott sich in Jesus Christus als Feindesliebe: „Mit einem Vorgang aus der Physik kann man den Vorgang verdeutlichen: So wie ein Magnet alles Metall anzieht, das gegenläufig gepolt ist, so zieht der Heiligste in Israel

---

[61] LÉVINAS, *Menschwerdung Gottes?,* 81f.

[62] „Doch kennt die Gnade der Verzeihung und der Barmherzigkeit des Messias kein Maß. Die sich durch ihn vollziehende Offenbarung der Sündhaftigkeit aller soll die Menschen nicht verdammen, sondern erlösen – freilich unter der Bedingung, daß sie dieses Aufleuchten, die Erkenntnis der Sündhaftigkeit, annehmen. Nehmen die Menschen sie nicht an, schließen sie sich in ihre Verblendung ein. Aber dieses Licht ist eine Gnade der Barmherzigkeit, die immer angeboten bleibt. Durch das menschliche Schicksal seines eigenen, einzigen Sohnes, Jesus Christus, hat Gott alle Sünden 'auf sich genommen'. [...] Der Gerechte leidet; der Messias leidet; und wir alle sind schuld daran. Jeder Christ bekennt sich zu seiner Verantwortung für den Tod Christi. Tut er dies nicht, ist er kein Christ. Zu sagen: 'Nicht ich bin verantwortlich, sondern die anderen', heißt den Boden des Christentums verlassen. Deshalb ist der Antisemitismus in seiner pseudotheologischen Version, die die Schuld an der Kreuzigung Christi auf die Juden abwälzt, eine Gotteslästerung. Er leugnet die Universalität der Erlösung. In der Gestalt des Gekreuzigten erkennt er nicht den zu Unrecht verfolgten Sohn Israels, nicht die Macht Gottes, der unser aller Sünde offenbart, um uns seine Barmherzigkeit zu erweisen." (*Gotteswahl*, 98f.).

alle Sündenschuld auf sich. [...] Nach Lev 16,15f heißt es von der Besprengung des Deckels der Bundeslade [hebr. *kapporet*; griech. *hilasterion*] mit Blut: *So schaffe er [der Hohepriester] dem Heiligtum Sühne wegen der Unreinigkeit der Söhne Israels und all ihrer Übertretungen, mit denen sie sich versündigt haben.* Denn hier an dieser Stelle sind offenbar alle Vergehen ganz Israels greifbar, hier sind sie gesammelt, hier können sie wirksam getilgt werden. Treffen diese Beobachtungen zu, dann gilt: Weil Jesus heilig und gerecht ist, weil er sündlos ist und ohne Schuld [...], deshalb konnte sich alle Schuld auf ihm sammeln, deshalb zog er [...] alle Sündenschuld auf sich. Daher konnte Paulus schreiben: Gott machte ihn zum 'Sühnedeckel' oder 'Gott machte ihn zur Sünde' oder 'Gott hat ihn zum Fluch gemacht'."[63]

Während Marquardt die Frage unbeantwortet lässt, was Jesus Christus vor zweitausend Jahren für alle Menschen aller Zeiten bewirkt hat, geht es Lustiger vorrangig um eine klare Antwort auf eben diese Frage. Dennoch ist seine Erklärung des Erlösungsgeschehens nicht zu verwechseln mit den Theorien, die alles – auch Auschwitz – in einen alles umgreifenden Zusammenhang einordnen. Die Sünde und die aus ihr stammenden Ungeheuerlichkeiten sind niemals sinnvoll! Es geht Lustiger nicht darum, die Verbrechen von Auschwitz im nachhinein mit Gott (dem Garanten des Sinns von Schöpfung und Geschichte) zu versöhnen. Entsprechende Versuche haben sich auch da, wo sie von Juden unternommen wurden, als aporetisch oder absurd erwiesen[64]. Lustiger verweist auf die abgründigen Konsequenzen jeder Herrschaft, die selbst bestimmen will, was gut und was böse ist. Deshalb hält er hält Auschwitz für keineswegs unwiederholbar oder unüberholbar. Nur dass Auschwitz mit Gottes Willen ganz und gar unvereinbar ist, erscheint ihm evident im Blick auf Jesus Christus, den Gekreuzigten – allerdings erst dann, wenn man wie er selbst Ernst macht mit der christologischen Grundthese, es lasse sich über *Gott* nichts anderes sagen als über *Jesus Christus*. Wer Jesus als den Christus glaubt, kann von der Macht Gottes nicht anders reden als von der Macht des gekreuzigten und auferstandenen Christus[65]. Hätte Gott, wenn er denn gewollt hätte, Auschwitz

[63] Klaus BERGER, *Wozu ist Jesus am Kreuz gestorben?*, Stuttgart 1998, 49f.

[64] Dazu: Karl-Heinz MENKE, *Die Vermittlung des Glaubens an Gott mit der Geschichte der Shoah*, in: *Wege der Theologie*, 219–243.

[65] *Dieselbe* Beziehung, die der innertrinitarische Sohn zum Vater *ist*, lebt der Jude Jesus in Raum und Zeit (als wahrer Mensch). Kein Mensch kann diese Beziehung durch Anstrengung verwirklichen oder erwerben. Das will die Kirche sagen mit dem Dogma von der personalen Identität (hypostatischen Union) des Menschen Jesus mit dem innertrinitarischen Sohn.

verhindern können, dann müssten wir erklären, warum er dieses Verbrechen nicht verhindert hat. Nur wenn die Allmacht Gottes nicht etwas anderes ist als die unbedingte Liebe dessen, der von den Sündern gekreuzigt wird, entgehen wir der Konsequenz eines Atheismus um des Menschen willen. In Lustigers Exerzitienvorträgen über das Geheimnis Israels finden wir die Feststellung: „Sollte eine christliche Theologie in ihre Sicht der Erlösung des Kreuzesmysteriums nicht einschreiben können, daß auch Auschwitz Teil des Leidens Christi ist, so befänden wir uns in völliger Absurdität."[66]

Kreuz und Auferstehung sind in der Christologie von Aaron Jean-Marie Lustiger nicht zwei verschiedene Ereignisse. Gott ist nicht einmal – am Karfreitag – der unter dem Gegenteil seiner selbst (Ohnmacht des gekreuzigten Jesus) Verborgene, um zwei Tage später – Ostern – zu zeigen, wer er eigentlich ist (nämlich der 'All-mächtige'). Nein, wer er eigentlich ist, zeigt er an dem Kreuz von Golgotha, das ebenso wie Auschwitz das von ihm absolut nicht Gewollte ist. Indem er den kreuzigenden Hass der Sünde mit dem exakten Gegenteil, mit der Liebe, die nichts und niemanden – auch die Henker nicht – ausschließt, beantwortet, entmachtet er – ein für allemal – kraft der ihm vom Vater geschenkten Beziehung den Tod, der mit der Hölle identisch ist und der in der Heiligen Schrift als Sold der Sünde bezeichnet wird.

Lustiger bekennt im Rückblick auf seine eigenen Erfahrungen: „Geistlich und theologisch gesehen konnte ich erst wieder lachen, als ich begriff, daß diese Vernichtung [Auschwitz] nicht den Endsieg des Bösen über den Menschen bedeutete. Nein, Gott hat gesiegt in der Auferstehung, die dem Messias geschenkt wurde. Zu glauben, daß der leidende Christus der Messias ist, heißt nicht nur glauben, daß das Opfer der Erlöser ist, sondern auch, daß das Opfer letztlich über seinen Henker triumphiert."[67]

Ein Triumph allerdings, in dem das Opfer der Erlöser ist, hat nichts gemein mit dem Osterbild des Colmarer Altars. Der gekreuzigte Messias nimmt den „mordenden Willen des Menschen auf sich, indem er ihn erleidet und in Vergebung verwandelt, statt ihn zum Tod zu wenden"[68]. Es ist „Jesu Gehorsam, der die Auferstehung hervorruft, denn da er bis in den Tod hinein auf den Vater vertraut, eröffnet ihm sein Gehorsam den Weg des Lebens, der stärker ist als der Tod"[69]. Lustiger sieht zwischen der Tora und Jesus Christus eine denkbar enge Parallele. Jesus Christus

66 *Verheißung,* 64.
67 *Gotteswahl,* 117.
68 *Verheißung,* 53.
69 Ebd. 62.

ist ja der, der das Gesetz so erfüllt, dass er sich mit der Tora identifizieren darf. Deshalb erfährt er am eigenen Leib, was offenbar wird, wenn das Gesetz die Sünde demaskiert: nämlich der kreuzigende Hass der demaskierten Sünder. Entscheidend aber ist, dass es beim Demaskieren nicht bleibt. In Jesus Christus nämlich „befreit uns Gott von der Verurteilung, die wir über uns selbst ausgesprochen hätten, wenn wir in unserer Unfähigkeit zum Gehorsam eingeschlossen geblieben wären und lediglich unsere Flucht, unsere Verweigerung ermessen hätten.“[70]

Für die Söhne und Töchter des erwählten Volkes, die in Jesus nicht den Messias zu erkennen vermögen, bleiben dennoch die Verheißungen einschließlich der vom besiegten Tod bestehen. Wenn also die Söhne und Töchter Israels den Verheißungen der eigenen Geschichte glauben, erhoffen sie eo ipso das Kommen des Christus. Dadurch unterscheiden sie sich von den Heiden, von denen ebenfalls viele Jesus nicht als den Messias erkennen bzw. bekennen. Die einzige Mission, die Lustiger von seiten der Christen gegenüber den *Juden* für legitim hält, ist die von Paulus in Röm 11,11 angedeutete: nämlich dass die Christen Jesus Christus so in das eigene Denken und Handeln inkarnieren, dass die jüdischen Brüder und Schwestern „eifersüchtig werden“ bzw. an den Christen abzulesen beginnen, dass der erhoffte Messias identisch ist mit Jesus aus Nazareth.

Das Wort *Erfüllung* bedeutet in der Interpretation Lustigers niemals die *Ersetzung* der von Israel bezeugten Verheißungen durch Jesus Christus. Im Gegenteil: Durch Jesus Christus wird die Erfüllung dieser Verheißungen jedem Juden und jedem Heiden ermöglicht. „Daraus geht hervor, daß das Alte Testament nicht durch Christus 'überholt' ist, wie man oft sagen hört. Ganz im Gegenteil ist es durch das Kommen des Messias den Heiden eröffnet und zugänglich gemacht“[71]. Lustiger spricht im Blick auf zweitausend Jahre christlicher Geschichte von dem „brutalen Paradox“, das darin besteht, „daß die Völker des Abendlands versucht haben, diese Hoffnung und diese Verheißungen an sich zu reißen und sie aus sich heraus und für sich selbst [statt im steten Blick auf die Geschichte Israels] zu verwirklichen.“[72]

Man kann Jesus als den Christus nicht verstehen, wenn man nicht in ihm den Gott Israels erkennt. Das aber – so betont Lustiger – ist nur möglich, wenn man die Bezeugung des Christusereignisses nicht von der Hebräischen Bibel, nämlich von der Bezeugung des Gottes trennt,

[70] Ebd. 103.
[71] Ebd. 86.
[72] Ebd. 143.

dessen *Selbst*offenbarung Christus ist. Mit Erschrecken bemerkt der Erzbischof von Paris: „Großen heidnischen Zivilisationen wie Indien bleibt noch heute das jüdisch-christliche Abendland fremd. Eine theologische Strömung behauptet dort zur Zeit: 'Das Alte Testament, das sind für uns die Schriften Indiens.' Das läuft auf die Aussage hinaus, daß das Alte Testament keine andere Rolle spielt, als kulturelles Substrat in bezug auf das Neue zu sein. Müßte man dann sagen, daß die archaische und naturalistische afrikanische Kultur das Alte Testament Afrikas sei?" Die Gefahr, die Lustiger mit dieser Frage andeutet, ist die nie überwundene Versuchung nicht nur einzelner Ideologen, sondern ganzer Völker, Kulturen und Epochen, Christologie als Ideologie, als Überhöhung bzw. Personifizierung der eigenen Perspektiven und Interessen, zu betreiben. Wie Israel der eigenen Erwählung in dem Maße treu ist, in dem es sich von Gottes Willen bestimmen lässt, so wird jede Christologie in dem Maße zur Explikation der Selbstoffenbarung Gottes, in dem sie in Christus den Gott Israels erkennt[73]. Die Anerkennung der immer wieder als Privileg missverstandenen Erwählung Israels ist „der absolute Test"[74], durch den sich erweisen lässt, ob die anderen Völker und Kulturen (*goyim*) in Christus wirklich Gott erkennen, statt sich selbst in ihm zu spiegeln. Lustiger wörtlich: Die Erwählung Israels „nicht anzuerkennen, das heißt die Erwählung Christi nicht anzuerkennen. Und das heißt unfähig zu sein, die eigene Erwählung anzuerkennen. Die Logik ist zwingend."[75] Der Bund Gottes mit Israel[76] wird durch Christus ja nicht aufgehoben[77];

---

[73] In diesem Zusammenhang bemerkt Lustiger: „Eines der Dramen der christlichen Zivilisation ist, daß sie zu einer atheistischen Zivilisation wird und gleichzeitig beansprucht, christlich zu bleiben. So macht sie aus Christus ein Götzenbild [...] Somit wird die Gestalt Christi zu einem kulturellen Absolutum, in dem ein pervertierter und gotteslästerlicher Messianismus Platz findet. Freuen wir uns nicht über die Jesus-Mode, denn es gibt keinen schlimmeren Götzen als den, der den wahren Gott nachäfft." (Ebd. 113).

[74] Ebd. 129.

[75] Ebd. 129.

[76] Lustiger ist sich bewusst, dass die Bibel von vielen Bundesschlüssen spricht. Ihm geht es aber nicht um die differenzierende Betrachtung der einzelnen Bünde, sondern zum einen um die Abweisung einer Verhältnisbestimmung von AT und NT im Sinne eines Substitutionsmodells, und zum anderen um die Unterscheidung zwischen einer Antithetik, die Diskontinuität ausdrückt, von einer Antithetik, die einen überbietenden Vergleich bezeichnet. Zu dem komplexen Thema der Bundesterminologie vgl. Erich ZENGER, *Israel und Kirche im einen Gottesbund? Auf der Suche nach einer für beide akzeptablen Verhältnisbestimmung*, in: KuI 6 (1991) 99–114; Frank-Lothar HOSSFELD, *Der eine Gott des Ersten bzw. Alten und des Neuen Bundes*, in: PBl 47 (1995) 66–71.

[77] „Was Jesus predigte, stand bereits im Buche *Deuteronomium*, war schon von Jeremia und anderen Propheten ausgesprochen worden. Das unhintergehbar Neue aber liegt darin, daß Jesus den Bund mit seinem Blut erneuert, daß er ihn mit seinem eigenen Leben auf eine neue Grundlage gestellt hat. Indem Jesus sich den Worten des

sondern durch Christus können die Völker, die nicht 'Volk Gottes' sind, eintreten in Israels Verhältnis zu Gott.

So wenig Christus als Erfüllung der Israel gegebenen Verheißungen das Ende des Bundes zwischen Jahwe und seinem auserwählten Volk bedeutet, so wenig ist die Heilsgeschichte mit dem Christusereignis beendet[78]. Wenn wir, wie Lustiger immer wieder unterstreicht, über Gott nichts anderes sagen dürfen als über Christus, dann ist die Allmacht, die wir in unseren Glaubensbekenntnissen als wahr bekennen, identisch mit der Macht des Gekreuzigten, die sich mit keinen anderen Mitteln als denen der wehrlosen Liebe durchsetzt. Wer diese Liebe annimmt, den kann nichts mehr von Gott trennen. Insofern hat die Hölle seit Ostern – ein für allemal – einen Ausgang. Aber weil Christus sich mit keinen anderen Mitteln als denen der wehrlosen, wartenden, nichts erzwingenden Liebe durchsetzt, ist die Heilsgeschichte noch nicht vollendet. Nicht nur die Juden, die in Jesus den Messias nicht erkennen, warten weiterhin auf sein Kommen. Nein, auch die Christen warten; sie warten auf die Wiederkunft Christi, auf den Tag, an dem Er „alles in allem und in allen" sein wird. Dieses Warten ist kein Wissen, sondern ein Hoffen. Die Kirche hofft zwar, dass die Hölle leer geliebt wird von Christus und der Gemeinschaft der 'Heiligen'; aber sie hält daran fest, dass die Verwirklichung dieser Hoffnung abhängt von der *freien* (nicht erzwungenen) Annahme des Jesus als des Christus durch jeden einzelnen Menschen. Sollte Christus je alles in allem und in allem sein, dann haben die Opfer von Auschwitz *freiwillig* den Tätern die Hand gereicht und die Täter von Auschwitz Christi Liebe nicht nur passiv angenommen, sondern auch aktiv in die unendlichen langen Wege der Umkehrung ihrer Sünde in Sohnschaft inkarniert.

Wie ein roter Faden zieht sich durch alle Ausführungen Lustigers der Gedanke, dass Israel immer schon teilnimmt an der Passion Christi, und dass jeder aus den *goyim*, der sich zu Christus bekennt bzw. ihm durch

---

unvergänglichen Bundes selbst unterwirft, erfüllt er sie mit Leben, bekräftigt er sie, gibt er ihnen Fleisch und Blut. Er erklärt die ewige Gültigkeit dieses Bundes für seine Jünger, lobt ihn als Quelle des Verstehens und der Orientierung. [...] Christus [...] ist nicht die Verneinung Israels, sondern seine Erlösung" (*Gotteswahl*, 355).

78 „Wenn jemand einwendet: 'Aber die Zeit ist noch nicht erfüllt. Denn noch immer müssen die Menschen sterben, noch immer herrscht keine Gerechtigkeit auf der Welt. Die Menschen sind Sünder, die Menschheit ist noch immer sich selbst überlassen, ihren Irrtümern und ihrem Götzendienst ausgeliefert. Denn Israel wird verfolgt, Israel ist nicht heilig und seine vertreuten Kinder haben sich noch nicht vereinigt', dann versuchen wir nicht, die Stärke des Einwands zu leugnen, sondern den darin liegenden Schrei zu vernehmen, und wir erkennen, daß dieser Einwand in der Passion Christi, des Messias, aufgehoben ist." (Ebd. 355f.).

die Taufe eingegliedert wird, berufen ist, die empfangene Gabe seinerseits zu geben. Die Perikope von dem Thomas (Joh 20,24–29), der vom Auferstandenen aufgefordert wird, die Wunden Christi zu berühren, kommentiert Lustiger mit den Worten: Thomas wird eingeladen, „in das Leiden Christi einzugehen, um teilzuhaben am Leiden Israels [...] Es geht nicht darum, an die Stelle der Opfer zu treten, sondern darum, Teil Christi zu werden. Es geht nicht darum, die Kinder Bethlehems zu bemitleiden – das wäre eine rein sentimentale Übertragung, um sich von einer Schuld zu entlasten –, sondern darum, in das Leiden Christi einzutreten, sofern man dazu berufen ist. Und jeder Getaufte ist nach seinem Maß der Gnade dazu berufen. Mitleiden heißt nicht Mitleid oder Bemitleiden, sondern bezeichnet die Gnade Gottes, teilzuhaben am Leiden seines Sohnes. Mitleiden ist das Einverständnis im Glauben, dass Gott, nach seinem Willen, unserem Leben die Form der Passion verleiht, selbst wenn sie im Rahmen eines ruhigen Lebens verläuft. Die christliche Berufung, im tiefsten und strengsten Sinne des Wortes verstanden, findet hier eine Bedeutung von äußerster Kraft: Teilnahme am Leiden Christi, der das Leid seines Volkes trägt und die Erlösung der Welt wirkt."[79]

Lustiger drückt hier seine Überzeugung aus, dass Juden und Christen gleichermaßen berufen sind, sich nicht nur von der gekreuzigten Liebe beschenken zu lassen, sondern diese auch zu schenken. Deshalb pervertiert die Kirche ihr eigenes Wesen, wenn sie auf die Strategien der Macht setzt statt auf die Wehrlosigkeit des Kreuzes. Lustiger wörtlich: „Die Ausbreitung des Christentums ist [...] nicht mit der französischen Flagge zu vergleichen, die in der Sahara aufgepflanzt wird. Das Kreuz wird nicht in einem Gebiet aufgepflanzt – es wird in die zerknirschten Herzen eingeschrieben. Es setzt eine Bekehrung voraus, und Bekehrung ist nie etwas bereits Erlangtes, Vollendetes, im Gegensatz zu dem, was sich die Reiche dieser Welt vorstellen."[80] Die christlichen Kirchen sind im Unterschied zu Israel immer wieder versucht, das erhoffte Reich Gottes (Christus in allem und in allen) mit der eigenen Wirklichkeit zu identifizieren. Dann aber – so Lustiger – „geben sie von sich selbst nur noch das Bild einer menschlichen Gesellschaft, die aus Gott ein Werkzeug zu ihren Diensten macht"[81].

[79] *Verheißung,* 69.
[80] Ebd. 137.
[81] Ebd. 142.

Während Marquardt in seinen „Prolegomena" die Verantwortung der eigenen Dogmatik vor dem Forum philosophischer Kritik nicht nur für überflüssig, sondern mit ähnlichen Argumenten, wie sie seinerzeit von Karl Barth vorgetragen wurden, auch für falsch erklärt, hält umgekehrt Lustiger jede Theologie, die sich der philosophischen Kritik nicht stellt, für unbiblisch. Juden wie Christen verraten aus der Sicht von Lustiger eine Grundforderung ihres Glaubens, wenn sie nicht bereit sind, den Inhalt des eigenen Glaubens gegen jede Kritik von außen zu verteidigen. Solche Verteidigung muss sich dem argumentativen Niveau des Kritikers gewachsen zeigen. Andernfalls verwechselt sie kritische Reflexion mit apologetischen Immunisierungsstrategien.

Was in diesem Sinne von der Theologie insgesamt gilt, ist in besonderer Weise von der Christologie gefordert – zumindest dann, wenn man das christologische Dogma nicht unter dem Marquardtschen Motto „Rückübersetzung der metaphysischen Denkformen in *die* (!) biblische" seiner provokanten Spitze (Christus ungetrennt als wahrer Mensch *und* wahrer Gott) beraubt. Nicht nur eine Dogmatik, die das Credo einer Philosophie unterordnet, sondern auch ein Bibliker, der „rein bliblisch" denken will, steht in Gefahr, das Credo den eigenen Prämissen anzupassen. Die Prüfung einer Christologie vor dem Forum der historischen und philosophischen Kritik aber ist etwas ganz anderers als die Einpassung des Credo in irgendwelche methodischen oder metaphysischen Vorgaben. Wenn das christologische Dogma – abstrakt gesprochen – die Wirklichkeit des Unbedingten im Bedingten behauptet, dann ist diese Behauptung nur dann mit dem Denken des Menschen vereinbar, wenn man philosophisch die *Möglichkeit* des Unbedingten im Bedingten erweisen kann – wobei unbestritten ist, dass mit dem Aufweis der *Möglichkeit* über die entsprechende *Wirklichkeit* noch gar nichts gesagt, geschweige denn vorentschieden ist.

Weil die Grundgestalt jüdisch perspektivierter Christologie, die Lustiger vorgestellt hat, sich im Unterschied zu der von Marquardt vertretenen ausdrücklich an zwei Kriterien messen lässt – nämlich an ihrer Treue gegenüber dem christologischen Dogma *und* an der Vereinbarkeit der von ihr behaupteten Wahrheit mit den Argumenten der philosophischen Kritik –, votiere ich für sie. Und damit dieses Votum hinreichend begründet erscheint, möchte ich abschließend jenen christologischen Entwurf der jüngeren protestantischen Theologie, der von Marquardt als Widerpart des eigenen Entwurfes betrachtet wird, als im höchsten Maße kompatibel mit den Ausführungen von Lustiger ausweisen. Gemeint ist der große Entwurf des protestantischen Systematikers Wolfhart Pannenberg[82].

Pannenbergs Christologie basiert auf ähnlich konsequente Weise wie die Lustigers auf dem Grundsatz, dass die Geschichte Israels und in ihr die Geschichte des Juden Jesus nicht nur der Raum oder die Bühne der *Selbst*offenbarung Gottes bereitstellt, sondern diese im strengen Sinne des Wortes *ist*. Und wenn Lustiger den Messias zunächst „von unten" in seiner Beziehung zu dem 'Abba' oder 'Vater' genannten Gott Abrahams, Isaaks und Jakobs schildert, seine Sündlosigkeit und bedingungslose Passivität dem Anspruch Gottes (der Tora) gegenüber betont, zugleich aber jede Rede von den beiden Naturen (der menschlichen und der göttlichen) Christi vermeidet, wendet er – ohne dies natürlich zu wissen oder gar zu intendieren – auch den zweiten Grundsatz der Pannenbergschen Christologie an. Denn dieser postuliert die Abkehr von dem additiven Bild zweier Naturen in Christus und fordert stattdessen die Erhebung der Einzigkeit Christi aus dessen geschichtlich realisiertem Verhältnis zu seinem 'Abba'. Bekanntlich hält Pannenberg alle Versuche, die Einzigkeit Christi durch das Verhältnis des Menschen Jesus zum innertrinitarischen Logos zu bestimmen, für gescheitert. Denn alle diese Versuche münden in eine Verkürzung der wahren Menschheit, weil sie bei der additiven Formel „wahrer Mensch und wahrer Gott" nicht stehen bleiben können, sondern auch die Einheit beider 'Komponenten' erklären müssen. Dies aber geschieht dann durch die These, Jesus sei unvermischt wahrer Gott und wahrer Mensch, aber nur eine Person, nämlich die des göttlichen Logos. Die oft als 'neuchalkedonisch' bezeichnete Lehre von einer die wahre Menschheit Christi verkürzenden 'Logoshegemonie' will Pannenberg vermeiden, indem er die Einzigkeit Christi nicht durch eine metaphysische Verhältnisbestimmung zweier 'Komponenten', sondern im Blick auf das geschichtlich gelebte Verhältnis Jesu zum Vater bestimmt. Die Frage nach der Identität des Menschen Jesus mit dem Sohn Gottes (Logos) wird von Pannenberg nicht a priori – auf dem Wege einer ontologischen Reflexion – beantwortet, sondern induktiv im Blick auf den biblisch (in den theologischen Kategorien der Geschichte Israels) bezeugten Jesus der Geschichte. „Jesus ist also eins mit Gott durch seine Hingabe an den Vater [...] Solche Persongemeinschaft ist zugleich Wesensgemeinschaft; zunächst in dem Sinne, daß es das Wesen der Person selbst ist, in Hingabe zu existieren. [...] Das

[82] Wolfhart PANNENBERG, *Grundzüge der Christologie*, Gütersloh ^{6}1982 [^{1}1964]; DERS., *Systematische Theologie*, Bd. II, Göttingen 1991.

Versenktsein in das Du bedeutet aber zugleich auch Teilnahme an dessen Wesen. So ist die Gottheit Jesu als Sohn vermittelt, begründet durch seine Hingabe an den Vater. Im Vollzug dieser Hingabe ist Jesus der Sohn.“[83]

In dem 1964 vorgelegten Entwurf versucht Pannenberg ausschließlich „von unten“ bzw. induktiv aus dem geschichtlich gelebten Verhältnis Jesu zu seinem 'Abba' die Personidentität des Menschen mit dem ewigen Logos aufzuweisen. Die Trinitätslehre spielt dabei nur insofern eine Rolle, als Pannenberg durch sie den Personbegriff bestätigt sieht[84], den er im Blick auf das geschichtlich verwirklichte Abba-Verhältnis Jesu eruiert, nämlich: *ganz vom Anderen her und auf den anderen hin existieren.* Die Frage aber, warum der 'wahre Mensch' Jesus durch unbedingten Gehorsam gegenüber seinem Vater (durch unbedingte Tora-Treue, durch unbedingte Hingabe) so eins *wird* mit Gott (der als der trinitarische absolute Hingabe des Vaters an den Sohn und des Sohnes an den Vater *ist*), dass man von einer ontologischen Identität der Person des Juden Jesus mit der Person des ewigen Logos sprechen darf, kann Pannenberg zumindest in seiner frühen Christologie nicht schlüssig beantworten. Deshalb sieht er sich im Laufe seines Denkweges – auch darin Lustiger durchaus ähnlich – immer stärker genötigt, die 'Christologie von unten' durch eine Trinitätstheologie zu ergänzen, die darüber Auskunft gibt, wie Gott sein muss, wenn das Dogma von der Personidentität des Juden Jesus mit dem ewigen Logos wahr ist.

Bei Licht besehen gelingt Pannenberg in der 1964 publizierten Christologie lediglich der Aufweis eines Entsprechungsverhältnisses zwischen zwei Beziehungen, nämlich zwischen der geschichtlich realisierten Relation des Juden Jesus zu seinem 'Abba' und der ewigen (innertrinitarischen) Relation des Sohnes zum Vater. Vom christologi-

---

83 PANNENBERG, *Grundzüge*, 347.

84 Mit Recht hat Georg ESSEN (*Die Freiheit Jesu. Der neuchalkedonische Enhypostasiebegriff im Horizont neuzeitlicher Subjekt- und Personphilosophie* [Ratio Fidei 5], Regensburg 2001, 213f) als eines der bleibenden Verdienste der Pannenbergschen Christologie die Eliminierung des doppeldeutigen Personbegriffs der traditionellen Dogmatik benannt. Denn in der klassischen Trinitätslehre erfüllt der Personbegriff eine diakritische, in der klassischen Christologie dagegen eine henotische Funktion. In der klassischen Trinitätslehre bezeichnet der Personbegriff das, was Vater, Sohn und Geist unterscheidet (diakritische Funktion). In der Christologie dagegen bezeichnet der Personbegriff das, was das wahre Menschsein und das wahre Gottsein Jesu Christi eint (henotische Funktion). Pannenberg aber entwickelt einen Personbegriff (nämlich: Hingabe, Relation), der im Rahmen der Trinitätslehre dieselbe Funktion wie im Rahmen der Christologie erfüllt. Problematisch daran ist nicht der endlich eindeutige Personbegriff, sondern der Versuch, über dessen Inhalt „von unten“ die Personidentität des Menschen Jesus mit dem ewigen Logos bzw. Sohn aufzuweisen.

schen Dogma aber wird ontologisch eine strenge (numerische) Identität der beiden genannten Relationen behauptet. Deshalb sieht sich Pannenberg im zweiten Band seiner groß angelegten „Systematischen Theologie“ zu einer Ergänzung des Blicks „von unten nach oben“ durch einen Blick „von oben nach unten“ genötigt.

Er gelangt zu der These, dass die innertrinitarische Selbstunterscheidung des Sohnes vom Vater zunächst einmal die Bedingung der Möglichkeit jedweden Andersseins gegenüber Gott – also Bedingung und Grund der Schöpfung insgesamt und jedes einzelnen Geschöpfes – ist. Er gelangt des weiteren zu der Feststellung, dass der Mensch das einzige Geschöpf ist, das die Unterscheidung von Gott, die es immer schon darstellt, in Freiheit bejahen bzw. realisieren *oder* aber negieren kann. Aus diesen beiden Beobachtungen folgert Pannenberg in einem dritten Schritt: Der Jude Jesus ist der wahre Mensch schlechthin, weil er als der einzig Sündlose die Selbstunterscheidung von Gott so unbedingt realisiert hat, dass er ganz und gar transparent wurde für den Gott, den er seinen Vater nannte. Oder anders ausgedrückt: Jesu geschichtlich gelebte Selbstunterscheidung vom Vater wurde zur *Selbst*offenbarung der innertrinitarischen Selbstunterscheidung des ewigen Sohnes vom Vater[85]. Mit der Einführung des Begriffs 'Selbstunterscheidung' drückt Pannenberg aus, was Marquardt und Lustiger zu der These veranlasst hat, das wahre Jude-Sein bzw. – in Abhängigkeit davon – das wahre Christ-Sein sei identisch mit dem wahren Mensch-Sein. Denn die biblische Gegen-

[85] „Nur in einem Geschöpf, das wie der Mensch sich in seiner Andersheit auf Gott bezogen weiß, kann die mit der Selbstunterscheidung des Sohnes vom Vater verbundene Selbstentäußerung voll zum Ausdruck kommen, so daß die Selbstunterscheidung des Sohnes vom Vater in der Form geschöpflichen Daseins realisiert wird. In diesem Sinne läßt sich die mit der Menschwerdung verbundene Entäußerung und Erniedrigung des ewigen Sohnes als ein Moment am freien Selbstvollzug seines ewigen Seins in der Selbstunterscheidung vom Vater verstehen. Dabei wird durch solchen Selbstvollzug des Sohnseins zugleich die Bestimmung des Geschöpfes zur wahren Selbständigkeit in Gemeinschaft mit Gott vollendet und der Mensch erlöst aus der Verirrung seiner Verselbständigung gegen Gott und von der daraus folgenden Unterwerfung unter die Macht der Vergänglichkeit und des Todes befreit.“ (PANNENBERG, *Systematische Theologie II,* 361. – „Wenn die menschliche Geschichte Jesu die Offenbarung seiner ewigen Sohnschaft ist, dann muß die letztere in seiner menschlichen Lebenswirklichkeit wahrnehmbar sein. Seine Gottheit ist dann nicht etwas Zusätzliches zu dieser menschlichen Lebenswirklichkeit, sondern der Reflex, der von der menschlichen Beziehung Jesu zu Gott dem Vater auf sein eigenes Dasein fällt, wie allerdings auch auf das ewige Sein Gottes. Umgekehrt ist die Annahme menschlichen Daseins durch den ewigen Sohn nicht als Hinzunahme einer seiner Gottheit wesensfremden Natur vorzustellen, sondern als das von ihm selber geschaffene Medium seiner äußersten Selbstrealisierung in Konsequenz seiner freien Selbstunterscheidung vom Vater, also als Vollzugsform seines ewigen Sohnseins“ (ebd. 365).

überstellung von Judentum und Heidentum bedeutet ja, dass der Jude, wenn er denn seiner Erwählung entspricht, nicht aus dem eigenen Willen, sondern aus dem Willen Gottes – und also aus der 'Selbstunterscheidung' von Gott – lebt; und dass der Heide umgekehrt selbst Herr der Schöpfung und Geschichte, selbst Gesetzgeber und Bestimmung von Gut und Böse sein will. Weil der Mensch das einzige Geschöpf ist, das sich zu seiner Geschöpflichkeit (zu seiner Unterschiedenheit von Gott) frei verhalten kann, ist er in eine Selbständigkeit entlassen, wie sie radikaler nicht gedacht werden kann[86].

Wo diese Selbständigkeit zur Verselbständigung gegenüber Gott wird, da erweist sich die Sünde als kreuzigender Hass[87]. So gesehen sind die Leidensgeschichte Israels und die Passion Jesu Ausdruck ein und desselben Phänomens: nämlich der Verweigerung der Selbstunterscheidung von Gott, die innertrinitarisch der ewige Sohn und als dessen innergeschichtliche Selbstoffenbarung Jesus Christus ist. Wie Lustiger bezeichnet auch Pannenberg die besagte Verweigerung bzw. das Sich-selbst-nicht-von-Gott-unterscheiden-Wollen als die Sünde, deren Sold der eigentliche Tod, nämlich die Trennung vom Gott Israels, ist. Und wie

86 Wenn Pannenberg das Christusereignis als innergeschichtliche „Vollzugsform" oder „Selbstrealisierung" der innertrinitarischen Selbstunterscheidung des ewigen Sohnes vom Vater bezeichnet, will er in keiner Weise die Eigenständigkeit des wahren Menschen Jesus verkürzen. Im Gegenteil: Mit dem – vordergründig betrachtet – missverständlichen Ausdruck „Vollzugsform der innertrinitarischen Selbstunterscheidung" will er sagen, dass die nicht nur scheinbare, sondern unbedingte Andersheit des Sohnes gegenüber dem Vater (die Selbstunterscheidung des ewigen Sohnes vom Vater) innergeschichtlich nur dann offenbar wird, wenn der Mensch Jesus sich in Raum und Zeit mit derselben Selbstunterscheidung vom Vater unterscheidet, die der ewige Logos immer schon *ist*. Natürlich kann man diskutieren, ob Pannenberg dieser seiner eigenen Aussageintention gerecht wird. Die Vertreter der sogenannten 'Münsteraner Schule' werfen Pannenberg eine theonome Konstitution der menschlichen Person vor, weil er die Freiheit Jesu mit der Beziehung zum Vater (bzw. mit der gelebten Selbstunterscheidung vom Vater) identifiziere, ohne dann noch schlüssig erklären zu können, warum das Sich-Verhalten Jesu zum Vater wirklich *sein* Sich-Verhalten ist. Vgl. Thomas PRÖPPER, *Das Faktum der Sünde und die Konstitution menschlicher Identität. Ein Beitrag zur kritischen Aneignung der Anthropologie Wolfhart Pannenbergs*, in: ThQ 170 (1990) 267–289; Klaus MÜLLER, *Wenn ich „ich" sage. Studien zur fundamentaltheologischen Relevanz selbstbewußter Subjektivität* (RSTh 46), Frankfurt 1994, 83–119; Franz-Josef OVERBECK, *Der gottbezogene Mensch. Eine systematische Untersuchung zur Bestimmung des Menschen und zur 'Selbstverwirklichung' Gottes in der Anthropologie und Trinitätstheologie Wolfhart Pannenbergs* (MBTh 59), Münster 2000, 323–359; Georg ESSEN, *Die Freiheit Jesu. Der neuchalkedonische Enhypostasiebegriff im Horizont neuzeitlicher Subjekt- und Personphilosophie* (Ratio Fidei 5), Regensburg 2001, 206–241.

87 Vgl. PANNENBERG, *Systematische Theologie II*, 417.

Lustiger beschreibt auch Pannenberg die exklusive Einzigkeit Jesu nicht nur als dessen bedingungslose (von jeder Sünde freie) Hingabe an den Willen des Vaters (Inhalt der besagten 'Selbstunterscheidung'), sondern auch als ein für allemal für alle Menschen aller Zeiten geschehenes Ereignis. Wenn Lustiger mit Hans Urs von Balthasar Ostern als den Tag charakterisiert, seit dem die Hölle (der eigentliche Tod) einen Ausweg hat, spricht Pannenberg vom Sieg über „die von Gott und seinem ewigen Leben trennende Macht des Todes“[88]. Heilswirksam allerdings – so fügt er hinzu – „ist der Tod Jesu nur für diejenigen, die ihm und seinem Geschick verbunden sind durch den Glauben an seine Verheißung, daß nichts sie von ihm trennen kann. Wer durch den Glauben an Jesus Christus noch in seinem Tode mit dem Sterben Jesu Gemeinschaft hat, der stirbt in der Hoffnung des Lebens, des neuen Lebens, das an Jesus schon erschienen ist“[89].

Was die Verhältnisbestimmung von Kreuz und Auferstehung bzw. Auferweckung betrifft, unterscheiden sich Lustiger und Pannenberg. Denn aus der Sicht von Lustiger ist der besagte Sieg über den Tod die von Jesus im physischen Sterben durchgehaltene Beziehung zum Vater. Das, was Ostern eigentlich meint, geschieht nicht jenseits des Kreuzes, sondern am Kreuz. Lustiger hält es offenbar für möglich, dass man nicht erst auf Grund der Erscheinungen des Auferstandenen den Sieger über den Tod erkennen konnte. Pannenberg wirft einer solchen nach seiner Ansicht vor allem von Rudolf Bultmann vertretenen Position vor, sie verflüchtige das Ostergeschehen, indem sie die Auferstehung nur als Enthüllung oder Offenbarung des Sinnes auffasse. Lustiger aber unterstreicht im Unterschied zu Bultmann, dass Ostern ein geschichtliches – wenn auch ein vom Kreuzesgeschehen untrennbares – Ereignis ist. In diesem Ereignis allerdings will er die Macht des auferweckenden Vaters in keiner Weise getrennt sehen von der Macht des auferstehenden Christus. Denn nur dann, wenn die im christlichen Credo bekannte Allmacht Gottes identisch ist mit der scheinbar ohnmächtigen und doch den Tod besiegenden Liebe des Gekreuzigten, kann man aus der Sicht von Lustiger auch nach Auschwitz noch an Gott glauben.

Stephan Vasel hat Pannenberg eine ganz Reihe von Zitaten aus der „Systematischen Theologie“ vorgehalten, die einen eigenen Weg Israels zum Heil ausschließen[90]. In Wahrheit aber behauptet Pannenberg nichts anderes als Lustiger, wenn dieser die von Israel artikulierten Verheißun-

[88] Ebd. 418.
[89] Ebd.
[90] Vgl. VASEL, *Philosophisch verantwortete Christologie,* 569–595.

gen in Jesus Christus erfüllt (nicht ersetzt!) sieht. Auch Pannenberg betont, dass die wenigen Stellen des NT, die von einem „neuen Bund“ sprechen, nicht die Ersetzung des alten durch einen neuen Bund meinen: „Daher bedeutet der eschatologische Neue Bund für Israel die Erneuerung des alten Bundesverhältnisses mit seinem Gott. [...] Der Neue Bund, dessen Israel nach Röm 11,27 bei der Wiederkunft Christi teilhaftig werden soll, ist kein anderer als der nach 1 Kor 11,25 im Blut Christi geschlossene Bund, an welchem der beim Herrenmahl gereichte Kelch Anteil gibt. Das heißt: Die in der Mahlgemeinschaft mit Jesus zur Einheit seines Leibes zusammengeschlossene Kirche hat schon jetzt Anteil an dem neuen Bund, der dem Volke Israel als ganzem (Röm 11,26) bei der Wiederkunft Christi als der von Israel erwarteten Ankunft des eschatologischen Erlösers gewährt werden wird.“[91]

Wenn Pannenberg schreibt, „daß jeder Christ im Gespräch mit Juden sich zu seinem Glauben an Jesus als den Christus Israels zu bekennen und diesen Glauben den jüdischen Gesprächspartnern zu bezeugen hat“[92], dann ruft er keineswegs zur Judenmission auf. Im Gegenteil: Er appelliert an die Christen, von den Juden das Warten auf die Realisierung der im Christusereignis antizipativ verbürgten Verheißungen zu lernen[93]. Wörtlich bekennt er: Heutige christliche Theologie sollte das Verhältnis der Kirche zu dem Begriff des erwählten Gottesvolkes in der Offenheit behandeln, die die paulinischen Aussagen zu diesem Thema nahelegen. Zweifellos darf sich die Kirche als Volk des neuen, im Blute Jesu Christi geschlossenen und in jeder Feier des Herrenmahls erneuerten Gottesbundes verstehen. Aber sie darf sich deshalb noch nicht als das 'neue' Gottesvolk dem alten jüdischen Gottesvolk entgegensetzen, so als ob dieses zusammen mit dem alten Bund nunmehr abgetan wäre. Der

---

[91] PANNENBERG, *Systematische Theologie*, Bd. III, Göttingen 1993, 512f.

[92] Ebd. 514.

[93] „In ihren Beziehungen zum jüdischen Volk hatte die Kirche zum ersten Male zu entscheiden, ob sie ihren eigenen Ort in der Geschichte Gottes mit der Menschheit im Sinne der Vorläufigkeit des Zeichens auf die noch nicht eingetretene Vollendung hin begreifen oder ob sie sich als Ort der zumindest anfänglich schon realisierten eschatologischen Vollendung selbst verstehen wollte. Die Entscheidung fiel zugunsten dieser zweiten Alternative und fand ihren Ausdruck im Anspruch der Kirche, exklusiv mit dem eschatologisch 'neuen' Gottesvolk identisch zu sein. Die weitere Geschichte des Christentums blieb von den gefährlichen und zerstörerischen Konsequenzen dieser Weichenstellung gezeichnet, in Gestalt dogmatischer Intoleranz (als Folge eines falschen, die eigene Vorläufigkeit nicht mitbedenkenden Bewußtseins eschatologischer Endgültigkeit) [...]. Es ist wichtig, sich klarzumachen, daß der dieser leidvollen Fehlentwicklung zugrunde liegende Fehler erstmalig im Verhältnis der Kirche zum jüdischen Volk hervorgetreten ist.“ (Ebd. 516). – Ergänzend dazu: DERS., *Systematische Theologie II,* 383f.

neue Bund ist bei Jeremia (31,31f) und bei Deuterojesaja (59,21) nicht einem anderen Volke, sondern Israel verheißen als eschatologische Erneuerung und Vollendung seines Bundesverhältnisses zu seinem Gott. Wenn Jesus beim Abschiedsmahl mit seinen Jüngern in der Nacht vor seiner Verhaftung die Verheißung des neuen Bundes auf die durch sein Lebensopfer besiegelte Mahlgemeinschaft mit seinen Jüngern bezogen hat, so ist damit die Beziehung dieser Verheißung auf das Volk Israel nicht aufgehoben. Vielmehr ist damit einmal mehr die Gemeinschaft mit Jesus als Heilszukunft für das ganze jüdische Volk bezeichnet, die in der Gemeinschaft des Jüngerkreises schon anbricht."[94]

Pannenberg unterscheidet im Unterschied zu Marquardt sehr genau zwischen jüdischer und judenchristlicher Perspektive. Und er wehrt sich gegen die nicht nur von Marquardt, sondern gelegentlich auch von jüdischer Seite vorgetragene These, die christliche Theologie des Abendlandes – besonders deren scholastische Version – habe aus dem Erbe Israels und dem Erbe Jesu Christi eine Theorie gemacht. Wie der Judenchrist Lustiger – allerdings nicht in Abhängigkeit von diesem – entwirft Pannenberg eine juden*christlich* perspektivierte Christologie. Und wie der Judenchrist Lustiger verteidigt er die Notwendigkeit einer Verantwortung dieser Christologie vor dem Selbstverständnis des Judentums *und* vor dem Forum der philosophischen Kritik.

Eine von Gott ergangene Erwählung kann man nicht hinterfragen oder vor der Vernunft als notwendig ausweisen. Deshalb lebt Israel anders als alle anderen Völker aus einer Gewissheit, die sich nicht begründen, sondern nur beantworten lässt. Das wird schon darin deutlich, dass ein Jude immer Jude bleibt – auch dann, wenn er seinen Glauben nicht mehr praktiziert oder gar als Irrtum ausgibt. Jüdische Theologie ist vor diesem Hintergrund vornehmlich Doxologie, erzählende, erinnernde, betende, dankende und klagende Reflexion der eigenen Erwählung. Kaum jemand hat das so eindrücklich erfahren und beschrieben wie Jean-Marie Lustiger. Aber gerade er will aus dem doxologischen Charakter jüdischer Theologie nicht das ableiten, was man den Generalangriff der postmodernen (weithin von Juden repräsentierten) Philosophie auf die abendländische Metaphysik nennen könnte. Lustiger erinnert in diesem Zusammenhang an den Juden Spinoza, auf den Hegel – das postmoderne Feindbild schlechthin! – sich mehr als auf jeden anderen Vordenker stützt[95]. Nicht die metaphysische Versuchung, die Wirklichkeit bzw. die

[94] Wolfhart PANNENBERG, *Systematische Theologie III,* 516f.

[95] „Wo liegen die Wurzeln eines Hegel? Wo die des häufig rationalistischen, gelegentlich auch gnostischen, und damit antijüdischen Denkens, wenn nicht in den Versuchungen des Abendlandes? Diese Versuchungen aber gibt es ebensogut bei den Juden wie

Andersheit des jeweils Anderen den eigenen Begriffen, Theorien und Systemen zu unterwerfen, ist in der Analyse von Lustiger Ursache der Shoah, sondern der Atheismus, der als Bedingung seiner selbst den Monotheismus der jüdisch-christlichen Tradition voraussetzt[96] und mit innerer Konsequenz in den von Nietzsche formulierten Nihilismus mündet. Dieser Atheismus denunziert die im Denken des Menschen vollzogene Unterscheidung des Ich von jedem Nicht-Ich als Fiktion; er verdächtigt die Selbstunterscheidung des Menschen vom Tier als listige Strategie der mit dem Willen zur Macht identifizierten Natur; und er demaskiert den Gottesgedanken als den Schwächeanfall eines Ich, das sich selbst nicht zutraut, Gott (Herrscher über jedes Nicht-Ich) zu sein[97]. Angesichts dieses nihilistischen Atheismus und seiner erlebten Konsequenzen sind der Erwählungsglaube Israels und der christliche Glaube an die vom Christusereignis verbürgte Unbedingtheit der Würde jedes einzelnen Menschen nur durch eine Praxis zu verteidigen, die auch jeder theoretischen Bestreitung von außen gewachsen ist. Deshalb plädiert[98] der Judenchrist Lustiger für eine an die Praxis des gelebten Glaubens gebundene und zugleich jedem theoretischen Einwand antwortende Theologie.

---

bei den Christen. Spinoza ist ein recht bekannter Jude und Marx ein berühmter Hegelianer." (*Gotteswahl*, 84).

96 „Das atheistische Denken ist eine aus dem christlichen Denken erwachsene Versuchung. Atheist kann nur der sein, der mit der Frage nach Gott konfrontiert wurde – also nur ein Jude oder ein Christ. Ein Buddhist kann nicht in gleicher Weise wie wir Atheist sein." (Ebd. 93). – „Der moderne Antisemitismus ist deshalb so radikal, weil er ein Antitheismus ist. [...] Für den Atheismus ist die Vorstellung einer partikularen Gegenwärtigkeit des Absoluten in der Geschichte unerträglich. Ein nicht von Menschenhand geschaffenes Absolutum ist für ihn schlicht ein Unding. Und ein Jude ist in den Augen eines Atheisten nur dann vertrauenswürdig, wenn er sich seinerseits als Atheist bekennt. Andernfalls ist er ein potentieller Verräter." (Ebd. 88f.).

97 „Weil der Nationalsozialismus nicht Gott, sondern dem Übermenschen huldigt und folglich alle Menschen vernichten will, die diesem Ideal nicht entsprechen, setzt er Auserwähltheit mit Beherrschung und einem verabscheuungswürdigen Vorrecht gleich." (Ebd. 96).

98 Besonders lesenswert in diesem Zusammenhang ist das mit dem Titel „Glaube und Wissen" versehene Kapitel in Lustigers Lebenserinnerungen (ebd. 129–221).

Das Mysterium Israels und die Messianität Jesu

Israeltheologie als Aufgabe der Christologie

von Helmut Hoping, Freiburg i. Br.

Vorbemerkung

Ein antijüdisches Deutungsmuster, das in der Vergangenheit wie kein anderes das Verhältnis der Kirche zu Israel belastet hat, ist die Substitutionstheorie. Sie besagt, dass die Kirche an die Stelle Israels getreten ist, so dass Israel entweder überhaupt keine oder nur noch eine negative Bedeutung zukommt.[1] Zusammen mit dem Vorwurf des Gottesmordes bildet die Substitutionstheorie den Kern des christlichen Antijudaismus, mit seinen verhängnisvollen Folgen wie den Zwangstaufen und Pogromen und schließlich der Shoah, der industriell organisierten und durchgeführten Vernichtung des europäischen Judentums. Zwar resultiert die Shoah nicht zwangsläufig aus dem christlichen Antijudaismus.[2] Doch wäre die rassistisch begründete antisemitische Ideologie der Nazis ohne den christlichen Antijudaismus nicht möglich gewesen. Es darf auch nicht verschwiegen werden, dass auch viele getaufte, wenngleich wohl kaum praktizierende Christen an den Grausamkeiten gegen die Juden beteiligt waren.

Das Ereignis, das mit dem Namen Auschwitz verbunden ist, hat zur Umkehr der Katholischen Kirche und der Kirchen der Reformation geführt. In öffentlichen Schuldbekenntnissen haben sie sich zu ihrer geschichtlichen Schuld gegenüber dem Judentum bekannt.[3] Heute aner-

---

1 „Israel“ meint hier nicht den Staat Israel, sondern das jüdische Volk, über dem nach Gen 32,29f.; 35,10 Gottes Segen liegt.

2 So die Stellungnahme jüdischer Gelehrter *DABRU EMET (Redet Wahrheit). Eine jüdische Stellungnahme zu Christen und Christentum*, in: EvTh 61 (2001) 334–336, 335. Vgl. auch Steven Theodore KATZ vom Center for Judaic Studies Boston, der zwar Elemente von Kontinuität zwischen christlichem Antijudaismus, den mittelalterlichen Pogromen und dem nationalsozialistischen Antisemitismus sieht, insgesamt aber stärker die Diskontinuität zwischen christlichem Antijudaismus und dem Antisemitismus der Nazis betont, da ihre rassistische Ideologie keine Vorläufer im Christentum habe. Vgl. Volker DREHSEN (Hg.), *Kontinuität und Diskontinuität zwischen christlichem und nationalsozialistischem Antisemitismus*. Übersetzt von Alexandra Riebe, Tübingen 2001.

3 Vgl. Rolf RENDTORFF – Hans Herrmann HENRIX (Hg.), *Die Kirchen und das Judentum, Bd. 1: Dokumente von 1945–1985*, Paderborn-Gütersloh 1998; Hans Hermann

kennen sie die unwiderrufliche Erwählung Israels (Röm 9–11), die sie vergessen, ja ausdrücklich bestritten hatten. Aus der heilsgeschichtlichen Tatsache des ungekündigten Gottesbundes, in dem Israel steht, ergibt sich die Forderung nach einer christlichen Theologie im Angesichte Israels.[4] Die Christologien, die in Verbindung mit den Theorien der Substitution stehen, sind Christologien des „Bruchs“, einer radikalen Diskontinuität. Nach dem 2. Vatikanischen Konzil entstanden verschiedene Ansätze einer Israel bejahenden Christologie, die stärker die Kontinuität von Alten und Neuem Bund betonten. Nun kann eine Christologie, die daran festhält, dass Jesus der Messias des Gottes Israels ist, nicht ohne ein Moment von Diskontinuität auskommen. Und so wächst einer messianischen Christologie die israeltheologische Aufgabe zu, das Mysterium der Einzigartigkeit des Volkes Israel mit der Einzigkeit und Universalität Christi zusammenzudenken. Zentral ist dabei die Frage nach dem Verhältnis von Altem und Neuen Bund, von alt- und neutestamentlichem Gottesvolk.[5]

Vorab ist zunächst die universale Dimension der Messianität Jesu zu thematisieren *(1. Jesus – der Messias des Gottes Israels)*. Daran schließt sich eine kritische Analyse des Zugehörigkeitsmodells des Einen Bundes an, das davon ausgeht, dass die Völker (*goyim*) durch Jesus Christus in den einen Bund Gottes mit seinem auserwählten Volk hineingenommen sind und es für Israel und die Kirche in diesem einen Bund zwei Heilswege gibt *(2. Israel und Kirche im einen Gottesbund?)*. Alternativ zu diesem Zugehörigkeitsmodell wird ein eschatologisches Zugehörigkeitsmodell skizziert.[6] Dieses Zugehörigkeitsmodell bemüht sich darum, die divergierenden Selbstdeutungen der Kirche und Israels ebenso ernst zu nehmen wie das Mysterium des von Gott zu seinem besonderen Eigentum erwählten, im ungekündigten Gottesbund stehenden Volkes Israel sowie die innere Verbundenheit von Israel und Kirche *(3. Die Einheit*

HENRIX – Wolfgang KRAUS (Hg.), *Die Kirchen und das Judentum, Bd. 2: Dokumente von 1986–2000*, Paderborn-Gütersloh 2001.

[4] Vgl. dazu den Überblick von Marianne GROHMANN, *Judentum und Christentum. Verhältnisbestimmungen am Ende des 20. Jahrhunderts*, in: ThR 69 (2004) 151–181.

[5] Vgl. Walter Kardinal KASPER, The Relationship of the Old and the New Covenant as One of the Central Issues in Jewish-Christian Dialogue. Delivered at the Centre for the Study of Jewish-Christian Relations, Cambridge, vom 6. Dezember 2004 (www.bc.edu/research/cjl/meta-el ...s /articles/Kasper_Cambridge_6Dec04.htm).

[6] Vgl. dazu auch Helmut HOPING, *Die Pluralität der Religionen und der Wahrheitsanspruch des Christentums,* in: Hans J. MÜNK – Michael DURST (Hg.), *Christliche Theologie und Weltreligionen. Grundlagen, Chancen und Schwierigkeiten des Dialogs heute,* Freiburg/Schweiz 2003, 117–159, 134–140; DERS., *Einführung in die Christologie,* Darmstadt 2003, 149–151.

des Gottesvolkes des Alten und Neuen Bundes). Dass das Verhältnis von Israel und Kirche letztlich nur verheißungstheologisch angemessen bestimmt werden kann, bekräftigt Jean-Marie Kardinal Lustiger in seinem Buch „Die Verheißung“, das im Sinne einer Hoffnung, die wir Israel schulden, entschieden das Bekenntnis zu Jesus als dem Messias Israels vertritt *(Schluss: Die Stimme eines jüdischen Christen).*

I. Jesus – der Messias des Gottes Israels

Zum Menschsein Jesu gehört untrennbar sein Judesein. Nicht ein beliebiger Mensch, sondern ein Angehöriger des Volkes Israels gab am Kreuz sein Leben für die Vielen und wurde durch die Auferweckung von den Toten offenbar gemacht als einziggeliebter Sohn und Messias des Gottes Israels. In ihm, dem endgültigen Zeugen, bekräftigte der eine Gott seine Selbstbindung an Israel. Deshalb hat die Kirche Jesu Christi ein besonderes und unauflösliches Verhältnis zu dem von Gott als besonderes Eigentum erwählten Volk. Die Erwählung dieses Volkes gehört nicht der Vergangenheit an. Denn in Jesus bekräftigte Gott seine Verheißungen Israels: „Er ist das Ja zu allem, was Gott verheißen hat“ (2 Kor 1,20). Das Verhältnis zwischen Israel und Christus kann deshalb nicht einfach nach dem Schema Verheißung und Erfüllung gedacht werden. Doch so gewiss durch den Jesus, den wir als Christus, als Gesalbten des einen Gottes glauben, die Erwählung Israels bekräftigt wurde, so unübersehbar ist die heilsgeschichtliche Tatsache, dass Israel in Jesus nicht den von ihm erwarteten Messias erkannte. Mit dem gekreuzigten und auferweckten Christus hat Gott die Verheißungen an Israel bestätigt und zugleich seine messianischen Erwartungen durchkreuzt.[7]

Die als „antijudaisierend“ geltenden Texte des Neuen Testaments (1 Thess 2,14–16; Gal 3,10; Mt 27,25; Joh 8,44f), in denen man vielfach einen schroffen Gegensatz zum israeltheologischen Schlüsseltext Röm 9–11 gesehen hat, erklären sich durch die Enttäuschung der Erwartungen, ganz Israel werde zum Glauben an Jesus, Gottes Messias und Sohn

[7] Die Literatur zum Verhältnis jüdischer Messianismus und christlicher Messiasglaube ist kaum noch zu überblicken. Es sei nur auf folgende Beiträge verwiesen: Jacob NEUSNER, *Messiah in Context. Israel's History and Destiny in Formativ Judaism*, Philadelphia 1984; Concilium 29 (1993) H.1: Themenheft „Messias und Messianismus“; Ekkehard W. STEGEMANN (Hg.), *Messias-Vorstellungen bei Juden und Christen*, Stuttgart-Berlin-Köln 1993; JBTh 8 (1993): *Der Messias*; Clemens THOMA, *Das Messiasprojekt. Theologie jüdisch-christlicher Begegnung*, Augsburg 1994; Heinz-Josef FABRY – Klaus SCHOLTISSEK, *Der Messias. Perspektiven des Alten und Neuen Testaments*, Würzburg 2002.

finden, sowie die Verfolgungen, denen Judenchristen bis hin zur Exkommunikation aus der Synagoge (Joh 9,22; 16,2) ausgesetzt waren. Von den „antijudaisierenden" Texten des Neuen Testamentes sind der von antijüdischer Polemik durchzogene Barnabasbrief und die späteren *Anti Iudaeos* verfassten Schriften der Väterzeit zu unterscheiden, die am Anfang des christlichen Antijudaismus stehen.[8]

Die Christologie hat davon auszugehen, was Gott in und durch Jesus für Israel und die Völker getan hat.[9] Doch muss sie das Bekenntnis zu Jesus Christus aufgeben, um den mit ihrer traditionellen Gestalt amalgamierten Antijudaismus hinter sich lassen zu können? Können wir nach der Shoah noch daran festhalten, dass Jesus der *Messias Israels* ist? Hier gehen die Meinungen weit auseinander. Die einen halten daran fest, dass Jesus nicht nur der *Messias aus Israel für die Völker*, sondern auch der *Messias für Israel* ist, wenn er auch noch nicht als Messias für ganz Israel offenbar geworden ist. Andere halten dafür, dass Jesus seinen Ursprung zwar in Israel hat, Messias Gottes aber nur für die Völker ist. Verbunden ist damit nicht selten die Forderung, auf den Messiastitel für Jesus ganz zu verzichten oder ausschließlich den semantisch offeneren griechischen Christustitel zu verwenden.[10]

Paul M. van Buren erkennt im Bekenntnis zu Jesus dem Messias den absurden Versuch, „dem jüdischen Volk eines seiner eigenen zentralen Symbole der Hoffnung zu rauben"[11]. In Jesus, so van Buren, wurde offenbar, dass der eine Gott die Völker *(goyim)* in den einen Bund mit seinem Volk aufnehmen will. In diesem Sinne versteht van Buren die Aussage des Apostel Paulus, Jesus sei „ein Diener des Volkes Israel" (Röm 15,8) geworden.[12] Dagegen spricht Arthur Roy Eckardt von der

[8] Vgl. auch die Differenzierungen von KATZ, *Kontinuität und Diskontinuität zwischen christlichem und nationalsozialistischem Antisemitismus,* 13. 18f.

[9] Vgl. Gerhard SAUER, *Jesus der Christus. Die Messianität Jesu als Frage an die gegenwärtige Christologie*, in: EvTh 42 (1982) 324–439, 330f., mit Berufung auf Otto WEBER, *Grundlagen der Dogmatik II*, Neukirchen 1962, 72f.

[10] Vgl. STEGEMANN, *Welchen Sinn hat es, von Jesus als Messias zu reden?,* in: DERS. (Hg.), *Messias-Vorstellungen bei Juden und Christen,* 81–102, 101.

[11] Paul Matthews VAN BUREN, *Christ in Context,* New York 1988, 10. Vgl. auch das Hauptwerk van Burens: *A Theology of Jewish-Christian Reality. Part I: Discerning the Way. Part II: A Christian Theology of the People Israel,* San Francisco 1987; dt. *Eine Theologie des christlich-jüdischen Diskurses. Darstellung der Aufgaben und Möglichkeiten,* München 1988. Zur Auseinandersetzung mit der Christologie van Burens vgl. Wolfgang SCHWEITZER, *Der Jude Jesus und die Völker der Welt. Ein Gespräch mit Paul M. van Buren. Mit Beiträgen von P.M. van Buren, Berthold Klappert und Michael Wyschogrod. Mit einem Vorwort von Peter von der Osten-Sacken,* Berlin 1993.

[12] Jacobus SCHONEVELD, *The Jewish 'No' to Jesus and the Christian 'Yes' to Jews*, in: Quarterly Review 44 (1984) 52–63, bezeichnet Jesus als die fleischgewordene Tora und

Erfahrung einer radikalen Säkularität als dem gemeinsamen Schicksal von Israel und Kirche. Die Shoah habe den Irrtum des Kerygma von der Auferweckung des Gekreuzigten aufgedeckt, so dass seitdem Auferstehung nur noch im Modus der Verheißung ausgesagt werden könne: „That Jewish man from Galilee sleeps now. He sleeps with the other Jewish dead, with all the disconsolate and the sacttered ones of the murder camps, and with the unnumbered dead of the human and nonhuman familiy. But Jesus of Nazareth shall be raised. So too shall the small Hungarian children who were burned alive to Auschwitz."[13]

Nicht weniger radikal ist die Behauptung des unlösbaren Zusammenhanges zwischen Christologie und Antijudaismus bzw. Antisemitismus. So sieht Rosemary Ruether in der Christologie die „Kehrseite des Antijudaismus"[14], eine „messiasianische Ideologie", einen „christlich-imperialistischen Mythos"[15]. Ruether fordert eine radikale Revision der Christologie, die sich in einer „vollen Bekehrung zum Judentum" gegenüber einem „erfüllten Messianismus"[16] auf einen „unerfüllten Messianismus" zurücknimmt.[17] Das Ergebnis lautet: Jesus ist nicht der Messias des Gottes Israels, sondern war ein frommer Jude, der den Anbruch des Reiches Gottes erwartet hat.[18] Exodusgeschehen und Christusereignis sind qualitativ nicht unterschieden.

Dass Jesus „nach Auschwitz" nicht mehr als der „Messias Israels" bezeugt werden könne, meint auch der evangelische Exeget Klaus Wengst.[19] Das Verhältnis der Sohnschaft Jesu zur Sohnschaft Israels bestimmt Wengst als das einer „außerordentlichen Konzentration"[20]: Was „für die Kirche durch den Messias Jesus vermittelt da ist, gilt für Israel

---

sieht in der gemeinsamen Erwartung der Erfüllung der Tora das Verbindende von Israel und Kirche.

[13] Vgl. Arthur Roy ECKARDT, *The Resurrection and the Holocaust*, Paper Presented to the Israel Study Group, New York, March 4, 1978 (zitiert nach John T. PAWLIKOWSKI, *Jesus and the Theology of Israel*, Wilmington 1989, 81). Eckardt vertrat bis dahin die Theorie des einen Bundes Gottes mit Israel, in den die Völker durch Jesus aufgenommen wurden. Vgl. DERS., *Elder and Younger Brothers*, New York 1973.

[14] Rosemary Radford RUETHER, *Nächstenliebe und Brudermord. Die theologischen Wurzeln des Antisemitismus*, München 1978, 229. – Der Antijudaismus, so sekundiert Gregory BAUM im Vorwort zum Buch von Ruether, sei die „linke Hand der Christologie" (ebd. 19).

[15] RUETHER, *Nächstenliebe und Brudermord,* 241.243.

[16] Ebd. 222.

[17] Ebd. 237.

[18] Vgl. RUETHER, *An Invitation to the Jewish-Christian Dialogue: In What Sense Can We Say That Jesus was 'The Christ',* in: The Ecumenist 10 (1972) 14–19, 17.

[19] Klaus WENGST, *Jesus zwischen Juden und Christen*, Stuttgart 1999, 73–76.

[20] Ebd.

schon vorher und gilt auch weiterhin ohne solche Vermittlung"[21]. Hierfür glaubt Wengst sich auf Paulus berufen zu können (Röm 9–11). Doch wie hätte Paulus bei der Annahme eines parallelen Heilsweges für Israel und die Kirche erwarten können, dass ganz Israel bei der Parusie Christi gerettet (Röm 11,27) und im auferweckten Gekreuzigten den Messias Israels erkennen wird.[22] Da die Einschränkung der Messianität Jesu auf die Völker mit der Universalität der paulinischen Rechtfertigungslehre unvereinbar ist, grenzt Wengst das *sola gratia Christi* auf die *goyim* ein. Die Kirche hat sich als Kirche (ἐκκλεσία) allein aus den zum Volk Israel hinzukommenden Völkern wahrzunehmen.[23]

Die Distinktion, Jesus sei der „Messias aus Israel für die Völker", nicht der „Messias Israels", ist den Evangelien gänzlich fremd. Es ist zwar richtig, dass Jesus nur im Evangelium des Johannes (Joh 1,41; 4,25) μεσσίας genannt wird. Doch ist mit dem griechischen Titel Χριστός im Neuen Testament kein anderer bezeichnet als der Messias des Gottes Israels. Zudem war der primäre Adressat der messianischen Sendung Jesu nicht die Völkerwelt, sondern das auserwählte Volk, dem er selbst entstammte (Lk 4,18f; Lk 7,22; vgl. Jes 61,1f). Als Sohn Davids kam der Jude Jesus, um das Volk von seinen Sünden zu erlösen (Mt 1,1.21).[24] Besonders eindrücklich kommt der Israelbezug der Messianität Jesu in der Petrusrede auf dem Jerusalemer Tempelplatz zum Ausdruck: „Nun, Brüder, ich weiß, ihr habt aus Unwissenheit gehandelt, ebenso wie eure Führer. Gott aber hat auf diese Weise erfüllt, was er durch den Mund aller Propheten im voraus verkündigt hat: dass sein Messias leiden werde. Also kehrt um, und tut Buße, damit eure Sünden getilgt werden und der Herr Zeiten des Aufatmens kommen lässt und Jesus sendet als den für euch bestimmten Messias. Ihn muss freilich der Himmel aufnehmen bis zu den Zeiten der Wiederherstellung von allem, die Gott von jeher durch den Mund seiner heiligen Propheten verkündet hat." (Apg 3,17–21).

Auch Paulus betont den Israelbezug der Messianität Jesu: „Christus ist um der Wahrhaftigkeit Gottes willen Diener der Beschnittenen geworden, damit die Verheißungen an die Väter bekräftigt werden" (Röm 15,8). Als Paulus erkennen musste, dass sich die Mehrzahl der Juden nicht zu Jesus Christus bekennen würde, offenbarte Gott ihm das Mysterium Israels: „Wenn der Retter aus Zion kommt, wird ganz Israel gerettet

---

21 Ebd.

22 Vgl. dazu Michael THEOBALD, *Der Römerbrief*, Darmstadt 2000, 264–282.

23 Vgl. WENGST, *Jesus zwischen Juden und Christen*, 15.

24 Vgl. PÄPSTLICHE BIBELKOMMISSION, *Das jüdische Volk und seine Heilige Schrift in der christlichen Bibel* (VdApS 152), Bonn 2001.

werden“ (Röm 11,26). Wie sollte auch der Messias des Gottes Israel für die Völker ohne Bezugnahme auf die messianischen Hoffnungen des zu seinem besonderen Eigentum auserwählten Volkes gedacht werden können?[25] So betont die Kennzeichnung Jesu als „Messias Israels“ vom christlichen Standpunkt an erster Stelle nicht die Diskontinuität, sondern die Kontinuität in der jüdischen und christlichen Messiaserwartung.[26] Denn die Messianität Jesu kann nur dann angemessen zur Geltung gebracht werden, wenn dabei das Judesein ebenso uneingeschränkt anerkannt wird wie der ungekündigte Gottesbund, in dem Israel steht (Röm 9,1–5; 11,1f).

Als Christen haben wir zudem kein Recht, den Weg Christi mit dem Weg der Kirche in eins zu setzen. Wenn für den Apostel Paulus mit dem Weg Christi die Hoffnung verbunden ist, dass ganz Israel unabhängig von der Verkündigung der Kirche seinen Messias in Jesus Christus bei seiner Parusie erkennen wird, so können wir mit Hans-Joachim Kraus vom „Geheimnis der Stellvertretung“ sprechen, „in der die Juden – um des Zustroms der Völker willen – in ihrer messianischen Erwartung eine Zeitlang zurückstehen. Hier wäre im einzelnen viel zu sagen, aber dann auch zu schweigen – angesichts des Geheimnisses, das letztlich unserem Begreifen verschlossen ist.“[27] Dies gilt es immer zu beachten, wenn wir als Christen hoffen, derjenige, der wiederkommen wird, und derjenige, den Israel erwartet, werde die Züge Jesu tragen.[28]

Die Kirche erkennt mit ihrer Gründungsurkunde des Neuen Testamentes „in Jesus von Nazaret den verheißenen, von Israel (und der gesamten Menschheit) erwarteten Messias, also denjenigen, der in seiner Person die Verheißung erfüllt“[29]. Allerdings „verwirklicht sich im Geheimnis des gekreuzigten und auferstandenen Christus die Erfüllung in unvorhersehbarer Weise. Jesus spielt nicht einfach eine vorgegebene Rolle – die Rolle des Messias –, sondern er verleiht den Begriffen des Messias wie des Heils eine Fülle, die sich zuvor nicht erahnen ließ; er erfüllt sie mit neuer Realität ... Die Messianität Jesu hat einen neuen und unerhörten Sinn“[30].

---

[25] Vgl. HOPING, *Einführung in die Christologie*, 147–162.

[26] So die PÄPSTLICHE BIBELKOMMISSION, *Das jüdische Volk und seine Heilige Schrift in der christlichen Bibel,* Nr. 65/120. Vgl. Hans Hermann HENRIX, *Judentum und Christentum. Gemeinschaft wider Willen,* Regensburg 2004, 141.

[27] Hans-Joachim KRAUS, *Rückkehr zu Israel. Beiträge zum christlich-jüdischen Dialog,* Neukirchen-Vluyn 1991, 358.

[28] Vgl. PÄPSTLICHE BIBELKOMMISSION, *Das jüdische Volk und seine Heilige Schrift in der christlichen Bibel,* Nr. 21/43.

[29] Ebd. Nr. 63/115.

[30] Ebd. Nr. 21/42.

Die in der lukanischen und paulinischen Abendmahlsparadosis (Lk 22,20; 1 Kor 11,25) verankerte Rede vom neuen Bund (καινὴ διαθήκη) wurde traditionell im Sinne der Substitution des Alten Bundes verstanden: Der Neue Bund habe den Alten Bund mit Israel abgelöst bzw. ersetzt. Dafür berief man sich besonders auf 2 Kor 3,14–18 und Hebr 8,1–13. Doch bei Paulus spielt in starkem Maße innerjüdische Polemik hinein.[31] Dem Verfasser des Hebräerbriefes aber geht es nicht darum, die heilsgeschichtliche Kontinuität zwischen Altem und Neuem Bund in Frage zu stellen. Vielmehr zielt er angesichts des Christusereignisses auf eine Vergewisserung der bundestheologischen Identität der Kirche.[32] Dabei firmieren „Neuer Bund“ und „Alter Bund“ als „Leitworte zur Kennzeichnung des österlichen Kultgeschehens und seines in der Schrift bezeugten Antitypos (Lev 16)“[33]. Beim alten Bund ist die Kultordnung des Tempels im Blick, so dass Hebr 8,6–13 nicht gegen die Formel vom „Gottesvolk des von Gott nie gekündigten Bundes“ steht. Anders als der Römerbrief äußert sich der Hebräerbrief nicht zum Judentum nach Christus. Er bestreitet Israel als Adressat des Alten Bundes auch nicht den Status als Volk Gottes.[34]

Mit dem 2. Vatikanischen Konzil hat die Katholische Kirche einen israeltheologischen Paradigmenwechsel eingeleitet.[35] Es gehört zu den Schlüsselaussagen des Konzils, dass die Substitutionstheorie mit dem Gesamtzeugnis des Neuen Testaments nicht vereinbar ist. Die Kirchenkonstitution „Lumen gentium“ nennt das Volk der Juden „jenes Volk, dem der Bund und die Verheißungen gegeben worden sind und aus dem Christus dem Fleische nach geboren ist *[vgl. Röm 9,4f.]*, das seiner Erwählung nach um der Väter willen so teure Volk: ohne Reue nämlich sind die Gaben und die Berufung Gottes *[vgl. Röm 11,28f.]*“[36]. In der

---

[31] Vgl. Karl LÖNING, *Eschatologische Krise und (Neuer) Bund. Zum Stellenwert des Bundes-Motivs im Zusammenhang neutestamentlicher Soteriologien,* in: Hubert FRANKEMÖLLE (Hg.), *Der ungekündigte Bund? Antworten des Neuen Testaments* (QD 172), Freiburg-Basel-Wien 1998, 78–116, 105–110.

[32] Vgl. Knut BACKHAUS, *Das Bundesmotiv in der frühkirchlichen Schwellenzeit. Hebräerbrief, Barnabasbrief, Dialogus cum Tryphone,* in: FRANKEMÖLLE, *Der ungekündigte Bund?,* 211–231.

[33] Michael THEOBALD, *Zwei Bünde und ein Gottesvolk. Die Bundestheologie des Hebräerbriefes im Horizont des jüdisch-christlichen Gesprächs,* in: ThQ 176 (1996) 309–325, 315.

[34] Vgl. ebd. 320.

[35] Vgl. Augustin Kardinal BEA, *Die Kirche und das jüdische Volk*, Freiburg u. a. 1966.

[36] LG 16.

Erklärung zum Verhältnis der Kirche zu den „nichtchristlichen" Religionen „Nostra aetate" heißt es, dass die Juden bleibend „gemäß dem Apostel Paulus von Gott, dessen Gaben und Berufung ohne Reue sind, geliebt sind um der Väter willen"[37].

In der christlichen Israeltheologie werden heute unterschiedliche Modelle zur Bestimmung des Verhältnisses von Kirche und Israel ins Spiel gebracht. Großen Einfluss hat das Modell des Einen Bundes, das auf Anregungen von Norbert Lohfink zurückgeht. Lohfink vertritt unter Inanspruchnahme einer *präsentischen* Interpretation von Jer 31 die These, dass Israel seit der Rückkehr aus dem babylonischen Exil im *neuen* Bund lebt, der sich „im definitiven, eschatologischen Vollsinn" auf eine „alles Frühere übersteigende Weise" in Jesus erfüllt habe, sofern ihm „die Tora so aufs Herz geschrieben" wurde, „dass dieses Herz ganz und gar mit der Tora eins war"[38]. Erich Zenger, von dem das Modell des Einen Bundes übernommen und ausgearbeitet wurde[39], nimmt an, dass der Bund, den Gott mit Israel einmal geschlossen und immer wieder erneuert hat, durch Christus für die Völker geöffnet worden sei. Dabei geht er von einer strikten Identität von Altem und Neuen Bund aus. Der Sinaibund (Ex 34,9f) ist der *neue*, immer wieder *erneuerte* Bund.[40] Er ist „von seiner Mitte her immer schon ein neuer Bund"[41]. Der Sinaibund und der in Christus erneuerte Bund seien „ein und derselbe Gnadenbund"[42]. Dieser Bund ist nicht nur „ungekündigt", sondern er sei als ein „unkündbarer Gottesbund"[43] zu verstehen. Immer schon, von Beginn an unwiderruflich, sei Israel „Volk des neuen Bundes"[44]. Dieser Bund Got-

---

37 NA 4.

38 Norbert LOHFINK, *Der niemals gekündigte Bund, Exegetische Gedanken zum christlich-jüdischen Gespräch,* Freiburg-Basel-Wien 1989, 69f.74.

39 Vgl. Erich ZENGER, Das *Erste Testament. Die jüdische Bibel und die Christen,* Düsseldorf 1991; DERS., *Israel und Kirche im gemeinsamen Gottesbund, in:* Marcel MARCUS – Ekkehard W. STEGEMANN – Erich ZENGER (Hg.), *Israel und Kirche heute.* (FS E.L. Ehrlich), Freiburg-Basel-Wien 1991, 236–254; DERS., *Die Bundestheologie – ein derzeit vernachlässigtes Thema der Bibelwissenschaft und ein wichtiges Thema für das Verständnis Israel – Kirche,* in: Erich ZENGER (Hg.), *Der neue Bund im Alten. Studien zur Bundestheologie der beiden Testamente* (QD 146), Freiburg-Basel-Wien 1993, 13–49; DERS., *Thesen zu einer jüdisch-christlichen Hermeneutik des sog. Alten Testaments, in:* Albert FRANZ (Hg.), *Streit am Tisch des Wortes? Zur Deutung und Bedeutung des Alten Testaments in seiner Verwendung in der Liturgie,* St. Ottilien 1997, 393–402.

40 Vgl. ZENGER, *Das Erste Testament*, 108–119.

41 Ebd. 108.

42 Ebd. 118.

43 Erich ZENGER, *Überlegungen zu einem neuen christlichen Umgang mit dem sogenannten Alten Testament,* in: KuI 10 (1995) 137–151, 139.

44 DERS., *Das Erste Testament,* 117.

tes mit Israel sei durch Jesus auf die Menschen aller Völker hin geöffnet worden.[45] Da Zenger den ersten Bund, „den Gott ... in Jesus, dem Kind Israels, eschatologisch erneuert hat“[46], mit dem Bund identifiziert, in dem Jesus schon als „Mitglied des Bundesvolkes“ von Anfang steht, fordert er von der Kirche, auf ihre Selbstbezeichnung als Volk Gottes zu verzichten.[47] Dadurch wird allerdings die eschatologische Qualität des Neuen Bundes, den Gott in Jesus gestiftet hat, in die Schwebe gebracht.[48]

Auch der katholische Dogmatiker Herbert Vorgrimler geht davon aus, dass es „in der Geschichte Gottes mit der Menschheit nur einen Bund“ gibt, nämlich „den mit Israel unkündbar geschlossenen“ Bund, allerdings „unterschiedliche Heilswege, die auf unterschiedliche Weise mit dem einen Bund verknüpft oder auch von ihm unabhängig sind“[49]. Für Israel nimmt Vorgrimler mit der Tora einen „eigenen legitimen Heilsweg“ unabhängig von Christus an.[50] Wie Zenger fordert Vorgrimler, dass die Kirche aufhören müsse, sich als das „Gottesvolk des neuen Bundes“ zu verstehen. Israel sei das „einzige Gottesvolk der Menschheitsgeschichte“[51]. Auch der katholische Experte für den christlich-jüdischen Dialog Hans Hermann Henrix bevorzugt die Rede vom einen Bund, weist aber

---

[45] Vgl. ebd.

[46] Erich ZENGER, *Gemeinsame Bibel für Juden und Christen,* in: DERS. (Hg.), *Lebendige Welt der Bibel. Entdeckungsreise in das Alte Testament,* Freiburg-Basel-Wien 1997, 184–191, 191.

[47] Vgl. DERS., Israel und Kirche im einen Gottesbund? Auf der Suche nach einer für beide akzeptablen Verhältnisbestimmung, in: KuI 6 (1991) 99–114, 107.

[48] Vgl. Albert VANHOYE S.J., *Salut universel par le Christ et validité de l'Ancienne Alliance,* in: NRTh 116 (1994) 815–835; DERS., *Rectification,* in: NRTh 118 (1996) 66.

[49] Vgl. Herbert VORGRIMLER, *Der ungekündigte Bund. Systematische Aspekte,* in: FRANKEMÖLLE, *Der ungekündigte Bund?,* 232–247, 246. Der Liturgiewissenschaftler Albert GERHARDS (*Kontinutität und Differenz. Konzepte der Bundestheologie im Eucharistischen Hochgebet,* in: Klemens RICHTER – Benedikt KRANEMANN (Hg.), *Christologie der Liturgie. Der Gottesdienst der Kirche – Christusbekenntnis und Sinaibund* (QD 159), Freiburg-Basel-Wien 1995, 207–223, 217) und Josef WOHLMUTH (*Eucharistie – Feier des Neuen Bundes,* in: ebd. 187–206, 205) tendieren zur Annahme eines Bundes, ohne allerdings für Israel und die Kirche von zwei verschiedenen Heilswegen innerhalb des einen Bundes zu sprechen.

[50] Vgl. ebd. 234. – Nach Monika HELLWEG bedeutet das Christusereignis nicht die Erfüllung der messianischen Hoffnungen Israels, sondern die Öffnung des Bundes mit Israel für die Heiden. Der „Eine“ Bund erinnert die Kirche daran, dass Gott einer ist in seinem Handeln. Vgl. *Christian Theology and the Covenant of Israel*, in: Journal of Ecumenical Studies 7 (1970) 37–51; *From Jesus of Story to the Christ of Dogma*, in: Alan T. DAVIES (Hg.), *Antisemitism and the Foundation of Christianity*, New York-Toronto 1979, 118–136). In die gleiche Richtung wie Hellweg votiert Philip A. CUNNINGHAM, *A Story of Shalom. The Calling of Christians and Jews by a Covenanting God*, New York-Mahwah 2001, 75–80.

[51] Vgl. VORGRIMLER, *Der ungekündigte Bund*, 247.

zugleich auf die anhaltende exegetische Diskussion hin, ob für das Verhältnis von Israel und Kirche tatsächlich von Einem Bund gesprochen werden könne oder nicht doch von „zwei Grundtypen des Bundes, deren Differenz und Unterschiedlichkeit so tief reicht, dass sie die Rede von dem einen Bund problematisiert"[52].

Ein „christologisches Partizipationsmodell", das mit der Theorie des Einen Bundes eng verwandt ist, schlägt der evangelische Theologe Berthold Klappert vor. „Christologische Partizipation" meint bei Klappert, dass die Völkerwelt durch Jesus, den Messias aus Israel, Anteil gewinnt an der einen Erwählungsgeschichte Israels, so dass die Geschichte des Handelns Gottes mit den Völkern ganz in den Rahmen des Erwählungshandelns Gottes mit Israel gehört.[53] Von jüdischer Seite hat Jakob J. Petuchowski das Partizipationsmodell ins Spiel gebracht: „Ohne die ewige Verbindlichkeit des Sinaibundes zu leugnen, kann doch der Jude anerkennen, dass schon die Bibel selbst in der Geschichte vom Noahbund einen Gottesbund mit der gesamten Menschheit darstellte ... Der Sinaibund hat für die jüdische Glaubensgemeinschaft den Noahbund ergänzt, aber nicht aufgehoben. Könnte man nicht in gleicher Weise von dem Kalvarienbund sprechen, der für einen bestimmten Teil der Menschheit den Sinaibund zugänglich gemacht hat, ohne ihn damit für Israel aufzuheben?"[54]

Gibt es für die Annahme einer Einbeziehung der Völker in den Bund Gottes mit Israel eine biblische Grundlage? Für die Bundesvorstellungen des Alte Testament wird dies vom evangelischen Alttestamentler Frank Crüsemann bestritten.[55] Kritisch beurteilt die Theorie des einen Bundes auch der katholische Alttestamentler Walter Groß „Die Ein-Bund-Theorie, die Synagoge und Kirche im selben neuen bzw. – wie sie dann formulieren muss – erneuerten Bund vorstellt, wird weder Jer 31 noch den frühjüdischen und neutestamentlichen Vorgaben gerecht."[56] Da in den Selbstdeutungen Israels und der Kirche von unterschiedlichen Bundesschlüssen die Rede ist, kann ihr Verhältnis, will man die unterschiedliche Identität Israels und der Kirche wahren, nicht mit Hilfe des Modells des

---

52 HENRIX, Judentum und Christentum, 108.

53 Vgl. Berthold KLAPPERT, *Miterben der Verheißung. Beiträge zum jüdisch-christlichen Dialog,* Neukirchen-Vluyn 2000.

54 PETUCHOWSKI, *Bekannte und unbekannte Gottesbünde*, in: Abdoldjavad FALATURI – Jakob J. PETUCHOWSKI – WALTER STROLZ (Hg.), *Universale Vaterschaft Gottes. Begegnung der Religionen*, Freiburg-Basel-Wien 1987, 13–31, 28.

55 Vgl. Frank CRÜSEMANN, *„Ihnen gehören ... die Bundesschlüsse" (Röm 9,4)*, in: KuI 9 (1994) 21–38.

56 Walter GROSS, *Zukunft für Israel. Alttestamentliche Bundeskonzepte und die aktuelle Debatte um den Neuen Bund,* Stuttgart 1998, 12.

einen Bundes angemessen beschrieben werden. „Mit Hilfe des Bundesbegriffs können Synagoge und Kirche je für sich ihr theologisches Selbstverständnis aussagen, und die Ergebnisse unterscheiden sich dann beträchtlich. Es kann aber von der Struktur und den Verwendungszusammenhängen der biblischen Bundeskonzepte her nicht gelingen, mit Hilfe des Bundesbegriffs das nachbiblische Problem zu lösen, wie die gemeinsame Wurzel, die bleibende tiefgreifende Verschiedenheit und die ebenso fortdauernde Verwiesenheit aufeinander von Kirche und Synagoge zu formulieren sind.“[57]

Das Neue Testament bezieht Israel und Kirche nirgendwo in einem einzigen Bund aufeinander. Vielmehr betont das Neue Testament den Unterschied von Altem und Neuem Bund.[58] Unbeschadet der fehlenden biblischen Grundlage für das Modell des Einen Bundes ist für Israel allerdings mit Franz Mußner ein „Sonderweg“ der Erlösung anzunehmen, wird ganz Israel doch nach Gottes unbegreiflichem Ratschluss unabhängig von der Glaubensverkündigung der Kirche bei der Parusie des auferweckten Gekreuzigten in Jesus Gottes Messias erkennen (Röm 11,25–27).[59] Der von Erich Gräßer und Jürgen Becker gegen die Rede vom „Sonderweg“ Israels vorgebrachte Einwand der Unvereinbarkeit mit dem universalen Anspruch der paulinischen Rechtfertigungslehre[60] trifft Mußner nicht, da Israel für Mußner nicht allein aufgrund der Tora, also ohne Christus, gerettet wird. Vielmehr interpretiert Mußner die Erkenntnis Christi durch ganz Israel als einen *emuna*-Akt und hält so am universalen Anspruch des *solo Christo* und *sola fide* fest.[61] Mußner lehrt also nicht einen doppelten, parallelen Heilsweg im Sinne zweier voneinander unabhängiger Heilswege.[62]

---

57 Vgl. GROSS, *Zukunft für Israel*, 187.

58 Vgl. THEOBALD, *Zwei Bünde und ein Gottesvolk*.

59 Vgl. Franz MUSSNER, *„Ganz Israel wird gerettet werden“ (Röm 11,26),* in: Kairos 18 (1976) 241–255; DERS., *Die Kraft der Wurzel. Judentum – Jesus – Kirche,* Freiburg-Basel-Wien 1987; DERS., *Dieses Geschlecht wird nicht vergehen. Judentum und Kirche,* Freiburg-Basel-Wien 1991; DERS., *Traktat über die Juden,* München ²1988.

60 Vgl. Erich GRÄSSER, *Zwei Heilswege? Zum theologischen Verständnis von Israel und Kirche*, in: Paul-Gerhard MÜLLER – Werner STENGER (Hg.), *Kontinuität und Einheit* (FS F. Mußner), Freiburg-Basel-Wien 1981, 411–429; DERS., *Der Alte Bund im Neuen. Exegetische Studien zur Israelfrage im Neuen Testament*, Tübingen 1985, 271–289; Jürgen BECKER, *Paulus. Der Apostel der Völker*, Tübingen 1989, 486–502.

61 Franz MUSSNER, *Traktat über die Juden.* München, ²1988, 60; DERS., *Dieses Geschlecht wird nicht vergehen*, 35.

62 Dagegen fragt Karl-Josef KUSCHEL, ob man nicht von zwei parallelen Heilswegen für Juden und Christen ausgehen könne. Vgl. *Die Kirchen und das Judentum. Konsens- und Dissensanalyse auf der Basis neuerer kirchlicher Dokumente*, in: StZ 117 (1992) 146–162.

Innerhalb des Kanons der biblischen Schriften stellt das Bundesmotiv eine normative Größe dar. Die Einheit der verschiedenen Bundesschlüsse ist in der Bundesbeziehung des einen Gottes begründet. So kommt im Noahbund (Gen 9), im Abrahamsbund (Gen 15; 17), im Sinaibund (Ex 19; 24; 32–34) und im Neuen Bund (Lk 22,20; 1 Kor 11,25) die Kontinuität der Offenbarung Gottes zum Ausdruck. Die Einheit des Bundes Gottes mit Israel, mit dem für messianische Zeit erwarteten neuen Bund (Jer 31,31–34) und des in Christus begründeten eschatologischen Bundes ist in der Einheit Gottes und seinem Handeln begründet.[63] Die Identität des Gottes Israels und seines geschichtlichen Handelns ist allerdings zwischen Juden und Christen am entscheidenden Punkt strittig.[64] Denn die Einheit von Altem und Neuen Bund (2 Kor 3; Hebr 8,13) ist nicht allein in der Einheit des Geschichtshandelns des einen Gottes, sondern auch in seinem menschgewordenen, gekreuzigten und auferstandenen Messias Jesus begründet. Er ist nicht nur der Christus für die Völker, sondern der Messias des Gottes Israels und wird am Ende auch von ganz Israel als Messias erkannt werden (Röm 11,25–36). Vom christlichen Standpunkt aus gesehen ist deshalb „die Person des Messias, an der das Volk Gottes sich spaltet", zugleich der Punkt, „in dem es zusammentrifft", so dass „Juden und Christen einander in einer vergleichbaren Hoffnung begegnen, die sich auf dieselbe Verheißung an Abraham gründet (vgl. Gen 12,1–3; Hebr 6,3–18)"[65].

Die neutestamentliche Rede vom neuen Bund betont die eschatologische Qualität der in Christus begründeten Erneuerung des Bundes.[66] Während Israel den neuen Bund (Jer 31,31–34) für die noch ausstehende messianische Zeit erwartet[67], ist der neue Bund für die Kirche durch das endgültige Handeln Gottes für Israel und die Völkerwelt im gekreuzigten

---

[63] Vgl. Hans Urs von Balthasar, *Die Einheit des Alt- und Neutestamentlichen Bundes*, in: IKaZ 17 (1987) 9–11.

[64] Zur Hermeneutik des christlichen Bekenntnisses zum dreieinigen Gott vgl. Helmut Hoping, *Deus Trinitas. Zur Hermeneutik trinitarischer Gottesrede*, in: Magnus Striet (Hg.), *Monotheismus Israels und christlicher Trinitätsglaube* (QD 210), Freiburg-Basel-Wien 2004, 128–154.

[65] Kommission für die religiösen Beziehungen zum Judentum, *Hinweise für eine richtige Darstellung von Juden und Judentum in der Predigt und in der Katechese der katholischen Kirche, Bonn 1986,* 97.

[66] Vgl. Helmut Merklein, *Der Sühnegedanke in der Jesustradition und bei Paulus*, in: Albert Gerhards und Klemens Richter (Hg.), *Das Opfer. Biblischer Anspruch und liturgische Gestalt* (QD 186), Freiburg-Basel-Wien 2000. 59–91, 66.

[67] Vgl. Gross, *Zukunft für Israel*, 147–152.185f.

und auferweckten Messias Jesus begründet. In den durch Christus gestifteten neuen Bund kommt der Mensch durch Glaube und Taufe. Obschon „viele Tausende unter den Juden“ (Apg 21,20) zur Zeit Jesu zum Glauben an ihn kamen, besteht doch keine sichtbare Einheit zwischen Israel und Kirche. Israel konnte damals in Jesus nicht den Messias erkennen und vermag – unbeschadet von Einzelkonversionen – auch heute nicht in Jesus den Messias zu erkennen. Gleichwohl beten Christen und Juden zu dem einen Gott, den der Jude Jesus seinen Vater nannte. Unbeschadet der Differenz von Altem und Neuem Bund ist aber von der in Gottes eschatologischem Heilshandeln und der Gemeinde seines Messias antizipierten Einheit des messianischen Gottesvolkes auszugehen.[68] Der christliche Glaube hofft mit dem Apostel Paulus darauf, dass am Ende Jesus als der Messias für ganz Israel offenbar werden wird.[69]

Die Erwartung des neuen Bundes in Israel steht nicht gegen den Sinaibund. Doch wird dieser durch den neuen Bund, der durch das Leiden und das Kreuz Jesu gestiftet wurde, überschritten, tritt dadurch aber zugleich in seiner „wahren Endgültigkeit“ ans Licht.[70] Anders als Zenger und Vorgrimler vertritt der amerikanische Theologie John T. Pawlikowski deshalb das Modell des zweifachen Bundesschlusses. Im Modell des zweifachen Bundesschlusses sieht Pawlikowski den Versuch, gegen die theologisch unhaltbare Substitutionstheorie das „bleibende Band zwischen Juden und Christen“ zu betonen, zugleich aber „die Eigenart der Offenbarung, die in und durch Christus erfahren wurde“[71], nicht zu relativieren. Für Pawlikowski entspricht dieses Modell der Realität des Verhältnisses Israel und Kirche historisch wie theologisch besser als das Inkorporations- bzw. Partizipationsmodell des Einen Bundes.[72]

---

[68] In diese Richtung denkt auch Walter Kardinal KASPER das Verhältnis von Altem und Neuem Bund. Vgl. *The Relationship of the Old and the New Covenant as One of the Central Issues in Jewish-Christian Dialogue*.

[69] Vgl. LEUENBERGER KIRCHENGEMEINSCHAFT, *Kirche und Israel. ein Beitrag der reformatorischen Kirchen Europas zum Verhältnis von Christen und Juden im Auftr. des Exekutivausschusses für die Leuenberger Kirchengemeinschaft hrsg. von Helmut Schwier* (Leuenberger Texte 6), Frankfurt a. M. 2001, 61.

[70] Vgl. Joseph Kardinal RATZINGER, Der Eine Bund und die vielen Religionen, Hagen 1998, 68–72; PÄPSTLICHE BIBELKOMMISSION, *Das jüdische Volk und seine Heilige Schrift in der christlichen Bibel,* Nr. 163.

[71] John T. PAWLIKOWSKI, *Ein Bund oder zwei Bünde? Zeitgenössische Perspektiven,* in: ThQ 176 (1996) 325–340, 337. Vgl. auch DERS., *Jesus and the Theology of Israel.*

[72] Das Modell des zweifachen Bundes wird nicht nur von katholischen Systematikern (vgl. Siegfried WIEDENHOFER, *Das katholische Kirchenverständnis. Ein Lehrbuch der Ekklesiologie*, Graz 1992, 93.256f; Peter NEUNER, *Die Lehre von der Kirche*, in: *Lehrbuch der katholischen Dogmatik*, Bd. 2, Paderborn 1995, 445.458), sondern ebenso von namhaften Exegeten vertreten (vgl. Franz MUSSNER, *Das Geschlecht wird nicht*

Die einzige Möglichkeit, von dem neuen Bund zu sprechen, in dem Israel und Kirche miteinander geeint sind, eröffnet Röm 11,26f verheißungstheologisch für die Zeit der Wiederkunft Christi, sofern man von der exegetischen Mehrheitsmeinung ausgeht, dass der „Retter aus Zion" (Röm 11,26) mit dem Parusiechristus zu identifizieren ist. Der Hebräerbrief, der anders als Röm 9–11 nicht auf das Judentum nach Christus reflektiert, nennt Israel und die Kirche zwar gleichermaßen Volk Gottes[73], bezieht aber das eine Gottesvolk auf das noch verborgene endzeitliche Gottesvolk der Verheißung, zu dem auch die Gerechten Israels gehören werden (Hebr 11,40).[74] Wenn der „Katechismus der Katholischen Kirche" die Parusie Christi daran bindet, dass ganz Israel vorher zum Glauben an Christus gelangt[75], fällt er hinter die Aussagen des Konzils (LG 16; A 4) zurück.

Anders als verschiedentlich behauptet, sieht Papst Johannes Paul II. im Alten und Neuen Bund nicht ein und denselben Bund, sondern bei aller Verbundenheit von Israel und Kirche zwei voneinander unterschiedene Bundesschlüsse. In seiner vielbeachteten Ansprache an den Zentralrat der Juden in Deutschland und die Rabbinerkonferenz vom 17. November 1980 in Mainz unterscheidet der Papst zwischen dem Gottesvolk des ungekündigten Alten Bundes und dem des in Christus geschlossenen Neuen Bundes: „Die erste Dimension dieses Dialogs, nämlich die Begegnung zwischen dem Gottesvolk des von Gott nie gekündigten Alten Bundes und dem des Neuen Bundes, ist zugleich ein Dialog innerhalb unserer Kirche, gleichsam zwischen dem ersten und zweiten Teil ihrer Bibel"[76]. Der Papst bezieht sich hier auf die vom Apostel Paulus herausgestellte bleibende Erwählung Israels (vgl. Röm 9,4; 11,28f) sowie eine Äußerung Martin Bubers aus dem Jahre 1933: „Aber der Bund ist mir nicht aufgekündigt worden. Ich liege am Boden, hingestürzt wie diese Steine. Aber aufgekündigt ist mir nicht."[77]

---

vergehen. Judentum und Kirche, Freiburg-Basel-Wien 1991, 39–49; Michael THEOBALD, *Studien zum Römerbrief*, Tübingen 2001, 277–305).

[73] Vgl. Hebr 5,3; 7,5.11.27; 9,7.19; 11,25 (Israel), 2,17; 4,9; 10,30, 13,12 (Kirche).

[74] Vgl. THEOBALD, *Zwei Bünde und ein Gottesvolk*, 320–323.

[75] Vgl. *KKK* Nr. 674: „Das Kommen des verherrlichten Messias hängt zu jedem Zeitpunkt der Geschichte davon ab, dass er von 'ganz Israel' (Röm 11,26) anerkannt wird, über dem zum Teil 'Verstockung liegt' (Röm 11,25), so dass sie Jesus 'nicht glaubten' (Röm 11,20)".

[76] Rolf RENDTORFF – Hans Hermann HENRIX (Hg.), *Die Kirchen und das Judentum*, Bd.1, 74–77, 75.

[77] Martin BUBER, *Der Jude und sein Judentum. Gesammelte Aufsätze und Reden*, Gerlingen ^{2}1933, 569.

Beim Modell des Einen Bundes ist die kritische Rückfrage zu stellen, ob dieses Modell der Prärogative Israels, das von Gott zu seinem besonderen Eigentum erwähltes Volk des Bundes zu sein, gerecht wird, oder nicht vielmehr die Annahme einer Hineinnahme der Völker in den Einen Bund Gottes die Identität Israels aufzuheben droht oder auf eine Vereinnahmung Israels hinausläuft? Ein Zugehörigkeitsmodell, das am ungekündigten Gottesbund, in dem Israel steht, festhält und davon den neuen Bund unterscheidet, in dem das messianische Volk der Kirche steht, dürfte den divergierenden Selbstdeutungen Israels und der Kirche besser gerecht werden.[78] Mag auch die undifferenzierte Rede von „zwei Bünden“ missverständlich[79] und ein Gegensatz von Altem und Neuen Bund unbiblisch sein, so besteht doch vom christlichen Standpunkt die Aufgabe, die geschichtlich sich manifestierende Bundesbeziehung des einen Gottes mit seinen Bundesschlüssen im Abrahamsbund und im Sinaibund mit der eschatologischen Erneuerung des Bundes in Jesus Christus zusammenzudenken. Diese Aufgabe besteht analog auch für die Frage nach dem Verhältnis des von als besonderes Eigentum erwählten Volk Israel und das messianische Gottesvolk der Kirche.

Geht man vom Gesamtzeugnis des Neuen Testaments aus, so gehören Israel und Kirche untrennbar zusammen. Durch die eine zweigeteilte christliche Bibel, in der die Heiligen Schrift des jüdischen Volkes einen konstitutiven Teil bilden, wird die Kirche immer wieder an ihren geschichtlichen Ursprung und ihren konstitutiven Bezug zu dem Volk, das Gott sich als besonderes Eigentum erwählt hat, erinnert. Das Verhältnis zwischen Judentum und Christentum betrifft deshalb das Verständnis der Kirche als solcher und ist damit ekklesiologisch zentral. Das Neue Testament spricht an zwei Stellen von der Kirche als „Volk Gottes“ (1 Petr 2,9f; Tit 2,14). Hier wird die Selbstbezeichnung Israels ausgeweitet auf die christliche Gemeinde. Doch ist weder von einer Enterbung noch von einer Ersetzung Israels als Volk Gottes die Rede. Israel soll durch die Ausweitung der Rede vom Volk Gottes auf die Kirche nicht herabgesetzt werden; ausdrücklich ist das Volk Israel an den genannten Stellen auch gar nicht im Blick.

Die Gegenüberstellung von „altem Gottesvolk“ und „neuem Gottesvolk“ ist dagegen dem Neuen Testament fremd. Deshalb ist es ein Missbrauch des Titels „Volk Gottes“ für die Kirche, sollte er dadurch Israel abgesprochen werden. Israel und Kirche sind auch nicht Volk Gottes in gleichem Sinne. Nur Israel ist das von Gott zu seinem besonderen

[78] Vgl. CRÜSEMANN, *„Ihnen gehören ... die Bundesschlüsse“* (Röm 9,4), 22.
[79] Vgl. VON BALTHASAR, *Die Einheit von Alt- und Neutestamentlichem Bund,* 10.

Eigentum erwählte Volk. Von der Kirche kann als „Volk Gottes" nur gesprochen werden, wenn die in Christus durch Gott erwählte Gemeinschaft zugleich unter die Verheißung der endzeitlichen Vollendung gestellt wird. Denn die Kirche darf sich nur zusammen mit dem Volk, das Gott als sein besonderes Eigentum erwählt hat, als „Volk Gottes" bezeichnen.[80] Schließlich wird die Kirche im Neuen Testament an keiner Stelle das „neue Israel" genannt. Eine Identifizierung der Kirche mit dem „wahren Israel" findet sich erst bei Justin dem Märtyrer.[81] Wenn der Apostel Paulus im Galaterbrief, der in zeitlicher Nähe zum Römerbrief steht, über alle, die mit dem Maßstab (κανών) der christlichen Existenz übereinstimmen „und über das Israel Gottes" (καὶ ἐπὶ τὸν Ἰσραὴλ τοῦ θεοῦ) Friede und Erbarmen herabruft (Gal 6,16), bezieht sich „Israel" wahrscheinlich nicht auf die Kirche Jesu Christi, sondern auf die Juden.[82] Israel ist das von Gott zu seinem besonderen Eigentum erwählte Volk.

Wenn Israel von Gott bleibend erwählt ist (Röm 11,26f), so ist es auch nach Christus unter den Völkern sein besonderes Eigentum (Dtn 7,6–9), von dem die Kirche Jesu Christi zu unterscheiden ist. Das Bekenntnis zu Jesus dem Christus darf deshalb keine Negation Israels bedeuten. Bis zur Parusie des Messias Jesus hat die Kirche Solidarität mit Israel zu üben und im Respekt vor seiner Selbstdeutung als Volk Gottes und im Bewusstsein der messianisch befristeten Zeit zu leben. „Judenmission" ist nicht nur aus historischen, sondern auch aus theologischen Gründen abzulehnen. Hat Gott nämlich beschlossen, ganz Israel werde erst am Ende, wenn der Retter aus Zion kommt, zu Christus Jesus finden (Röm 11,25–27), dann geschieht die Rettung Israels unabhängig von der Glaubensverkündigung der Kirche.

In dem Dokument „Das Christentum und die Religionen" (1996) der Internationalen Theologenkommission heißt es, dass im Judentum die „wahre göttliche Offenbarung des Alten Testaments" andauert.[83] Ohne Einschränkung wird damit die Sonderstellung des Judentums unter den Religionen anerkannt. Schon das Dokument „Dialog und Verkündigung" (1991) würdigt in diesem Sinne das gemeinsame Erbe von Juden und Christen[84], während in der Erklärung „Dominus Iesus" (2001) das Ju-

[80] Vgl. LEUENBERGER KIRCHENGEMEINSCHAFT, *Kirche und Israel*, 68.

[81] Vgl. Peter RICHARDSON, *Israel in the apostolic church*, Cambridge 1969, 9ff.

[82] Vgl. Franz MUSSNER, *Der Galaterbrief*, Freiburg-Basel-Wien 1974, 415–417.

[83] INTERNATIONALE THEOLOGENKOMMISSION, *Das Christentum und die Religionen*, Nr. 89.

[84] PÄPSTLICHER RAT FÜR DEN INTERRELIGIÖSEN DIALOG – KONGREGATION FÜR DIE EVANGELISIERUNG DER VÖLKER, *Dialog und Verkündigung*, Nr. 19 und 20.

dentum mit keinem Wort erwähnt wird.[85] Da Israel und die Kirche nach christlichem Verständnis im Messias Jesus zur Einheit des Gottesvolkes berufen sind, gehört der Dialog zwischen Juden und Christen konstitutiv zur christlichen Ökumene. Das Verhältnis des Christentums zum Judentum ist von eigener Natur, denn der Messias der Christen ist ein geborener Jude und die Glaubensüberlieferung Israels bildet die bleibende und lebendige Wurzel des Christentums.

Angesichts der Bandbreite der neutestamentlichen Aussagen zum Verhältnis Kirche und Israel stellt sich die Notwendigkeit einer innerbiblischen Sachkritik. Dabei ist von Röm 9–11 auszugehen, da es keinen anderen Text im Neuen Testament gibt, der sich so grundsätzlich zum Verhältnis von Israel und Kirche äußert.[86] Die Sonderstellung des Judentums unter den Religionen ist zum einen darin begründet, dass der eine Gott, der Gott Abrahams, der Gott Jakobs und der Gott Isaaks, den Jesus von Nazareth seinen Vater nannte, unter den Völkern Israel als besonderes Eigentum auserwählt hat und sich ihm in geschichtlichen Selbsterweisen, der Tora sowie den Propheten zu erkennen gegeben hat, die Erwählung Israels aber durch die Person und Geschichte des Juden Jesus von Nazareth nicht rückgängig gemacht worden ist, den Juden also die Gaben der Offenbarung, die Sohnschaft, die Bundesschlüsse, die Tora, die Verheißungen und der Gottesdienst gehören (Röm 9,1–5).

Auch wenn religionsgeschichtlich gesehen nicht zu bestreiten ist, dass Judentum und Christentum zwei eigenständige Religionen darstellen, kann man Altes und Neues Testament, Alten und Neuen Bund nicht einfach wie zwei Religionen gegenüberstellen.[87] Die Einzigkeit und Universalität Jesu Christi schließt allerdings einen Heilsweg an ihm vorbei aus.[88] Dies betont auch die Vatikanische Kommission für die religiösen Beziehungen zum Judentum in ihren „Hinweisen für eine richtige Darstellung von Juden und Judentum in der Predigt und in der Katechese der katholischen Kirche“ (1985): „Jesus bekräftigt (Joh 10,16), dass 'es nur eine Herde, nur einen Hirten geben wird'. Kirche und Judentum können also nicht als zwei parallele Heilswege dargestellt werden, und die

---

[85] Von jüdischer Seite wurde dies kritisiert. Vgl. Hans Hermann HENRIX, *Krisenerprobt und doch störanfällig. Das aktuelle jüdisch-christliche Gespräch*, in: HerKorr 56 (2001) 336–342.

[86] So auch *Christen und Juden II. Eine Studie der Evangelischen Kirche in Deutschland,* im Auftrag des Rates der EKD, hg. vom Kirchenamt der EKD, Gütersloh 1991. Vgl. ebenso Wolfgang KRAUS, *Christen und Juden. Perspektiven einer Annäherung,* Gütersloh 1997, 143–170.

[87] Vgl. Joseph Kardinal RATZINGER, *Der Eine Bund und die vielen Religionen*, 58.

[88] Vgl. Winfried KELLER, *Gottes Treue – Israels Heil. Röm 11,25–27 – Die These vom „Sonderweg“ in der Diskussion,* Stuttgart 1998, 286f.

Kirche muss Christus als Erlöser vor allen Menschen bezeugen, und dies im konsequent durchgehaltenen Respekt gegenüber der religiösen Freiheit des anderen, wie sie das Zweite Vatikanische Konzil lehrt"[89].

Gegenüber der Theorie des Einen Bundes wird hier ein Zugehörigkeitsmodell vertreten, das mit Blick auf die Einzigkeit und Universalität Person Christi *Kontinuität* wie *Diskontinuität* von Judentum und Christentum sowie die divergierenden Selbstdeutungen Israels und der Kirche berücksichtigt und deshalb für das Gespräch zwischen Christen und Juden angemessener sein dürfte. Der Eine Bund und das endzeitliche Volk Gottes werden zwar nicht einfach als futurische Größen betrachtet, doch handelt es sich dabei jeweils um Verheißungswirklichkeiten. Der eine Bund, in dem Juden und Christen schon jetzt miteinander verbunden sind, ist nicht der Sinbaibund, sondern der Abrahamsbund, der nach christlicher Überzeugung auf den Neuen Bund, der in Christus gestiftet wurde, verweist, so wie dieser ausgerichtet bleibt auf die noch ausstehende Vollendung, die nach Röm 11,26f auch Israel umfassen wird. Das endzeitliche Gottesvolk aus Juden und Christen ist ein Versprechen in Abraham und Christus. Die Einheit von Israel und Kirche im Neuen Bund ist in Fülle erst eschatologisch möglich. In Zeit und Geschichte wird diese Einheit ansichtig in der Solidarität von Juden und Christen im Gotteslob des einen Gottes.[90] Im „Geheimnis" des Gottes, der im *Sh^{e}ma Israel* proklamiert wird und auf den die Kirche wie Israel verpflichtet ist, sind Juden und Christen einander nahe. Israel und Kirche sind zu einem Gottesvolk berufen, das aufgrund der besonderen Erwählung Israels und seines Mysteriums sowie der eschatologischen Sendung der Kirche geschichtlich in sich differenziert ist.

Da der Bund, den Gott mit Israel geschlossen hat, nicht überholt ist, stehen sich Neuer und Alter Bund nicht so gegenüber, dass der Neue Bund den Alten Bund abgelöst hätte. Beide Bundesschlüsse bestehen zusammen bis Christus Jesus als der Messias auch für ganz Israel offenbar werden wird. Hält man an der Einzigkeit und Universalität Christi fest *(extra Christum nulla salus)*, dann lässt sich das Verhältnis Israel und Kirche nicht mit Hilfe des Modells zweier paralleler Heilswege bestimmen. Aufgrund ihrer Erwählung gehören Israel und Kirche untrennbar zusammen und sind bleibend aufeinander verwiesen. In dem einen Gott

[89] RENDTORFF – HENRIX (Hg.), *Die Kirchen und das Judentum. Bd. 1,* 92–103, 95.

[90] Vgl. Ekkehard W. STEGEMANN, *Der eine Gott und die eine Menschheit. Israels Erwählung und die Erlösung von Juden und Heiden nach dem Römerbrief,* Habil. masch. Heidelberg 1981, 49. Zitiert nach Wolfgang KRAUS, *Paulinische Perspektiven zum Thema „bleibende Erwählung Israels",* in: *Christen und Juden,* 168.

Israels und dem auferweckten Gekreuzigten Christus Jesus sind Juden und Christen zur Einheit des Gottesvolkes berufen.

Vom christlichen Standpunkt ist von dem Einen Bund verheißungstheologisch zu sprechen.[91] Denn eschatologisch in Kraft gesetzt wird der in Christus gestiftete Neue Bund für „ganz Israel" durch Gott erst mit der Parusie seines Messias Jesus (Röm 11,27; vgl. Hebr 11,40). Der Messias Israels für die Völker ist noch nicht als Messias für Israel offenbar geworden. Zur Messianität Jesu gehört nicht nur die noch ausstehende Vollendung im messianischen Reich des Friedens – in Differenz zur Endgültigkeit der geschichtlichen Offenbarung Gottes in Jesus Christus: „Die endgültige Vollendung wird die des Endes sein, mit der Auferstehung der Toten und dem neuen Himmel und der neuen Erde"[92]. Es gehört zur Messianität Jesu ebenso das noch ausstehende Gericht[93] wie die Akklamation des von Gott zu seinem besonderen Eigentum erwählten Volkes, das heißt die Salbung des Messias Jesus durch die Ältesten Israels.[94] In diesem Sinne können wir sagen, dass wir Jesus den Messias Israels als eine Hoffnung zu denken haben, die wir Israel schuldig sind.[95]

Schluss: Die Stimme eines jüdischen Christen

In seinem in Frankreich vielbeachteten Buch „La Promesse"[96], das inzwischen auch in deutscher Sprache vorliegt, äußerst sich Jean-Marie Kardinal Lustiger ausführlich zum Mysterium Israels und zur Messianität Jesu. Verheißungstheologisch spricht er von der Berufung Israels und der Kirche zur Einheit des endzeitlichen Gottesvolkes. Um der Identität des christlichen Glaubens und der Solidarität mit dem leidenden

---

[91] Vgl. Knut BACKHAUS, *Gottes nicht bereuter Bund. Alter und Neuer Bund in der Sicht des Frühchristentums,* in: Rainer KAMPLING – Thomas SÖDING (Hg.), *Ekklesiologie des Neuen Testaments (*FS K. Kertelge), Freiburg-Basel-Wien 1996, 33–55, 45.

[92] PÄPSTLICHE BIBELKOMMISSION, *Das jüdische Volk und seine Heilige Schrift in der christlichen Bibel,* Nr. 21/43.

[93] Vgl. THOMA, *Das Messiasprojekt*, 140.

[94] Vgl. Klaus HAACKER, *Jesus – Messias Israels?*, in: EvTh 51 (1989) 444–457, 457. – Im Anschluss an 1 Sam 16,3.12f (Salbung Davids durch den Propheten Samuel) und 2 Sam 5,3 (Salbung Davids durch die Ältesten Israels) unterscheidet Haacker zwischen der Salbung als Zeichen der göttlichen Erwählung Jesu zum Messias Israels und der Salbung als Zeichen der Bestätigung der Messianität Jesu durch ganz Israel.

[95] Vgl. Friedrich-Wilhelm MARQUARDT, *Das christliche Bekenntnis zu Jesus dem Juden. Eine Christologie,* Bd. 2, München 1991, 217.

[96] Vgl. Jean-Marie LUSTIGER, *La Promesse* (Parole et Silence) Paris 2002. Vgl. dazu auch den Beitrag von Karl-Heinz MENKE in diesem Band.

Israel hält Lustiger, der als Sohn polnischer Juden geboren wurde und als Jugendlicher zum Christentum konvertierte, an Jesus als dem Messias des Gottes Israels fest. Jesus ist der Messias Israels, der mit seinem Leben auf die Hoffnungen des von Gott zu seinem besonderen Eigentum erwählten Volkes antwortet.[97] Bis zu seiner Parusie in Herrlichkeit ist Jesus der leidende und verborgene Messias Israels. Um ihn zu entdecken, müssen die Völker den Weg nach Jerusalem gehen, um dort seine Geschichte zu empfangen.[98] Aufgrund seiner besonderen Erwählung „steht Israel als Träger der messianischen Verheißung 'da als Zeichen für die Völker' (Jes 11,10). Doch aufgrund derselben Verheißung des messianischen Heils sind die Völker von Gott berufen, in seinen Bund mit Israel einzutreten und 'sich als Volk des Gottes Abrahams zu versammeln' (Ps 47,10)“[99].

Das Leiden des um seiner Erwählung willen verfolgten Volkes Israel, bis hin zur Shoah, sieht Lustiger als Teil der Passion Christi, des Leidens des Messias.[100] Nur im Glauben kann erkannt und im Gebet von den Jüngern Christi empfangen werden, worin Lustiger das tiefe Geheimnis des leidenden und verborgenen Messias Israels sieht: „Sollte eine christliche Theologie in ihre Sicht der Erlösung, des Kreuzesmysteriums, nicht einschreiben können, dass auch Auschwitz Teil des Leidens Christi ist, so befänden wir uns in völliger Absurdität. Die Verfolgung der Erwählten Gottes ist nämlich kein Verbrechen wie jedes andere, zu dem die Menschen fähig sind: Es handelt es sich um Verbrechen, die direkt mit der Erwählung verbunden sind, mit dem jüdischen Sein. So weit muss man im Verständnis dieser Ereignisse gehen.“[101] Im Angesicht Israels besteht die Berufung der Jünger Christi darin, dem leidenden und verborgenen Messias anzugehören, „in das Leiden Christi einzugehen, um teilzuhaben am Leiden Israels“[102].

Dort, wo sich die Kirche ausschließlich mit dem Heidenchristentum identifizierte, hat sie sich von ihrer jüdischen Wurzel abgetrennt und aus Christus einen Gott der Heiden gemacht. Doch „die Kirche kann Christus lediglich empfangen, wenn sie Israel anerkennt, denn Christus ist der

---

[97] Vgl. LUSTIGER, *Die Verheißung. Vom Alten zum Neuen Bund*, Augsburg 2003, 46.53. Der missverständliche Untertitel in der deutschen Ausgabe lässt an eine „Überholung“ Israels durch die Kirche denken.

[98] Vgl. ebd. 44.

[99] Ebd. 150.

[100] Vgl. ebd. 63.

[101] Ebd. 64. Vgl. dazu Jan-Heiner TÜCK, *Die Gabe der Vergebung. Jean-Marie Lustiger über den Messias Israels*, in: NZZ vom 18. Februar 2004 (Nr. 40), 35.

[102] LUSTIGER, *Die Verheißung*, 69.

Messias Israels", den die Kirche nur bezeugen kann, „wenn sie am Sein Christi teilhat, das gekreuzigt, verborgen, geheimnisvoll ist. Und wollte sie Israel von sich aus als Feind verwerfen, lehnte sie in Wirklichkeit ihren Christus ab"[103]. Indem die Völker aus Christus „die Form ihres eigenen Heidentums" machten, „haben sie das verfolgte Israel dazu geführt, ungewollte als Gestalt des erniedrigten Christus aufzutreten."[104] Der Messias Jesus tritt für Lustiger nicht an die Stelle Israels, er ist durch sein Leben „die Verwirklichung der Berufung Israels. Er ist der, in dem sich die an ganz Israel gerichtete Verheißung verwirklicht und durch den sie mitgeteilt werden kann", weil in ihm, dem vielgeliebten und gehorsamen Sohn, der die Fülle des Geistes empfangen hat, „alle Verheißungen Gottes verwirklicht werden, bis einschließlich der Verheißung vom besiegten Tod"[105]. „In ihm ist Israel nicht nur das Gegenüber Gottes, sondern der, dem die Herrlichkeit Gottes innewohnt. Er ist der, in dem sich die Herrlichkeit nicht nur ausspricht und vernehmbares Wort wird, sondern in dem sie zum fleischlichen Wort wird."[106]

In Jesus vollendet sich der Glaube Israels. Jesus ist die Treue des Sohnes, der Mensch mit neuem Herzen (vgl. Ez 36,26), in dem keine Sünde ist. Er erfüllte das Gesetz vollkommen und lebte es bis zum Schluss. So war er das Gesetz für ihn „nicht mehr Offenbarung der Sünde, sondern Offenbarung der Gnade"[107]. Lustiger sieht in Jesus die an Israel gerichtete Verheißung erfüllt, nicht im Gegensatz zu Israel, sondern in der Bekräftigung seiner Berufung und Sendung: „Kein Ersatz für Israel, sondern die Vollendung Israels. Er ist zugleich die Hoffnung Israels, als Vorwegnahme der endgültigen Ankunft und Endes der Zeit, und der, in dem Israel sein eigenes Schicksal erkennen kann. Ebenso ist er derjenige, auf den die Völker hoffen können, denn er ist 'das Licht der Völker'"[108]. Durch die Taufe auf den Messias Jesus treten die Christen aus den Völkern in das Geheimnis der Erwählung ein, haben sie Zugang zum Bund. Israel und die Kirche, das „Volk des Neuen Bundes", das um den Messias Jesus versammelt und so Israel beigesellt ist, teilen die Hoffnung auf die Offenbarung des Menschensohn, der in seiner Herrlichkeit erscheint.[109]

---

[103] Ebd. 71.
[104] Ebd.
[105] Ebd. 78.
[106] Ebd. 79.
[107] Ebd. 83.
[108] Ebd. 85.
[109] Vgl. ebd. 90.

Jesus ist der „gekreuzigte Messias Israels" und das „Geheimnis Israels" selbst im „Zentrum des christlichen Glaubens".[110] Lustiger scheut sich nicht, von Jesus als der „Erfüllung Israels"[111] zu sprechen. Doch nicht mehr das alte, gegen die Erwählung Israels gerichtete Schema „Verheißung – Erfüllung" ist hier leitend, denn in der Erfüllung der Hoffnungen Israels bekräftigt Gott seine Treue zu seinem Volk. Und es ist die Berufung Israels zum Knecht (Jes 42,1–9; 50,4–9; 52,13–53,12), die Christus vollkommen erfüllt, „auf bis dahin unvorstellbare Weise"[112]. Lustiger wendet sich auch gegen jede Substitution oder Verwerfung Israels.[113] Selbst der christliche Kult löst den Kult Israels nicht einfach ab, sondern bestätigt ihn dadurch, dass die Christen aus den Völkern in Christus Zugang zu den Festen und Schätzen Israels haben. Die Gabe Gottes an Israel ist Teil unseres Glaubens; man kann nicht Christ sein, ohne diese Gabe anzuerkennen.[114] „Das jüdische Volk ist vor allem darum kein Volk 'wie die anderen', weil es als Volk Gottes geschaffen wurde. Dies macht seine Einzigartigkeit aus."[115]

[110] Vgl. ebd. 107f.
[111] Vgl. ebd. 88.117.
[112] Ebd. 126.
[113] Vgl. ebd. 123.
[114] Vgl. ebd. 132.
[115] Ebd. 150.

Christologie nach der Shoah?

Horizontverschiebungen

von Magnus Striet, Freiburg i. Br.

Gott sein und dann darauf verzichten, als wäre es nichts.
Ist auf uns so verzichtet worden?

Die Schreie sollen vorüber sein;
aber ich höre noch die Schreie der Gehenkten.

Wer nicht an Gott glaubt,
nimmt alle Schuld an der Welt auf sich.
ELIAS CANETTI

I. Singularität und moralisches Gedenken

Die entsetzlichen Gräuel, die sich jeder Beschreibung entziehen und für die heute der Name Auschwitz steht, der Massenmord am jüdischen Volk, haben die Situation der Theologie grundlegend verändert. Was in Auschwitz und den anderen Schreckensorten der nationalsozialistischen Terrorherrschaft geschah, entzieht sich jedem Verstehensversuch. Was hier geschah, ist in der Menschheitsgeschichte singulär. Zwar nicht im Sinne eines Singularitätsverstehens, welches die Opfer des Versuchs, das jüdische Volk insgesamt zu vernichten, ausspielt gegen die unzähligen anderen Opfer der menschlichen Gewaltgeschichte und sie so mythologisiert.[1] Gleichwohl ist der industriellen Maßstäben folgende Ausrottungsversuch eines ganzen Volkes – darf man überhaupt so ver-

[1] Vgl. Johann Baptist METZ, *Art. Auschwitz*, in: LThK[3] 1 (1993), 1259–1261: „Die 'Theologie nach Auschwitz' betont die Singularität v. A., ohne es zu einem negativen Mysterium zu stilisieren. Eine myth. Aufladung würde A. ja schlichtweg enthistorisieren, würde es z. unfaßl. Schicksal machen u. damit auch den chr. Standpunkt der Verantwortung, der Scham u. der Umkehr auflösen."
Es gibt Passagen in diesem Text, die sich szientistischen Standards versperren. Man möge sie tolerieren. Denn jedes Mal, wenn ich die Bilder an mich heranlasse, Texte der Überlebenden lese oder auch die Zahlen mir ins Gedächtnis hole, jedes Mal weiß ich weniger, wie über Auschwitz zu reden wäre. Man möge diese Toleranz aber auch da aufbringen, wo gleichwohl theologisch gefragt, die Hoffnung des Glaubens ausgelotet wird und deshalb der Begriff gefordert ist. Verstehen zu wollen gehört zur Redlichkeit des Glaubens.

gleichen? – historisch betrachtet singulär; er schlägt ein bis heute jeder Vorstellbarkeit sich entziehendes neues Kapitel der Menschheitsgeschichte auf, da er einen Bruch („die Fabrikation der Leichen", Hannah Arendt) mit allen bis dahin geltenden zivilisatorischen Maßstäben bedeutet. Konnte man bis dahin, ohne darüber geschichtsblind werden und einem blinden Vernunftoptimismus huldigen zu müssen, die Geschichte Europas als eine Geschichte voranschreitender Zivilisierung lesen, so markiert Auschwitz hier einen eindeutigen Schnitt.[2] Auch sechzig Jahre nach der 'Befreiung' von Auschwitz, gibt es keine Worte, die das Geschehene in Worte zu fassen vermögen; es wird diese Worte nie geben. Das Geschehene entzieht sich der Verstehbarkeit; es entzieht sich dem Verstehen, dass es Wesen mit einem menschlichen Antlitz gewesen sind, die eine solche menschenverachtende Maschinerie in Gang setzen konnten und die Vernunft ausschließlich in den Dienst der Barbarei stellten. Es ist nicht verstehbar. Nicht ist verstehbar, dass dem Menschen solche Barbarei möglich ist.

Gleichwohl, vielleicht sogar gerade deshalb darf die absolute Singularität dieses Geschehens nicht zu einem Vergessen der vielen anderen Misshandelten und Ermordeten der Naziherrschaft, aber auch der Menschheitsgeschichte insgesamt führen. Ein solches Singularitätsverständnis wäre fatal, da es sich der Logik der Täter einfügen würde, die sich zu unterscheiden anmaßen zwischen lebenswertem und zu selektierendem Leben. Kein Mensch ist missbrauchbar oder auch nur aufgebbar. Es bedarf auch keines Gottes, um dieses dem menschlichen Menschen einsichtig zu machen. Ein Mensch weiß dies. Die Singularität von Auschwitz ist deshalb auch nur auszusagen, weil jedes geschichtliche Ereignis singulär ist. Vor diesem Hintergrund aber ist das massenhafte Morden am jüdischen Volk singulär. Nie zuvor hat die Zweckrationalität des Menschen sich so bestialisch gegen Menschen gewendet, wie in Auschwitz geschehen.

Für das kulturelle Selbstverstehen des Menschen bildet Auschwitz eine Zäsur. Denn mit diesem Volk sollte zugleich der Gott aus der Erinnerung der Menschheit verbannt werden, dem gerade das Singuläre und damit die unveräußerbare Würde eines jeden Menschen unendlich wichtig ist. Eine Theologie, die in den Spuren dieses Gottes human und

---

[2] Emmanuel LEVINAS, *Stunde der Nationen. Talmudlektüren*, München 1994, 137: „Das uralte abendländische Vertrauen in die vernünftige, den politischen und religiösen Institutionen erwachsene Praxis, die dem Menschen erlauben sollte, des anderen Nächster zu sein, der Glaube an die menschlichen Institutionen, die das Gute zu sein veranlaßten, sind erschüttert." Vgl. insgesamt Dan DINER (Hg.), *Zivilisationsbruch. Denken nach Auschwitz*, Frankfurt a. M. 1988.

damit diesem Gott treu bleiben will, kann schon deshalb nicht an Auschwitz vorbei. Es die „Mitgift des jüdischen Geistes“[3], von der auch die säkulare Vernunft zehrt, die in Auschwitz ausgelöscht werden sollte. Wenn die Theologie in diesem Sinn um Auschwitz als Zäsur weiß, wenn sie Auschwitz als Zäsur erinnert und das Bewusstsein hieran wachhält, dann leistet sie ihren Beitrag zu einer Humanisierung der Gesellschaft. Auch noch der kleinste Riss in der Welt zwingt ins Eingedenken. Und erst recht zwingt eine Katastrophe wie die in Auschwitz geschehene in ein solches, sich einer jeden Ästhetisierung des Vergangenen verwehrendes erinnerndes Eingedenken.[4] Der von Walter Benjamin erinnerte stetig wachsende Trümmerhaufen der Geschichte, „die eine einzige Katastrophe [ist, M.S.], die unablässig Trümmer auf Trümmer häuft“ und unablässig „zum Himmel wächst“[5], widersetzt sich einem statischen Denken, dem die Geschichtszeit nur eine zu vernachlässigende Größe darstellt. Schon deshalb, eben um der Menschlichkeit der Vernunft willen, kann die Situation einer Theologie nach Auschwitz keine unveränderte sein. Jedenfalls nicht die Situation einer Theologie, aber eben auch einer Kultur im umfassenden Sinn, deren Logos vom Gedanken der Humanität durchsetzt ist. Deshalb gilt weiterhin, was Johann Baptist Metz 1978 wegweisend formuliert hat: „Das jüdische Schicksal muß moralisch erinnert werden – gerade weil es bereits rein historisch zu werden droht.“[6] Denn auch die historische Erinnerung befindet sich stets in der Gefahr, zur Barbarei zu werden. So wie niemals ein „Dokument der Kultur“ ist, „ohne zugleich ein solches der Barbarei zu sein“, so ist dies zumindest potenziell „auch der Prozeß der Überlieferung“ nicht, auch das dem Menschen aufgegebene Erinnern nicht.[7] Auch die Theologie, die die Welt als Schöpfung Gottes glaubt, ist nicht frei von dieser Gefahr. Auch sie kann zur Barbarei werden.

---

[3] Johann Baptist METZ in: Ekkehard SCHUSTER – Reinhold BOSCHERT-KIMMIG (Hg.), *Trotzdem hoffen. Mit Johann Baptist Metz und Elie Wiesel im Gespräch*, Mainz 1993, 20.

[4] Vgl. zur Diskussion Clemens THOMA, *Jüdische Versuche, Auschwitz zu denken*, in: IKaZ 24 (1995) 249–258; Norbert RECK, *Theologie nach Auschwitz. Das Aufkommen der Frage und die Antwortversuche von Juden und Christen*, in: MThZ 46 (1995) 463–479; Christoph MÜNZ, *Der Welt ein Gedächtnis geben. Geschichtstheologisches Denken im Judentum nach Auschwitz*, München 1995.

[5] Walter BENJAMIN, *Über den Begriff der Geschichte*, in: DERS., *Illuminationen. Ausgewählte Schriften*, Frankfurt a. M. 1977, 251–261, 255.

[6] Johann Baptist METZ, *Christen und Juden nach Auschwitz. Auch eine Betrachtung über das Ende bürgerlicher Religion.* Hier zitiert nach DERS., *Jenseits bürgerlicher Religion. Reden über die Zukunft des Christentums*, Mainz 1980, 29–50, 30.

[7] Vgl. BENJAMIN, *Über den Begriff der Geschichte*, 254. Zitate ebd.

Zur Mitgift des jüdischen Geistes gehört es freilich auch, die Frage nach Gott, die Frage nach der Anwesenheit Gottes angesichts der abgründigen Leidensgeschichte der Welt stets neu aufzuwerfen. Eine Theologie, die mit dem freien Gott, mit dem der Geschichte mächtigen Gott rechnet, die mit einem Gott rechnet, der die Geschichte ursprünglich gewollt hat und ihr als der von ihr Unterschiedene bleibend mächtig ist, muss einen Riss wie denjenigen von Auschwitz vor dem Angesicht Gottes sehen. Sie wird ihn als Riss in Gottes Schöpfung wahrnehmen und unnachgiebig die Frage nach dem *Warum?* auch an Gott selbst stellen. Ob man soweit gehen muss wie Johann Baptist Metz, der zunehmend Theologie überhaupt als Theodizee zu begreifen scheint, sei dahingestellt.[8] Denn es gibt schließlich auch den Dank, der theologisch bedacht sein will. Es ist dies ein Dank, der aus der Freude am Dasein und damit aus der Freude an der Schöpfung entspringt.[9] Aber ohne die Frage der Theodizee zu stellen, ohne danach zu fragen, warum Gott dieses Entsetzliche an seinem erstererwählten Volk hat geschehen lassen – und damit die Frage nach der Gerechtigkeit und den Maßstäben dieses Gottes aufzuwerfen – müsste eine Theologie, die sich in der Glaubensgeschichte Israels und damit in der Glaubensgeschichte Jesu verankert, zynisch werden. Sie wäre nicht nur zynisch gegenüber den Gedemütigten und Vernichteten. Sie würde auch ihr eigenes Erbe, das Erbe der biblischen Traditionen verraten. Zu diesem Erbe gehört es, die Frage nach dem Warum zu stellen und die Klage über das Vermissen Gottes angesichts der Schrecken der Geschichte anzustimmen. Deshalb wird eine theologische Tradition, der die historischen Schrecken nicht anzusehen sind und die sich stattdessen unbekümmert perpetuiert, schuldig werden gegenüber dem ihr eingestifteten Logos. Die Theologie kann von der Geschichte nicht unberührt bleiben, weil ihr die Geschichte eingeschrieben wird und ihr anzusehen sein soll – schärfer noch: Es ist die *eine* Geschichte Gottes mit der Menschheit, eine Geschichte des Gelingens, aber eben auch eine Ge-

---

8 Vgl. Johann Baptist METZ, *Religion, Ja – Gott, Nein*, in: DERS. – Tiemo Rainer PETERS (Hg.), *Gottespassion. Zur Ordensexistenz heute*, Freiburg i. Br. 1991, 17.

9 Magnus STRIET, *Gespannte Freude – oder: Wider eine verharmlosende Spiritualität der Klage*, in: IKaZ 33 (2004) 317–314. Zustimmen möchte ich Metz freilich in dem von ihm immer wieder hervorgehobenen Punkt, dass es die Konzentration auf die Erlösungslehre und damit die vereinseitigende Konzentration auf die Sünde des Menschen war, die die Frage der Theodizee und damit vielleicht die biblische Gestalt der Frage nach Gott überhaupt in den Hintergrund gedrängt haben. Hierauf hat Johann Baptist Metz zurecht aufmerksam gemacht. Vgl. etwa in: SCHUSTER – BOSCHERT-KIMMIG (Hg.), *Trotzdem hoffen*, 55.

schichte maßlosen Unrechts und bestialischer Gewalt, die der Theologie anzusehen sein soll und in der die Theologie allererst zu dem wird, was sie sein soll: verantwortete Rede von dem Gott, der um des Menschen willen diese eine Geschichte riskiert hat, nun aber auch mit verantwortet.

Die Rede von der geschichtlichen Dimension der Theologie, auch die von ihrer Geschichtlichkeit, gründet am Ende in der Vorstellung vom Bundesgott, in der Vorstellung von dem Gott, der ein Handelnder ist und dies sein kann, weil er selbst frei ist.[10] Für einen durch Freiheit sich bestimmenden Gott bedeutet Nicht-Handeln Handeln. Es gibt dann auch kein Nachdenken über die Geschichte, ohne Gottes freie Beziehung zur Geschichte unter dem Aspekt seines Handelns einzuschließen. Schon deshalb gibt es keine Theologie ohne ihren Bezug auf die Geschichte. Und schon deshalb bedeutet Auschwitz der Theologie auch eine Zäsur. Sie kann nach Auschwitz nicht mehr so über Gott reden wie zuvor, weil

---

[10] Joseph Kardinal Ratzinger warnt schon seit geraumer Zeit davor, dieses Proprium christlichen Glaubens heimlich dem Vergessen zu überlassen und in der Konsequenz dessen nur noch den Menschen als Handelnden zu begreifen. Vgl. DERS., in seinem Gespräch mit J.B. Metz über *Gott, die Schuld und das Leiden,* in: Tiemo Rainer PETERS – Christoph URBAN (Hg.), *Ende der Zeit? Die Provokation der Rede von Gott. Dokumentation einer Tagung mit Joseph Kardinal Ratzinger, Johann Baptist Metz, Jürgen Moltmann und Eveline Goodman-Thau in Ahaus*, Mainz 1999, 52: „In der Tat glaube ich, daß es eine moralische Überanstrengung des Christentums gibt. Eben weil die Botschaft von Gott, die Bezeugung, daß er selbst ein Handelnder ist und kein bloßer 'Horizont', zu schwach geworden ist. Im Grunde steckt etwas vom Deismus in uns allen: daß wir uns Gott nicht mehr als ein wirklich handelndes Subjekt in der Geschichte – vielleicht eher im Subjektiven, aber dann eben nur noch im Subjektiven – vorstellen." Äußerst bedenkenswert scheinen mir auch die von Ratzinger angestellten zeitdiagnostischen Hintergrundüberlegungen zu sein, ob nicht der im Christentum zu beobachtende „Moralismus, die moralische Anforderung an den Menschen, eine Form" annehmen könne, die den Menschen schließlich „erdrücken muß und die wir dann letztlich auf Gott zurückführen und gegen die wir revoltieren" (ebd. 53). Die humane Bedeutung des Glaubens an den zuvorgekommenen und dem stets neu zuvorkommen wollenden Gott wird sich deshalb nur entfalten können, wenn dieser Glaube Gott als einen in der Geschichte Handelnden anerkennt. Zugleich spricht der, der Gott so die Anerkennung gibt, von Gott „als einem Finale. Er spricht davon, daß wir die Zeit wagen sollen, weil sie ein Ende hat und weil dieses Ende einen Namen hat." Johann Baptist METZ, *In der Spur des Anderen*, in: Arnold ANGENENDT – Herbert VORGRIMLER (Hg.), *Von Kraft zu Kraft* (FS Bischof Reinhard Lettmann), Kevelaer 1993, 293–299, 299. Freilich ist die Möglichkeit eines kontingenten Handelnkönnens Gottes im Hinblick auf den Menschen daran gebunden, ihn sich als Freiheit denken zu dürfen – eine Möglichkeit, die der christliche Glaube entschieden aussagt: „Der Seinsakt Gottes, der geschaffenes Sein bewirkt, ist ein Freiheitsakt", so dass der Schöpfungsakt darauf zielt, dass „das Zu-sich-Kommen des in sich selbst stehenden Geschöpfs in Freiheit auf Gottes Liebe antwortet, Schöpfung als sein Liebesgebot annimmt, und dass so ein Dialog der Liebe entsteht..." (DERS., *Das Ende der Zeit*, in: PETERS – URBAN, *Ende der Zeit?*, 13–31, 27).

Gott nicht eingegriffen und der massenweisen Vernichtung seiner Ersterwählten keinen Einhalt geboten hat. Die Schergen konnten ihr Unwesen treiben. Kein Gott hat eingegriffen, sie irritiert, sie demütig gemacht oder gar das in seiner Todesnot nach ihm schreiende Leben vor ihnen bewahrt. „Man sage nicht, daß Gott damit nichts zu tun habe. Gott nimmt im Guten wie im Bösen Anteil am Schicksal des Menschen. Wer ihn für Jerusalem segnet und ihn nicht nach Treblinka fragt, ist schlichtweg ein Heuchler", heißt es zu Recht bei Elie Wiesel.[11] Denn der Israel mit Jerusalem segnende Gott ist dieser bundesfähige und -willige Gott Israels, und er ist deshalb auch zugleich der Gott, der nicht eingegriffen hat angesichts der gnadenlosen Entwürdigung seines ersterwählten und auch im Glauben der Christen bleibend erwählten Volkes; es ist der Gott, der nicht eingegriffen hat angesichts des Mordens an seinem Volk in den Gaskammern. Der Gott Israels hätte der Vernichtung seines Volkes Einhalt gebieten können.[12]

Diese Konsequenz nicht zu ziehen, liefe darauf hinaus, an der Geschichtsmächtigkeit Gottes zu zweifeln – den Gottesbegriff deistisch umzuformen beziehungsweise ihn nur noch als anthropologische Konstante anzunehmen und sich so schließlich vom biblischen Erbe zu entfernen, welches Gottes Nicht-Eingreifen sehr wohl als Handeln interpretiert hat (vgl. etwa Jes 63,15–19). Nicht nur kann deshalb eine

[11] Elie WIESEL, *Macht Gebete aus meinen Geschichten. Essays eines Betroffenen*, Freiburg i. Br. 1986, 39. Wiesel greift hier kompromisslos das vielleicht schärfste Argument der seit dem 18. Jahrhundert sich stets weiter anspitzenden Theodizeediskussion auf – ein Argument, dass die Handlungsmöglichkeit Gottes voraussetzt und sein (Nicht) Handeln dann konsequent an menschlich gebotenen moralischen Maßstäben bemisst. Zu dem inzwischen klassischen Vorläufer dieses Arguments von Georg Büchner vgl. meine Ausführungen in *Versuch über die Auflehnung. Philosophisch-theologische Überlegungen zur Theodizeefrage*, in: Harald WAGNER (Hg.), *Mit Gott streiten. Neue Zugänge zum Theodizeeproblem* (QD 169), Freiburg i. Br. ^{2}1998, 48–90, 49–52; Gerd NEUHAUS, *Theodizee – Abbruch oder Anstoß des Glaubens*, Freiburg i. Br. u. a. 1993, 27–39. Zur Frage der Theodizee insgesamt vgl. neben den genannten Titeln Hans KESSLER, *Gott und das Leid in seiner Schöpfung. Nachdenkliches zur Theodizeefrage*, Würzburg 2000; Thomas PRÖPPER – Magnus STRIET, Art. *Theodizee*, in: LThK^{3} 9 (2000), 1396–1398.

[12] So plausibel die von Hans JONAS, *Der Gottesbegriff nach Auschwitz. Eine jüdische Stimme*, Frankfurt a. M. 1987, dargebotene Alternative auf den ersten Blick auch sein mag, entlastet sie doch Gott, weil er nicht mehr handelnd eingreifen kann, um so skeptischer zu beurteilen ist sie auf den zweiten Blick. Denn erstens bleibt doch die Frage, ob der Gott, der zur Ermöglichung der Schöpfung sich seiner Allmacht begab, nicht angesichts des Risikos einer solchen Schöpfung unverantwortlich handelte. Zweitens aber fragt sich, ob denn der freilich von Jonas ausdrücklich in die Gestalt eines Mythos gekleidete Vorschlag den biblischen Gott zu stark in die Nähe eines Deismus beziehungsweise Monismus rückt.

Theologie, die an der Geschichtsmächtigkeit des freien Gottes festhält, die damit zugleich mit der Unverfügbarkeit des freien Gottes rechnet und in diesem Sinne Ernst macht mit dem biblischen Bilderverbot, für sich beanspruchen, „Gott täglich bei sich im Sack zu haben“ (Franz Overbeck)[13]. Sie kann dieses auch schon deshalb nicht, weil es für den Menschen durch keinen spekulativen Vernunftbegriff überbrückbare Grenzen des Verstehens dieses Gottes gibt. Gottes Nichteingreifen in den Geschichtsablauf angesichts des zum Himmel schreienden Unrechts führt in die nicht mehr zu beantwortende Frage, *wer* dieser Gott ist – vorsichtiger und besser formuliert: Warum *der* Gott, den Israel als den aus Knechtschaft und Unterdrückung befreienden Gott zuerst bekannt hat, nicht mit starkem Arm eingegriffen hat in das Morden an seinem ersterwählten Volk. Die dunklen Seiten dieses Gottes begründen sich nicht aus einer epistemischen Unzulänglichkeit, sondern aus dem Zweifel an seiner verlässlichen Barmherzigkeit und Gerechtigkeit, der sich selbst bekundet hat als der Gott, der für sein Volk da ist und auch künftig da sein will (vgl. Dtn 6,4). So anzuschärfen bedeutet nicht, die Schuldverhältnisse umzudrehen. Selbstverständlich bleiben es Menschen, die die Perversion der Gaskammern erdachten. Aber hieße es nicht, Gott als machtlos zu denken, wenn man ihm nicht die Möglichkeit des Eingreifenkönnens zubilligte?

III. Theologische Konsequenzen der christlichen Mitschuld

Nun habe ich bisher nur von einer auf den Bundesgedanken verpflichteten und damit sich in den Glauben Israels einschreibenden Theologie gesprochen. Prekärer noch sind die angerissenen Fragen freilich für eine christliche Theologie. Der Massenmord am jüdischen Volk zwingt sie, nicht nur ihr eigenes Selbstverständnis, sondern auch ihr Proprium zu hinterfragen. Denn selbst wenn der Antijudaismus nicht einfach gleich gestellt werden kann mit dem Antisemitismus[14], in dessen Name schließlich das Unvorstellbare geschah, so ist die Verflechtung christlicher Theologie in den Antisemitismus nicht zu bestreiten. Die bereits seit dem 4. Jahrhundert von Chrysostomos geprägte Rede von den Gottesmördern[15] bildete einen wichtigen Bestandteil des Nährbodens, in dem

[13] Zit. nach Tiemo Rainer PETERS, *Unbegreifliche Nähe Gottes* (vgl. Anm. 17).

[14] Zum Phänomen des Antisemitismus, der im 18. Jahrhundert aufbricht, und seinen antijudaistischen Wurzeln vgl. Detlev CLAUSSEN, *Vom Judenhaß zum Antisemitismus. Materialien einer verleugneten Geschichte*, Darmstadt 1987.

[15] Vgl. Chrysostomos, Hom. 1.7, col. 852.

das *mysterium iniquitatis* wieder einmal seine Schreckensherrschaft entwickeln konnte. Darüber darf auch nicht hinwegtäuschen, dass das Verhältnis von *ecclesia* und *synagoga* keineswegs immer schon oder ausschließlich eines der Feindschaft gewesen sei. Es gab Zeiten relativer Harmonie. Gleichwohl eignete den bereits im ersten Jahrhundert sich abzeichnenden Abgrenzungstendenzen immer auch die Tendenz zur Polemik. Identitätsbildungen sind nie gefahrenlos oder gar harmlos. Überdies kann es erst recht keine Frage sein, dass es den Kirchen daran gemangelt hat, der Ideologie des menschenverachtenden Antisemitismus ein geschlossenes entschiedenes Nein entgegen zu stellen. Dass der Dialog zwischen Juden und Christen angesichts dieser Verfehlung überhaupt wieder möglich wurde, darf schon als Geschenk wahrgenommen und angenommen werden. Hierüber darf aber nicht vergessen werden, die Frage nach einer theologischen Mitschuld an der Shoah zu stellen.[16] Zeichnet vielleicht doch die Christologie an der Shoah verantwortlich? Bildet die Christologie vielleicht nicht nur in ihren faktisch gewachsenen historischen Gestalten, sondern aus ihrer inneren Logik heraus die „Speerspitze des Antijudaismus"?[17] Zeichnet vielleicht der Glaube an die Gottessohnschaft Jesu zumindest mit dafür verantwortlich, dass dem jüdischen Volk dieses Entsetzliche geschehen konnte?

Der Verdacht, dass es immer noch die Christologie sei, die den Antijudaismus forciere, hält sich bis heute. Dabei gibt es nicht nur Stimmen, die dieses ausdrücklich aussprechen. Wenn ich mich nicht täusche,

---

[16] Vgl. DIE DEUTSCHEN BISCHÖFE, *Erklärung über das Verhältnis der Kirche zum Judentum vom 28.04.1980,* in: Rolf RENDTORFF – Hermann HENRIX (Hg.), *Die Kirchen und das Judentum. Dokumente von 1945–1985,* Paderborn u.a. 1988, 277: „Gerade *der* gewaltsame Tod Jesu am Kreuz ist zu etwas geworden, was die Beziehung zwischen Kirche und Judentum außerordentlich belastet hat. Diese 'Last der Geschichte' durch gerechte Rede über das Judentum aufzuarbeiten, gehört zu den Aufgaben gründlicher historischer Forschung durch die christliche Theologie und des jüdisch-christlichen Dialogs, zu dem die Kirche uns auffordert."

[17] Tiemo Rainer PETERS, *Thesen zu einer Christologie nach Auschwitz,* in: Jürgen MANEMANN – Johann Baptist METZ (Hg.), *Christologie nach Auschwitz. Stellungnahmen im Anschluß an Thesen von Tiemo Rainer Peters* (Religion – Geschichte – Gesellschaft. Fundamentaltheologische Studien 12), Münster 2., erw. Aufl. 2001, 2: „Wenn die Dinge auf den Punkt kamen, dann meist in der Christologie. Dort wurden die Ausschließlichkeitsargumente geschärft. Eines scheint klar: Wir können nicht in dem Augenblick, da sich die christologische Aussage vor Auschwitz schwertut, ja manchmal regelrecht blamiert, diese verstecken oder zurückziehen. Wir sollten versuchen, eine kritische Christologie im Angesicht des Grauens von Auschwitz zu formulieren – im Gespräch mit den Juden, die darauf einen Anspruch haben." Erweitert ist dieser Band um den Text von Tiemo Rainer PETERS, *Unbegreifliche Nähe Gottes*, in dem er nochmals auf die Stellungnahmen zu seinen Thesen antwortet.

äußert sich dieser Verdacht auch da, wo so genannte schwache theologische Kategorien eingeklagt werden.[18] Aber auch wenn ich mir die Intention, zu Eigen mache, endlich die Gefahr des Antijudaismus in der Theologie zu bannen, und ich muss sie mir zu Eigen machen, da eine gravierende Mitschuld des Christentums am Aufkommen des Antisemitismus nicht zu leugnen ist[19] und die Verantwortung für diese historische

---

[18] Vgl. kritisch gegen solche Depotenzierungstendenzen der Christologie Gerd NEUHAUS, *Frömmigkeit der Theologie*, 164f. Zur Forderung so genannter schwacher Kategorien vgl. Johann Baptist METZ, *Auf dem Weg zur „geschuldeten Christologie“*, in: MANEMANN – METZ (Hg.), *Christologie nach Auschwitz*, 103, dann Peter ZEILINGER, *Maßstäbe der Kritik. Negatives Denken, „schwache Kategorien“ und der Einbruch der Alterität im Kontext der neuen Politischen Theologie*, in: Johann REIKERSTORFER (Hg.), *Vom Wagnis der Nichtidentität. Johann Baptist Metz zu Ehren*, Münster 1998, 79–115, bes. 113: „Das Verständnis von Erinnerung als 'schwacher Kategorie' meint damit im Kern nicht einfach ein argumentatives Ungenügen bzw. das simple Vergessen der Erinnerung, sondern: die Erinnerung als Erinnerung fremden Leids, wie sie die biblische Gottesbotschaft prägt, erhält erst dadurch, daß sie sich nicht mit einer einmal gefundenen bzw. formulierten Identität beruhigen kann – erhält erst als für das Andere / die Anderen offene und aus diesem Grund schwache Kategorie ihre universale und kritische Kraft – eben dadurch, daß sie sich in einem solchen Verständnis nicht mehr vereinnahmen, nicht ideologisieren läßt.“ Und die theologische Konsequenz: „Zukünftige Überlegungen für eine Fundierung theologischer Aussagen werden daher nicht umhin kommen, sich jede identifizierende Gottesrede von den Anderen her, den geschichtlich erfahrbaren Anderen, in Frage stellen zu lassen – und dies nicht aus falsch verstandenem Altruismus, sondern auch um Gottes und der Gottesrede selbst willen. Wie auch wollte man an einem Gott festhalten, der die menschliche Rede nicht transzendiert, wie einer Gottesrede vertrauen, die den konkreten Anderen übersieht?“ (115)

[19] Wenig bekannt, hat bereits im Jahre 1965 Heinrich SPAEMANN in einer Beilage zum Freiburger Rundbrief 16/17 (1965), ohne Seitenangaben, unter dem Titel *Eine Entgegnung* (auf Msgr. Carli, M.S.) von einer eindeutigen Mitschuld der Christen an Auschwitz gesprochen und eine Schulderklärung gefordert: „Auschwitz ist die Verdichtung eines in seiner abgründigen Tragik nie wirklich erkannten schuldhaften Versagens von Getauften in der Bruderliebe. Was hiernach sein muß, bevor sich im Verhältnis von Juden und Christen grundsätzlich und für immer etwas ändern kann, ist die Bitte des 'jüngeren Bruders' um Vergebung – womöglich an der Stätte seines tiefsten Leides. [...] Nicht auszudenken, was diese Geste der Wahrheit und der Demut für die Wiederbegegnung von alt- und neubundlichem Gottesvolk bedeuten könnte, wenn das Bekenntnis in Auschwitz gesprochen würde.“ Ob Menschen wie Heinrich SPAEMANN inzwischen gehört sind, wage ich zu bezweifeln. Wenn gegenwärtig die Rückkehr zu einer tridentinischen Liturgie beschworen wird, die im Geschehen der Eucharistie das Mysterium wieder aufscheinen lässt, dann mag man dies angesichts so mancher Tendenzen in der nachkonziliaren und gegenwärtigen liturgischen Praxis nachvollziehen können – es geht aber an dem, was eine christliche Liturgie auszumachen hat, vorbei. Diese ist dem Gott verpflichtet, der sich in bestimmter Weise ausgesagt hat und als dieser Gott, auch in seiner ganzen Fraglichkeit, liturgisch vergegenwärtig sein will. Geht dies aber, ohne die Erinnerung der konkreten Geschichte? Vgl. Heinrich SPAEMANN, *Die Christen und das Volk der Juden*, München 1966: „Wir würden uns selbst

Schuld deshalb auch die Identität einer jeden künftigen Theologie zu prägen hat, so drängt sich mir doch auch die Frage auf, um welchen Preis die soteriologische Entschiedenheit der Christologie, dass Gott selbst in letzter Ernsthaftigkeit und damit in einer nicht mehr anzweifelbaren Weise als der geglaubt werden darf, der die Tränen aller Menschen abwischen will, aufgegeben oder auch nur verschwiegen wird. Wird hier nicht ein Preis gezahlt, der nicht zu zahlen ist? Der deshalb nicht zu zahlen ist, weil auch eine Christologie, die an den bereits am Ende des ersten Jahrhunderts nach Christus erreichten Differenzbestimmungen, keinen Antijudaismus kennen kann? Und der – ich betone – aus christlicher Perspektive auch nicht gezahlt werden darf, weil dann das Proprium christlicher Hoffnung aufgegeben würde? Ich will die Ziele, die die hier vorgestellten Überlegungen verfolgen, vorab benennen.

Ein Ziel dieser Überlegungen besteht darin, nach einer nichtantijudaistischen Christologie zu suchen. Der Antijudaismus soll, ja muss schon und gerade aus theologischen Gründen aus der Theologie ausgeschlossen werden. Das immer wieder zitierte Wort Adornos, dass „Auschwitz nicht noch einmal sei", dies „die allererste" Forderung an „Erziehung"[20] sei und dies somit auch Forderung an die Theologie sein muss, ist dann nicht nur ein gebietendes Wort im Namen der Humanität. Sondern es entspringt auch der gebietenden Stimme des Gottes, der im Glauben der Christen sich selbst in der Lebensgeschichte des Juden Jesus als die bis ins Äußerte hinein bewährte Barmherzigkeit für alle Menschen definiert hat. Dieser Gott ist aber kein anderer als der, der sich zuerst und vor allem auch unwiderruflich seinem Volk Israel erschlossen hat. Ohne das Wissen um diese bleibende Eingebundenheit von Kirche, Glauben und Theologie in die Glaubensgeschichte Israels kann es deshalb auch keine Christologie geben.[21] Von daher bildet Auschwitz in

---

[…] der Verantwortungslosigkeit schuldig machen, wenn wir in unserer Liturgie, in unseren Predigten und Katechesen auch weiterhin zwar der jüdischen Kinder in Bethlehem gedächten, zur selben Zeit aber an unseren Altären und von unseren Kanzeln die Millionen, die in Auschwitz und anderen furchtbaren Stätten aus den gleichen Gründen getötet wurden, mit dem Mantel des Vergessens und des Schweigens bedeckten. Gedächten wir ihrer da nicht, so würde erschreckend deutlich, wie Liturgie etwas in sich selbst Stehendes werden kann, steril gegen Gewissensruf, ungefährlich, Verklärung nur des eigenen Daseinsraumes." Nachdenken über konkrete Liturgie hat sich diesen Mahnungen zu stellen.

[20] Theodor Wiesengrund ADORNO, *Erziehung nach Auschwitz*, in: DERS., *Gesammelte Schriften*. hg. v. Rolf TIEDEMANN, Darmstadt 1997 (1977), Bd. 10/2, 674. Vgl. DERS., *Negative Dialektik*, Frankfurt a. M. 1988, 358.

[21] Vgl. Lydia KOELLE, *Systematische Theologie in Israels Gegenwart*, 371 (im Orig. kursiv): „*Das ungeheuerliche Geschehen der Shoah war, ist und bleibt deshalb eine radikale Infragestellung des christlichen Glaubens. Denn wo das Jüdische durch das*

der Tat eine Zäsur für die christliche Theologie. Sie hat, auch wenn es immer Hellsichtigere gab, erst nach dieser Katastrophe bemerkt, dass sie ihre sie nährende Wurzel abgeknickt hat. Der Glaube an den Gott Jesu und damit an Jesus den Christus ist zutiefst erschüttert. Ob er jemals erahnt, was dieses Menschheitsdesaster für ihn selbst bedeutet oder ob ihm dieses erst eschatologisch schmerzhaft aufgeht, ist nicht zu entscheiden.

Die vielleicht noch dramatischere Zäsur, die Auschwitz für eine christliche Theologie darstellt, vermute ich freilich noch an anderer Stelle. Ist schon mit Paulus kaum noch einsichtig zu machen, warum der Gott der Väter nahezu ausschließlich die Ersterwählten nicht zum Glauben an Jesus als den kommen lässt, auf den sich die Sehnsucht richtet[22], so brennt die Frage geradezu, warum ausgerechnet ihnen, den Ersterwählten, solch entsetzliches Unrecht geschehen musste – und dies womöglich noch im Namen dessen, an den sie nicht glauben konnten. Eine sich am Bundesgedanken orientierende Theologie, die mit einer von Gott gewollten offenen Geschichte rechnet und die nicht meint, sich dem leidenschaftslosen und leidensunfähigen Gott der griechischen Metaphysik anpassen zu müssen[23], wird sich der Frage nicht versperren dürfen, wie unter dieser Voraussetzung noch Erlösung möglich sein kann. Denn der eschatologische Christus ist dann auch der Messias für Israel.

Johann Baptist Metz hat 1978 auf die Frage, ob man nach Auschwitz noch beten könne, geantwortet: „Wir können *nach* Auschwitz beten, weil auch *in* Auschwitz gebetet wurde." Nur mit den Juden könne es noch ein Weiter geben. „Wir Christen kommen niemals mehr hinter Auschwitz zurück; über Auschwitz hinaus aber kommen wir, genau besehen, nicht mehr allein, sondern nur noch mit den Opfern von Auschwitz."[24] Stimmt dies, dann kann es auch Erlösung nur zusammen mit den Juden geben. Ist es aber gemäß dem Glauben der Christen nicht eben Christus, der bereits gekommene und wiedererwartete Messias, der den Menschen bitten wird, sich vom Vater mit der Liebe des einen Gottes beschenken zu lassen? Lässt man die Hoffnung, die den Christen erfüllt und von der er Rechenschaft ablegen soll (1 Petr 3,15), sich nicht im Unbestimmten verlieren, sondern benennt diese, so ist es umso wichtiger zu sagen, wer denn dieser Christus ist, auf den sich die Hoffnung richtet. Der Hoffnung ist auf den Grund zu gehen, sie will bedacht sein, damit sie jetzt schon tragen und das Gespräch, auch das zwischen Juden und Christen, wahr-

Christentum mißachtet wird, verleugnet und mißachtet das Christentum sich selbst."

22 Vgl. Michael THEOBALD, *Kirche und Israel nach Röm 9–11*, in: DERS., *Studien zum Römerbrief* (WUNT 136), Tübingen 2001, 324–349, 339f.

23 Hierzu ausführlicher weiter unten.

24 METZ, *Christen und Juden nach Auschwitz*, 31.

haftig machen kann.[25] Nicht um ein Verstehen von Auschwitz geht es somit.[26] Sondern ausschließlich darum, die Hoffnung nach dem Unaussprechlichen nicht aufgeben zu müssen.

Ein weiteres Ziel der hier vorgetragenen Überlegungen besteht vor diesem Hintergrund darin, zumindest andeutungsweise nach dem eschatologischen Hoffnungspotenzial einer solchen nichtantijudaistischen Christologie zu fragen. Vielleicht muss man die Formulierung von Metz auch so interpretieren, dass es deshalb nach Auschwitz nur noch die Möglichkeit gibt, mit den Opfern von Auschwitz über Auschwitz hinauszukommen, weil es das moralische Gewissen des Menschen verhindert, von vollendetem Glück und damit von Erlösung zu reden, solange die Tränen auch nur eines der Menschen, denen in den Todesfabriken dieses Grausame geschah, noch nicht getrocknet sind.[27] Aber es wird doch, selbst wenn der Ausgang der Geschichte nicht vorhersagbar sein kann, auch schon jetzt die Frage zu stellen sein, ob nicht der Glaube daran, dass Jesus auch der Christus Israels ist, die kaum auszusprechende Hoffnung einschließt, nach Auschwitz mit den Juden über Auschwitz hinauszukommen. Wenn freilich für eine offene Geschichte und auch nur für eine offene Geschichte von Christen Tröstung und Versöhnung erhofft wird, dann bedarf es eines trinitarischen Begriffs von Gott, der an dieser Offenheit festzuhalten erlaubt.

Zuvor aber noch ein Wort zur Singularität des in Auschwitz Geschehenen. Deutlich gemacht wurde bereits, dass das besondere Bedenken

---

[25] Vgl. Gerd NEUHAUS, *Frömmigkeit der Theologie. Zur Logik der offenen Theologie* (QD 202), Freiburg i. Br. 2003, 151f., der, auf persönliche Vortragserfahrungen rekurrierend, gleichwohl zu Recht insistiert: „Wäre […] die Theodizeefrage einschließlich des sie tragenden sittlichen Einspruchs allein in einem naturhaften Reflex begründet, mit dem wir auf den Verlust unserer gewohnten Lebensumgebung rekurrieren, dann könnte die Klage nur einen höchst bedingten Geltungsanspruch anmelden. Wo also der geschichtliche Lauf der Zeit zunehmend die empirische Haltlosigkeit der Klage dokumentiert, steuert letztere von selbst jener Frage entgegen, auf die wir bereits bei Nietzsche gestoßen sind und die in freier Formulierung lautet: Mit welchem Recht stelle ich dem Weltlauf mein 'Es soll anders sein!' entgegen, wenn dieser sich um meinen Einspruch in keiner Weise schert? Insofern läuft die Klage einem Punkt entgegen, wo die sittliche Option fällt oder durch den unumkehrbaren Lauf der Zeit nach ihrer Berechtigung gefragt wird. Insofern hat die Klage ihre Zeit, aber auch die transzendental-theologische Rückfrage nach den sie tragenden affirmativen Gehalten."

[26] Vgl. Johann Baptist METZ, *Christen und Juden nach Auschwitz. Auch eine Betrachtung über das Ende bürgerlicher Religion*, in: DERS., *Jenseits bürgerlicher Religion. Reden über die Zukunft des Christentums*, München-Mainz 1980, 29–50, 31: „Auschwitz standhalten heißt keineswegs, es begreifen. Wer hier begreifen wollte, hätte nichts begriffen."

[27] Vgl. aber ausführlich dazu den Beitrag von Jan-Heiner TÜCK in diesem Band sowie meine Schlussbemerkungen.

des Geschehens von Auschwitz nicht ins Vergessen der anderen Orte dieser Welt führen darf, deren Namen an die Vernichtung menschlichen Lebens erinnern. Denn ein Denken, das sich von den individuellen Schicksalen bestimmen lässt, das sich bestimmen lässt vom „negativen Mysterium“[28] des Leidens der Individuen, wird sich jedem nivellierenden Vergleich verweigern. Aber vielleicht muss doch der Gedanke gewagt werden, dass Auschwitz eine theologische Singularität darstellt. Vielleicht bedeutet Auschwitz deshalb eine absolute Singularität, weil es um ein Attentat auf das Volk der Ersterwählten ging, um das Volk Abrahams, Isaaks und Jakobs, um das Volk Jesu, das in den Verbrennungsöfen vollständig vernichtet werden sollte. Der Grund für die theologische Singularität des Geschehens von Auschwitz liegt in Gott selbst – seinem Nichteingreifen ausgerechnet diesem Volk gegenüber, dem doch auch im Glauben der Christen ein für allemal erwählten Bundespartner. Deshalb muss dieses Geschehen auch eigens theologisch bedacht werden. Es ist die Frage zu wagen, ob Gott in Auschwitz sich selbst untreu geworden ist, seinem im Glauben Israels zuerst gefassten Versprechen, sich trotz der Treulosigkeit seines Volkes aus seiner unbegrenzten Barmherzigkeit heraus nie gegen dieses wenden zu wollen (vgl. u.a. Gen 8,21). Aus der Perspektive christlicher Theologie ist die Frage deshalb so brisant, weil sich der Auferweckungsglaube ja auf einen Menschen dieses Volkes, auf den Juden Jesus von Nazareth richtet. Mit ihrer Beantwortung steht und fällt auch die Möglichkeit christlicher Theologie. Denn nicht zu vergessen ist schließlich, dass Jesus „mit den Millionen, die in den Verbrennungsöfen unseres Jahrhunderts umgebracht wurden, […] identisch war“[29], mit jenen, denen die Zusage Gottes zuerst galt. Wäre Gott mithin seinem erwählten Volk gegenüber untreu geworden, dann wäre auch das Bekenntnis zur Auferweckung Jesu Schall und Rauch. Umso notwendiger und dringlicher wird vor diesem Hintergrund die Frage, ob und wie die Verheißung des Auferweckungsglaubens für die Vernichteten Israels aussagbar bleibt. An der Christologie festhalten zu wollen, am Glauben daran festhalten zu wollen, dass der zuerst von Israel bekannte Gott sich in letzter Unbedingtheit in der Lebensgeschichte Jesu für alle Menschen bestimmt hat, führt in die Frage, wie dieser Glaube angesichts des Mordens ausgerechnet an dem Volk, in das Christen gemäß dem paulinischen Bild vom Ölbaum eingepfropft sind (Röm 11,17), festgehalten werden kann. Dabei konzentriert sie sich darauf, ob

[28] Johann Baptist METZ, *Theodizee-Empfindliche Gottesrede*, in: DERS., *„Landschaft aus Schreien“. Zur Dramatik der Theodizeefrage*, Mainz 1995, 81–102, 95.
[29] SPAEMAN, *Eine Entgegnung*.

der Glaube an das definitive Heilshandeln Gottes bewährt werden kann angesichts des Nichteingreifens Gottes in die Geschichte, für die der Name Auschwitz steht.

Die folgenden Überlegungen beschränken sich streng auf die angedeuteten Fragen einer Christologie nach Auschwitz – auf Fragen, die zu stellen mehr Demut abverlangt und Scham voraussetzt, als auszudrücken ist, die aber gleichwohl gestellt werden wollen und nach Antwort verlangen, auch im Namen derer, deren Antwort wir nicht, noch nicht kennen. Sollte es aber überhaupt keine Antwort geben, so wie der tote Christus Jean Pauls vom Kreuz herab verkündet[30], dann gäbe es keine Möglichkeit mehr, über Auschwitz hinauszukommen. Zugleich wäre der Mensch auf ewig heillos verstrickt im Dilemma der Anthropodizee. Ein jeder Versuch der Selbstrechtfertigung des Menschen durch sich selbst müsste sich den Vorwurf gefallen lassen, die Möglichkeiten von Menschsein zu unterbieten, da dieser Versuch angesichts der begrenzten Möglichkeiten des Menschen nur um den Preis des Vergessens geschehen könnte. Dass das Gebet diesen Falls „eine nicht nur frustrierende, sondern auch […] eine metaphysisch komische Beschäftigung“ wäre, ergibt sich von selbst.[31]

Nicht aber um das Problem, dass Gott womöglich nicht existiert und er deshalb schweigt, soll es hier gehen, sondern um die Frage, warum der doch jedenfalls im noch nicht resignierten Gebet vorausgesetzte Gott schweigt. Ohne zumindest hier annähernd zu verstehen, vorsichtiger: Ohne zumindest angesichts seines Schweigens die Theodizeefrage offenzuhalten[32], würde das Gebet unredlich werden. Denn, so schreibt Elie Wiesel, „beten, als ob nichts geschehen wäre, das wäre doch Feigheit!“ und er fügt hinzu: „Fordert Gott denn vom Menschen, dass er sich feige

---

[30] Jean PAUL, *Siebenkäs* (SW; Abtl. 1. Bd. 2. Hg. v. Norbert MILLER, Nachwort W. Höllerer), Frankfurt a. M 1996, 273: „'Christus! Ist kein Gott?' Er antwortete: 'Es ist keiner'.“ Die hier beschriebene Verlassenheit des Menschen („'Wir sind alle Waisen, ich und ihr, wir sind ohne Vater.'“) nimmt das vorweg, was dann Nietzsche unter dem Begriff des schwachen Nihilismus als das den Menschen bestimmende Lebensgefühl beschreiben wird.

[31] Günter ANDERS, *Ketzereien*, München 1991, 210f.

[32] Vgl. Hans KESSLER, *Gott und das Leid seiner Schöpfung,* Würzburg 2000, 85; Jürgen WERBICK, *Der Glaube an den allmächtigen Gott und die Krise des Bittgebets*, in: DERS., *Gebetsglaube und Gotteszweifel* (Religion – Geschichte – Gesellschaft, Fundamentaltheologische Studien 20), Münster 2001, 107–128, 116f.126. Diesem Aufsatz verdanke ich neben vielen wichtigen Anregungen auch den Hinweis auf Gerhard Ebeling (vgl. Anm. 33).

zeigt?“[33] Theologisch darf nicht davon abgesehen werden, „dass die Warum-Frage der Theodizee das Beten selbst infrage stellt“.[34]

Freilich weiß das Gebet auch nicht nur, warum es betet, weiß nicht nur um die Not, aus der heraus es sich vollzieht, sondern weiß auch, worauf es hofft, nämlich auf eine verstehbare, von Gott selbst erhoffte Antwort. Umso dringlicher wird dann aber die Frage, ob das Gebet eine Antwort hat, die die Würde der Vernichteten achtet. Ob es ein Gebet gibt, welches nicht weiß, nicht um den Ausgang der Geschichte weiß, und doch begründet hofft. Ob es vielleicht sogar ein die Theozentrik der Gebetssprache nicht aufgebendes christologisches Gebet gibt, welches nicht um den Ausgang der Geschichte weiß und doch hoffnungsvoll hofft.

IV. Kein Antijudaismus aus christologischen Gründen

Ich beginne zunächst mit der Spurensuche einer nicht antijudaistischen Christologie. Eine solche kann nur beim irdischen Jesus selbst ansetzen. Denn die Christologie hat ausschließlich die Bedeutung der Geschichte zu explizieren und deren theologische Voraussetzungen zu klären, die die Lebensgeschichte des Menschen Jesus ist, also des Menschen, den der christliche Glaube als den Messias aller Menschen bekennt. Allzu lange hat die Christologie zwar mit Nizäa auf die wahre Gottheit Jesu, den Christus, hingewiesen. Aber spätestens da, wo eine Hermeneutik des Neuen Testamentes sich nicht mehr wie selbstverständlich vom Ersten Testament herleitete, drohte die Gefahr einer theologischen Lektüre der Person Jesu, die ihn um sein wahres Menschsein verkürzte. Zu diesem gehört es aber, dass es in einer konkreten geschichtlich gewachsenen Kultur seine Identität ausbildet – und das heißt für den Menschen Jesus, dessen Freiheit wie die Freiheit aller anderen Menschen eine werdende ist[35]: Dass dieser im Rahmen der Glaubensgeschichte Israels die eigene religiöse Identität ausbildete, auch hierin allen anderen Menschen gleich. Ein angemessenes Verstehen von Nizäa kann deshalb nur von der Glau-

[33] WIESEL, *Macht Gebete aus meinen Geschichten*, 39. Vgl. auch Gerhard EBELING, *Existenz zwischen Gott und Gott*, in: DERS., *Wort und Glaube*. Bd. 2, Tübingen 1969, 257–286, 282.

[34] WERBICK, *Der Glaube an den allmächtigen Gott und die Krise des Bittgebets*, 116.

[35] Vgl. Hans Urs von BALTHASAR, *Theodramatik II/2,* Einsiedeln 1978, 160, Bezug nehmend auf den scholastischen Satz *Et ideo non fuit conveniens eius dignitati, ut a quocumque hominum doceretur*: „ein Kind, das nicht durch ein es ansprechendes Du zu seinem Ichbewußtsein erwachte, wäre gar kein menschliches Kind. Der thomanische Satz verstößt gegen die Logik der Inkarnation.“

bensgeschichte Israels her vorgenommen werden. Jesu Auslegung der Glaubensgeschichte Israels geht damit nun aber umgekehrt auch notwendig in die Bestimmung des von Chalkedon behaupteten wahren Menschseins Jesu hinein – und sie bestimmt damit zugleich die Auslegung der Gottheit Jesu, auf die Nizäa aus „einem soteriologischen Interesse heraus“[36] gegen die Möglichkeit ihrer arianischen Herabstufung gegenüber der Göttlichkeit des Vaters bestanden hatte. Denn auch wenn zwischen der Menschheit und der Gottheit Jesu zu unterscheiden ist, so bestimmt das Menschsein Jesu doch auch sein Gottsein und umgekehrt. Die entscheidende Frage lautet dann, ob Jesu Auslegung des Glaubens Israels und damit des Gottes Israels nur noch als Negativfolie des von ihm erschlossenen Bildes von Gott und damit der Bedeutung seiner eigenen Person anzusetzen ist.

Nun gibt es im neutestamentlichen Zeugnis aber keinen Anhalt dafür, dass der historische Jesus mit dem Glauben der Väter brechen wollte. Ganz im Gegenteil. Zwar finden sich in den neutestamentlichen Schriften durchaus antijudaistische Tendenzen. Sie lassen sich aber verstehen als Ausdruck innerjüdischer Konflikte, also als Ausdruck eines Konfliktes zwischen Juden und Judenchristen.[37] Nichts spricht deshalb für die These, dass Jesus mit dem Glauben der Väter hat brechen wollen, ganz im Gegenteil sogar. Im neutestamentlichen Zeugnis versteht sich Jesus eindeutig als der, der auf den Gott Israels verweist. So antwortet in der Theologie des Markus Jesus auf die Frage nach dem ersten Gebot mit dem *Sch'ma Israel*: „Höre Israel, der Herr, unser Gott, ist der einzige Herr. Darum sollst du den Herrn, deinen Gott, lieben mit ganzem Herzen und ganzer Seele, mit deinen Gedanken und deiner ganzen Kraft.“ (Mk 12,29f; Dtn 6,4f). Dieser Gott, den Israel mit ganzem Herzen und ganzer Kraft lieben soll, ist der Gott, an dessen durch keine Untreue des Volkes zu brechende Treue und Barmherzigkeit Israel immer weniger Zweifel gelassen hat. Verwiesen sei nur auf den Propheten Hosea: „Aber mein Volk ist krank an seinem Abfall, zum Baal rufen sie, doch der hebt sie nicht auf. […] Mein Herz kehrt sich um in mir, und zugleich regt sich mein Mitleid. Nicht will ich tun, was die Glut meines Zornes mir eingibt, nicht Ephraim wieder verderben. Denn Gott bin ich und nicht ein Mensch, heilig in deiner Mitte, ich liebe es nicht, zu verderben.“ (Hos 11,7–9; vgl. auch Jes 41,10–17). Es ist dieser Gott, dem Jesus in seinem Leben Gestalt gibt. Dies ist zwar kein Gott, der unterscheidungslos wäre

[36] Vgl. Peter HÜNERMANN, *Jesus Christus – Gottes Wort in der Zeit. Eine systematische Christologie*, Münster 1994, 147.
[37] Vgl. Gerhard DAUTZENBERG, Art. *Antijudaismus. Vorchristlich u. im NT*, in: LThk[3] 1 (1992), 748–750 (Lit.!).

und damit zur Rechtfertigung des bereits gelebten Lebens herhalten könnte. Es sind zunächst einmal die am Rande Stehenden, die religiös und kulturell-gesellschaftlichen Marginalisierten, die unter Missgunst und Ungerechtigkeit Leidenden, denen Jesus den Gott verkündet, dessen Mitleid sich regt und der barmherzig ist. Gleichwohl bringt Jesus diesen Gott auch denen nahe, die sich im Götzendienst selbst zugrunde richten, indem sie die Dinge anbeten, sich in der Lüge einrichten und sich so auf vielfältige Weise in sich selbst verkrümmen. Gottes Barmherzigkeit gilt allen, auch denen, die gegen den Willen dieses Gottes verstoßen und so die Gottebenbildlichkeit ins Gegenteil verkehren. In dieser Exegese des Gottes Israels erkennt Jesus die rechte Auslegung der Tora. Freilich will diese Auslegung gerade keinen Bruch mit der Tora darstellen, sondern deren Erfüllung (vgl. Mt 5,17; Lk 16,17). Denn Inbegriff der Tora ist das Doppelgebot von Gottes- und Nächstenliebe (Mk 12,28–34), die sich inkarnierende Güte. Eine Frömmigkeit, die sich nicht als Einübung in dieses Doppelgebot versteht, darf sich demnach nicht auf den Gott Israels und damit nicht auf den Gott Jesu berufen.[38]

Nimmt man nur diese wenigen biblischen Hinweise, dann kann sich der mögliche Antijudaismus einer Christologie jedenfalls nicht auf Jesu Auslegung des Gottes Israels stützen. Immer da, wo schwache Kategorien für die Christologie eingefordert werden, um dem Antijudaismus zu entkommen, wird noch eine ganz andere Frage brennend. Sie lautet, ob es nur darum geht, den seiner eigenen Glaubensgeschichte entfremdeten Jesus in den Glauben Israels zurückzuübersetzen und so erst eigentlich verstehen zu lernen, oder ob der Konflikt um die wahre Bedeutung der Person Jesu, der die neutestamentlichen Texte durchzieht, entschärft werden soll, indem man Jesus stillschweigend auf sein Judesein, auf einen Menschen, der (wie andere auch) für seine *compassio* mit dem Leben bezahlt hat, reduziert. Selbst wenn aber die Reflexionsprozesse sich neutestamentlich noch als offen darstellen, so sind sie dies doch nur relativ. Zwar ringt man noch spürbar um ein adäquates Verstehen der Person Jesu. Deshalb treten dem historischen Blick auch durchaus zu

---

[38] Vgl. Karl-Heinz MENKE, *Die Einzigkeit Jesu Christi im Horizont der Sinnfrage*, Freiburg 1995, 143: „In Wahrheit verwirft Jesus das Bundesgesetz nicht, sondern ist dessen Erfüllung – und dies nicht, weil er durch Antithesen ('Euch ist gesagt worden …; ich aber sage euch …') eine buchstabengetreuere und rigorosere Auslegung der Tora einfordert. Denn die Antithesen, die Jesus zum Beispiel in der Bergpredigt vorträgt, sind dem Inhalt nach nichts Neues und dem zeitgenössischen Judentum durchaus geläufig; nein, Jesus intendiert nicht die Aufhebung oder Überbietung der Tora, sondern deren Übersetzung in das eigene Fleisch. Solange Gottes- und Nächstenliebe bloße Ideen, bloßes Prinzip oder Mittel zum Zweck sind, bleiben sie außerhalb der Inkarnation."

unterscheidende neutestamentliche Theologien vor Augen. Allerdings konvergieren diese in einem Punkt. Soteriologisch herrscht Übereinstimmung darin, dass mit dem Auftreten Jesu die Zeitenwende bereits eingetreten, die Gottesherrschaft in die Gegenwart bereits eingebrochen ist. Entscheidend ist aber, dass selbst da, wo das Bekenntnis zur Gottessohnschaft noch nicht im Zentrum steht, geschweige denn bis zur Aussage eines präexistenten Logos wie in der johanneischen Schule vordringt, der Grund der Hoffnung jeweils in die Person Jesu gesetzt wird. Der Vollmachtsanspruch Jesu, aus seinem besonderen Gottesverhältnis die Gegenwärtigkeit des Heils legitim zusagen zu dürfen, steht jeweils außer Zweifel. Exklusiv zum Ausdruck gebracht wird dies zumal da, wo Jesus aus eigener Vollmacht das Privileg der Sündenvergebung in Anspruch nimmt, die Vergebung als gegenwärtige bereits setzt und so an Stelle Gottes handelt. Und es ist ja auch diese Praxis, die den religiösen Konflikt entscheidend zuspitzt und ihm den Vorwurf der Gotteslästerung einträgt. Sachlogisch betrachtet wird man deshalb sagen dürfen, dass selbst dann, wenn man die im Vergleich zur johanneischen Schule und selbstverständlich auch zu Paulus 'vorsichtigeren' Synoptiker vorzieht, mindestens im Fall der Sündenvergebung Jesus mehr an Möglichkeit unterstellt wird, als ein Mensch aus sich selbst heraus beanspruchen kann. Deshalb scheint mir aus sachlogischen Gründen das Bekenntnis zur Sohnschaft Jesu notwendig vorausgesetzt zu sein. Hier wird eine Besonderheit ausgedrückt, die einzig und allein ihm zukommt. Und auch nur deshalb, weil sich die Auferweckungshoffnung in der Besonderheit der Person Jesu festmacht, kann Paulus sagen: „Wenn ihr nicht von den Toten auferweckt werdet, dann ist auch Christus nicht auferweckt worden. Nun ist aber Christus von den Toten auferweckt worden.“ (1 Kor 15)

Wenn deshalb die spätere Tradition immer eindeutiger das Bekenntnis zur Gottheit Jesu gefasst hat, dann ist dies keine Überfremdung der neutestamentlichen Texte. – Ich komme gleich nochmals darauf zurück, will aber zunächst noch einmal mit Nachdruck vermerken: Selbst wenn hier eine Differenz zwischen denen aufbricht, die sich der einen Wurzel Abrahams, Isaaks und Jakobs verdanken, zwischen Juden und Christen also, so wird hierdurch kein Antijudaismus begründet. Denn es bleibt ja wahr, dass Jesus keinen anderen Gott als den Gott Israels bewahrheitet hat. Und es bleibt auch wahr, dass der Gott, von dem Christen sagen, dass er den um seines Namens willen Gemarterten nicht im Tod gelassen hat, diese Verheißung auch seinem ersterwählten Volk gegenüber einlösen wird. Der Bund ist ungekündigt. Und christlich begründet sich diese Hoffnung zumal deshalb, weil ja auch Jesus im Glauben an die Auferweckung der Toten gelebt hat, seine eigene Auferweckung ihn aber als den legitimen Exegeten des Gottes Israels und damit des Glaubens an den aus dem Tod rettenden Gott ausgewiesen hat.

V. Trinitätstheologische Einholung menschlichen Leidens?

Aber tendiert die angedeutete Christologie nicht doch bereits wieder dazu, zu viel zu verstehen und auf diese Weise zu beschwichtigen, wo es nichts zu beschwichtigen gibt oder gar einem geschichtsblinden Erlösungstriumphalismus zu verfallen? Von Johann Baptist Metz ist immer wieder davor gewarnt worden, das negative Mysterium menschlichen Leidens durch eine trinitätstheologische Einholung zu unterhöhlen.[39] Ganz ausdrücklich will ich Kritikern einer Trinitätstheologie zustimmen, die um die Eigenwürde menschlichen Leidens da bangen, wo die Trinitätstheologie das menschliche Leiden in die Geschichte Gottes hineinnimmt und dieses dann am Ende nur noch als Moment der einen, göttlichen Geschichte wahrnimmt, in der es primär oder vielleicht auch nur um Gott selbst geht. Warnen will ich vor einer solchen Ausdeutung menschlichen Leidens aber nicht nur um seiner Eigenwürde willen, sondern auch um Gottes willen. Provoziert durch die Annahme einer ewigen Materie, die Gottes Allmacht in Frage stellte, hatte bereits die Alte Kirche begonnen, Gottes Schöpfungshandeln im Begriff einer *creatio ex nihilo* als vollkommen gegensatzfrei verstehen zu lernen – einer Gegensatzfreiheit, die, auf der Linie des biblischen Bilderverbotes als Ausdruck seiner Freiheit verstanden, die absolute Freiheit Gottes expliziert. Alles was ist, verdankt seine Existenz Gott, ihm allein, und es ist damit doch nicht göttlich, sondern ein von Gott Geschaffenes. Auch die Rede von der Gottebenbildlichkeit des Menschen hebt die Differenz zwischen Gott und Menschen ja gerade nicht auf, sondern bestimmt diese theologisch.[40]

---

[39] Vgl. u.a. Johann Baptist METZ, *Plädoyer für mehr Theodizee-Empfindlichkeit in der Theologie*, in: Willi OELMÜLLER (Hg.), *Worüber man nicht schweigen kann. Neue Diskussionen zur Theodizeefrage*, München 1992, 135ff.

[40] Dies gilt mit Sicherheit für die ursprüngliche Semantik der Gottebenbildlichkeitsaussage, die primär die ihm von Gott zugedachte Funktion des Menschen als Herrscher und Bewahrer in der Schöpfung aussagt [vgl. Walter GROSS, *Die Gottebenbildlichkeit des Menschen im Kontext der Priesterschrift*, in: ThQ 161 (1981) 244–264], als auch für eine dann spätestens in der Alten Kirche aufzufindende Semantik, die in der Gottebenbildlichkeit des Menschen das freie dialogische menschliche Gegenüber zu Gott erkennt.

Für die Christologie aber ergibt sich daraus eine aufregende Konsequenz. Denn die Christologie lernt einen Gott verstehen, der nicht von dieser Welt ist, auch nicht sein kann, da diese sich jenem verdankt, gleichwohl aber in der Gestalt eines Menschen in der Welt als er selbst da war. Dass dieser Glaube nur unter der Voraussetzung seiner trinitätstheologischen Vertiefung zu halten ist, will ich hier nur andeuten, zunächst aber auf einen zentralen Aspekt hinweisen: Ist dann noch von einer Leidensunfähigkeit Gottes zu reden? Oder muss nicht zumindest im Hinblick auf den Sohn gesagt werden, dass dieser in brutalster Weise gelitten hat, so wie Menschen wegen der Bosheit anderer Menschen leiden können? Freilich setzte dies zunächst einmal voraus, Ernst zu machen mit der Aussage, dass wirklich Gott *selbst* im Leben Jesu, seiner Verkündigung, seinem Handeln und seinem Sterben gegenwärtig war, und zwar *als er selbst* gegenwärtig und tätig war. Denn nur unter dieser Voraussetzung kann ja von einem leidenden *Gott* gesprochen werden. Am Ende ist es der Begriff der Selbstoffenbarung, der es nun auch ermöglicht, von einem selbst leidenden Gott zu sprechen. Doch ist es gerade die Rede von einem leidenden Gott, die aus verschiedenen Gründen immer wieder angefragt wird.

In der Tat wird man zunächst einmal extreme Vorsicht walten lassen müssen gegenüber der Rede von einem Leiden in Gott. Zumindest droht dieser Rede dann, wenn die im christlichen Schöpfungsglauben behauptete Realdifferenz von Gott und Mensch nicht konsequent theologisch durchgetragen wird, dass das Verhältnis dieser nicht mehr als das von Gott eröffnete Begegnungsgeschehen autonomer Freiheiten verstanden wird – also als ein Bundesverhältnis, für welches eine freie und offene Geschichte grundlegend ist. Immer noch ist es ganz offensichtlich Hegel, der im Hintergrund der Ablehnung einer Rede vom Leiden in Gott steht, und dies mit gutem Grund. Hegels durch den spekulativen Begriff eines Absoluten getragenes und damit monistisches Vernunftkonzept rechtfertigt schließlich in der Tat alles, was ist, dadurch, dass er es in seiner Notwendigkeit einsieht für den einen Selbstvermittlungsprozess des Absoluten.[41] Gerade deshalb kommt es darauf an, die menschliche

[41] Vgl. Georg Wilhelm Friedrich HEGEL, *Vorlesungen über die Philosophie der Geschichte* (Werke 12), Frankfurt a. M. 1986, 28: „Unsere Betrachtung ist insofern Theodizee, eine Rechtfertigung Gottes […], sodaß die Übel in der Welt begriffen, der denkende Geist mit dem Bösen versöhnt werden sollte. In der Tat liegt nirgends eine größere Aufforderung zu solcher versöhnenden Erkenntnis als in der Weltgeschichte. Diese Aussöhnung kann nur durch die Erkenntnis des Affirmativen erreicht werden, in welchem jenes Negative zu einem Ungeordneten und Überwundenen verschwindet." Hegel leugnet somit nicht, dass es Negatives, Unrecht und Leiden des Individuums

Freiheit als die „gleichsam“ losgelassene aus Gottes Hand[42] und insofern als formal unbedingte begreifen zu können. Dies entspricht aber der anthropologischen Intention, die die Alte Kirche verfolgte, als sie den Begriff einer *creatio ex nihilo* profilierte. Weil Gott *ex nihilo* schafft, ist überhaupt eine Differenz zwischen ihm und allem Geschaffenen und so freie Beziehung zwischen ihm und dem Menschen möglich; und nur deshalb, weil Gott den Menschen zur eigenen Freiheit ermöglicht, sind ja auch Schuld und Sünde möglich, depotenzieren sich diese gedanklich nicht zu logischen Notwendigkeiten, sondern sind das, was sie sind: Selbstverfehlungen des Menschen. Sofern Gottes Schöpfungshandeln als gegensatzfreies und freilassendes Handeln bestimmt wird, scheint sich die Gefahr einer Hineinnahme menschlichen Leidens in Gott freilich nicht zu stellen. Denn selbst da, wo der Mensch leibhaftig zerbrochen und der Schmerz lautlos wird, wo gar dem Menschen auch noch sein vom Leiden gezeichnetes Antlitz genommen, seine Spur ausgelöscht wird, bleibt im Glauben an Gott diese Marter die Marter eines Individuums, welches unverwechselbar und unvertretbar es selbst ist.

Und die Christologie? Tendiert nicht die Theologie im Anschluss an die Christologie dazu, sich zur Rede vom leidenden Gott legitimiert zu sehen und so, vielleicht sogar unbemerkt, das gesamte menschliche Leiden nun doch in Gott hineinzunehmen, es so aufzuheben und ihm so seine auch vor Gott bestehende schreckliche Eigenwürde zu nehmen? Seit Karl Rahner, aufgenommen unter anderem von Herbert Vorgrimler und Johann Baptist Metz, gibt es die Weigerung, von einem Leiden in Gott zu sprechen. Metz schreibt: „Ich glaube nicht, daß die Christologie die Theologie dazu nötigt oder auch nur dazu legitimiert, vom leidenden

---

gibt. Aber es soll dieses durch die Einsicht versöhnt werden, dass in allen diesen Phänomenen sich der Fortschritt einer Weltgeschichte ereignet, die sich nach den Gesetzen der absoluten Logik vollzieht. Zu einem Glauben, dessen ausstehende Erfüllung seiner Hoffnung sich in der Positivität einer geschichtlichen Offenbarung gründet, könnte der Kontrast nicht schärfer ausfallen. Und dass, solange die Würde des Einzelnen nicht aufgegeben ist, Hegel schon keine philosophische Selbstverständigungsmöglichkeit darstellt, ist selbstevident, allerdings auch nur solange, wie der Primat der praktischen Vernunft anerkannt ist. Kritisch zu Hegel vgl. Eberhard JÜNGEL, *„Die Weltgeschichte ist das Weltgericht“ aus theologischer Perspektive*, in: DERS., *Ganz werden. Theologische Erörterungen* V, Tübingen 2003, 323–344, 334; Thomas PRÖPPER, *Fragende und Gefragte zugleich*, 268.

[42] Sören KIERKEGAARD, *Die Krankheit zum Tode*, 11. Dabei ist zu berücksichtigen, dass die Freiheit, über die wir hier reden, immer die konkret existierende und damit vielfältig prädisponierte und eingebundene ist: Als dieses sich zu sich selbst als Synthese von vielerlei Notwendigkeiten einerseits und Freiheit andererseits verhaltende Selbst aber ist das Selbst Freiheit. Vgl. ebd., 25: „Das Selbst ist Freiheit. Freiheit [...] ist das Dialektische in den Bestimmungen Möglichkeit und Notwendigkeit.“

Gott bzw. vom Leiden 'in' Gott zu sprechen. Mit Karl Rahner wehre ich mich ausdrücklich dagegen, das Sohnesbewußtsein des armen Menschen Jesus von Nazareth gegenüber seinem göttlichen Vater gleichsinnig zu verstehen mit den Aussagen über einen innergöttlich gezeugten ewigen Sohn."[43] Den christologischen Hintergrund dieser Weigerung bildet ein entschiedenes Festhalten am Chalkedonense, damit vor allem am 'unvermischt' der so genannten Zwei-Naturen-Lehre. Wichtig zu erwähnen ist, dass Rahners strenger Chalcedonensismus soteriologisch motiviert ist und er sich gerade deshalb dagegen verwehrt, „die Ewigkeit der Gottheit und das Leiden der Menschheit in Identität" zu setzen.[44] Auch für den Fall der hypostatischen Union insistiert Rahner deshalb auf dem 'unvermischt'.[45]

In eins mit der Weigerung, aus christologischen Gründen Gott selbst als leidend zu denken, ist Hans Urs von Balthasar der Vorwurf einer trinitätstheologischen Aufhebung des menschlichen Leidens nicht erspart worden. Dieser Vorwurf bezieht sich vor allem auf von Balthasars Theologumenon der Ur-Kenose in Gott, in dem, gleichsam als transzendentale Reflexion auf die Möglichkeit der geschichtlichen Selbstentäußerung Gottes als Liebe, ein ewiges Sich-Verschenken der drei göttlichen Personen gedacht wird, als die der eine Gott existiert.[46] Selbst wenn in diesem Begriff noch Probleme zu vermuten sind[47], so scheint mir die Intention dieser trinitätstheologischen Vertiefung der Christologie doch berechtigt zu sein. Denn wenn alle Aussagen über Gott von seiner

---

[43] METZ, *Theodizee-Empfindliche Gottesrede*, 96.

[44] Karl RAHNER, *Jesus Christus – Sinn des Lebens*, in: DERS., *Schriften zur Theologie*. Bd. 15, Zürich u.a. 1983, 206–216, 212. Vgl. zur Christologie Rahners ingesamt Karl RAHNER, *Probleme der Christologie heute*, in: DERS., *Schriften zur Theologie*. Bd.1, Einsiedeln 1954, 169–222. Vgl. dazu Georg ESSEN, *Die Freiheit Jesu. Der neuchalkedonische Enhypostasiebegriff im Horizont neuzeitlicher Subjekt- und Personphilosophie* (ratio fidei 5), Regensburg 2001, 68–85.

[45] RAHNER, *Jesus Christus – Sinn des Lebens*, 209: „Mit Jesus Christus ist gewiß der ewige Logos Gottes gemeint, aber eben doch insofern er Fleisch geworden ist, wie Johannes sagt, insofern er eine reale, substantielle Einheit mit der ganzen menschlichen Wirklichkeit des Jesus von Nazareth eingegangen ist. [...] Daher kann Jesus Christus in seiner menschlichen Wirklichkeit und Geschichte nicht ebenso Total-Sinn unseres Daseins sein, wie dies von Gott als Gott ausgesagt wird."

[46] Vgl. BALTHASAR, *Theodramatik III*, 300f. Zu Balthasars trinitätstheologischer Unterfassung der Heilsökonomie mittels des Begriffs der „Ur-Kenose" vgl. Jan-Heiner TÜCK, *Mit dem Rücken zu den Opfern der Geschichte? Zur trinitarischen Kreuzestheologie Hans Urs von Balthasars,* in: Magnus Striet (Hg.), *Monotheismus Israels und christlicher Trinitätsglaube,* (QD 210), Freiburg-Basel-Wien 2004, 199–235.

[47] Vgl. v.a. Jürgen WERBICK, *Gottes Dreieinigkeit denken? Hans Urs von Balthasars Rede von der göttlichen Selbstentäußerung als Mitte des Glaubens und Zentrum der Theologie*, in: ThQ 176 (1996) 225–240.

geschichtlichen Selbstdefinition abhängig sind, dann scheint mir unter den Voraussetzungen, dass erstens zur Überwindung der Aporetik der Zwei-Naturen-Lehre das Problem von göttlicher und menschlicher Freiheit neuchalcedonensisch zu bearbeiten ist[48] und zweitens mit dem trinitätstheologischen Axiom Ernst gemacht wird, dass die ökonomische Trinität die immanente Trinität ist, der von von Balthasar vorgenommene Vorstoß im Bereich der Trinitätstheologie zukunftsweisend zu sein. Mir scheint sogar, dass die Provokation des Glaubens, sein *skandalon*, dass in der endlichen Freiheit eines Menschen Gott selbst wirksam ist, wiederum überhört zu werden und die Theologie in den dogmatischen Schlummer zu verfallen droht, wenn der Glaube daran, dass der Gott Israels sich im Fleisch des Menschen Jesus, in der endlichen Freiheit eines Menschen, als er selbst ausgesagt hat, nicht konsequent durchgehalten wird – bis dahin dann aber auch freilich, dass es, um diesen Glauben durchhalten zu können, erstens ein vollständiger Begriff von *Selbst*offenbarung verlangt, nun auch die Medien des Offenbarwerdens dieses Gottes als göttlich zu denken[49], und dass zweitens dann die

---

[48] Vgl. hierzu den programmatischen Vorstoß von ESSEN, *Die Freiheit Jesu*, in der die These von einer strengen Identität der Freiheit Jesu mit der Freiheit des göttlichen Logos, 291, ausgeht – einer These, der ich mich ausdrücklich anschließe: „Weil er (Jesus, M.S.) in diesem Anspruch“, vollmächtig „sein eigenes Dasein als den verwirklichenden Ausdruck der liebenden Zuwendung Gottes für uns zu behaupten“, „von Gott selbst bestätigt wurde, darf die Freiheit Jesu als Realsymbol der Liebe Gottes bezeichnet werden. Ihre innere Begründung erfährt diese Einsicht darin, dass die Freiheit Jesu als das Realsymbol der Liebe Gottes, genauer: der Selbstgegenwart Gottes in der Unbedingtheit seiner Liebe ist. Vermittelnde Selbstgegenwart dieser Liebe für uns in dem qualifizierten Sinne, als reale Freiheit die ihrer Unbedingtheit entsprechende Gestalt zu sein, aber kann die Freiheit Jesu nur sein, wenn sie sich bestimmt wusste durch die unvermittelte Unmittelbarkeit ihrer Beziehung zum Vater und deshalb seiner Liebe zu ihr auch ursprünglich gewiß war. Welche Freiheit aber [...] kann in ihrer Gehaltlichkeit auf den für uns doch schlechthin entzogenen Grund aller Wirklichkeit bereits so bezogen sein, dass sich dieser Grund nicht bloß als ihr schöpferischer und deshalb göttlicher Ursprung bekundet, sondern er selbst sich dieser Freiheit zuwendet in der unvermittelten Fülle jener Gehaltlichkeit, die wir die Liebe Gottes nennen? Weil die göttliche Freiheit des Vaters selbst dieser Gehalt ist, für den sich die Freiheit Jesu in einem unableitbaren Entschluß so öffnet, dass sie diesen für ihn gegebenen, jedoch nicht symbolisch vermittelten Gehalt affirmiert und darin einstimmt in die für ihn unbedingt erschlossene Liebe des Vaters, kann die Freiheit des Menschen Jesus keine andere sein als die Freiheit des göttlichen Sohnes selbst.“

[49] Der systematisch konsequenteste Versuch, in Kategorien der Freiheit und damit auf der Linie des biblischen Glaubens an die in seiner vollkommenen Freiheit gründende Unverfügbarkeit Gottes einen Begriff von Selbstoffenbarung zu entwickeln, liegt gegenwärtig bei Thomas PRÖPPER vor. Vgl. bes. DERS., *Zur vielfältigen Rede von der Gegenwart Gottes und Jesu Christi. Versuch einer systematischen Erschließung*, in: DERS., *Evangelium und freie Vernunft*, 245–265, bes. 252: „Ist Jesus (wie es sein

neutestamentlich bezeugte Selbstunterscheidung Jesu von seinem als *abba* angeredeten Gott nun auch als Bestimmung des einen Gottes selbst zu begreifen ist.[50]

Gehört diese Selbstunterscheidung aber zum Wesen Gottes selbst, ist deshalb in der Tat von einem innergöttlichen Leben zu sprechen, dann wiederum sehe ich nicht, wie das Sterben Jesu, seine grausame Marterung, nicht auch einem Leiden 'in' Gott entsprechen sollte. Denn wenn es die Einheit Gottes verlangt, die durch Freiheit sich auszeichnende Relation von Vater und Sohn als streng gleichursprünglich verstehen zu lernen, dann kann der Vater am Leiden des menschgewordenen Sohnes nicht nicht leiden.[51] „Ipse pater non est impassibilis."[52] Und dies nicht nur deshalb, weil ansonsten ontologisch nicht mehr die Einheit Gottes gedacht werden könnte. Sondern vor allem, weil ein nicht leidempfindlicher und damit auch leidensfähiger Gott nicht mehr der Gott Jesu wäre, der Gott, den Jesus in seiner Proexistenz für den Menschen Vater ge-

---

Anspruch war und seine Auferweckung es bestätigt) die aktuelle Gegenwart der unbedingten Liebe *Gottes* zu den Menschen (er hatte sie ja nicht nur verheißen, sondern als jetzt schon gültige gesetzt), dann ist er Offenbarung auch im strengen Sinn der Selbstoffenbarung. Selbstmitteilung und Selbstgegenwart Gottes: das geschichtliche Dasein des unbedingt für die Menschen entschiedenen Gottes selbst." Sowie 255f.: „Was der Geist in uns präsentiert, ist die lebendige, für uns nun geöffnete Beziehung der Liebe von Vater und Sohn; und entsprechend besteht sein Wirken im Blick auf Jesus Christus darin, daß dieser selbst (kraft auch *seines* Geistes) uns 'an *seine* Seite' zieht, also in sein Sohnesverhältnis uns einbezieht – und das heißt praktisch: in seine irdische Nachfolge uns einbezieht, die wir den Tod noch vor uns haben, durch sein in uns schon gegenwärtiges, die Herrschaft der Todesangst über uns brechendes Auferstehungsleben in dieser Nachfolge stärkt und wirklich selbst uns begleitet." Freilich, und darauf insistiert Pröpper zurecht mit Nachdruck, ist dieser Glaube an die eine Selbstoffenbarung Gottes in der geschichtlichen Selbstbestimmung durch Jesus und der Selbstvergegenwärtigung dieses Gottes durch den Geist nur unter der Prämisse zu halten, dass die Medien des Offenbarungsgeschehens, Sohn und Geist, selbst göttlich sind – so dass der Vater nicht ohne diese zu denken ist.

[50] Vgl. hierzu meine Überlegungen in Magnus STRIET, *Konkreter Monotheismus als trinitarische Fortbestimmung des Gottes Israels*, in: DERS. (Hg.), *Monotheismus Israels und christlicher Trinitätsglaube* (QD 210), Freiburg-Basel-Wien 2004, 155–198.

[51] Vgl. zuletzt Helmut HOPING, *Einführung in die Christologie*, Darmstadt 2004, 33, der mit Bezug auf Metz ausführt: „Doch kann eine Christologie, nimmt sie das Kreuz als göttliche Offenbarungsgestalt ernst, wohl kaum auf den Gedanken einer Mitbetroffenheit des Vaters durch das Leiden des Sohnes verzichten. Sollte man dann aber nicht auch von einem Leiden Gottes an seiner entstellten und gequälten Kreatur sprechen können?"

[52] ORIGENES, *In Ez. hom* 6,6. Zit. nach Hans Urs von BALTHASAR, *Theodramatik IV. Das Endspiel*, Einsiedeln 1983, 199. Vgl. Michael FIGURA, *Das Leiden Gottes in der Theologie der Kirchenväter*, in: IKaZ 32 (2003) 434–450.

nannt und den er bis ins Letzte seiner Möglichkeiten ausgelegt hat. Dieser Gott aber ist der Gott Israels.

Nicht sehe ich auch, wie durch eine solche Aussage, dass Gott selbst leidet, die Menschlichkeit des Leidens Jesu aufgehoben würde. Wohl aber ist *post factum* zu sagen, dass der Gott, der gemäß christlichem Glauben Mensch geworden ist, nun auch nicht mehr ohne seine Menschwerdung und damit seine Selbstdefinition in diesem Geschehen seiner Menschwerdung gedacht werden kann – und damit auch nicht mehr ohne das Leiden Jesu. Dem biblischen Gott seine Leidensfähigkeit überdies hinaus vielleicht sogar prinzipiell absprechen zu wollen, scheint mir ganz grundsätzlich aus der Perspektive dieses Gottes gedacht nicht angemessen zu sein.[53] Denn das biblische Verstehen Gottes, Israels Ringen mit seinem Gott, versteht diesen als Handlungssubjekt. Kann aber ein Gott, dessen Sein Freiheit ist und der kontingent handeln kann, ohne Leidensfähigkeit gedacht werden? Leidensfähigkeit ist Auszeichnung, nicht Mangel. Jedenfalls dann, wenn in der Freiheit die größere Vollkommenheit Gottes liegt. Wenn der Gott, über den hinaus nichts Größeres zu denken ist, deshalb dieses ist, weil er vollkommen frei ist und der als dieser vollkommen Freie, damit ohne jede Notwendigkeit, sich selbst zur *compassio* bestimmt.[54] Ein solches Leiden ist dann gerade kein Mangel, sondern Ausdruck einer sich in Freiheit bestimmenden Größe, über die hinaus nichts Größeres zu denken ist.

Die christliche Verschärfung des Glaubens an Gott gegenüber dem Glauben Israels besteht nicht grundsätzlich in der Frage der Leidensfähigkeit Gottes. Sondern in dem Glauben daran, dass Gott der *compassio* nicht nur fähig ist und mit seinem Volk leidet, sondern er selbst in der Person des Sohnes auf menschliche Weise entsetzlich gelitten hat: Die

---

[53] Zum eng mit der Frage nach dem Leiden Gottes zusammenhängenden Problem der Unveränderlichkeit Gottes vgl. Wilhelm MAAS, *Unveränderlichkeit Gottes. Zum Verhältnis von griechisch-philosophischer und christlicher Gotteslehre*, München u.a. 1974; Herbert FROHNHOFEN, *APATHEIA TOU THEOU. Über die Affektlosigkeit Gottes in der griechischen Philosophie und bei den griechischsprachigen Kirchenvätern bis zu Gregorus Thaumaturgos*, Frankfurt a. M. 1987.

[54] Vgl. BALTHASAR, *Theodramatik IV*, 200: „*Pathos* kann in Gott nicht sein, sofern dieses ein ungewolltes Bestimmtwerden von außen her besagt. Oder positiv gewendet: Gott (und auch der Menschgewordene) kann passiv nur betroffen werden, sofern dies einem vorausgehenden aktiven freien Willensentschluß entspricht. Ferner können, ja müssen Formen der ewigen göttlichen Lebendigkeit (wie Erbarmen, Geduld usf.) in Analogie zu menschlichen Affekten verstanden werden, ohne dass dadurch 'Veränderlichkeit' in Gott einzuzeichnen wäre. Keinesfalls wird man [...] die Unveränderlichkeit Gottes auf seine ökonomische Haltung der Bundestreue einschränken: die Bibel Alten und Neuen Bundes blickt zweifellos durch seine ökonomische Haltung *hindurch* auf eine Eigenschaft der Gottheit an sich selbst."

grausame Realität des Martertodes wurde von Gott in trinitarisch differenzierter Weise an sich selbst erfahren. Was der Sohn, der wahrhaft inkarnierte Logos, in allem dem Menschen gleich bis auf die Sünde, in der Qual der Folter als größte Gottferne, als die Ferne vom Vater, erleidet, erleidet der Vater auf die Weise des Vaters: Dass „jener", sein „Logos", „selber ins Dunkel, in die Angst, ins Nichtmehrfühlen und -wissen, ins Ausweglose, ins Entgleiten, in die Abwesenheit des alle Wahrheit tragenden Verhältnisses zum Vater gerät ... Man müßte dann auch das Schweigen Jesu in der Passion als ein Verstummen, ein Nichtmehraussagen und -antworten des Wortes Gottes verstehen ... Der Vater hat sich entzogen ... Das Ende der Frage ist der große Schrei."[55] Nun macht es aber, wenn man bereit ist, die Vollkommenheit Gottes als die Vollkommenheit seiner Freiheit verstehen zu lernen, einen Unterschied, ob er an sich selbst erfährt, auf menschliche Weise tiefste Qual und Tod zu erleiden, etwas, worum auch er ansonsten, in einer wenngleich keiner Steigerung mehr fähigen und deshalb auch alle menschliche Sympathie überragende Sympathie, nur 'wüsste'. Die Gottheit Gottes ist dann, wenn man ihn sich dergestalt mit der Geschichte infizieren lässt, nicht berührt. Gott betätigt sein ewiges Wesen in der von ihm gewollten, in Freiheit verlaufenden und durch entsetzliches Unheil durchtränkten Geschichte.

Vor dem Hintergrund der hier skizzierten Überlegungen scheint mir, dass die viel größere Gefahr eines subkutanen Hegelianismus in der Theologie nicht von der Trinitätstheologie herrührt, jedenfalls sofern sie freiheitstheoretisch durchgeführt ist, sondern vom dem bis heute nicht wirklich ausgetragenen Problem einer präzisen Zuordnung von göttli-

---

55 Hans Urs von BALTHASAR, *Das Ganze im Fragment. Aspekte der Geschichtstheologie*, Einsiedeln ^{2}1990, 302f. Hierzu Helmut HOPING – Jan-Heiner TÜCK, *„Für uns gestorben". Die soteriologische Bedeutung des Todes Jesu und die Hoffnung auf universale Versöhnung*, in: Eduard CHRISTEN – Walter KIRCHSCHLÄGER (Hg.), *Erlöst durch Jesus Christus. Soteriologie im Kontext* (Theologische Berichte XXIII), Freiburg/Schw. 2000, 71–108, 95: „Dieser Schrei des sterbenden Jesus, sein Verstummen angesichts seines Todes hat einen Ort in Gott selbst, allerdings kann dieser Schrei nicht als Protestschrei gegen Gott gedeutet werden, will man die letztlich problematische Konsequenz vermeiden, die Willens- und Aktionseinheit zwischen Vater und Sohn am entscheidenden Punkt in Frage zu stellen." Zu hoffen ist jedenfalls, dass Jesus nicht an seinem Gott zerbrochen ist, da ansonsten das Sterben dieses Menschen keine (wie eine auch immer präzise auszudeutende) von Gott her zukommende soteriologische Bedeutung hätte. Die aufgenötigte absolute Hilflosigkeit, die radikale Passivität, in der Jesus sein Leben lässt, bleibt in der Perspektive des Glaubens an Jesus als den Christus Aktivität. Hieran hängt dieser Glaube. Indem Jesus sich in bleibender Bezogenheit auf den Vater zerbrechen lässt, inkarniert sich die Liebe Gottes bis ins Äußerste. Dieses Zerbrechenlassen um dieses Gottes willen ist ein Zerbrechenlassen, welches zugleich völlig frei ist von Ressentiments gegenüber dem Leben.

cher und menschlicher Freiheit droht. Dass dieses Problem auch in einer Theologie, die sich von den Schrecken der Geschichte in ihrem Logos infizieren lässt, praktisch keine Rolle spielt, wenn es darum geht, die Geschichte als von der Differenz zwischen Gott und Mensch bestimmte und damit als wirklich offene denken zu können, muss eigentlich überraschen. Freilich hängen die Gnadentheologie und damit auch die Pneumatologie engstens mit der Trinitätstheologie zusammen. Erst hier entscheidet sich, ob die Geschundenen überhaupt die Freiheit gegenüber Gott haben, sich klagend aufzubäumen und das *Warum?* zu fragen. Einer um die Eigenwürde der Vernichteten besorgten christlichen Theologie wird es deshalb nicht nur darum gehen können, endlich den Antijudaismus zu überwinden. Sie wird auch zu einer Trinitätstheologie und dann zu einer Gnadentheologie und Pneumatologie finden müssen, die wie der Schöpfungsglaube das Verhältnis des trinitarischen Gottes zum Menschen konsequent als Freiheitsverhältnis fassen.[56] Gelingt ihr dies nicht, hält sie aus welchen theologischen Gründen auch immer an einer Alleinwirksamkeit Gottes fest, verfängt sie sich in der Frage, ob Gott vielleicht nicht nur das Morden nicht verhindert, sondern vielleicht sogar inszeniert hat. Denn bewirkt Gott den Glauben und ist er hier alleinwirksam, dann bewirkt er auch den Unglauben. Versteht man hingegen die Geschichte streng freiheitstheoretisch, deshalb in ihrem Verlauf als kontingent und dann auch als offen, dann ist es möglich, Theologie als Theodizee zu betreiben.[57]

Die Gefahr einer theologischen Aufhebung menschlichen Leidens in eine göttliche Geschichte droht meines Erachtens dann auch nicht mehr von der Christologie her – vorausgesetzt nur, es wird trotz der Betonung

---

[56] Deshalb ist HÜNERMANN, *Jesus Christus – Gottes Wort in der Zeit*, 149, zuzustimmen, wenn er vermerkt, dass aus Gründen der theologischen Sachlogik „die rechte Interpretation des nizänischen Glaubensbekenntnisses erst mit der Synode von Konstantinopel zur Ruhe kommt“. Denn erst „dadurch, dass die Menschen vom Geist des Vaters und des Sohnes erfüllt sind und dieser Geist Teilhabe gewährt, nehmen sie selbst an der Kommunikation Gottes teil, hat Gott sich aber auch der Schöpfung wahrhaft mitgeteilt …“. Zum Schöpfungsglauben vgl. ebd., 139. Angesichts so mancherorts geäußerter Vorbehalte gegenüber einer spekulativen Theologie, die sich um seines Verstehens und damit der Möglichkeit des Glaubens willen begrifflich vorwagt im Glauben an den aus der Unverfügbarkeit seiner Freiheit heraus selbst offenbar gewordenen Gott, kann man nicht häufig genug betonen, dass die Tradition kein anderes Interesse verfolgte. Nizäa und Konstantinopel stehen in der Tradition eines Ringens um Gott, in der gewusst wurde, worum es dem Glauben an Jesus als den Christus zu gehen hat: Dass dieser Gott kein anderer ist als der Gott Hiobs, mithin der Gott, „der gesprochen hat durch die Propheten“.

[57] Vgl. Magnus STRIET, *Streitfall Apokatastasis. Dogmatische Anmerkungen mit einem ökumenischen Seitenblick*, in: ThQ 184 (2004) 185–201.

des wahren Menschseins Jesu auch an der von allem anderen Menschsein unterschiedenen Besonderheit Jesu und damit an seiner Göttlichkeit festgehalten. Die angedeutete Besonderheit wurde altkirchlich durch die Präexistenz des ewigen Logos ausgesagt, und sie findet schließlich da ihre adäquate Fassung, wo sie zugleich als Selbstunterscheidung des ewigen Sohnes von seinem Vater ausgesagt wird. Aussagen über einen innergöttlich gezeugten Sohn entspringen ja gerade nicht einer reinen Vernunftspekulation. Herrschte ein solcher Apriorismus, der das Wesen Gottes aus dem Begriff Gottes mit notwendigen Vernunftgründen abzuleiten sich im Stande sieht, wäre die Theologie wirklich aus ihrem dogmatischen Schlummer zu wecken.

VI. Geschichtlich bestimmte Hoffnung – eschatologisch offen

Der vielleicht härteste Einwand gegen solche theologischen Versuche kommt meines Erachtens aus der Soteriologie. Bereits Rahners Frage, was es mir nützt, wenn auch Gott leidet, insistiert ja mit Nachdruck auf dem Unabgegoltenen menschlichen Leids.[58] Dahinter scheint mir die Überzeugung zu stehen, dass ein christologisch bestimmtes Verstehen von Erlösung zu einer vollständigen Konzentration auf die Gegenwärtigkeit des Heils führt. In jüngerer Vergangenheit hat Herbert Vorgrimler eine solche Rede von Erlösung nochmals problematisiert.[59] Vorgrimler bezieht sich auf einen Aufsatz von Thomas Pröpper, der auf der Basis eines strengen Selbstoffenbarungsbegriffs insofern von Endgültigkeit und in diesem Sinne dann auch von Erlösung spricht, als Gott selbst in geschichtlich unüberbietbarer Weise „das Versprechen der Liebe", „für die Jesus als schon gegenwärtige einstand, an ihm als ihrem ursprünglichen, getöteten Zeugen selbst schon bewährt und somit in der denkbar äußersten Situation ihre Treue *erwiesen*" hat.[60] Dagegen stellt Herbert

[58] Siehe Karl RAHNER, *Im Gespräch*. Bd. 1. Hg. v. Paul IMHOFF – Hubert BIALLOWONS, München 1982, 245f. Vgl. kritisch dazu BALTHASAR, *Theodramatik IV, Vorbemerkung*, 11: „*... ich kann nicht einsehen, inwiefern das 'pro nobis' von Kreuz und Auferstehung Christi für uns fruchtbar sein könnte, falls dieser Gekreuzigte und Auferstandene nicht 'einer aus der Trinität' wäre. Ist er es nicht, dann mag wahr sein, dass wenn es mir dreckig geht, ich nichts davon habe, daß es auch Gott (oder Jesus) dreckig geht.*" (im Original kursiv)

[59] Vgl. Herbert VORGRIMLER, *Aporien der Erlösung*, in: Peter NEUNER – Peter LÜNING (Hg.), *Theologie im Dialog* (FS Harald Wagner), Münster 2004, 265–270.

[60] Thomas PRÖPPER, *„Daß nichts uns scheiden kann von Gottes Liebe ..." Ein Beitrag zum Verständnis der „Endgültigkeit" der Erlösung*, in: DERS, *Evangelium und freie Vernunft*, 48 (Hervorhebung im Original).

Vorgrimler die Frage: „Kann [...], wo das Wesentliche noch aussteht, im Ernst von 'Erlösung' gesprochen werden?“[61]

Nun ist aber natürlich zu fragen, was denn als das Wesentliche noch aussteht. Mit Herbert Vorgrimler scheint auch mir eine Reduktion der Vorstellung von Erlösung auf ein bereits gegenwärtig erfahrbares Heil eine unangemessene Verkürzung biblischer Hoffnung zu sein. Solange das Unrecht nicht versöhnt ist, solange der Schmerz und die Not der Gedemütigten und Erschlagenen nicht geheilt sind, kann nicht ernsthaft von einer Erlösung gesprochen werden, ohne deren noch Ausstehendes zu benennen. Thomas Pröpper selbst hebt aber ausdrücklich hervor, dass „[s]olange die Verheißungen der Propheten Israels noch unerfüllt sind, [...] die Vollendung der Selbstoffenbarung Gottes noch aussteht.“ Die „geschichtliche Wirklichkeit der Erlösung“, die Rede von der „Endgültigkeit der Erlösung“ meint deshalb bei ihm auch ausschließlich, dass Menschen sich bereits jetzt „im Glauben“ durch die „verbürgte Verheißung“ bestimmen lassen können.[62]

Auch eine christologische Hermeneutik der Hoffnung, die sich aus dem Glauben an die Endgültigkeit der Heilszusage speist, ändert somit nichts daran, dass die Erinnerung an das Entsetzliche sich nicht beruhigen lassen darf oder gar die Rede von der Erlösung zu einem geschichtsfernen Mythos verkommen dürfte. Vielmehr soll gerade, anstatt präsentisch überzuaffirmieren, anstatt den von Gott erwartenden Glauben Israels der Beruhigung der Religion zu opfern, eschatologisch dramatisiert werden. Auch die hier versuchte Rede vom leidenden Gott versucht ja gerade, an der ausstehenden Vollendung festzuhalten, indem sie bestreitet, dass mit dem Leiden Gottes das Leiden des Menschen verrechenbar sei. Auch die Rede vom leidenden Gott beschwichtigt deshalb gerade nicht. Der Glaube glaubt, dass Gott nichts unversucht lassen wird, so wie er, freilich die Gewalt sich austoben lassend und die Mörder nicht stoppend, nichts unversucht gelassen hat, um bereits in der Dimension der Geschichte durch den Erweis seiner bis ins Äußerste hinein entschlossenen Liebe den Menschen für sich zu gewinnen suchte und stets neu zu gewinnen sucht – aber dies eben nur mit den Mitteln der Liebe und somit unter Achtung der menschlichen Freiheit. Die Geschichte Gottes mit der Menschheit wird so als offene gedacht. Offenheit der Geschichte verlangt aber gerade die Annahme von Freiheit; auch wenn die Freiheit Bürde, ja kaum vorstellbare Anforderung an den Menschen

---

[61] VORGRIMLER, *Aporien der Erlösung*, 267.
[62] PRÖPPER, *„Daß nichts uns scheiden kann von Gottes Liebe ...“*, 56.

zu werden vermag. Denn darf verziehen werden?[63] Und wer überhaupt darf die Vergebung gewähren? Und vor allem: *Können* die bis zur Namenlosigkeit Entwürdigten vergeben? *Können* sie sich von einem Gott versöhnen lassen, der nicht eingegriffen hat? *Können* sie sich trösten lassen und dann aber auch ihrerseits vergeben, weil der Schmerz sie nicht mehr bis in die letzten Fasern ihrer leiblichen Existenz hinein bestimmt? Auch die Möglichkeit von Tröstung setzt Freiheit voraus, selbst noch in der stillen Form des *mere passive*.

Niemand weiß deshalb aber auch zu sagen, *ob* die Gedemütigten und Ermordeten sich von Gott versöhnen lassen werden oder nicht; niemand vermag zu sagen, ob die Toten von Auschwitz und die vielen anderen so sinnlos um ihre Lebensgeschichte Betrogenen sich doch noch umfangen lassen von der Liebe des Schöpfergottes und damit zugleich auch von dem Jesus, den jedenfalls die Christen als den Messias bekennen; ob sie sich von dem trösten lassen, der selbst zweifelnd und klagend den Gott Israels bis in seinen Tod hinein in seiner den Tod überwindenden Kraft bezeugt hat, auf eine verheißene Zukunft hin glaubend. Von daher ist auch die christliche Rede von Erlösung streng auf die Zukunft hin ausgerichtet; es gibt für diesen Glauben keine Gegenwart, die ohne hoffende Ausstreckung auf die Zukunft auskäme. Freilich erhofft der sich ausstreckende Glaube noch von dem Gott, der in der Lebensgeschichte Jesu sich selbst riskierend das Risiko einer göttlichen Geschichte mit den Menschen bis ins Äußerste gelebt hat; er erhofft noch von einem Gott, der am Ende sich selbst hat dafür zerbrechen lassen. Wenn der Glaube hofft, dann dies: Dass dieser Gott einen jeden Menschen ausschließlich mit den Möglichkeiten seiner tröstenden und versöhnenden Liebe für sich gewinnen kann, auch noch die, die am meisten Grund hätten, an diesem Gott zu verzweifeln, weil sie diesem Gott vertrauten: die millionenfach Gedemütigten und Ermordeten des ersterwählten Volkes. Auch der Glaube an den Gott Jesu Christi setzt ausschließlich eine Hoffnung präsentisch, er kann dies freilich und tut dies deshalb auch, weil die Auslegung des Gottes Israels durch den Gekreuzigten von Gott selbst ins Recht gesetzt wurde.

Kann man deshalb aber schon umstandslos glücklich sein mit diesem Gott? Ist die Eucharistie dieses Gottes von Fragen befreit? Nein, denn die Fragen nach dem *Warum überhaupt?*, die Frage danach, warum Gott nicht eingegriffen hat, bleiben. Die anamnetische Vergegenwärtigung

---

63 Jan-Heiner TÜCK, *Das Unverzeihbare verzeihen? Jankélévitsch, Derrida und die Hoffnung wider alle Hoffnung*, in: IKaZ 33 (2004) 174–188; STRIET, *Versuch über die Auflehnung*.

dieses Gottes schreibt sich deshalb auch unausweichlich ein in die Klagetraditionen Israels, aus denen heraus ja auch Jesus gelebt hat. Kann der Glaube an diesen Gott dann aber bereits jetzt trösten? Ja, denn er richtet sich auf einen Gott, der im Rahmen der Möglichkeiten einer vollkommenen Liebe nichts unversucht lassen wird, alle und besonders die Gemordeten für sich zu gewinnen, so wie er bereits in der Lebensgeschichte Jesu alles versucht hat, die Menschen von seiner grenzenlosen Barmherzigkeit zu überzeugen.[64]

VII. Jesus – der Messias Israels? Eine letzte Zuspitzung

Wer so hofft, wird sich aber auch die Frage gefallen lassen müssen, ob hier nicht viel zu einseitig gedacht wird. Ist Jesus überhaupt der Messias auch für Israel? Nach Auschwitz ist diese Frage und mit ihr der christliche Glaube so abgründig, wenn der Messias der Christen wirklich, wie bereits unterstellt, auch der Messias Israels ist. Andererseits wird man aber auch fragen müssen, ob es denn vorstellbar ist, dass der Gott aller Menschen sich ausgerechnet seinem ersterwählten Volk in der ganzen Fülle seiner Herrlichkeit vorenthält, dem Volk also, welches sich von der Verheißung dieses Gottes zuerst hat beanspruchen lassen. Aus christlicher Perspektive wird man diesen Gedanken nicht zulassen wollen. Denn wenn die Wahrheit dieses Gottes ist, dass er die trinitarisch vollkommene Liebe und der getötete Zeuge des Gottes Israels der ewige Sohn des Vaters ist, so lässt sich kaum vorstellen, dass dieser Gott seine Wahrheit ausgerechnet denen vorenthält, die dem Glauben der Väter bis heute treu geblieben sind. Ohne die eschatologische Offenbarung Jesu als des wahren Messias und ewigen Sohnes durch den Vater würde sich der eine Gott jedenfalls Israel vorenthalten. Ausgerechnet Israel. Dass Jesus aus christlicher Perspektive auch der Messias Israels ist, verlangt

[64] Vgl. hierzu Johann Baptist METZ, *Brot des Überlebens. Das Abendmahl der Christen als Vorzeichen einer anthropologischen Revolution*, in: DERS., *Jenseits bürgerlicher Religion*, 51–69; Josef WOHLMUTH, *Im Geheimnis einander nahe. Theologische Aufsätze zum Verhältnis von Judentum und Christentum*, Paderborn u.a. 1996, 182: „So wird der Sonntag der Christen gerade in ihrem Gottesdienst zu einem 'Sakrament der Welt' (Vgl. Lumen Gentium Nr. 1), in dem das Seufzen und Stöhnen der ganzen Schöpfung laut wird (vgl. Röm 8,18–27), wo aber die Gemeinde auch die große 'Eucharistie', den Lobpreis anstimmt, mit dem sie für die gesamte Schöpfung Gott als dem Schöpfer dankt. Vielleicht kommt der Tag, da die Christenheit mit der Judenheit am Sabbat das Lob der ersten Schöpfung feiert und die Judenheit mit der Christenheit am Sonntag Ausschau hält nach der vollendeten Schöpfung, dem messianischen Reich, in dem auch der letzte Feind, der Tod, überwunden ist.“

überdies der Glaube an die eine Wahrheit Gottes, sodass sich das Problem darauf konzentriert, ob schließlich alle Menschen und damit auch Israel in die Wahrheit des einen Gottes eingeführt werden.

Wenn ich diese Frage nach der Messianität Jesu auch für Israel zuspitze, dann nicht, um die Rede von einem eigenen Heilsweg für Israel aufzugeben. Sondern um die ganze dramatische Abgründigkeit auszuloten, die die Christen jetzt auszuhalten haben und die sie erwartet, wenn es nur noch mit den Juden möglich ist, über Auschwitz hinaus zu kommen. Das paulinische Wort *Nicht du trägst die Wurzel, sondern die Wurzel trägt dich* (Röm 11,18) nimmt dann eine eigentümliche Wendung, wenn man mit ihm (dabei allerdings über Paulus hinausgehend) nach dem Schicksal der Christen fragt, wenn die Wurzel nicht mehr tragen will. Denn nicht zu vergessen ist ja, dass der Antisemitismus nicht nur antijudaistische Wurzeln hat, sondern darüber hinaus, in der Logik der paulinischen Verstockungstheorie gefolgert, die Juden auch nicht zum Glauben an die Messianität Jesu kommen *konnten*, jedenfalls aber nicht mussten und faktisch in weiten Teilen nicht kamen (vgl. Röm 11,7). Auf der Basis des geschichtlich gewonnenen Glaubens an den Gott der Väter musste doch der Glaube einer innerjüdischen Gruppe an Jesus als den erwarteten Messias als aberwitzig, vielleicht sogar als gotteslästerlich erscheinen. Gottes sich an die Geschichte bindendes Heilshandeln bildet dann aber den eigentlichen Grund für die innerjüdischen Konflikte, konnte damit dann aber auch Anlass geben für den Antijudaismus. Umso banger wird dann die Frage, ob und wie für Israel von dem erhofft werden kann, der selbst gegenintentional insofern, als Jesu Wirken auf die Sammlung Israels zielte, der faktische Anlass für die unheilvolle Geschichte des christlichen Antijudaismus war. Gerade einem theologischen Denken, welches keine Notwendigkeiten in der Geschichte erkennt, sondern mit deren freien Verlauf rechnet, wird diese Frage zum Problem. Denn mit einer von Gott gewollten kontingenten Geschichte zu rechnen, heißt auch, ihn vom Risiko einer solchen Geschichte nicht freisprechen zu können – ein Risiko, das für viele der Ersterwählten in einer Katastrophe endete. Das Problem der Messianität Jesu und damit das Problem einer Christologie nach Auschwitz spitzt sich vor dem Hintergrund der Annahme einer offenen Bundesgeschichte Gottes mit der Menschheit eigentümlich zu.

Spätestens da aber, wo das christliche Gebet sich hoffend ausstreckt, wird eine Antwort auf die Frage nach der Messianität Jesu für Israel fällig. Gerade das Gebet, in dem der Glaube sich in letzter Ernsthaftigkeit konzentriert, ist gefragt, vom Grund seiner Hoffnung allen Rechenschaft zu geben, die danach fragen. Christen können meines Erachtens deshalb nach Auschwitz beten, *dass* Gott seine eschatologische Selbstoffenbarung gelingt und doch noch erlösende Tröstung möglich ist, weil auch Jesus zu seinem Vater gebetet hat – und der Glaube an seine Auferweckung die Verheißung endgültigen Glücks für alle umfasst, damit auch für die Ermordeten von Auschwitz. Ob diese Verheißung ihr Ziel erreicht, kann nicht gewusst werden. Immerhin aber kann ja gesagt werden, dass die Auferweckung des Gekreuzigten die Auferweckung eines Menschen ist, der identisch ist mit den Menschen des ersterwählten Volkes. Als Gequälter und Hingemordeter ihnen gleich kann vielleicht er trösten. Aus der Perspektive christlichen Glaubens ist es bereits jetzt Gott selbst, der dann endgültig offenbar werdend tröstend und erlösend tätig ist, der sich so selbst und seinem Bundeswillen treu bleibt – und zwar als der treu bleibt, der im Geschehen der Inkarnation gehandelt und seine Treue erwiesen *hat*. Es ist der Gott, der in der Gestalt einer wahrhaft menschlichen Freiheit seinem Bundesentschluss ein sichtbares Antlitz, das Antlitz Jesu, gegeben hat, ein Antlitz, das nun seinerseits gezeichnet ist vom Risiko der von ihm gewollten menschlichen Freiheit. Es ist ein Gott, der alles für seinen Bund riskiert hat und der doch gleichwohl angesichts der Katastrophe von Auschwitz fraglich bleibt: *Warum auch noch dies?*

Diese Frage schreibt sich ein in ein Verstehen der paulinischen Dialektik von der Auferweckungsaussage des gekreuzigten Juden Jesus von Nazareth, den Christen als die inkarnierte Liebe Gottes selbst und als den Messias aller Menschen bekennen, und den in diese Aussage eingeschriebenen Glauben an die Auferweckung der Toten. Die Frage zu stellen nach dem *Warum auch noch dies?* erübrigt der Glaube an die menschgewordene Treue Gottes und das hierin eingeschlossene Versprechen, den Tod nicht das letzte Wort über den Menschen sein lassen zu wollen, freilich nicht. Im Gegenteil spitzt er diese Frage zu, wie überhaupt gilt: Nur der Glaube an die Liebe und Verlässlichkeit Gottes vermag Gott überhaupt fraglich werden zu lassen. Auch die Frage der Theodizee stellt sich ausschließlich unter dieser Voraussetzung. Das *Warum auch noch dies?* lässt aber nun auch ganz grundsätzlich fragen, ob der Preis einer sich durch Freiheit auszeichnenden, so und nicht anders von ihm gewollten Bundesgeschichte Gottes mit den Menschen zu hoch sei. Wollte man – in Anlehnung an Emile Ciorans Rede *Vom Unglück geboren zu sein* – sagen: *Vom Unglück erwählt zu sein*? Aber dies ist eine Frage, die zu beantworten nur denen zusteht, die einen hohen Preis für die Erwählung bezahlt haben und bezahlen.

Das sich aus dem Glauben an den Bundesgott bestimmende Gebet erinnert Gott, ohne sich eine Antwort zuzutrauen. Es setzt jetzt nur bittend seine Verheißung gegenwärtig und macht so Ernst mit dem Glauben daran, dass Gott ein Handelnder ist – aber eben auch einer, der nur mit den Mitteln der Liebe gegenwärtig ist und wirbt, der seine Freiheit eingrenzt und deshalb auch einer ist, der nicht handelnd eingreift und die Geschichte ihrem Lauf auch da überlässt, wo Menschen ihre Freiheit entsetzlich missbrauchen: Deshalb klagt dieses Gebet auch, ist es notwendig anamnetisch. Es erinnert in der eucharistischen Anamnese nicht nur Gottes Handeln, sondern auch sein Nicht-Handeln. Es setzt so die zugesagte Erlösung voraus, es spricht seine Hoffnung aus, aber es schweigt auch. Ja gerade das sich an diesen Gott richtende Gebet zwingt zurück ins Schweigen. Es sind die grausamen Bilder, die zurückweisen ins Schweigen. Auch wenn sie in Sprache umgesetzt werden müssen. Von daher wird auch eine Christologie, die sich von Ostern her versteht, ja gerade eine Christologie, die den Glauben an die *resurrectio* in ihrem Zentrum aufbewahrt, in die Karsamstagsstille zurückgezwungen. Die *memoria resurrectionis* bleibt *memoria passionis et mortis*. Die *memoria resurrectionis* des Gekreuzigten bleibt die Gott anfragende *memoria passionis et mortis* der unzähligen anderen Gedemütigten und Vernichteten der einen offenen Geschichte Gottes[65] mit der Menschheit, bleibt die Anfrage der Verstummten und namenlos Gewordenen, bleibt die Anfrage der Menschen, die in Auschwitz der Hölle des Unmenschlichen zum Opfer fielen.

Eine Christologie, die sich hier beruhigt, die sich schweigend beruhigt, weiß nicht, warum zu schweigen ist: Weil Gott noch Antworten schuldet und weil das erlösende Wort der Gemordeten noch fehlt, jedenfalls noch nicht gehört ist. Der Worte sind deshalb immer zuviel. Aber sie müssen trotzdem gesprochen werden, weil ihr Zuviel andernfalls vergessen würde. Es gibt aber auch ein Zuwenig der Worte: Dass gehofft werden darf.

---

[65] Vgl. WERBICK, *Der Glaube an den allmächtigen Gott*, 125f: „Bei der prinzipiellen Unmöglichkeit, das Ende der Geschichte zu denken, darf man aber nicht erwarten, dass theologisch gedacht werden könnte, wie Gott am Ende die Freiheits- und Unfreiheitsgeschichte der Menschen heilsam zu relativieren vermag, ohne seinen Willen, auf die Antwort der Menschen angewiesen zu sein, rückgängig zu machen." Grundsätzlich zur Frage der Offenheit der Geschichte und ihrer theologischen Voraussetzungen vgl. Thomas PRÖPPER, *Gott hat auf uns gehofft ... Theologische Folgen des Freiheitsparadigmas*, in: DERS., *Evangelium und freie Vernunft*, 300–321.

Inkarnierte Feindesliebe

Der Messias Israels und die Hoffnung auf Versöhnung

von Jan-Heiner Tück, Freiburg i. Br.

„Der christliche Messias ist nicht nur der Messias aus Israel, sondern auch der Messias für Israel, allerdings nicht triumphalistisch, sondern am Kreuz zerbrochen und von Gott auferweckt."[1]

„Daß jemand anders als er [Christus] den Riß, den sein Dasein im erwählten Volk geschaffen hat, heilen kann, glaube ich nicht."
HANS URS VON BALTHASAR[2]

„Ein Verdammter in der Hölle, der für jeden Neuankömmling um Gnade bittet." ELIAS CANETTI[3]

Problemexposition

Im März 2002 fand in der Akademie Stuttgart Hohenheim eine Tagung zum Thema 'weiter denken. Neue Versuche zur Theologie nach Auschwitz' statt. Während der Veranstaltung, die vor allem Historiker und Theologen der jüngeren Generation zusammenführte, kam es – eher beiläufig – zu einer theologisch signifikanten Episode. Als eine Referentin ihren Vortrag über das Verhalten der NS-Täter mit der Bemerkung unterbrach, diesen könne man eigentlich nur die Hölle wünschen, erhielt sie vom anwesenden Auditorium spontan Beifall. In der Tat schien ihre Bemerkung gut begründet: Die überwältigende Mehrzahl der NS-Täter hat sich nach 1945 als Opfer des Haupttäters Hitler bzw. einer ungerechten 'Sieger-Justiz' der Alliierten stilisiert. Diese Beanspruchung der Opferrolle bedeutete eine weitere Entmenschlichung der eigentlichen Opfer. Zudem bedienten sich die Täter einer kaschierenden Rhetorik, die ihre konkreten Taten verschleierte, sie zeigten nahezu ausnahmslos keine

---

1 Ernst DASSMANN – Günther STEMBERGER, *Vorwort*, in: DIES. (Hg.), *Der Messias* (JBTh 8), Neukirchen-Vluyn 1993, VI.

2 Hans Urs VON BALTHASAR, *Die Einheit des Alt- und Neutestamentlichen Bundes*, in: IKaZ 16 (1987) 9–11, 10.

3 Elias CANETTI, *Die Fliegenpein. Aufzeichnungen*, München 1992, 76.

Reue. Angesichts dieser Ideologie der Täter, wider besseres Wissen als Opfer erscheinen zu wollen und dadurch die wirklichen Opfer ein weiteres Mal zu entwürdigen, scheint die Konsequenz gerechtfertigt: *Man kann den Tätern nur die Hölle wünschen. Ihr Verhalten ist unverzeihlich.*[4]

Die auf den ersten Blick verständliche Forderung nach Höllenstrafen für die Täter ist theologisch signifikant, weil sie implizit den *Abschied vom Heilsuniversalismus* vollzieht, der gerade durch die systematische Theologie des 20. Jahrhunderts und das II. Vatikanische Konzil wieder deutlich als Grundzug des christlichen Glaubens ins Bewusstsein gerückt worden ist.[5] Nicht minder signifikant aber ist die geradezu selbstverständliche Zustimmung, die das Votum für einen täterbezogenen Infernalismus in Stuttgart gefunden hat, als gebe es in diesem Punkt keine ernsthaften Rückfragen: Denn was heißt hier unverzeihlich? Und wer hätte das Definitionsmonopol zu bestimmen, was als unverzeihlich und was als verzeihlich einzustufen ist? Besteht hier nicht die Gefahr, dass eschatologische Urteile präjudiziert werden? Die Gefahr auch, dass die biblisch bezeugte Vergebungsbereitschaft Gottes zu gering veranschlagt und die jahrhundertealte liturgische Praxis unterlaufen wird, für das Heil *aller* zu beten?[6] So verabscheuungswürdig die Verbrechen der NS-Täter sind und so sehr sie nach gerechter Strafe verlangen, wird sich der Wunsch nach einer *poena damni* befragen lassen müssen, ob er das historische Grauen nicht verdoppelt und einer Art Automatismus der Revanche nachgibt. „Nach Auschwitz hat sich“ – so Clemens Thoma –

---

[4] Schriftlich greifbar, allerdings vorsichtiger formuliert, ist diese Sicht bei Katharina von Kellenbach, *Theologische Rede von Schuld und Vergebung als Täterschutz*, in: Dies. – Björn Krondorfer – Norbert Reck (Hg.), *Von Gott reden im Land der Täter*, Darmstadt 2001, 59: „Der barmherzige Gott, den Jesus von Nazareth verkündete, vergibt nicht alles und jedem. In der Nachfolge darf auch die christliche Gemeinde den Tätern des Bösen nicht bloß mit Nächstenliebe und Solidarität begegnen. Für bestimmte Täter gilt in den Worten des Matthäusevangeliums: Geht hinweg von mir, ihr Verfluchten, in das ewige Feuer, das bereitet ist dem Teufel und seinen Engeln.“ Ungeklärt bleibt, ob die Gerichtsaussagen paränetisch verstanden werden sollen, um die Selbstgefälligkeit und rechthaberische Arroganz der Täter aufzubrechen, oder ob hier bereits irreversible eschatologische Urteile vorweggenommen werden.

[5] Vgl. Karl-Heinz Menke, Art. *Heilsuniversalismus*, in: LThK³ 4 (1995) 1349–1351.

[6] Vgl. die Zusammenstellung liturgischer Zeugnisse bei Hans Urs von Balthasar, *Was dürfen wir hoffen?*, Einsiedeln ²1989, 29–30. Vgl. auch die Aussage im *Katholischen Erwachsenen-Katechismus*, hg. von der Deutschen Bischofskonferenz, Kevelaer-Stuttgart 1985, 423: „Weder in der Heiligen Schrift noch in der kirchlichen Glaubensüberlieferung wird von irgendeinem Menschen mit Bestimmtheit gesagt, er sei tatsächlich in der Hölle. Vielmehr wird die Hölle immer als *reale Möglichkeit* vor Augen gehalten, verbunden mit dem Angebot der Umkehr und des Lebens.“

„der Glaube an eine ewige Hölle mit ewig Verdammten, einen ewigen Teufel und einen ewig nachtragenden Gott als schwere Belastung für die Menschlichkeit entpuppt. Auschwitz war eine Hölle! Der gerechte Gott dürfte kaum mehr verteidigt werden können, wenn er als ewiger Verdammer und Peiniger verehrt werden müsste. Er würde zu sehr einem Nazi-Henkerknecht gleichen."[7] Auch wenn es heikel ist, unter Verweis auf das historische Inferno *der Opfer* für eine Abschaffung der eschatologischen Hölle *für die Täter* zu votieren, so bezeichnet Thoma doch treffend das Problem, dass die Forderung nach ewiger Verdammung den Gottesbegriff selbst belasten kann. Hinzu kommt, dass ein ins Eschatologische gewendeter Vergeltungsreflex die Täter auf problematische Weise mit ihren Untaten identifiziert. Schon die grammatische Verwendung des Wortes 'verzeihen' enthält demgegenüber einen beachtenswerten Hinweis, wenn sie zwischen Täter und Tat unterscheidet. Das Verb 'verzeihen' wird ja nur dann regelkonform gebraucht, wenn einer Person *etwas* nachgesehen wird. Die Tat – oder die unterlassene Tat – ist dieses *etwas*, das eine Person in den Stand des Angeklagten versetzen kann; sie ist es auch, die verziehen werden *kann*, aber nicht verziehen werden *muss*.

Diese der Sprache eingezeichnete Differenz zwischen Täter und Tat wird immer dann unterlaufen, wenn eine Person mit der Summe ihrer Taten identifiziert wird. Auch wenn das Vergangene nicht ungeschehen gemacht werden kann, können sich menschliche Subjekte zu dem, was geschehen ist, nachträglich in ein Verhältnis setzen. Das heißt im Blick auf die Täter[8]: Sie können die Erinnerung an die Verbrechen betäuben

---

7 Clemens THOMA, *Das Messiasprojekt. Theologie jüdisch-christlicher Begegnung*, Aschaffenburg 1993, 413. Dass das Sprachspiel des Diabolischen angesichts der abgründigen Bosheit des Menschen gleichwohl theologisch zu denken gibt, zeigen: Bernd J. CLARET, *Geheimnis des Bösen. Zur Diskussion um den Teufel* (ITS 49), Innsbruck 1997; Jürgen BRÜNDL, *Masken des Bösen. Eine Theologie des Teufels* (BDS 34), Würzburg 2002.

8 Die Rede von Tätern setzt den Gedanken der moralischen Zurechnungsfähigkeit voraus – eine Voraussetzung, die keineswegs selbstverständlich zu sein scheint, wenn man bedenkt, dass die naturalistische Bestreitung der Freiheit derzeit durch bestimmte Vertreter der Neurowissenschaften eine Neuauflage erfährt. Hirnforscher, die die Freiheit zur Illusion erklären, verstricken sich allerdings in einen performativen Selbstwiderspruch, wenn sie ihre Diskurspartner von der Wahrheit ihrer These überzeugen (d.i. zur *freien* Einstimmung bewegen) *wollen*. Sie schließen mit der Leugnung der moralischen Zurechnungsfähigkeit auch die Besserungsmöglichkeit und damit den Sinn strafrechtlicher Maßnahmen zur Resozialisierung von Tätern aus. Wie fragwürdig eine solche Leugnung ist, wird gerade im Blick auf Verbrechen gegen die Menschlichkeit deutlich. Vgl. Uwe Justus WENZEL, *Die Freiheit der Hirnforschung und der unfreie Wille. Wird die Neurowissenschaft zur Gesellschaftslehre?*, in: NZZ vom 24./25. Januar 2004 (Nr. 19), 43; Christian GEYER (Hg.), *Hirnforschung und Willensfreiheit.*

oder sich selbstherrlich ihrer Untaten rühmen. Aber auch die andere Möglichkeit ist denkbar, dass sie sich rückblickend von ihren Taten distanzieren, diese in einem schmerzhaften Umkehrprozess bereuen, um Vergebung bitten und sich – wenn möglich – um Wiedergutmachung bemühen. Wenn die Grammatik der Sprache zwischen Person und Handlung unterscheidet, hält sie diese Möglichkeit einer nachträglichen Selbstdistanzierung offen. Der Akt des Verzeihens knüpft daran an. Indem der Verzeihende eine Person *trotz* ihrer Tat bejaht, gewährt er ihr die Chance, sich ihrerseits von der Tat zu distanzieren. Gerade in der Gewähr eines Neuanfangs ist das Verzeihen, ohne die Zeit wirklich widerrufen zu können, doch eine Art „Heilmittel gegen Unwiderruflichkeit“[9]. Durchaus möglich, dass ein Täter erst im Licht der vergebenden Bejahung die ideologische Verblendung hinter sich lassen und seine Taten verneinen kann, ohne in eine destruktive Selbstverneinung abzugleiten.

Aber wer könnte im Namen der Opfer verzeihen oder sich umgekehrt anmaßen, in ihrem Namen Verzeihung definitiv zu verweigern? Auch das Votum für Vergebungsverweigerung kann eine postume Usurpation der Verstummten bedeuten, wenn es in Anspruch nimmt, an ihrer Stelle zu sprechen. Die allermeisten Opfer sind tot und ihre Vernichtung ist unwiderruflich. Menschliches Gedenken kann zwar die Toten vor dem zweiten Tod des Vergessens bewahren, aber es vermag die Toten nicht wieder zum Leben zu erwecken. Das ist die soteriologische Ohnmacht allen Gedenkens, das nicht auf die *memoria Dei* bezogen ist, in der allein die Namen der Toten rettend aufbewahrt sind. Die Frage, ob das Vergangene definitiv vergangen ist oder ob in der Vergangenheit ein unabgegoltenes Versprechen liegt, bricht gerade angesichts der abgeschnittenen Lebensmöglichkeiten der Opfer unabweislich auf.[10] Man muss sich in diesem Zusammenhang erneut vergegenwärtigen, dass die Opfer damals eine Zukunft hatten, die offen und nicht bereits determiniert war – eine

Zur Deutung der neuesten Experimente, Frankfurt a. M. 2004.

[9] Vgl. Hannah ARENDT, *Die Unwiderruflichkeit des Getanen und die Macht zu verzeihen*, in: DIES., *Vita activa oder Vom tätigen Leben*, München [10]1998, 300–311, 301. Bekanntlich unterscheidet Arendt zwischen vergebbaren Vergehen und unvergebbaren Verbrechen. Was letztere betrifft, hält sie fest: „man kann, was den Täter der Untat betrifft, nur mit Jesus sagen: 'Es wäre ihm nützer, dass man einen Mühlstein um seinen Hals legte und würfe ihn ins Meer' – zweifellos *das Furchtbarste*, was man von einem Menschen sagen kann“ (ebd. 308).

[10] Dieser Gedanke ist vor allem von Walter BENJAMIN aufgeworfen worden. Vgl. Helmut PEUKERT, *Wissenschaftstheorie – Handlungstheorie – Fundamentale Theologie. Analysen zu Ansatz und Status theologischer Theoriebildung*, Frankfurt a. M. [2]1988, 300–310.

Zukunft, die ein Versprechen in sich trug und ihnen dann auf brutalste Weise genommen wurde. Dieser Blick auf die *Zukunft in der Vergangenheit* ist nötig, um eine „retrospektive Fatalitätsillusion“[11] zu vermeiden, die so tut, als habe alles so kommen müssen, wie es gekommen ist. Sich im Gegenteil klar zu machen, dass es *nicht* so kommen musste, wie es gekommen ist, heißt einsehen, dass es *anders* hätte kommen können und sollen. Dass es am Ende *nicht anders* gekommen ist, erfüllt mit Erschrecken und Trauer. Ein von dieser Trauer gespeistes Denken wie Adornos Philosophie des Nicht-Identischen hat ihren Fluchtpunkt nicht zufällig in der Idee der Restitution, mithin einer „Verfassung der Welt, in der nicht nur bestehendes Leid abgeschafft würde, sondern noch das unwiderruflich vergangene widerrufen wäre“[12]. Die Idee der Restitution aber ist mit der Frage nach Wiederaufrichtung der Gerechtigkeit unlöslich verbunden. Es wäre unerträglich, wenn am Ende die Peiniger über ihre Opfer triumphieren würden und die erstickten Klagen und Schreie ungehört verhallten.[13]

Die philosophische Vernunft sieht sich an dieser Stelle von unabweisbaren Fragen bedrängt, deren Beantwortung jenseits ihrer Möglichkeiten liegt. Sie kann sich – wie bei Platon[14] – über den Weg des Mythos bzw. der literarischen Fiktion[15] Klarheit zu verschaffen suchen oder aber aus Gründen der praktischen Philosophie Gott als Instanz postulieren, die postmortale Gerechtigkeit schafft. Aber wie es um die Wirklichkeit dieser Instanz am Ende bestellt ist, darüber kann sie keine verbindlichen Aussagen machen. Wird es eine Auferstehung der Toten geben? Wird den Opfern der Geschichte Gerechtigkeit widerfahren? Kann die heillose

[11] Raymund ARON, *Introduction à la philosophie de l'histoire,* Paris 1986, 230 und 291. Dazu: Paul RICŒUR, *Das Rätsel der Vergangenheit. Erinnern – vergessen – verzeihen,* Essen 1998.

[12] Theodor W. ADORNO, *Negative Dialektik*, Frankfurt a. M. ^{5}1988, 395. Die Aussagen über die Hoffnung auf Restitution haben bei Adorno nicht postulatorischen Charakter, sondern stehen unter dem Vorbehalt des 'Als-ob'. Vgl. Saskia WENDEL, *Theodor W. Adorno – Hoffnung auf Versöhnung*, in: DIES. – Joachim VALENTIN (Hg.), *Jüdische Traditionen in der Philosophie des 20. Jahrhunderts*, Darmstadt 2000, 117–130.

[13] Vgl. Max HORKHEIMER: „Theologie ist – ich drücke mich bewußt vorsichtig aus – die Hoffnung, daß es bei diesem Unrecht, durch das die Welt gekennzeichnet ist, nicht bleibe, daß das Unrecht nicht das letzte Wort sein möge.“ Diese Hoffnung – heißt es wenig später – sei „Ausdruck einer Sehnsucht, daß der Mörder nicht über das unschuldige Opfer triumphieren möge“ (*Die Sehnsucht nach dem ganz Anderen.* Ein Interview mit Kommentar von Helmut Gumnior, Hamburg 1970, 61f.).

[14] Vgl. PLATON, *Phaidon*, übersetzt von Friedrich Schleiermacher, Stuttgart 1989, 89f. (114a–b), wo die Frage der postmortalen Versöhnung eine narrative Gestalt gefunden hat.

[15] Vgl. etwa die Erzählung von Hartmut LANGE, *Die Heiterkeit des Todes*, in: DERS,. *Die Waldsteinsonate. Fünf Novellen*, Zürich 1984, 105–112.

Zerrüttung zwischen Opfern und Tätern am Ende geheilt werden? Auch die dem Glauben verpflichtete und durch ihn freigesetzte Vernunft darf nicht so tun, als habe sie auf solch abgründige Fragen definitive Antworten. Das theologische Nachdenken über eschatologische Problemstellungen steht durchgängig unter dem *Vorzeichen der Vorläufigkeit.*

Die anamnetische Solidarität mit Opfern (und Tätern) verbietet es, die Vergangenheit als definitiv vergangen zu begreifen. Nur dann, wenn die Macht des Todes gebrochen werden kann und die Hoffnung auf Auferstehung keine Illusion ist, sind die Shoah (und andere barbarische Exzesse von Terror und Gewalt) nicht der endgültige Sieg des Bösen über den Menschen.[16] Die Hoffnung auf Rettung aber liegt für Christen in der Auferstehung des Gekreuzigten begründet. Diese Hoffnung schließt ein, dass die Namen der Opfer nicht ausgelöscht sind und die Täter sich nicht vor ihrer Verantwortung davon stehlen können, sondern von ihrer Vergangenheit eingeholt werden.[17] Zwar ist die Mahnung von Johann Baptist Metz zu beachten: „Wer die Botschaft von der Auferweckung des Christus so hört, dass in ihr der Schrei des gottverlassenen Sohnes verstummt ist, der hört nicht das Evangelium, sondern einen Siegermythos.“[18] Aber ein Zeitverständnis, das die Geschichte der Sieger kanonisiert, wird durch den Glauben an die Auferstehung gerade durchbrochen, wenn die ungeheilten Wunden der Geschichte auf die Wirklichkeit Gottes bezogen werden, dem allein Heilung des Zerrütteten zugetraut werden kann. Geschichte steht so – wie Johann Baptist Metz immer wieder betont hat – im Horizont befristeter Zeit, sie kennt ein *Finale,* das aus der Sicht des Glaubens als Gericht Gottes über die

---

[16] Vgl. Jean-Marie LUSTIGER, *Gotteswahl. Jüdische Herkunft – Übertritt zum Katholizismus – Zukunft von Kirche und Gesellschaft*, München-Zürich 1992, 117. Gleichwohl hat Lustiger an anderer Stelle betont, dass die Relation zwischen Tätern und Opfern nicht einfach umgekehrt wird, so dass die Opfer gleichsam zu Tätern zweiter Potenz würden. Vgl. dazu Jan-Heiner TÜCK, *Die Gabe der Vergebung. Jean-Marie Lustiger über den Messias Israels*, in: NZZ vom 18. Februar 2004 (Nr. 40), 35, sowie den Beitrag von Karl-Heinz MENKE in diesem Band.

[17] Auferstehungshoffnung kann daher – trotz der antijudaistischen Hypothek der Kirchengeschichte – nicht einfach mit leidunempfindlichem Triumphalismus in eins gesetzt werden, wie Alice und Roy ECKARDT in ihrem Buch: *Long Night's Journey into Day. Revised Retrospective on the Holocaust*, Oxforf 1990, 143, insinuieren.

[18] Johann Baptist METZ, *Gott. Wider den Mythos von der Ewigkeit der Zeit*, in: Tiemo Rainer PETERS – Claus URBAN (Hg.), *Ende der Zeit? Die Provokation der Rede von Gott?*, Mainz 1999, 32–49, 32. Dort findet sich auch die Aussage (ebd. 37): „Die paulinische Christologie ist keine Ideologie der geschichtlichen Sieger. Paulus sprengt in seine Christologie apokalyptische Zeitelemente ein; man höre nur einmal: 'Wenn die Toten nicht auferweckt werden, dann ist auch Christus nicht auferweckt worden' (vgl. 1Kor 15, 13; 16).“

menschliche Freiheitsgeschichte zu verstehen ist. Ob die eschatologische Aufrichtung von Wahrheit und Gerechtigkeit sich zugleich als *Subjektwerdung aller* vor Gott ereignet, kann theoretisch nicht gewusst, darf aber im Glauben erhofft werden.

Nun kann der Name Gottes im Horizont des christlichen Glaubens nicht als rettender Name, als anstehendes Ende der Zeit erzählt und bezeugt werden, ohne dass zugleich von seinem Gesalbten und dessen Parusie die Rede ist. Die Botschaft vom *Ende der Zeit* und die Hoffnung auf *Subjektwerdung aller vor Gott* verlangen danach, *christologisch* näher bestimmt zu werden. Denn das Ende der Zeit ist weder anonym noch gesichtslos, sondern hat – wenn man dem Zeugnis des apostolischen Credo folgt – einen Namen und ein Gesicht. Es ist Jesus Christus, der auferweckte Gekreuzigte, der „kommen wird zu richten die Lebenden und die Toten“. Der erwartete Richter aber ist selbst das Opfer einer Hinrichtung. Seine Wundmale zeigen, dass die schmachvolle Vergangenheit seines Sterbens nicht einfach dem Vergessen anheim fällt, sondern sich bleibend sichtbar in seinen Leib eingeschrieben hat. Allerdings zeigt der Auferweckte die Spuren seiner Passion nicht vor, um für sein unschuldig vergossenes Blut Rache zu fordern. Statt über seine Feinde zu triumphieren oder die eigenen Jünger der Untreue und des Verrats zu überführen, sind die Stigmata seines verklärten Leibes Zeichen einer bis ins Äußerste gehenden Vergebungsbereitschaft, die auch im Feind den vergebungsbedürftigen Nächsten zu sehen bereit ist.

Vor diesem Hintergrund kann das Gericht theologisch als Prozess einer rückhaltlosen Aufdeckung der Wahrheit im Angesicht des auferweckten Gekreuzigten gedeutet werden.[19] Das göttliche Gericht zielt nicht auf Vernichtung, sondern auf Aufrichtung der Gebeugten, Vergebung der Schuldigen und freie Gewinnung der Unbeugsamen. Auf nichts weniger setzt jedenfalls die Hoffnung, dass sich die Subjektwerdung aller im Lichte der eschatologischen Wahrheit ereignen kann.

Die Hoffnung, dass sich im Geist des Gekreuzigten eine eschatologische Aussöhnung zwischen Opfern und Tätern ereignen kann, sieht sich – nach Auschwitz zumal – gewichtigen Bedenken ausgesetzt. Für die jüdische Seite ist die Messiasfrage offen und die Vorstellung schwer erträglich, dass ein Gekreuzigter der Gesalbte Israels sein soll. Es wäre anmaßend, von *jüdischen* Gesprächspartnern bereits heute die Anerkennung einer solchen *christologischen* Näherbestimmung des Gerichtsmo-

[19] Zur Deutung des Gerichts als dramatischer Konfrontation mit Christus vgl. den eindrücklichen Versuch von Gotthard FUCHS, *Gerichtsverlust. Von der christlichen Kunst, sich recht ängstigen zu lernen*, in: KatBl 120 (1995) 160–168.

tivs einzufordern. Andererseits wäre es aber auch verfehlt, christologischen „Besitzverzicht“[20] zu üben und das Spezifikum des christlichen Gerichtsglaubens in einer falsch verstandenen Irenik einzuklammern oder zu verschweigen. Um Missverständnisse zu vermeiden, seien daher die Voraussetzungen für einen solchen Versuch, wie er im Folgenden unternommen werden soll, transparent gemacht: In einem ersten Schritt gilt es, die Kategorien 'Opfer' und 'Täter' näher zu erläutern, um anzuzeigen, dass man die komplexe historische Wirklichkeit mit allzu einfachen Klassifizierungen nur verfehlen kann (1). Eine Debatte in der französischen Gegenwartsphilosophie, die sich an der Problematik des Verzeihens entzündet hat, vermag darüber hinaus die aktuelle Relevanz des Themas deutlich zu machen. In einem zweiten Schritt soll daher Vladimir Jankélévitchs Plädoyer für die Unvergebbarkeit der NS-Verbrechen mit der Kritik von Jacques Derrida konfrontiert werden, der gerade angesichts des Unverzeihbaren an der Idee des unbedingten Verzeihens festhält, die er im Ursprung der abrahamitischen Religionen verankert sieht (2). Die Idee des Verzeihens dürfte im jesuanischen Gebot der Feindesliebe ihre wohl eindeutigste Ausprägung gefunden haben. Weit davon entfernt, ein folgenloser hyperbolischer Imperativ zu bleiben, hat dieses Gebot einen fleischgewordenen Kommentar erhalten (vgl. Lk 23,34), als der sterbende Messias für seine Peiniger gebetet hat (3).

---

[20] Vgl. demgegenüber Peter VON DER OSTEN-SACKEN, Nachwort: Von der Notwendigkeit theologischen Besitzverzichts, in: Rosemary RADFORD-RUETHER, *Nächstenliebe und Brudermord. Die theologischen Wurzeln des Antisemitismus*, München 1978, 244–251. Anders Hans Urs VON BALTHASAR, der angesichts der antijudaistischen Hypothek der Kirchengeschichte von den Christen Umkehr und Buße einfordert, zugleich aber festhält: Es „sind keine Irenismen, bei denen man sich über das Kreuz hinweg die Hand reicht, von den Christen erwünscht. Es gibt unter ihnen Bewegungen, die bis zur Leugnung Christi, ihres Herrn, gehen. Daß jemand anders als *er* [Christus] den Riß, den sein Dasein im erwählten Volk geschaffen hat, heilen kann, glaube ich nicht.“ DERS., *Die Einheit des Alt- und Neutestamentlichen Bundes*, in: IKaZ 16 (1987) 9–11, 10. BALTHASAR hat übrigens schon früh seinem Buch *Die Gottesfrage des heutigen Menschen* (Wien-München 1956, 7) die bemerkenswerten Sätze vorangestellt: „Hätte nicht eine begreifliche Scheu mich abgehalten, so hätte ich diese Seiten den Martyrern unserer Einheit widmen wollen, dem erlauchten Heer der Gedemütigten unserer furchtbaren Zeit: den Gefolterten, den Vergasten, Vivisezierten, in geschlossenen Viehwagen winters Erfrorenen, von den Stiefeln der Partei ins Antlitz Getretenen: den geflissentlich Vergessenen, die vergeblich, vergeblich alles gegeben haben. O Haupt voll Blut und Wunden!” Diese Widmung erschien Jean-Marie LUSTIGER in den späten 1950er Jahren „endlich als ein Zeichen wirklicher Anerkennung, nicht als ein nutzloses Bemitleiden [...], sondern als Teilhabe eines Sohns des christlichen Abendlandes an der unheilbaren Wunde, die der Menschheit zugefügt wurde.“ *Es ist unsere Pflicht, zu berichten*, in: Adam BUJAK (Hg.), *Auschwitz – Birkenau*, Freiburg 1989, 27–32, 28.

Inwiefern das Motiv der inkarnierten Feindesliebe ins Eschatologische transponiert werden kann, ist eine eigene Frage, die mit der Hoffnung des christlichen Glaubens zusammenhängt. Daher sei abschließend versucht, das Gericht nicht nur als einen Prozess des In-die-Wahrheit-Kommens aller vor Gott, sondern auch als einen von Gott eröffneten Raum der Aussöhnung zwischen Opfern und Tätern zu denken (4). Dabei gilt es zunächst den Status eschatologischer Aussagen sowie die Situierung der Hoffnung auf Versöhnung im Panorama gegenwärtiger eschatologischer Entwürfe zu klären (a). Die keineswegs selbstverständliche Zentrierung der eschatologischen Hoffnung auf das Gericht Jesu Christi berührt des weiteren die Frage, ob der Messias aus Israel am Ende auch der Messias für Israel ist, oder ob das erwählte Volk der Juden am Messias Jesus vorbei einen Zugang zum Heil finden wird (b). Erst nach Klärung dieser Voraussetzungen kann der gewiss heikle Versuch riskiert werden, die Hoffnung zu artikulieren, dass durch die eschatologische Begegnung mit dem auferweckten Gekreuzigten, der die *inkarnierte* Vergebungsbereitschaft *ist*, die Zerrüttung zwischen Opfern und Tätern geheilt werden kann (c).

I. Zu den Kategorien von Opfern und Tätern

Ein Denken, das sich von der Erinnerungssolidarität mit den Opfern leiten lässt, ist nicht *per se* vor Verkürzungen gefeit. Die theologische Fokussierung auf die jüdischen Opfer kann – wie Paul Petzel bemerkt hat – „leicht einer heimlichen Selbstexkulpierung Vorschub leisten; einer Selbstexkulpierung, die sich der Verstrickung in eine abgründige Schuldgeschichte durch den behänden Wechsel aus Täter- in Opferzusammenhänge entledigt“[21]. Die moralische Entrüstung über die Verbrechen führt nicht nur leicht zu einer Dämonisierung der Täter, sie kann auch die Einsicht in die eigene Anfälligkeit für das Böse verschleiern. Der spontane Abwehrreflex gegenüber dem Grauen kann ein genaues Erinnern geradezu blockieren. Das Grauen aber „hat einen Anfang, der zivilisiert daherkommt, in angeblich wissenschaftlichen Werken und neuen Thesen, in leise aufkommenden Mentalitäten und in entsprechenden Handlungsbereitschaften, die sich erst im Nachhinein als Vorbereitung zum Ungeheuren identifizieren lassen“[22]. Nimmt man diese un-

[21] Paul PETZEL, *Was uns an Gott fehlt, wenn uns die Juden fehlen. Eine erkenntnistheologische Studie,* Mainz 1993, 244.
[22] Ottmar FUCHS, *Doppelte Subjektorientierung in der Memoria Passionis. Elemente einer Pastoraltheologie nach Auschwitz,* in: DERS. – Reinhold BOSCHKI – Britta FREDE-

merklichen Vorboten, dieses langsame, aber stetige *crescendo* der ideologischen Verblendung in den Blick, wird es schwierig, die Täter einfach zu Agenten des Bösen zu stilisieren. Vielmehr bricht die selbstkritische Frage auf, ob wir selbst unter ähnlichen Bedingungen in einem ähnlichen Milieu nicht ähnlich anfällig gewesen wären und ob wir heute angesichts wachsender Anzeichen einer neuen menschenverachtenden Mentalität genügend Wachsamkeit und Widerstandspotential aufbringen.[23] Das moralische Entsetzen über die Täter wird jedenfalls dann zur wohlfeilen Pose, wenn es sich um die Einsicht in die eigene Schuldfähigkeit betrügt. Durch diesen Hinweis sei nicht in Abrede gestellt, dass die NS-Verbrechen eine nicht zu fassende *Abgründigkeit menschlicher Bosheit* offenbaren, die nachträglichem Verstehen letztlich ähnlich unzugänglich ist wie das Leid der unschuldigen Opfer, das Emmanuel Lévinas die „Passion der Passionen“ genannt hat. Nicht umsonst sind die Zeugnisse der Überlebenden von der Paradoxie gezeichnet, das Unsagbare sagen zu müssen, um es dem Vergessen zu entreißen.[24] Die Vernichtungspolitik der Nazis, die Stationen der systematisch fortschreitenden Entrechtung jüdischen Lebens bis hin zu Deportation und Auslöschung mögen historisch rekonstruiert werden können; objektivieren lassen sie sich nicht.

Dennoch ist simplifizierende Schwarz-weiß-Malerei zu vermeiden. Die Rede von Tätern und Opfern darf nicht darüber hinweg täuschen, dass sich im uneindeutigen Geflecht menschlicher Freiheitsgeschichte eindeutige Zuschreibungen nie vornehmen lassen. Bezogen auf ein konkretes Vergehen, in dem der eine am anderen zum Täter wird, leuchtet ihr Sinn unmittelbar ein. Schwieriger wird es, wenn über das Vergehen der Täter und das Leid der Opfer hinaus die heillose Verstrickung der Opfer in das System der Täter berücksichtigt wird. Die perfide Logik des KZ-Systems bestand ja gerade darin, die Opfer am Funktionieren der Todesmaschinerie zu beteiligen[25] und die Überlebensbedingungen im Lager so zu gestalten, dass die Inhaftierten untereinander zu tödlichen

WENGER (Hg.), *Zugänge zur Erinnerung,* Münster 2001, 309–345, 328.

[23] Die Genauigkeit des Erinnerns schlägt damit – wie FUCHS ausführt – „auf uns selbst zurück, sie trifft uns, in vergleichbaren Mentalitäten wie etwa, das gesunde und unbehinderte Leben totalitär über alles und damit gegen das nicht gesunde und behinderte Leben zu stellen, die Behinderung schon pränatal auszusortieren und parallel dazu schwächer werdendes altes Leben prämortal der anwachsenden Mentalität von Wertlosigkeit zu überlassen“. Ebd.

[24] Vgl. Jan-Heiner TÜCK, *„Gelobt seist du, Niemand“. Paul Celans Dichtung – eine theologische Provokation,* Frankfurt a. M. 2000.

[25] Vgl. Calel PERECHODNIK, *„Bin ich ein Mörder?“ Das Testament eines jüdischen Ghetto-Polizisten.* Mit einem Vorwort von Micha Brumlik, Lüneburg 1997.

Rivalen werden konnten. Durch den Hinweis auf die partielle Mittäterschaft mancher Opfer möchte ich hier weder das Andenken an die Toten beschädigen noch eine generelle Aufweichung der Täter-Opfer-Unterscheidung betreiben, sondern lediglich auf die bedrückende Situation hinweisen, mit der sich die Lagerinsassen konfrontiert sahen. Gleichwohl scheint mir, dass das Leben der Opfer nicht einfach auf ihre Opferrolle beschränkt werden kann; das hieße, ihre Biographie zu verkürzen auf ein passives Widerfahrnis, das gewaltsam über sie verhängt wurde. Die Opfer haben selbst eine eigenverantwortliche Lebensgeschichte, zu der Momente von Erfolg und Gelingen ebenso gehört haben wie solche von Schuld und Versagen. Der vorsichtige Hinweis darauf, dass jede Biographie in unterschiedlichem Maße Täter- und Opferanteile umfasst[26], redet nur dann nicht einer letztlich zynischen Relativierung der Täter-Opfer-Differenz das Wort, wenn er die *Inkommensurabilität des Leidens* im Blick behält, welche allein den Begriff des *unschuldigen* Opfers rechtfertigt. Die Opfer der Shoah sind – wie Jean-Marie Lustiger zu Recht bemerkt – „ohne es zu wissen und zu wollen, zur Gestalt der Unschuld in der Welt geworden. Ohne es zu wollen; man wählt es nicht, ein Held zu sein. [...] Nicht alle, die dort gestorben sind, waren Helden. Aber als ungerecht Verfolgte haben sie die Gestalt der Unschuld und des Rechts getragen."[27] Nicht zufällig gibt es in der Holocaust-Theologie

---

[26] „Ich kannte persönlich Hunderte von den Toten aus meiner eigenen Stadt und andere, die ich während dieser Jahre traf. Sie waren wie jedermann, manche gut, manche Schurken, manche ein bisschen von beidem. Da war der unehrliche Metzger aus unserer Stadt, ein grober und schändlich schlechter Mann, der schrecklich gelitten hat und sein Leben und seine Familie in den Gaskammern verloren hat. Und da war die unmoralische Frau eines Nachbarn, die, ohne sich darum zu kümmern, was andere denken könnten, jeden Mann, den sie sah, angeln wollte, die ihrer anständigen Familie immer wieder Schande gemacht hat. Diese und andere waren kaum rechtschaffen und rein, und sie starben nicht zur Heiligung des göttlichen Namens. [...] Nein, sehr wenige Heilige waren unter den sechs Millionen." Reeve Robert BRENNER, *The Faith and Doubt of Holocaust Survivors*, New York-London 1980, 233f. Zitiert nach Verena LENZEN, *Jüdisches Leben und Sterben im Namen Gottes. Studien über die Heiligung des göttlichen Namens* (Kiddusch HaSchem), Zürich 2002, 166f.

[27] Jean-Marie LUSTIGER, *Wagt den Glauben*. Übersetzt von Hans Urs von Balthasar, Einsiedeln 1986, 70. Vgl. auch Emil L. FACKENHEIM, *Zwei Briefe aus Jerusalem*, in: Marcel MARCUS – Ekkehard W. STEGEMANN (Hg.), *„Das Leben leise wieder lernen". Jüdisches und christliches Selbstverständnis nach der Schoah* (FS Albert H. Friedländer), Stuttgart 1997, 55–59, 59: „Indem Hitler das Verbrechen, ein Jude zu sein, vom Glauben auf die Geburt verlagerte, zerstörte er das Märtyrertum. Und da die Geburt, auch die jüdische, unschuldig ist, schreit das Blut von Auschwitz zum Himmel. So auch unsere Fragen. Märtyrertum ist immer noch eine Antwort, allerdings nur *in extremis*. Die Unschuldigen, die in einem Augenzwinkern ermordet wurden, sind nur eine Frage."

Stimmen, welche das jüdische Leid auf die Gottesknechtlieder bezogen haben, ja sogar eine gewisse Nähe zur Passion des Gekreuzigten konstatieren.[28]

Auf der anderen Seite gilt für die *Täter*, dass es im Blick auf die Totalität ihrer Lebensgeschichte ein ganzes Bündel von Determinanten gibt, die ihre Freiheitsentscheidung mit konditioniert haben. Diesen Hinweis auf die Vorprägungen konkreter Freiheit möchte ich nicht als Entlastungsargument verstanden wissen, denn eine Leugnung der Verantwortung liefe letztlich auf eine nachträgliche Entmündigung der Täter hinaus. Der Versuch vieler NS-Täter, sich nachträglich als Opfer des Haupttäters Hitlers und seiner Vasallen zu stilisieren, sich auf die Rolle des passiven Befehlsempfängers zurückzuziehen, muss als Strategie der Schuldabschiebung entlarvt werden. Der Film *Shoah* von Claude Lanzmann zeigt, dass bei manchen Tätern die Mimik ihrer Gesichter die Rhetorik ihrer Worte Lügen straft und der verlegene oder verschlagene Gesichtsausdruck die Unschuldsbeteuerung konterkariert. Eine historische Analyse des Täterverhaltens müsste hier genauer zwischen ideologischen Vordenkern, Organisatoren, Exekutoren, Mitläufern, Komplizen, Sympathisanten und passiven Zuschauern unterscheiden. Eine solche Differenzierung kann hier nicht vorgenommen werden, – auch um den prekären Eindruck zu vermeiden, als könne das unübersichtliche Geflecht menschlicher Handlungen theologisch durchleuchtet werden. Allerdings darf eine Theologie, welche die Möglichkeit von Vergebung offen halten will, den Täter nicht mit seinen Taten identifizieren. Das hieße, ihm die Möglichkeit zur nachträglichen Selbstdistanzierung und zur Übernahme der Schuld von vornherein abzusprechen und die sittlich positiven Momente, die sich in jeder Biographie auch finden, zu übergehen. Die Annahme, dass die Person des Täters mehr ist als die Summe seiner (Un-)Taten, widerspricht einer Dämonisierung des Täters. Die

---

[28] Vgl. nur das Zeugnis von Michael WYSCHOGROD: „Vielleicht kann man die Kreuzigung Jesu nur verstehen im Zusammenhang mit der Kreuzigung des Volkes Israels, dessen physische Präsenz all jene herausfordert, die Gott hassen, weil sie in diesem Volk den Gott erkennen, den sie hassen. Vielleicht ist das Band zwischen Jesus und seinem Volk viel enger, als man es immer gedacht hat." *Inkarnation aus jüdischer Sicht*, in: EvTh 55 (1995) 13–28, 26. Vgl. auch Pinchas LAPIDE: „Und dennoch stehen Auschwitz und die Staatsgründung im Unterbewußtsein vieler Juden in einer ähnlichen Beziehung wie Karfreitag und Ostern im Herzen eines gläubigen Christen. Derselbe Abgrund der trostlosen Vernichtung – nicht umsonst nannte der Papst unlängst Auschwitz das Golgotha unserer Zeit –, gefolgt von der nationalen Auferstehung des heiligen Rests." In: DERS. – Jürgen MOLTMANN, *Israel und die Kirche: ein gemeinsamer Weg? Ein Gespräch*, München 1980, 80. Vgl. neuerdings auch Arthur KATZ, *Der Holocaust – Wo war Gott?*, Düsseldorf 2000.

meisten Täter sind „weder Bestien noch Monster“[29], auch wenn es rätselhaft ist, wie die morbide Faszination am Bösen und die Apathie gegenüber den Opfern zusammengehen konnte etwa mit der Empathie für die eigene Familie. Mit einer gewissen Berechtigung ist daher gesagt worden, die NS-Verbrechen würden die geläufigen moralischen Kategorien sprengen[30], sie seien „jenseits von Schuld und Sühne“[31] anzusiedeln. Dennoch ist daran festzuhalten, dass die moralische und juristische Verantwortung für die Verbrechen konkreten Subjekten zuzuschreiben ist, wenn man einer letztlich fatalen Nivellierung der Täter-Opfer-Differenz entgehen will.

Vor diesem Hintergrund treten die Schwierigkeiten ins Auge, die beide, Opfer und Täter, haben, die bedrückende Wahrheit des Vergangenen anzuerkennen. Primo Levi hat in seinem Aufsatz *Das Erinnern der Wunde* auf eine bemerkenswerte Analogie zwischen Tätern und Opfern hingewiesen, die das Erinnern traumatischer Erfahrungen betrifft: „Wer im Tiefsten verletzt worden ist, neigt dazu, die Erinnerung daran zu verdrängen, um den Schmerz nicht zu erneuern, und derjenige, der diese Wunden zugefügt hat, drängt seine Erinnerung in die Tiefe ab, um sich von ihr zu befreien, um sein Schuldgefühl zu erleichtern.“[32] Opfer und Täter kommen demnach aus allerdings ganz unterschiedlichen Motivlagen in der Bemühung überein, durch Strategien der Erinnerungsverformung vergessen zu wollen. Levi hat zudem darauf aufmerksam gemacht, dass die Wirklichkeitsverfälschung bei den Tätern[33] oft dahin geht, dass

---

[29] Vgl. Tzvetan TODOROV, *Angesichts des Äußersten.* Aus dem Französischen von Wolfgang Heuer u. Andreas Knop, München 1993, 133 ff.

[30] Vgl. Hannah ARENDT, *Nach Auschwitz. Essays und Kommentare I*, Berlin 1989, 49ff. Vgl. auch DIES., *Vita activa*, 307: „Auf jeden Fall können wir das radikal Böse daran erkennen, daß wir es weder bestrafen noch vergeben können, was nichts anderes heißt, als dass es den Bereich menschlicher Angelegenheiten übersteigt und sich den Machtmöglichkeiten des Menschen entzieht.“ Vgl. dazu Julia KRISTEVA, *Hannah Arendt. Das weibliche Genie*, Berlin 2001, 358–372 (Kap. 5: Das Urteilen: zwischen Verzeihen und Versprechen).

[31] Jean AMÉRY, *Jenseits von Schuld und Sühne. Bewältigungsversuche eines Überwältigten*, Stuttgart ^{2}1980.

[32] Primo LEVI, *Ist das ein Mensch? Die Atempause.* Mit einem Nachwort von Cordelia Edvardson, München 1988, 6.

[33] Selbst die Gefangenen der Konzentrationslager wurden unter Strafandrohung gezwungen, die Toten nicht als Tote oder Opfer, sondern als 'Figuren' zu bezeichnen. „Nicht die *damnatio*, sondern die *annihilatio memoriae* war das Ziel. So versuchte man auch das Wozu auszulöschen, das im Selbstverständnis der in die Gaskammern Getriebenen noch herbeigeklagt und herbeigezweifelt wurde. Ihr Tod sollte keine Bedeutung mehr haben.“ Jürgen WERBICK, *Den Glauben verantworten – eine Fundamentaltheologie,* Freiburg 2000, 519.

sie am Ende selbst an die fiktiven Ersatzgeschichten glauben, die sie immer wieder erzählen, um die Wahrheit zu verschleiern. Ebenso gibt es bei Opfern den – meist vergeblichen – Versuch, die schmerzliche Erinnerung zu verdrängen. Viele Überlebende werden noch Jahrzehnte später heimgesucht von der Erinnerung an die Gräuel, die sie erlitten haben. Das Stigma der Entwürdigung lastet auf ihnen. Der Versuch, dieser Last zu entkommen, indem die entwürdigenden Erfahrungen ausgeblendet werden, scheitert am Nichtvergessenkönnen. Hinzu kommt bei vielen Überlebenden das Gefühl einer tiefen Schuld gegenüber den Ermordeten.[34] Präzise hat Verena Lenzen in diesem Zusammenhang von einem „moralischen Paradox der sich unschuldig wähnenden schuldigen Täter und der sich schuldig fühlenden unschuldigen überlebenden Opfer"[35] gesprochen.

Anders als das Vergessen oder das Verdrängen, welche das Vergangene aus dem Gedächtnis auszuradieren sucht, bezieht sich der Akt des Verzeihens auf das Vergangene zurück, um ein neues Verhältnis dazu einzunehmen. Der Verzeihende sucht gleichsam den Augenblick der Tat noch einmal auf, um dem Subjekt, das sich verfehlt hat, zu gestatten, so zu sein, als ob es nicht gefehlt hätte. Es handelt sich gleichsam um den retrograden Akt einer Umschreibung des Vergangenen. So notiert Emmanuel Lévinas: „Die Vergebung ist aktiv in einem stärkeren Sinne als das Vergessen; das Vergessen betrifft nicht die Wirklichkeit des vergessenen Ereignisses; die Vergebung wirkt auf die Vergangenheit, sie wiederholt in gewisser Weise das Ereignis, indem sie es reinigt. Aber im übrigen vernichtet das Vergessen die Beziehungen mit der Vergangenheit, wohingegen die Vergebung die vergebene Vergangenheit in der gereinigten Gegenwart bewahrt."[36] Können Opfer und Täter an den Ort zurückgehen, der sie trennt und in der Trennung aneinander bindet, können sie dazu gebracht werden, die unverkürzte Wahrheit über sich selbst anzuerkennen und sich auf diese Weise zur Vergangenheit zu verhalten?

---

[34] Vgl. Elias CANETTI, *Das Geheimherz der Uhr. Aufzeichnungen 1973–1985*, München 1987, 179: „Die Überlebens*schuld*, die du immer gefühlt hast" (Hervorhebung im Original). Vgl. auch Theodor W. ADORNO, *Negative Dialektik*, Frankfurt a. M. [5]1988, 355–356.

[35] LENZEN, *Jüdisches Leben und Sterben im Namen Gottes*, 198.

[36] Emmanuel LÉVINAS, *Totalität und Unendlichkeit. Versuch über Exteriorität*. Übersetzt von Wolfgang E. Krewani, Freiburg [2]1993, 413.

II. Verzeihung des Unverzeihlichen? Zur Debatte zwischen Vladimir Jankélévitch und Jacques Derrida[37]

Der Standpunkt der Unversöhnlichkeit, den Überlebende der Shoah den Tätern gegenüber eingenommen haben, zeigt, wie stark die Verletzungen sind. Von dem französischen Philosophen Vladimir Jankélévitch (1903–1985) stammt das Wort: „Die Geschichte des Pardon ist in Auschwitz zu Ende gegangen.“[38] Sein Beharren auf der Unverzeihlichkeit der NS-Verbrechen wendet sich gegen eine Schlussstrich-Mentalität des Vergessenwollens und gegen Versöhnungsbemühungen, die den Abgrund des Grauens zudecken. In seinem 1971 erschienen Essay *Pardonner?* hat Jankélévitch sein Plädoyer für die Unvergebbarkeit der NS-Verbrechen durch zwei Argumentationsgänge gestützt. Der erste bezieht sich auf das juristische Problem der Verjährung und macht geltend, dass es sich bei der Shoah um ein monströses Verbrechen gegen die Menschlichkeit handelt, das unverjährbar sei und jedes juristische Strafmaß überschreite. Das Nichtwiedergutzumachende sei nicht wiedergutzumachen und unsühnbar. Der andere Punkt, auf den Jankélévitch aufmerksam macht, ist das verblüffende Phänomen, dass bei den Tätern in den Jahren nach 1945 keine Anzeichen von Umkehr und Reue erkennbar gewesen seien. Sie hätten die Überlebenden *nicht* um Vergebung gebeten. Das Postulat der Aussöhnung sei daher über die Köpfe der Betroffenen hinweg erhoben worden – mit dem fragwürdigen Resultat, dass die Opfer moralisch unter Druck gesetzt worden seien zu verzeihen, obwohl dieser Akt nie erzwungen, sondern allenfalls freiwillig gewährt werden könne.

Aus Jankélévitchs Plädoyer spricht Verletztheit und Bitternis. Auch andere[39] haben den Standpunkt der Unvergebbarkeit aus Erinnerungs-

---

[37] Ich greife hier zurück auf meinen Versuch: *Das Unverzeihbare verzeihen? Jankélévitsch, Derrida und die Hoffnung wider alle Hoffnung,* in: IKaZ 33 (2004) 174–188.

[38] Vladimir JANKÉLÉVITCH, *Das Verzeihen. Essays zur Moral und Kulturphilosophie.* Mit einem Vorwort vom Jürg Altwegg, Frankfurt a. M. 2003, 16; 287. Vgl. dazu Xavier TILLIETTE, *Ein Kitesch der Seele. Die Ethik von Vladimir Jankélévitch,* in: Sinn und Form 53 (2001) 798–809.

[39] Bereits vor Ende des Zweiten Weltkrieges gab es eine Debatte zwischen Albert CAMUS und François MAURIAC: In seinem Beitrag *Le mépris de charité* (in: *Le Figaro* vom 8. September 1944) hatte Mauriac im Blick auf die französischen Kollaborateure mit dem NS-Regime betont, man könne nach Beendigung des Krieges nicht einfach die Rollen von Opfern und Tätern vertauschen, das widerspreche der Logik der Liebe (*charité*). Gegen diese Stellungnahme erhob Camus scharfen Einspruch und forderte für seine ermordeten Freunde Gerechtigkeit (*justice*): „Nous refuserons jusqu'au dernier moment une charité divine qui frusterait les hommes de leur justice.“ (DERS., *Actuelles I: 1944–1948*, Paris 1950, 70–74). Bemerkenswert ist allerdings, dass Camus drei Jahre später seine Haltung der Vergebungsverweigerung widerrufen und öffentlich

solidarität mit den Toten vertreten. So bekundet Elie Wiesel: „[I]ch hoffe, dass ihren Mördern niemals verziehen werden wird. Ich will nicht, dass *Gott* ihnen verzeiht, was sie den Kindern angetan haben. Niemals."[40] Und Simon Wiesenthal verkehrt den Gebetsruf des sterbenden Jesus (vgl. Lk 23,24), wenn er schreibt: „O Herr, vergib ihnen nicht, denn sie wussten, was sie tun!"[41] Diese auf Unvergebbarkeit beharrenden Stimmen kämpfen gegen das Vergessen und sind geleitet von einem tiefsitzenden Unbehagen gegenüber einem „idyllischen Messianismus der Vergebung"[42]. Damit stellt sich die Frage, ob die Verzeihung des Unverzeihlichen selbst ein unverzeihlicher Akt wäre. *Theologisch* gewendet läuft das Postulat der Vergebungsverweigerung 'bis ans Ende der Tage' darauf hinaus, die Hoffnung auf universale Versöhnung zu verabschieden. Es scheint geradezu, als würde Gott selbst sich vor den Opfern moralisch diskreditieren, wenn er den Tätern verziehe.

Aber Jankélévitchs Position ist nicht unwidersprochen geblieben. In einem Interview aus dem Frühjahr 2000 hat sich Jacques Derrida kritisch mit dem Problem der Unvergebbarkeit auseinandergesetzt.[43] Dort sucht Derrida einleitend die Rede von Vergebung begrifflich einzugrenzen und stellt – um terminologische Verwirrung zu vermeiden – heraus, dass der Begriff des Verzeihens nicht mit juristischen Kategorien wie Amnestie

---

eingeräumt hat: „M. François Mauriac avait raison contre moi" (ebd. 212f.). Vgl. zum Hintergrund der Debatte Bernd ROUSSEL, *Camus et Mauriac devant le problème du mal,* in: André SEAILLES (Hg.), *François Mauriac devant le problème du mal* (Actes du colloque du Collège de France 1992), Paris 1994, 125–139, 130f. Den Hinweis auf diese Debatte verdanke ich Tibor GÖRFÖL, Budapest.

40 Jorge SEMPRUN – Elie WIESEL, *Schweigen ist unmöglich,* Frankfurt a. M. 1997, 35.

41 Simon WIESENTHAL, *Denn sie wußten, was sie tun. Zeichnungen und Aufzeichnungen aus dem KZ Mauthausen,* Wien 1995, 5.

42 Emmanuel LÉVINAS, *Schwierige Freiheit*, Frankfurt a. M. 1995, 97.

43 Jacques DERRIDA, *Das Jahrhundert der Vergebung. Verzeihen ohne Macht – unbedingt und jenseits der Souveränität* (Interview mit Michel Wieviorka), in: Lettre international (Frühjahr 2000) 10–18 (die folgenden Seitenangaben beziehen sich auf diesen Text) – Um den Unterschied zwischen Derrida und Jankélévitch angemessen beurteilen zu können, muss man sich vergegenwärtigen, dass in den 30 Jahren, die zwischen dem jeweiligen Veröffentlichungsdatum der beiden Texte liegen, große gesellschaftliche Anstrengungen unternommen wurden, der Verdrängung von Auschwitz entgegenzuarbeiten. Historische Studien und öffentliche Gedenkstätten, literarische Zeugnisse und Dokumentarfilme, Unterrichtsprogramme an den Schulen und öffentliche Debatten wie der Historikerstreit, die Diskussion um das Berliner „Holocaust"-Mahnmal oder die Walser-Bubis-Debatte haben nicht nur in der Bundesrepublik Deutschland für eine enorme Präsenz des Themas gesorgt. Die von Jankélévitch inkriminierte Schlussstrich-Mentalität dürfte inzwischen gesellschaftlich tabuisiert sein, auch wenn es seit einigen Jahren bedrohliche Anzeichen für einen wieder aufkeimenden Antisemitismus in Europa gibt.

und Verjährung zu verwechseln sei. Der Akt der Vergebung überschreite die Sphäre des Rechts.[44] Des Weiteren macht Derrida darauf aufmerksam, dass dem Begriff des Verzeihens ein religiöses Erbe eingeschrieben sei, das auf Abraham zurückgehe und alle sich auf ihn berufenden Religionen – das Judentum, das Christentum, den Islam – präge (konkrete Belege bleibt Derrida an dieser Stelle allerdings schuldig). Dieses religiöse Erbe bereite heute, vor allem durch die Verbreitung des Christentums, einer Universalisierung, ja Globalisierung des Verzeihens den Weg. In der Tat lasse sich eine Häufung an öffentlichen Bekundungen der Reue und Vergebung bis in die geopolitische Ebene hinein verzeichnen. Rituale seien geschaffen worden, in denen Souveräne oder Staatsoberhäupter andere Nationen um Verzeihung für vergangene Kriegsverbrechen bitten. Dabei seien aber fast immer Interessen im Spiel – der nationale Friede, wirtschaftliche Beziehungen etc. Aus diesem Grund ist Derrida gegenüber der geopolitischen Inflation an Vergebungsritualen skeptisch. Er hegt den Verdacht, dass Vergebung, die im Dienst von Zwecken gesucht und dann auch gewährt werde, die Idee der *reinen* Verzeihung korrumpiere. „Jedesmal wenn das Vergeben im Dienste eines Zweckes steht, sei er auch ehrsam und rein geistig (Freikaufen oder Erlösen; Versöhnung oder Heil), jedesmal wenn es versucht, eine Normalität wiederherzustellen (eine soziale, nationale, politische, psychologische), und zwar durch eine Trauerarbeit, durch irgendeine Therapie oder Ökologie des Gedächtnisses, dann ist die 'Vergebung' nicht rein – noch ist es ihr Begriff" (10). Und dann folgt Derridas zentrale These, die sich direkt auf die Frage nach dem Verzeihen des Unverzeihbaren bezieht: „Man muss von der Tatsache ausgehen, dass es, nun ja, Unverzeihbares gibt. Ist es nicht eigentlich das Einzige, was es zu verzeihen gibt? Das einzige, was nach Verzeihung *ruft*? Wenn man nur bereit wäre zu verzeihen, was verzeihbar scheint, was die Kirche 'lässliche Sünde' nennt, dann würde sich die Idee der Vergebung verflüchtigen. Wenn es etwas zu verzeihen gibt, dann wäre es das, was in der religiösen Sprache 'Todsünde' heißt, das Schlimmste, das unverzeihbare Verbrechen oder Unrecht. Daher die Aporie, die man in ihrer trockenen und unerbittlichen, gnadenlosen Formalität folgendermaßen formulieren kann: Das Vergeben verzeiht nur das Unverzeihbare. Man kann oder sollte nur dort vergeben, es gibt nur Vergebung – wenn es sie denn gibt – wo es Unver-

[44] Die Tatsache, dass letztlich jeder der Vergebung bedarf, um leben zu können, da es lähmend wäre, von den anderen auf die vergangenen Taten und deren Folgen festgelegt zu werden, reflektiert Derrida nicht. Vgl. dazu die eindringlichen Reflexionen von Robert SPAEMANN, *Glück und Wohlwollen. Versuch über Ethik*, Stuttgart ^{2}1990, 242–246.

zeihbares gibt. Was soviel bedeutet, dass das Vergeben sich als gerade Unmögliches ankündigen muss. Es kann nur möglich werden, wenn es das Un-mögliche tut" (11). Für Derrida liegt die Allgegenwart des Themas Vergebung darin begründet, dass es im 20. Jahrhundert nicht nur ungeheuerliche Verbrechen gegeben hat, sondern dass diese sichtbar und bekannt geworden, erinnert, aufgearbeitet und archiviert worden sind. Diese durch die Medien erzeugte, ubiquitäre Präsenz von Verbrechen, deren Ausmaß die Kategorien menschlicher Gerechtigkeit sprengt, rufe das Thema Vergebung geradezu auf den Plan.

In diesem Zusammenhang berührt Derrida ebenfalls die Debatte, die in Frankreich 1964 durch die Verabschiedung des Gesetzes über die *Unverjährbarkeit* von Verbrechen gegen die Menschlichkeit angestoßen wurde. Bemerkenswert ist allerdings, dass er – anders als Jankélévitch – zwischen dem juristischen Begriff *unverjährbar* und dem die juristische Sphäre transzendierenden Begriff *unverzeihbar* unterscheidet. Man könne durchaus auf der Unverjährbarkeit eines Verbrechens bestehen, der Dauer der Anklage und der Möglichkeit der Strafverfolgung vor dem Gesetz keine Grenze setzen und dennoch dem Schuldigen vergeben.[45] Das Besondere der Kategorie des Unverjährbaren sei, dass sie eine Art von Ewigkeit, Transzendenz, ja „den apokalyptischen Horizont eines jüngsten Tages" (11) einführe. Auch Jankélévitch hatte diesen Gedanken gestreift, als er – auf ein Wort von Pascal anspielend[46] – davon sprach, die Agonie der Deportierten dauere „bis ans Ende der Tage". Es dürfte kein Zufall sein, dass Derrida genau an dieser Stelle in eine kritische

[45] Karl RAHNER beispielsweise ist vehement gegen die Verjährung von NS-Verbrechen eingetreten (vgl. sein Votum *Nein zur Verjährungsfrist von Naziverbrechen*, in: DERS., *Kritisches Wort*, Freiburg-Basel-Wien ²1972, 41). Zugleich hat er sich geweigert, die Täter aus dem eschatologischen Hoffnungshorizont herauszunehmen: „Wenn man nicht der Meinung ist, die Schurken und Verbrecher könnten sich letztlich ungeschoren durch die Kulissen der Weltgeschichte hindurch aus ihr ins Nichts wegstehlen, dann lädt die heutige geschichtliche Situation nicht gerade dazu ein, zu hoffen, daß sich am Ende die gesamte Geschichte in die reine Harmonie eines seligen Spiels vor Gott auflöse. Aber der Christ darf dies hoffen. Und wenn er unter der Drohung des sonstigen Heilsverlustes für sich eine solche Vollendung hoffen muss, die doch radikaler Optimismus ist, wie könnte er dann sich davon dispensieren, dasselbe für alle zu hoffen?" (*Profangeschichte und Heilsgeschichte*, in: DERS., *Schriften zur Theologie* XV [1982] 11–23, 15).

[46] Vgl. Blaise PASCAL, *Pensées*, in: DERS., *Oeuvres complètes*, hg. von Jacques Chevalier, Paris 1954, 1313 (Fragment, Nr. 736): „Jésus sera en agonie jusqu'à la fin du monde: il ne faut pas dormir pendant ce temps là." Vgl. DERS., *Schriften zur Religion* (Christliche Meister 17), übertragen und eingeleitet von Hans Urs von Balthasar, Einsiedeln 1982, 325: „Jesus wird bis an das Ende der Welt im Todeskampf sein: während dieser Zeit darf man nicht schlafen."

Auseinandersetzung mit Jankélévitch eintritt, insbesondere mit seinem Argument, dass man den Tätern der Shoah um so weniger verzeihen könne, als diese nicht darum gebeten hätten. Dieses Argument bindet laut Derrida den Akt der Verzeihung an die Bedingung, dass der Schuldige reuevoll darum gebeten habe, also bereits zuvor eine Umkehr, ja eine Transformation des Bewusstseins vollzogen habe. Dieses Verständnis von Verzeihung wird von Derrida als „ökonomische Transaktion" (11) gekennzeichnet, die der Tradition Abrahams zugleich entspreche und widerspreche. Es gebe nämlich in der Tradition der abrahamitischen Religionen zum einen die Idee des *bedingungslosen,* unendlichen, gnadenvollen, anökonomischen Verzeihens, das dem Schuldigen auch dann verzeiht, wenn dieser gar nicht um Verzeihung gebeten hat (und man könnte hier darauf verweisen, dass gerade die überraschend, weil völlig *gratis* gewährte Verzeihung beim Schuldigen den Anstoß zu einer Transformation des Bewusstseins geben *kann*). Zum anderen bestehe aber auch die Idee eines an *Bedingungen* gekoppelten Verzeihens, das vom Sünder eine vorherige Anerkennung des Vergehens, ja den Beginn einer Wandlung erwarte. Hier werde aber nicht mehr dem Schuldigen *als Schuldigem* vergeben, sondern einem Subjekt, das bereits den Ausweis moralischer Besserung vorzeigen könne. Wenn nun Jankélévitch die Verweigerung des Verzeihens mit der Behauptung rechtfertige, die Täter hätten nicht bereut („Wenn sie begonnen hätten, um Verzeihung durch Reue zu bitten, dann hätten wir überlegen können, sie ihnen zu gewähren, aber das war nicht der Fall" [12]), dann folge er klar der zweiten Vorstellung und verrate die Idee einer absoluten Vergebung, obwohl er diese früher selbst unter Rückgriff auf die jüdisch-christliche Tradition vertreten habe.[47] Um den Begriff einer bedingungslosen, die Logik des Tausches hinter sich lassenden Vergebung aber geht es Derrida. Er spricht auch von der *reinen* Vergebung, die er von *kalkulierten* Formen

[47] Derrida verweist hier auf Vladimir JANKÉLÉVITCH, *Le Pardon*, Paris ([1]1967) 1993 (nicht identisch mit dem Buch *Pardonner?* [1971], dem der Text *Das Verzeihen* für den deutschen Sammelband entnommen wurde). Auch in seinem gemeinsam mit Béatrice BERLOWITZ veröffentlichten Buch *Quelque part dans l'inachevé* (Paris 1978) finden sich Überlegungen, die eine gewisse Nähe zu Derrida aufweisen: „Die Vergebung erlangt nur dann ihre ganze erlösende Wirkung, wenn wir sie als einen unbegreiflichen, irrationalen und schmerzhaft ungerechten Akt empfinden. Denn es gehört zum Wesen der Vergebung, Ärgernis zu erregen. Aber gleichzeitig gewinnt das Böse immer die Oberhand [...]. Was soll man da tun? Verzeihen oder verfluchen? Per definitionem gibt es für uns auf dieses tragische Dilemma keine Antwort, so wie es keinen Ausweg gibt, wenn man liebt, aber nicht wiedergeliebt wird. Die Vergebung ist grenzenlos wie das Böse." Zitiert nach Wiard RAVELING, *Über Vladimir Jankélévitch*, in: Sinn und Form 49 (1997) 328–338, 334.

des Verzeihens absetzt, die sich im Kontext der Politik immer wieder finden.[48] Ungeachtet der vielen Beispiele pragmatisch eingefädelter Versöhnungsprozesse ist im Blick auf die reine Vergebung festzuhalten, dass sie dem Täter vom Opfer selbst *von Angesicht zu Angesicht* gewährt wird und nicht an Dritte, schon gar nicht an staatliche oder sonstige Institutionen, delegierbar ist. Verletzte Rechtsansprüche können vor dem Forum eines Gerichts eingeklagt und juristisch entschieden werden. Verzeihung aber kann einer Person nur von einer anderen zugesprochen werden, und die Person, die der anderen verzeiht, nimmt im Augenblick des performativen Sprechakts „Ich verzeihe dir“ eine Souveränität in Anspruch, die ihr den Status einer moralischen Überlegenheit zuzuschreiben scheint – ein Problem, das einer eigenen Erörterung bedürfte.[49] Im Namen der Toten aber – und hier geht Derrida mit Jankélévitch konform – kann niemand Vergebung aussprechen.

Halten wir das Zwischenergebnis einstweilen fest und markieren dabei zugleich die theologischen Überhangfragen:

1. Das Verzeihen ist ein unvertretbarer Akt, der frei gewährt wird. Das schließt ein, dass die Autonomie der Opfer immer dann verletzt wird, wenn in ihrem Namen Vergebung ausgesprochen oder definitiv verweigert wird, ohne dass ihr Einverständnis dazu noch eingeholt werden könnte. Ebenso wenig kann Vergebung erzwungen werden. Erpresste Vergebung wäre keine. Das Opfer anders als in der Weise der Bitte um Verzeihung anzugehen bedeutete, wiederum Schuld auf sich zu laden.[50] – Transponiert man die Problematik ins Theologische, ergibt sich die Anschlussfrage, ob Gott den Tätern hinter dem Rücken der Opfer verzeihen kann oder ob sein unbedingter Vergebungswille nicht an das Einverständnis der Opfer rückgebunden ist. Statt Versöhnung ausschließlich als Geschehen zwischen Gott und dem Täter zu den-

[48] Derrida analysiert etwa die Figur der nationalen Versöhnung, in deren Namen in Frankreich den Kollaborateuren Amnestie gewährt wurde; geht auf das Institut der Wahrheitskommission in Südafrika ein, die den sozialen und politischen Frieden wiederherstellen sollte etc.

[49] Ebenfalls kann hier auf die Frage der (Un-)Möglichkeit einer theologischen Derrida-Rezeption nicht eingegangen werden. Vgl. Joachim VALENTIN, *Atheismus in der Spur Gottes. Theologie nach Jacques Derrida,* Mainz 1997; Johannes HOFF, *Spiritualität und Sprachverlust. Theologie nach Foucault und Derrida,* Paderborn 1999; sowie neuerdings Karlheinz RUHSTORFER, *Adieu. Derridas Gott und der Anfang des Denkens*, in: FZPhTh 51 (2004) 123–158.

[50] So auch – im Rahmen einer transzendentalen Freiheitslehre – Magnus STRIET, *Versuch über die Auflehnung*, in: Harald WAGNER (Hg.), *Mit Gott streiten. Neue Zugänge zum Theodizee-Problem* (QD 169), Freiburg-Basel-Wien 1998, 48–89, 69.

ken, ist es aus der Sicht einer die Autorität der Opfer achtenden Theologie unumgänglich, die intersubjektive Dimension von Versöhnung in den Blick zu nehmen. Das aber heißt, die Frage aufzuwerfen, ob das Opfer in die Lage gebracht werden kann, im Täter den vergebungsbedürftigen Anderen zu sehen, so dass das Unmögliche möglich und die heillose Zerrüttung zwischen Tätern und Opfern rettend ins Lot gebracht wird.

2. Jankélévitchs tiefsitzende Reserve gegenüber dem Verzeihen entstammt dem Aufstand gegen das Vergessen und dem Abscheu über die Unbußfertigkeit der Täter. Gegenüber dem leichten Verzeihen, das einer Konfrontation mit der Vergangenheit ausweicht und den Tätern keine wirkliche Umkehr abverlangt, wäre daher an die Möglichkeit eines Verzeihens zu erinnern, das durch den Abgrund der Vergangenheit hindurchgegangen ist, um ein neues Verhältnis zu ihr zu gewinnen, ohne das Geschehene zu annullieren. – Als theologische Anschlussfrage ergibt sich hier, an welche Kriterien Versöhnung gebunden ist, damit sie das Niveau der menschlichen Leidensgeschichte nicht unterschreitet. Die Absolution der Täter darf nicht um den Preis des Vergessens erkauft sein – das wäre zynisch gegenüber den Opfern. Sie darf aber auch dem Täter nicht den einholenden Schmerz der Wahrheit, die Umkehr und Erneuerung ersparen, soll er mit der Last seiner Schuldgeschichte im Angesicht der Opfer am Ende bestehen können.

3. Mit Derridas Idee eines reinen anökonomischen Verzeihens tritt die Frage auf den Plan, ob der Akt des Verzeihens *gratis* und zuvorkommend gewährt wird oder ob er an Bedingungen geknüpft ist. Anders gefragt: Muss die Initiative zur Versöhnung vom Täter ausgehen, muss er *zunächst* umkehren, bereuen und um Vergebung bitten, damit ihm *dann* Verzeihung gewährt werden kann – oder ist es gerade umgekehrt so, dass die zuvorkommende Gabe der Vergebung ihn allererst zur Umkehr befähigt? – Als theologische Anschlussfrage ergibt sich hier, ob die Vergebung ein wirklich umsonst gewährter und zuvorkommender Akt ist bzw. sein muss, und wenn ja, wie sich die Annahme der umsonst gewährten Vergebung auswirkt.

Ausdrücklich rekurriert Derrida in seinen Überlegungen zum Problem des Vergebens auf das religiöse Erbe von Judentum, Christentum und Islam, auch wenn er sich dann schwerpunktmäßig auf die jüngste politische Wirkungsgeschichte der Idee von Versöhnung bezieht.[51] Im Ursprung der abrahamitischen Religionen glaubt er eine Ambiguität zu erkennen: einerseits die Lehre, dass das Verzeihen an bestimmte Konditionen (der Umkehr, der Reue etc.) gebunden ist; andererseits die Idee eines reinen unbedingten Verzeihens. Anstatt dem verschlungenen Nebeneinander der beiden Motive in der biblischen Überlieferung nachzugehen, soll es im Folgenden um das jesuanische Gebot der Feindesliebe gehen, in dem die Idee des anökonomischen Verzeihens seine deutlichste Ausprägung gefunden hat.[52] Bekanntlich zählt es zu den Spitzenaussagen der Verkündigung Jesu.[53] Das Evangelium des Matthäus hat es in die Struktur der Antithesen eingepasst und es damit als Verschärfung der Nächstenliebe interpretiert. Um Missverständnisse auszuschließen, ist hier allerdings sogleich anzumerken, dass die Antithesen der Bergpredigt keinen Bruch mit dem Erbe Israels vollziehen, auch keine Abwertung oder gar Aufhebung der Tora darstellen. Im Gegenteil lässt Jesus die Autorität der Tora uneingeschränkt gelten: „Denkt nicht, ich sei gekommen, um das Gesetz und die Propheten aufzuheben. Ich bin nicht gekommen, um aufzuheben, sondern um zu

[51] Auf die Vergebungsbitten, die Papst JOHANNES PAUL II. am 12. März 2000 öffentlich vorgetragen hat, geht Derrida nicht ein. Vgl. dazu: INTERNATIONALE THEOLOGISCHE KOMMISSION, *Erinnern und versöhnen. Die Kirche und die Verfehlungen in ihrer Vergangenheit*, ins Deutsche übertragen u. hg. von Gerhard Ludwig Müller, Einsiedeln [3]2000 sowie Dirk ANSORGE, *In Solidarität mit Opfern und Tätern. Anmerkungen zu Schuldbekenntnis und Vergebungsbitte Papst Johannes Pauls II. im Heiligen Jahr 2000*, in: Katholische Bildung 101 (2000) 315–325.

[52] Es sei nicht bestritten, dass die von Gott gewährte Vergebung immer auch soziale Auswirkungen haben muss. So wird im Neuen Testament die vor Gott und im Lichte seines Erbarmens gewonnene Einsicht in die *eigene* Vergebungsbedürftigkeit an die Bereitschaft gebunden, *anderen* zu vergeben – man denke nur an die Vater-unser-Bitte „Vergib uns unsere Schuld, wie auch wir vergeben unseren Schuldigern" (Mt 6,12) oder das Gleichnis vom unbarmherzigen Schalkknecht (Mt 18,23–35), das die Gabe der Verzeihung „an Bedingungen der effizienten Aufnahme dieses Verzeihens" knüpft. Vgl. Hans Urs VON BALTHASAR, *Jesus und das Verzeihen*, in: IKaZ 13 (1984) 406–417, 412.

[53] Das ursprünglich selbstständig tradierte Logion Jesu hat Eingang in die Logienquelle (Q) gefunden, die wiederum sowohl der Feldrede des Lukas als auch der Bergpredigt des Matthäus als Vorlage gedient hat. Auf eine Rekonstruktion der Überlieferungsgeschichte muss hier mit Verweis auf die einschlägige exegetische Literatur verzichtet werden.

erfüllen."[54] (Mt 5,17) Im damaligen Streit der Interpretationen nimmt Jesus mit ungewöhnlichem und daher anstößigem Autoritätsanspruch entscheidende Akzentuierungen vor, die – grob gesprochen – auf eine Verinnerlichung und Radikalisierung der Tora hinauslaufen.[55] Im Blick auf die Feindesliebe lautet der entscheidende Passus:

> „Ihr habt gehört, dass gesagt worden ist: *Du sollst deinen Nächsten lieben* und deinen Feind hassen. Ich aber sage euch: Liebt eure Feinde (ἀγαπᾶτε τοὺς ἐχθροὺς) und betet für die, die euch verfolgen, damit ihr Söhne eures himmlischen Vaters werdet, denn er lässt seine Sonne aufgehen über Bösen und Guten, und er lässt regnen über Gerechte und Ungerechte." (Mt 5,43–45)

Hier wird zunächst ausdrücklich anerkannt, dass das Gebot der Nächstenliebe in der Tora verankert ist (Lev 19, 18.34)[56]; es wird von Jesus an anderer Stelle (Mt 22,36) mit dem der Gottesliebe (vgl. Dtn 6,5) zusammengebunden, um das Gesetz und die Propheten zusammenzufassen. Das von Matthäus angefügte Gebot, den Feind zu hassen, scheint sich demgegenüber auf eine damals verbreitete jüdische Haltung gegenüber den römischen Besatzern zu beziehen oder auf zeitgenössische Tora-Interpretationen anzuspielen[57], es ist jedenfalls in der Schrift selbst nicht belegt.[58] Im Gegenteil heißt es: „Wenn du dem verirrten Rind oder dem Esel deines Feindes begegnest, sollst du ihm das Tier zurückbringen. Wenn du siehst, wie der Esel deines Gegners unter der Last zusammenbricht, dann lass ihn nicht im Stich, sondern leiste ihm Hilfe!" (Ex 23, 4–5) Auch an anderen Stellen finden sich sowohl im Alten Testament (Spr

---

[54] Zu den Interpretationsproblemen der Stelle vgl. Ulrich LUZ, *Das Evangelium nach Matthäus* (EKK I/1), Zürich u. a. ^{2}1989, 227–244, sowie die Rückfragen von Jacob NEUSNER, *Ein Rabbi spricht mit Jesus. Ein jüdisch-christlicher Dialog*, München 1997, 49–53.

[55] Dies wird auch von jüdischer Seite so gesehen. Vgl. etwa Schalom BEN-CHORIN, *Bruder Jesus. Der Nazarener in jüdischer Sicht*, München ^{11}1988, 61f: „Er [sc. Jesus] stellt der kasuistischen Verflachung durch gewisse Schulen der Pharisäer die Urabsicht des Gesetzes gegenüber. Die Radikalität Jesu, die hier immer 'lechumra', zur Erschwerung hin, interpretiert, trennt ihn auch wieder von Hillel, mit dem ihm in Bezug auf die Friedensliebe so viel verbindet. Darüber hinaus ist bei Jesus eine gewisse Introversion des Gesetzes festzustellen."

[56] Die Nächstenliebe wird hier auf den Fremden ausgedehnt, allerdings zeigen Zeugnisse des rabbinischen Judentums, dass der Begriff des Fremden weithin auf den zum Judentum übergetretenen Proselyten eingegrenzt wurde. Vgl. Bill. I 354–356.

[57] In der Qumran-Tradition ist der Hass gegen die Söhne der Finsternis ausdrücklich gelehrt worden (vgl. 1QS 1, 10).

[58] Das gilt auch dann, wenn die Feinde Gottes oder seines Volkes in alttestamentlichen Texten bisweilen als Gegenstand des Hasses figurieren (vgl. Ps 119, 113–115; 139, 21f.; Dtn 23, 6; 25, 19 u. ö.). Vgl. dazu Erich ZENGER, *Ein Gott der Rache? Feindpsalmen verstehen*, Freiburg-Basel-Wien 1998.

24, 17f.; Spr 25, 21f; Ps 35, 13f; Ps 109, 4f)[59] als auch in Zeugnissen der frühjüdischen Tradition[60] Aussagen, die in eine ähnliche Richtung weisen; von einer *Liebe* zu den *Feinden* ist allerdings explizit nirgendwo die Rede. Jesus dehnt das in der jüdischen Tradition verankerte Gebot der Nächstenliebe in der Weise aus, dass er kasuistische Abstufungen zwischen Volksgenossen, Fremden und Feinden nicht mehr zulässt. Im Gleichnis vom barmherzigen Samariter wird überdies deutlich, dass das Gebot der Nächstenliebe nationale Schranken aufhebt. Die Pointe der jesuanischen Lehre besteht geradezu darin, eine partikularistische Interpretation der Nächstenliebe auszuschließen.[61] Dem entspricht, dass der neutestamentliche Begriff Feind (ἐχθρός)[62] von der Septuaginta her als der weitmöglichste zu gelten hat und nicht – wie Carl Schmitt gemeint hat – auf den persönlichen Gegner eingeschränkt werden kann.[63]

Das jesuanische Gebot der Feindesliebe wäre allerdings nur unzureichend verstanden, wollte man darin allein eine *quantitative* Erweiterung des Adressatenkreises sehen, der von der Liebe erreicht werden soll. Vielmehr wird gerade der Feind, der sich der Liebe zu verweigern scheint, als der Adressat der Liebe bestimmt. Man soll gerade den lieben, den man nicht liebt. Dadurch aber wird das Ethos der Gegenseitigkeit aufgesprengt und eine *qualitativ* neue, weil zuvorkommende Liebe gefordert, die sich dem Feind gerade *um seiner selbst willen* zuwendet. Von Hintergedanken, dass der Feind durch uneingeschränkte Liebe umgestimmt und zum Freund gemacht werden könne, ist keine Rede. Die Feindesliebe riskiert, unerwidert zu bleiben. Sie ist radikal einseitig und entspricht gerade darin der zuvorkommenden Menschenfreundlichkeit Gottes, die Gerechte und Ungerechte gleichermaßen umschließt. Wo

---

[59] Vgl. Hubert FRANKEMÖLLE, Art. *Feindesliebe*, in: LThK 3 (^{3}1995) 1212–1213.

[60] Vgl. die Belege bei Andreas NISSEN, *Gott und der Nächste im antiken Judentum. Untersuchungen zum Doppelgebot der Liebe* (WUNT 15), Tübingen 1974, 317. Von Eliezer ben Hyrkan ist der Satz überliefert: „Wer seinen Nächsten hasst, siehe, der gehört zu den Blutvergießern." (Bill. I 282)

[61] Vor diesem Hintergrund hält Martin BUBER fest: „Der Spruch Jesu von der Feindesliebe zieht seine Leuchtkraft aus der jüdischen Welt, in der er steht und die er zu bestreiten scheint; und er überstrahlt sie." DERS., *Zwei Glaubensweisen*, Zürich 1950, 75.

[62] Die Semantik des Wortes ἐχθρός umfasst im neutestamentlichen Sprachgebrauch persönliche, soziale, nationale, aber auch religiöse Aspekte. Vgl. Werner FOERSTER, Art. *ἐχθρός*, in: ThWNT II, 810–815, der allerdings der Meinung ist, dass „sehr wohl im AT von einem Gebot des Hassens die Rede" (ebd. 813) ist und als Beleg auf Ps 31, 7 und Ps 139, 21f. verweist.

[63] So zurecht Wolfgang HUBER, *Feindschaft und Feindesliebe*, in: ZEE 26 (1982) 128–158, 134f, gegen Carl SCHMITT, *Der Begriff des Politischen*, der unter Hinweis auf die griechische Unterscheidung zwischen πολέμιος (*hostis*) und ἐχθρός (*inimicus*) eine semantische Eingrenzung auf den persönlichen Feind vornimmt.

der Feind um seiner selbst willen geliebt wird, da wird die unbedingte Bejahung Gottes zu seinen Geschöpfen mitvollzogen. Nicht zufällig wird das auf die Feinde ausgedehnte Gebot der Nächstenliebe *schöpfungstheologisch* begründet. Es geht um die Nachahmung Gottes, der die Sonne über Böse und Gute aufgehen lässt und allen die elementaren Lebensbedingungen gewährt, ohne dies von der moralischen Qualität ihrer Handlungen abhängig zu machen. Wer sich in seinem Tun von diesem unbedingten Ja Gottes bestimmen lässt, wer seinen ärgsten Feind auch dann noch liebt, wenn dieser ungerührt in seiner Feindschaft verharrt, der zeigt „in seinem Verhalten eine abbildhafte Entsprechung zu dem Verhalten Gottes"[64] und wirkt mit an der Aufrichtung der Gottesherrschaft.

Man könnte einwenden, das Gebot der Feindesliebe überfordere die *conditio humana* – und dieser Einwand ist in der Tat oft erhoben worden. Die Feindesliebe erscheint „nicht wenigen Juden als illusionär, während sie für das Christentum – bei allen zuzugebenden Schwierigkeiten der Verwirklichung – schon deshalb unverzichtbar ist, weil sich ihre eigene Hoffnung, wie Paulus erklärt, allein der Feindesliebe Gottes verdankt (Röm 5,5–10)."[65] Die Wirkungsgeschichte zeigt indes schon früh Abschwächungstendenzen, so wenn das Gebot der Feindes*liebe* auf das Gebot, die Feinde *nicht zu hassen*, zurückgenommen wird. Auch sind nicht selten die Heiden als die zu liebenden Feinde identifiziert und in missionsstrategischer Absicht als potentielle Brüder betrachtet worden. Wenn die Missionsbemühungen dann fehlschlugen und sich die potentiellen Brüder nicht eingemeinden lassen wollten, ist eine derart interessengeleitete Feindesliebe mitunter in Aggressivität umgeschlagen – ein dunkles Kapitel der Kirchengeschichte, das besonders die 'bekehrungsunwilligen' Juden immer wieder hart getroffen hat.

Es darf indes nicht vergessen werden, dass der hyperbolische Imperativ der Feindesliebe – weit davon entfernt, abstrakte Parole zu bleiben – in Jesu eigenem Sterben *Fleisch* geworden sind. Daher notiert Dietrich Bonhoeffer zutreffend: „Jesus selbst erfüllt das Gesetz, das er gibt, in seinem Kreuz [...]. Im Kreuz allein ist es wahr und wirklich, daß die Vergeltung und Überwindung des Bösen die leidende Liebe ist."[66] Der

---

[64] Vgl. HUBER, *Feindschaft und Feindesliebe,* 141.

[65] Thomas SÖDING, *„... die Wurzel trägt dich" (Röm 11,18): Methodische und hermeneutische Konsequenzen des jüdisch-christlichen Dialoges in der neutestamentlichen Exegese,* in: Peter HÜNERMANN – DERS. (Hg.), *Methodische Erneuerung der Theologie. Konsequenzen der wiederentdeckten jüdisch-christlichen Gemeinsamkeiten* (QD 200), Freiburg-Basel-Wien 2003, 35–70, 49.

[66] Dietrich BONHOEFFER, *Nachfolge*, hg. von Martin Kuske und Ilse Tödt (DBW 4),

geschundene Leib des Gekreuzigten ist der authentische Kommentar zum Gebot der Feindesliebe. An ihm wird zweierlei ablesbar: zum einen die abgründige Macht des Bösen, die bleibende Spuren in den Wundmalen hinterlassen hat und nicht vergessen oder ausradiert ist; zum anderen die bis zum Äußersten gehende Liebe des Gekreuzigten, der sterbend für seine Henker gebetet (vgl. Lk 23,34) und „sein Blut für die Vielen vergossen hat zur Vergebung der Sünden" (Mt 26,28). Diese freiwillige Selbsthingabe für die anderen ist zentral. Denn das Gebot der Feindesliebe würde in der Tat zu einer moralischen Überforderung, wenn es nicht rückgebunden wäre an die *Gabe* des Friedens und der Vergebung, die der auferweckte Gekreuzigte den Seinen gewährt (Lk 24,36; Joh 20,19).[67] Im Geist dieser Liebe kann sich das Unvorstellbare ereignen und der Fremde und Feind zum Bruder und Freund gewandelt werden.

Im Unterschied zu Jacques Derrida, der die Idee der unbedingten Vergebung als Möglichkeit des Unmöglichen offen halten will, um den binären Code „vergebbar" – „unvergebbar" dekonstruierend zu unterlaufen, kann im Horizont des christlichen Glaubens gesagt werden, dass Jesus, der Messias, die Wirklichkeit, ja die *Inkarnation der unbedingten Vergebung* ist. Diese zuvorkommende, an keine Bedingungen gebundene Vergebung schließt niemanden aus; sie gilt den Feinden ebenso wie den Freunden, die ihn verleumdet und verraten haben und dadurch selbst zu Komplizen der Feinde geworden sind. In diesem bis ans Äußerste gehenden Selbsteinsatz Jesu ist sowohl Gottes Nähe zu den Leidenden als auch seine die Sünder retten wollende Liebe definitiv deutlich geworden.[68] Wollte christliche Theologie daher die Täter von vornherein aus dem Horizont der vergebenden Liebe herausnehmen, würde sie die Hoffnung auf Gottes rettende und erlösende Macht eigenmächtig einschränken. „Eine christliche Theologie" – so Eberhard Jüngel – „die sich ihren Duktus von der sittlich allerdings unerlässlichen Sehnsucht, daß der Mörder nicht über das unschuldige Opfer triumphieren möge, geben läßt, kann den Mörder nicht von der rechtfertigenden Gnade ausnehmen dürfen, wenn sie das Christentum nicht um seine Identität bringen will."[69]

München 1989, 139.

[67] Vgl. Alexander SCHMEMANN, *The Eucharist. Sacrament of the Kingdom*, New York 1988, 135f.

[68] Vgl. Jan-Heiner TÜCK, *Mit dem Rücken zu den Opfern der Geschichte? Zur trinitarischen Kreuzestheologie Hans Urs von Balthasars,* in: Magnus STRIET (Hg.), *Monotheismus Israels und christlicher Trinitätsglaube* (QD 210), Freiburg-Basel-Wien 2004, 199–235.

[69] Eberhard JÜNGEL, *Gott als Geheimnis der Welt. Zur Begründung der Theologie des*

Fraglich ist nun allerdings, ob die Opfer die Haltung der vergebenden Liebe Jesu mitvollziehen und ihren Tätern am Ende verzeihen können. Angesichts der Monstrosität des Bösen in der Geschichte des 20. Jahrhunderts ist eine solche Hoffnung auf Versöhnung gewiss anstößig. So notiert George Steiner: „Fast unvorstellbar gegen die menschliche Natur ist Jesu Gebot, dass wir die andere Wange hinhalten, dass wir unserem Feind und Verfolger vergeben – nein, dass wir lernen, ihn zu *lieben*. Mit diesen Forderungen wird Jesus zu Christus und revidiert elementare Instinkte, vor allem die der Rache, in seinem eigenen jüdischen Wesen. Gottes unendliche Barmherzigkeit und die Macht Seines Vergebens werden in der Tora und bei den Propheten ausgeführt, aber Gleiches gilt für Seine Neigung zum unerbittlichen Recht der Vergeltung. Der zutiefst natürliche Impuls, Ungerechtigkeit, Unterdrückung und Verspottung zu rächen, hat durchaus seinen Platz im Hause Israel. Eine Weigerung, Kränkung oder Demütigung zu vergessen, kann das Herz wärmen. Das von Christus erlassene Gebot der totalen Liebe, der Selbstaufopferung gegenüber dem Angreifer ist in jedem strengen Sinne eine Ungeheuerlichkeit. Das Opfer soll seinen Schlächter lieben. Ein monströser Satz. Aber einer, der unergründliches Licht verbreitet."[70]

IV. Von der Hoffnung wider alle Hoffnung

1. Zur Positionierung im Panorama gegenwärtiger Eschatologie

Das Festhalten an einem gewissen Heilsoptimismus nach der Shoah scheint in der Tat „wahnwitzig"[71] zu sein. Der Einwand drängt sich auf, dass die Kluft zwischen Opfern und Tätern *eschatologisch* zugeschüttet wird, um das *historisch* Unmögliche möglich zu machen. Daher sei noch einmal betont: es geht nicht darum, die Täter durch subtile theologische Überlegungen nachträglich zu entschuldigen oder einer billigen Versöhnlichkeit das Wort zu reden, welche die Entwürdigten ein weiteres Mal verletzte. Aber was wäre, wenn die heillos zerrütteten Verhältnisse zwischen Opfern und Tätern in alle Ewigkeit perpetuiert würden? Wenn

---

Gekreuzigten im Streit zwischen Theismus und Atheismus, Tübingen [5]1992, 470.

[70] George STEINER, *Errata. Bilanz eines Lebens*, München 1999, 81.

[71] Vgl. Karl RAHNER: „Nach Auschwitz [...] bedarf es eigentlich des fast als 'wahnwitzig' zu bezeichnenden Optimismus des Christentums, um darauf hoffen zu können, daß schließlich und endlich durch die größere Macht der Liebe Gottes auf unbegreifliche Weise alles gut ausgeht." DERS., *Politische Dimensionen des Christentums. Ausgewählte Texte zu Fragen der Zeit*, hg. von Herbert Vorgrimler, Freiburg 1986, 97.

die Opfer über die erlittenen Traumata nicht hinweg kämen und den Tätern das erlösende Wort der Vergebung verweigerten? Wie stünde es dann um Gottes Absichten mit seiner Schöpfung?

Dabei sei offen zugestanden, dass das Zeugnis des Neuen Testaments eine Reihe von Aussagen enthält, die den dramatischen Ernst der menschlichen Freiheitssituation einschärfen, wenn sie das ewige Verlorengehen des Menschen als reale Möglichkeit ansprechen. Von der Feuergehenna (Mt 5,22.29f; 10,28; 23,33) ist ebenso die Rede wie von „äußersten Finsternissen“ (Mt 8, 12; 22,13; 25,30), von ewiger Qual und unauslöschlichem Feuer. In der Gerichtsparabel des Matthäus spricht der Menschensohn bei seiner Parusie zu denen, die dem bedürftigen Nächsten die Hilfe schuldig geblieben sind: „Weg von mir, ihr Verfluchten, in das ewige Feuer, das für den Teufel und seine Engel bestimmt ist“ (Mt 25,41). Zugleich finden sich im Neuen Testament aber auch heilsuniversalistische Aussagen, die nachhaltig betonen, dass Gott das Heil aller Menschen will (1Tim 2,4f); dass der erhöhte Christus alle an sich ziehen werde (Joh 12,32), dass die Gnade Christi ein klares Übergewicht über die Schuld Adams habe (Röm 5,12–21), dass Gott alle in den Ungehorsam eingeschlossen habe, um sich aller zu erbarmen (Röm 11,32). Auch wenn es unmöglich ist, die Gegenläufigkeit und Spannung dieser Aussagereihen zu synthetisieren, scheinen die *heilsuniversalistischen* Aussagen doch von größerem Gewicht zu sein, da sie auf den bis ans Äußerste gehenden Einsatz der Liebe Gottes am Kreuz zurückblicken.[72] „In Christus hat Gott der Welt offenbart“ – so Papst Johannes Paul II. in einer geschichtstheologischen Meditation: „er will, daß alle Menschen gerettet werden und zur Erkenntnis der Wahrheit gelangen (1Tim 2, 4). Dieser Satz des ersten Briefs an Timotheus ist aufgrund der Anschauung und der Verkündigung der letzten Dingen außerordentlich wichtig. Wenn aber dies Gottes Wunsch ist, wenn Gott dafür seinen Sohn hingibt, der seinerseits durch den Heiligen Geist in der Kirche wirkt, *kann der Mensch dann verdammt*, kann er von Gott abgewiesen werden? – Die Frage der Hölle hat von Origenes bis in unsere Zeit – bis hin zu Michail Bulgakow und Hans Urs von Balthasar – schon immer die großen Denker der Kirche beunruhigt. In Wahrheit hatten die ersten Konzilien die Theorie der sogenannten *finalen Apokatastasis* zurückgewiesen, der zufolge die Welt nach ihrer Zerstörung wiederhergestellt wird und alle Geschöpfe gerettet werden. Diese Theorie schaffte indirekt die Hölle ab.

[72] Vgl. Hans Urs von BALTHASAR, *Was dürfen wir hoffen?*, 24–37; Hansjürgen VERWEYEN, *Das Leben aller als äußerster Horizont der Christologie*, in: DERS., *Christologische Brennpunkte*, Essen ^{2}1985, 117–133.

Doch das Problem besteht immer noch. Kann Gott, der den Menschen so sehr geliebt hat, zulassen, daß der Mensch ihn so sehr ablehnt, daß er zu ewigen Qualen verdammt wird?"[73]

Eine Theologie, welche die Hoffnung auf das Heil aller zu vertreten sucht, unterscheidet sich von Ansätzen, die mit dem *Anspruch theoretischer Gewissheit* eschatologische Aussagen über den Ausgang der menschlichen Freiheitsgeschichte vortragen, als könnten sie diese gleichsam mit dem Auge Gottes überblicken. Gegenüber solchen letztlich uneinlösbaren Aussagen sei mit Walter Benjamin daran erinnert, dass „erst der erlösten Menschheit ihre Vergangenheit in jedem ihrer Momente zitierbar geworden"[74] sein wird. Dieser eschatologische Vorbehalt wird – wenn ich recht sehe – von drei theologischen Strömungen verletzt.

Erstens von Theologen, die auf der Linie des späten Augustinus davon ausgehen, dass die allermeisten Menschen wegen der Ursünde *(peccatum originale)* für immer verloren gehen *(massa damnata)*[75]. Diese Position, die „sich merkwürdig ungerührt mit dem Schicksal endgültig Verdammter abfindet"[76], gewinnt angesichts der barbarischen Verbrechen von Auschwitz erneut an Boden und findet – ohne dass freilich die erbsündentheologische Hintergrundannahme des Augustinus übernommen würde – auch in außertheologischen Zusammenhängen Zustimmung. So hat der Religionssoziologe Peter L. Berger im Blick auf Adolf Eichmann festgehalten: „Es gibt Taten, die zum Himmel schreien. Sie sind nicht nur ein Greuel, sondern scheinen auch die *Conditio humana* überhaupt in Frage zu stellen. Sie sind nicht nur böse, sondern schlechthin monströs [...]. Keine Strafe von Menschenhand ist für solche monst-

[73] JOHANNES PAUL II., *Die Schwelle der Hoffnung überschreiten*, Hamburg 1994, 210f.

[74] Walter BENJAMIN, *Thesen über den Begriff der Geschichte*, in: DERS., *Gesammelte Werke*, Bd. I/2, Frankfurt a. M. ^{3}1990, 691–704, 694.

[75] Vgl. Aurelius AUGUSTINUS, *Der Gottesstaat. De civitate Dei.* Ins Deutsche übertragen von Carl Johann Perl, Paderborn 1979, Bd. 2, 686: Buch XXI, 12: *Quanto enim magis homo fruebatur Deo, tanto maiore impietate dereliquit Deum et factus est malo dignus aeterno, qui hoc in se peremit bonum, quod esse posset aeternum. Hinc est universa generis humani massa damnata.* Vgl. dort auch die kritische Auseinandersetzung mit ORIGENES und jenen, welche die Barmherzigkeit Gottes akzentuieren (XXI, 17ff.).

[76] Wilhelm BREUNING, Art. *Apokatastasis*, in: LThK^{3} 1 (1993) 821–824, 823. Noch John Henry NEWMAN hat sich die augustinische Position zu eigen gemacht, als er schrieb: „Unsere Schar ist klein und ihre Zahl ist groß [...] O Jammer über Jammer! Tausende sterben täglich und wachen auf in Gottes ewigem Zorn, [...] und ihre Freunde und Bekannten gehen denselben Weg und werden bald ihr Schicksal teilen." Zitiert nach BALTHASAR, *Was dürfen wir hoffen*, 21.

rösen Taten genug. Die monströse Tat heischt nicht nur nach Verurteilung, sondern nach Verdammung – und zwar in seiner ganzen religiösen Befrachtung des Wortes."[77]

Den Grundsatz, dass das eschatologische Gericht unter geschichtlichen Bedingungen nicht antizipierbar ist, verletzen *zweitens* Theorien, die auf der Linie des Origenismus[78] behaupten, dass alle, *ausnahmslos* alle, gerettet werden. Eine solche Neuauflage der Apokatastasislehre unterläuft nicht nur den sittlichen Ernst menschlicher Freiheitsentscheidungen, indem sie das Entrebillet in den Himmel für alle garantieren zu können meint; sie zieht sich angesichts der exzessiven Barbareien des 20. Jahrhunderts auch den Vorwurf geschichtsidealistischer Unempfindlichkeit zu.[79]

Eine *dritte* Strömung versucht der unergründlichen Monstrosität menschlicher Freiheitsgeschichte gerecht zu werden, indem sie von einer eschatologischen (Selbst-)Vernichtung der Gottlosen ausgeht. Nach dieser Vorstellung werden diejenigen, die sich frei von Gott abgewandt haben, dem Nichts überlassen. Eine solche *annihilatio*, die sich auf eine Reihe biblischer Stellen berufen kann, in denen vom zweiten Tod bzw. der Auslöschung der Namen der Frevler aus dem Buch des Lebens die Rede ist (Offb 2,11; 20,14f; 21,8), vermag die problematische Vorstellung zu vermeiden, dass Gott selbst ewige Strafen verhängt. Sie provoziert aber die Rückfrage, ob hier der historischen Vernichtung der Opfer in der Shoah nicht eine eschatologische (Selbst-)Vernichtung der Täter folgen soll, welche nun ihrerseits den Begriff Gottes, des Schöpfers, in Aporien verstrickt. Denn kann von Gott, der als Schöpfer sein Ja zu seinen Geschöpfen gesprochen hat, eine solche Lösung erwartet werden?[80]

---

[77] Peter L. BERGER, *Auf den Spuren der Engel. Die moderne Gesellschaft und die Wiederentdeckung der Transzendenz*, Frankfurt a. M. 1970, 96.98.

[78] In der Forschung ist umstritten, ob die Verurteilung des Origenismus das Werk des Origenes oder eher das seiner Schüler und Nachfolger trifft. Vgl. dazu Wilhelm BREUNING, *Zur Lehre von der Apokatastasis*, in: IKaZ 10 (1981) 19–31; Henri DE LUBAC, *„Du hast mich betrogen, Herr!" Der Origenes-Kommentar über Jeremia 20, 7*, Einsiedeln 1984, 84ff.; Henri CROUZEL, *Les fins dernières selon Origène* (Collected studies series 320), Aldershot 1990. Zur aktuellen Origenes-Forschung vgl. Alfons FÜRST, *Lasst uns erwachsen werden! Ethische Aspekte der Eschatologie des Origenes*, in: ThPh (2000) 321–338; Lothar LIES, *Zum derzeitigen Stand der Origenesforschung*, in: ZKTh 124 (2002) 201–226.

[79] Vgl. J. CHRISTINE JANOWSKI, *Allerlösung. Annäherungen an eine entdualisierte Eschatologie*, 2 Bde., Neukirchen-Vluyn 2000, die unter Aufbietung eines immensen theologiegeschichtlichen Materials eine Neuauflage der Apokatastasislehre vertritt.

[80] Zur These von der Selbstverzehrung bzw. *annihilatio* der Bösen vgl. Christian DUQUOC, *Messianisme de Jésus et discrétion de dieu. Essai sur la limite de la christo-*

In Absetzung zu den drei eben skizzierten Positionen ist die Kirche immer davon ausgegangen, dass mit einem doppelten Ausgang des Gerichts zu rechnen ist. Gleichwohl hat sie sich dem Heilspartikularismus Augustins nicht angeschlossen und seine Prädestinationslehre einschließlich der These von einer *massa damnata* nicht rezipiert. Um einem ethischen Laxismus vorzubeugen und eine falsche Heilssicherheit zu erschüttern, hat sie zugleich gegenüber der Theorie einer finalen Apokatastasis betont, dass mit der Hölle als realer Möglichkeit zu rechnen ist.[81] Dennoch wurde bis heute keine einzige Person für verdammt erklärt und dadurch der Vorbehalt beachtet, dass in der Geschichte keine definitiven Aussagen über den Ausgang der Geschichte getroffen werden können. Der Hoffnung auf universale Versöhnung ist damit der entsprechende Freiraum ermöglicht. „Wenn [nämlich] nicht die universale Soteriologie als der letzte Horizont des Jüngsten Tages gehofft wird, wird für viele Menschen die Theodizee Gottes zur elitären Ausgliederung der Opfer und zur endgültigen Katastrophe für alle anderen."[82] Die Hoffnung, dass sich Gottes Liebe, die sich in der Geschichte Israels zuerst gezeigt und dann im Leben und Sterben Jesu in einmaliger Weise verdichtet hat, auch am Ende der Geschichte durchsetzen kann, gilt daher allen, Opfern *und* Tätern. Allerdings gehört es zum Wesen dieser Liebe, dass sie gegenüber menschenverachtendem Zynismus nicht gleichgültig ist. Gerade der richtende Zorn muss als Aspekt der verletzten göttlichen Liebe ins Spiel gebracht werden, wenn die Schuld der Mörder nicht leichtfertig übersprungen und einer billigen Aussöhnung das Wort geredet werden soll.

---

logie, Genève 1984, 239–246; DERS., *Gerechtigkeit und letzte Gewalt*, in: Gottfried BACHL (Hg.), *Eschatologie* (TzT: Dogmatik 10), Bd. 2, Graz-Wien-Köln 1999, 303–307; Edward SCHILLEBEECKX, *Menschen. Die Geschichte von Gott*, Freiburg 1990, 177–182. Dazu: Johannes B. BRANTSCHEN, *Gott – die Macht der freien Gewinnung. Eine Fußnote zur Hölle*, in: Wilhelm ACHLEITNER – Ulrich WINKLER (Hg.), *Gottesgeschichten. Beiträge zur systematischen Theologie* (FS Gottfried Bachl), Freiburg-Basel-Wien 1992, 192–212, der nach einer ausführlichen Würdigung der Position Duquocs die schmale biblische Basis dieser Hypothese bemängelt und auf die umstrittene Ganztodtheorie als Voraussetzung einer *annihilatio* hinweist. Die Kritik verdichtet sich in der Rückfrage, ob eine (Selbst-)Vernichtung der Bösen nicht einer „Kapitulation Gottes vor einem Teil seiner Geschöpfe" (205) gleichkomme.

[81] Vgl. Medard KEHL, Art. *Hölle*: IV. Systematisch, in: LThK^3 5 (1996) 233–234. Vgl. auch Anm. 6.

[82] Ottmar FUCHS, *Unerhörte Klage über den Tod hinaus! Überlegungen zur Eschatologie der Klage*, in: JBTh 16 (2001) 347–379, 357.

2. Jesus Christus: Messias aus Israel und für Israel

Es wäre anmaßend, als deutscher Theologe den Opfern und ihren Nachfahren einen Weg der Versöhnung vorschreiben zu wollen. Jedes eigenmächtig gesprochene Wort drohte leichtfertig über den Abgrund des Erlittenen hinwegzusprechen. Wenn etwas an dieser Stelle dazu ermächtigt, das Schweigen zu brechen und weiter zu denken, dann ist es der von der Überzeugung geleitete Glaube, dass Gott in der Sendung des Messias[83] das Zeichen der Versöhnung zwischen sich und den Menschen

[83] Die Anwendung der Messiaskategorie auf Jesus von Nazaret wird heute aus mehreren Gründen problematisiert. Zunächst sei der Messiasbegriff semantisch zu stark mit einer partikularen, geradezu nationalpolitischen Erlösungsvorstellung verbunden gewesen und daher ungeeignet, Jesus Christus als *universalen* Heilsbringer zum Ausdruck zu bringen. Andere Stimmen haben demgegenüber gerade die Entpolitisierung und Spiritualisierung des christlichen Erlösungsbegriffs angeprangert und darauf insistiert, dass mit dem Kommen des Messias eine geschichtlich erfahrbare Auswirkung zum Heil hin hätte stattfinden müssen. Die andauernde Unerlöstheit der Welt diskreditiere die für Jesus beanspruchte Messianität. „Nachdem es offenbar schon zu Lebzeiten Jesu erhebliche rabbinische Vorbehalte gegenüber den mit ihm verbundenen messianischen Ansprüchen gab, stellte sein Tod ohne die gleichzeitige Aufhebung des römischen Jochs für die meisten Juden den schlagenden Beweis dafür dar, dass er eindeutig nicht der Messias war, insofern als die Befreiung von Fremdherrschaft als geradezu konstitutives Charakteristikum des Messias galt" (Michael WYSCHOGROD, *Inkarnation aus jüdischer Sicht*, in: EvTh 55 [1995] 13–28, 17). Hinzu kommt, dass es im Frühjudentum eine Palette von heterogenen, ja geradezu widersprüchlichen Messiasvorstellungen gegeben hat, so dass unklar sei, auf welche sich die christliche Anwendung des Messiasbegriffs genau beziehe. Schließlich wird immer wieder an die geschichtliche Hypothek erinnert, dass mit dem christlichen Messiasbekenntnis eine Jahrhunderte lange Benachteiligung und Diskriminierung der Juden durch die Kirche stattgefunden habe. – Anstatt den Messias-Titel für Jesus aufgrund der angeführten Schwierigkeiten fallen zu lassen (vgl. Ekkehard STEGEMANN, *Welchen Sinn hat es, von Jesus als Messias zu reden?*, in KuI 7 [1992] 28–44), gibt es gute Gründe, am christlichen Bekenntnis zu Jesus dem Messias festzuhalten. Clemens THOMA hat in der komplexen Vielfalt frühjüdischer Messiaserwartungen vier Motive herausgearbeitet, die in unterschiedlicher Gewichtung und Kombination immer wieder auftauchen. Dem erwarteten Messias wurden nicht nur königliche, sondern auch priesterliche und prophetische Attribute zugesprochen; außerdem wurde ihm eine besondere Vertrautheit mit Gott attestiert (*Das Messiasprojekt*, 113–141, 132 mit Bezug auf TestLev 8, wo alle vier Motive gebündelt vorkommen). Das Neue Testament habe diese vier Attribute in einem schöpferischen Rezeptions- und Transformationsprozess auf die Gestalt Jesu von Nazaret übertragen. Insofern sei der neutestamentliche Messiasglaube als eine *bestimmte Ausformung* des frühjüdischen Messianismus, den es nur im Plural gab, zu betrachten. Der Messiastitel für Jesus ist aus christlicher Sicht wohl auch deshalb unaufgebbar, weil er die *bleibende Bezogenheit* des Christentums auf das Judentum zum Ausdruck bringt. In dieser Kontinuität aber markiert er zugleich Diskontinuität, insofern er die vielfältigen messianischen Erwartungen von der Person und Geschichte Jesu her interpretiert. Vgl. Heinz-Josef FABRY – Klaus SCHOLTISSEK, *Der Messais.*

aufgerichtet hat, der Glaube, dass dieses Versöhnungszeichen unauslöschlich in die Geschichte eingeschrieben ist (vgl. Röm 3,25), dass es deshalb auch nicht von den Trümmern menschlicher Freiheitsgeschichte verschüttet oder zum Verschwinden gebracht werden kann. Allein dieser Glaube legt die Hoffnung nahe, dass sich im Selbstverständnis und Vollzug des Leidens Christi Momente aufweisen lassen, die Opfern und Tätern einen Weg der Versöhnung eröffnen können.

Nun kann nur gehofft werden, dass sich Versöhnung *eschatologisch* ereignet. Die heikle Frage, wie Israel gerettet wird, ob es an Christus vorbei oder durch Christus zur Vollendung gelangt, ist daher in diesem Zusammenhang unumgänglich. Im Gegensatz zu Positionen, die mit Verweis auf den ungekündigten Bund die allgemeine Heilsmittlerschaft Jesu Christi im Blick auf die Juden einschränken[84], sei hier mit Röm 9–11 davon ausgegangen, dass die endzeitliche Rettung ganz Israels durch den Parusie-Christus geschieht. „Gerade weil Paulus das Evangelium Jesu Christi, der für alle gestorben ist, als das definitive Heilsangebot Gottes und der auferweckte Gekreuzigte als der Messias Israels und Herr aller Völker gilt (Röm 10,4.6–13; 1,3–5; 9,5), konnte und mußte er von seiner Parusie die treue Erfüllung der Verheißungen Gottes für Gesamtisrael erwarten, eben deshalb aber auch den eigenständigen, unverwechselbaren Weg Israels anerkennen, der in jedem Fall auf die heilvolle Begegnung mit diesem Christus Gottes zuläuft“[85]. Die Übernahme der paulinischen Vorstellung von einer *endzeitlichen* Begegnung ganz Israels mit dem auferweckten Gekreuzigten sucht das heutige Selbstverständnis gläubiger Juden zu achten, welche die Messianität Jesu nicht anerkennen. Christliche Theologie kann aus dem jüdischen Einspruch, dass die Geschichte auch nach dem Kommen des Messias von Unerlöstheit gezeichnet ist, lernen, dass eine Christologie, die den Akzent allzu stark

---

Perspektiven des Alten und Neuen Testaments (NEB. T 5), Würzburg 2002.

[84] Vgl. Ulrich H.J. KÖRTNER, *Theologia messianica. Zur Kategorie des Messianischen in der gegenwärtigen dogmatischen Diskussion*, in: JBTh 8 (1993) 347–370 sowie den Beitrag von Helmut HOPING in diesem Band.

[85] Thomas PRÖPPER, *Wegmarken zu einer Christologie nach Auschwitz*, in: DERS., *Evangelium und freie Vernunft. Konturen einer theologischen Hermeneutik*, Freiburg-Basel-Wien 2001, 142. Ähnlich hat Wolfhart PANNENBERG im Anschluss an Franz Mußner betont, dass Paulus „nicht einen Sonderweg für Israel zum eschatologischen Heil behauptet, der an Jesus Christus und an dem Evangelium von ihm vorbeiführte, so daß Jesus nur als Heiland für die Heidenvölker in Betracht käme, während die Juden ihr Verhältnis zu ihrem Gott ohne ihn hätten. Vielmehr scheint Paulus erwartet zu haben, daß der wiederkehrende Christus selbst – der sich durch seine Wiederkehr als identisch mit dem von den Juden erwarteten Messias oder Menschensohn erweisen wird – den Bund Gottes mit dem jüdischen Volk durch die Vergebung seiner Sünden erneuern wird“ (*Systematische Theologie*, Bd. 3, Göttingen 1993, 511f.).

auf die Präsenz und Fülle des bereits gekommenen Heils gelegt hat, tendenziell blind war für die Ausständigkeit der Vollendung. Wenn Gott sich aus christlicher Sicht im Fleisch des Menschen Jesus von Nazareth endgültig zu erkennen gegeben hat als alle retten wollende Liebe, dann heißt dies nicht, dass diese Liebe bereits an ihr Ziel gekommen ist. Die Endgültigkeit der in Christus offenbar gewordenen Liebe Gottes ist daher zu unterscheiden von der Vollendung der Geschichte.[86]

Unabhängig von der Differenz zwischen jüdischer Messiaserwartung und christlicher Parusiehoffnung ist beiden die Erwartung gemeinsam, dass Gottes rettende Macht sich *am Ende der Geschichte* durchsetzen wird, weil Juden und Christen *in der Geschichte* Erfahrungen gemacht haben, die Gott die Erfüllung dieser Erwartung zutrauen. Für Israel ist dieses Vertrauen unlöslich an die Exodus-Erfahrung gebunden. „Es weiß gläubig, daß es sich in jeder Gegenwartsstunde mitten auf einer hohen und engen Brücke befindet, deren Fundamente und Pfeiler auf der einen Seite bei der Befreiung aus Ägypten festgemacht sind und auf der anderen, noch nicht erreichten Seite auf die Enderlösung hinzielen. Beim Stehen auf der Brücke kommt es darauf an, trotz Schwankungen, Unmeßbarkeiten und gähnendem Abgrund ein gläubiges Zutrauen zum begleitenden Gott zu haben."[87] Im Gedenken der Heilstaten Gottes an seinem erwählten Volk wird die eigene Gegenwart je neu aufgebrochen und auf eine unausdenkbare Zukunft hin geöffnet. Analoges gilt für Christen. Allerdings ist ihr Zutrauen zum begleitenden Gott unlöslich gebunden an die Selbsterschließung Gottes in der Person und Geschichte Jesu von Nazareth. Die Erinnerung an sein Leben, Sterben und Auferstehen ist der Hauptpfeiler ihrer Hoffnung und bildet nicht zufällig auch das Zentrum der christlichen Liturgie, in der sich die Zeiten verschränken: Der im Fleisch schon Gekommene ist für die gläubige Gemeinde zugleich der immer neu Kommende, dessen Gegenwart sich in den Gestalten von Brot und Wein zeichenhaft verdichtet und dessen Parusie in Herrlichkeit für den Jüngsten Tag erwartet wird. Mag daher die Gestalt der Vollendungshoffnung unterschiedliche Züge aufweisen, da Juden das Kommen des Messias[88], Christen aber die Parusie des aufer-

---

[86] Vgl. Thomas PRÖPPER, *„Daß nichts uns scheiden kann von Gottes Liebe ..." Ein Beitrag zum Verständnis der „Endgültigkeit" der Erlösung,* in: DERS., *Evangelium und freie Vernunft,* 40–56.

[87] Clemens THOMA, *Gott im Unrecht. Rabbinische und halakhische Deutungen des rätselhaft, hilflos und zerstörend wirkenden Gottes,* in: Wolfgang BEINERT (Hg.), *Gott – ratlos vor dem Bösen?* (QD 177), Freiburg i. Br. 1999, 86–107, 87.

[88] Unbeschadet der historischen Vielschichtigkeit messianischer Hoffnungsgestalten ist die Messiaserwartung im Judentum doch fest verankert, wenn man Liturgie und

standenen Gekreuzigten erwarten – in der Auffassung, dass die Geschichtszeit befristet ist und letztlich nicht ins Leere läuft, kommen beide überein. So könnte man – behutsam und ohne die Unterschiede zu überspielen – von einer *Ökumene der Erwartung*[89] sprechen – eine Erwartung, welche den unausgeschöpften Möglichkeiten Gottes das Unerwartete zutraut. „Auch die Kirche *erwartet* den Messias, den sie schon kennt und der doch seine Herrlichkeit erst offenbaren wird. [...]. Christus ist für den Christen der gegenwärtige Sinai, die lebendige Tora, die uns in Pflicht nimmt, die uns verbindlich fordert und doch dabei gerade in den weiten Raum der Liebe und ihre nie ausgeschöpften Möglichkeiten hineinzieht. Er ist so die Gewähr auf den Gott, der die Geschichte nicht ins Wesenlose des Vergangenen fallen lässt, sondern sie hält und an ihr Ziel bringt. – So gilt auch von hierher, dass die Gestalt Christi gleichzeitig Israel und die Kirche verbindet und trennt: Diese Trennung zu überwinden, steht nicht in unserer Macht, aber sie hält uns gemeinsam auf dem Weg zu Kommenden hin und darf daher nicht Feindschaft sein."[90] Nur wenn aber jüdische Messiaserwartung und christliche Parusiehoffnung am Ende zusammenfallen, kann die Begegnung mit dem auferweckten Gekreuzigten für Juden und Christen gleichermaßen bedeutsam sein. Dabei ist mit Clemens Thoma festzuhalten, dass die Messianität Jesu in gewisser Hinsicht noch auf ihre Vollendung unterwegs ist: „Jesus ist auch in christlicher Optik als Messias Gottes und Israels immer noch ein 'Sproß' (vgl. Jer 23,5; Sach 3,8; 6,12 u. ö.). Das heißt, er ist wie ein Sproß am Wachsen [...]. Dieses Wachsen wird erst am Ende der Geschichte vollendet sein, wenn Gott alles in allem (1Kor 15,28) sein wird.

Gebet als Quelle einer Religion betrachtet. So lautet z. B. die 15. Benediktion des Achtzehngebets, das dreimal täglich zu verrichten ist: „Den Sprößling deines Knechtes David [d.i. der Messias] laß bald emporsprießen, sein Horn erhöhe durch deine Hilfe, denn auf deine Hilfe hoffen wir den ganzen Tag. Gelobt seiest du, Ewiger, der das Horn der Hilfe emporsprießen läßt" (*Sidur Sefat Emet*, Basel 1986, 44).

[89] Die Rede von einer Ökumene der Erwartung soll die Differenzen zwischen jüdischem Messianismus, der immer eine konkret politische Dimension einschließt, und christlicher Eschatologie, die von einer Verwandlung der Welt in den Status der Vollendung ausgeht, nicht überspringen (vgl. Gershom SCHOLEM, *Zum Verständnis der messianischen Idee im Judentum*, in: DERS., *Über einige Grundbegriffe des Judentums*, Frankfurt a. M. 1970, 121–167). Die individualistische Verkürzung des Erlösungsglaubens, die Scholem als Charakteristikum christlicher Hoffnungsvorstellungen ausmacht, dürfte durch neuere eschatologische Entwürfe (Jürgen MOLTMANN, Johann B. METZ) inzwischen ausgeräumt worden sein.

[90] Joseph Kardinal RATZINGER, *Die Vielfalt der Religionen und der Eine Bund*, Hagen 1998, 112f.

[...]. Ohne implizite oder explizite Zustimmung des ersten Bundesvolkes sind die Messianität und die Auferstehung Christi noch nicht zu ihrer Bestimmung gekommen (vgl. 1Petr 2,4f; Röm 9–11)."[91]

3. Zur Möglichkeit des Unmöglichen: Versöhnung zwischen Opfern und Tätern

Maßstab und Norm des Gerichts für die gelebte Freiheitsgeschichte aller, sowohl der Täter als auch der Opfer, ist nach christlicher Überzeugung Jesus, der Messias, der nicht nur stellvertretend für die Sünder gestorben ist, sondern sich in seinem Sterben auch rückhaltlos mit den Leidenden solidarisiert hat. Die Vorstellung von einem triumphalen Richter, der ein *äußerlich* bleibendes Urteil spricht und entsprechende Sanktionen verhängt, ist theologisch unangemessen, da die eschatologische Begegnung mit Christus, der von seinen Wundmalen bleibend gezeichnet ist, zu einer Konfrontation mit der eigenen Lebensgeschichte führt, welche die Person im *Innersten* betrifft. Das Von-Angesicht-zu-Angesicht mit dem Richter ist die entscheidende *Krisis* einer jeden Freiheitsgeschichte.[92] Im Blick des auferweckten Gekreuzigten zeigt sich – wie in einem Spiegel – die unverstellte Wahrheit eines jeden Lebens. Die lügnerischen Masken der Selbstinszenierung fallen, Geschichtsklitterung und Exkulpationsmythen werden entschleiert, aber auch die entwürdigenden Momente, die Identitätsbrüche und Entstellungen einer Biographie, die verzweifelte Klage, das unbeantwortete Warum haben Raum. Die hoffnungslose Zerrüttung zwischen Tätern und Opfern bricht auf. Wie kann sich da Versöhnung ereignen?

Wenn die Hoffnung auf Auferweckung der Toten keine trügerische Illusion ist, wird das zerstörte Leben der *Opfer* wiederhergestellt. Die ungestillten Fragen, die verstummten Schreie, der angestaute Groll reichen in die Wirklichkeit Gottes hinein – werden sie Antwort finden? Die Opfer erkennen, *dass sie durch und durch erkannt sind* (vgl. 1Kor 13,12). Gott hat sie nicht vergessen, ihre Namen sind in sein lebensstif-

[91] THOMA, *Messiasprojekt*, 337. „Wenn der Messias kommt und sich dann als Jesus von Nazareth entpuppen sollte", – so aus jüdischer Sicht Pinchas LAPIDE – „dann würde ich sagen, dass ich keinen Juden auf dieser Welt kenne, der etwas dagegen hätte." DERS. – Hans KÜNG, *Jesus im Widerstreit. Ein jüdisch-christlicher Dialog*, München 1976, 49. Gegenüber der Rede vom schon gekommenen Messias Israels hat Lapide an anderer Stelle gleichwohl Vorbehalte angemeldet. Vgl. DERS., *Der Messias Israels?*, in: Berthold KLAPPERT u. a. (Hg.) *Umkehr und Erneuerung*, Neukirchen-Vluyn 1980, 236–246, 241f.

[92] Vgl. Daniela ENGELHARD, *Im Angesicht des Erlöser-Richters. Hans Urs von Balthasars Neuinterpretation des Gerichtsgedankens*, Mainz 1999.

tendes Gedächtnis eingeschrieben. Der sichtbare Erweis dafür wird die Begegnung mit Jesus sein, dem Messias, der die Inkarnation der *memoria Dei* ist, insofern er den Vergessenen, Verachteten und Verlorenen bis ins Äußerste nachgegangen ist und durch sein Sterben den Tod getötet hat, um alle ins unzerstörbare Leben zu führen. Die Opfer müssen nicht darum kämpfen, in ihrem Leid wahrgenommen zu werden, sie sind erkannt und werden wohl ihrerseits die unbedingte Solidarität Jesu anerkennen können. Gilt aber auch die Umkehrung, dass die Opfer in ihrem Leiden untergründig dem Leiden des Messias nahe waren?[93] Jean-Marie Lustiger hat diesen schwer vollziehbaren Gedanken ausgesprochen, als er hervorhob: „Die Leiden der Opfer und ihr Sterben sind ein Teil der Leiden des Messias. Sie sind eingeborgen in den Kelch Gottes wie die Tränen seiner Kinder. Der Gedanke ist erlaubt, im Geheimnis Gottes, daß im Empfang des Verzeihens, das der Gekreuzigte schenkt, die ungezählten Opfer, denen er sich in seinem Leiden zugesellt hat, auch ihm zugesellt werden im Verzeihen, das er gewährt.“[94] Die Vergebung des Unvergebbaren wäre demnach selbst eine messianische Gabe. Die Verweigerung dieser Gabe würde die Negativbindung an den Täter befestigen und das Opfer „an das Kreuz seiner zerstörten Vergangenheit

---

[93] Vgl. das Gedicht: „Heilig ist am Kreuz mein Volk, / das für die Schuld der Erde büßt. / Wenn je mein Volk ein auserwähltes war, / weil es für andere litt – / dann jetzt, dann jetzt [...].“ Isaak KATZENELSON auf dem Weg nach Majdanek (in: Pinchas LAPIDE – Jürgen MOLTMANN, *Israel und die Kirche: ein gemeinsamer Weg? Ein Gespräch*, München 1980, 84).

[94] Jean-Marie LUSTIGER, *Die Gabe des Erbarmens*, in: DERS., *Wagt den Glauben* (Theologia Romanica XIV), Einsiedeln 1986, 412–417, 416. Vgl. dazu auch die Aussage von Clemens THOMA: „Für einen gläubigen Christen ist der Sinn des Opfergangs der Juden unter dem Nazi-Terror [...] nicht allzu schwer zu ergründen. Die etwa 6 Millionen in Auschwitz und anderswo umgebrachten Juden lenken seine Gedanken zunächst auf Christus, dem diese jüdischen Massen in Leid und Tod gleich geworden sind. *Auschwitz ist das hochragendste moderne Zeichen der innigsten Verbundenheit und Einheit jüdischer Märtyrer – stellvertretend für das gesamte Judentum – mit dem gekreuzigten Christus, obwohl dies den betroffenen Juden nicht bewusst werden konnte.* Der Holocaust ist für den gläubigen Christen also ein wichtiges Zeichen der unverbrüchlichen, im gekreuzigten Christus begründeten Einheit von Judentum und Christentum trotz aller Spaltungen, Eigenwege und Unverständnisse“ (*Christliche Theologie des Judentums.* Mit einem Vorwort von David Flusser, Aschaffenburg 1978, 242f.). Peter VON DER OSTEN-SACKEN hat Thomas Aussagen als „eine Art Christianisierung des jüdischen Volkes an seinem Ort des Leidens“ zurückgewiesen, wenngleich auch er zugesteht, dass „eine Annäherung an Auschwitz in christlicher Tradition schwerlich anders als in der Rückbindung auf den gekreuzigten Jesus geschehen kann“ (*Christliche Theologie nach Auschwitz*, in: Manfred GÖRG – Michael LANGER [Hg.], *Als Gott weinte. Theologie nach Auschwitz*, Regensburg 1997, 12–29, 24).

nageln"[95]. Die untergründige Kommunikation der Opfer der Geschichte (*victims*) mit dem leidenden Messias, der seinen Tod als Opfer für alle freiwillig auf sich genommen hat (*sacrifice*), führt indes nicht zu einem Automatismus der Versöhnung. Denn zunächst wird den Opfern – wie dem Gekreuzigten – das Leben und damit ihre Würde zurückgegeben. „Indem Gott sie bei ihrem Namen ruft (vgl. Jes 43,1), werden die Opfer zu dem, was ihnen ihre Henker verwehrt haben: zu freien Subjekten. Als Subjekte aber sind sie nicht mehr bloß unbeteiligte Zuschauer in einem Gericht, das Gott und ihre Henker exklusiv betrifft. Von Gott erneut in ihre Subjektivität eingesetzt, nehmen die Opfer vielmehr eine unvertretbare Aufgabe im Versöhnungsgeschehen wahr."[96]

Im Gericht aber werden die Rollen von Opfern und Tätern nicht einfach in dem Sinne vertauscht, dass nun die Opfer über ihre Täter zu Gericht sitzen und an ihnen die fällige Vergeltung vollziehen. Es ist vielmehr das *Pneuma* des auferweckten Gekreuzigten, das den Freiheitsraum prägen wird, indem sich Opfer und Täter begegnen. „Weil aber der Hingerichtete der Jude Jesus ist, der in christlicher Perspektive in diesem Gericht der Aufrichtende sein wird, darf [...] gehofft werden, dass die älteren Schwestern und Brüder im Glauben denen verzeihen werden können, die ihnen auch in seinem Namen entsetzliches Unrecht zugefügt haben."[97] Die Hoffnung, dass der *Geist* des auferweckten Gekreuzigten die Opfer befähigt, sich von der niemanden ausschließen wollenden Liebe bestimmen zu lassen, achtet deren Freiheit als autonome Instanz. Wenn die Opfer sehen, dass die Täter mit der Wahrheit ihrer Vergangenheit schonungslos konfrontiert werden, wenn sie sehen, dass die Täter nicht mehr ausweichen können vor dem, was sie begangen haben, sondern vom sie einholenden Schmerz der Wahrheit überwältigt werden und zu Umkehr und Reue finden, können sie – immer im Modus der Hoffnung gesprochen – in die messianische Haltung des auferweckten Gekreuzigten eintreten und ihre Feinde als *vergebungsbedürftige* Nächste ansehen. Im Akt des Verzeihens können sie darauf verzichten, ihre Peiniger und Henker so zu sehen, wie sie sie unmittelbar erlebt haben, und ihnen dadurch die Möglichkeit einräumen, sich selbst neu und anders zu sehen. Das Allerunmöglichste kann für die Opfer möglich werden, wenn sie die Gabe der Vergebung annehmen und sich zu eigen machen: „Nur von einem Ort" – schreibt Jean-Marie Lustiger – „kann man auf die Henker blicken: am Kreuz mit Christus. Es gibt keinen

95 AMERY, *Jenseits von Schuld und Sühne*, 111.
96 Dirk ANSORGE, *Vergebung auf Kosten der Opfer?*, in: SThZ 6 (2002) 36–58.
97 Magnus STRIET, *Streitfall Apokatastasis. Dogmatische Anmerkungen mit einem ökumenischen Seitenblick*, in: ThQ 184 (2004) 185–201, 200.

anderen Blickwinkel, von dem man aus sie anblicken könnte. Sieht man die Henker mit anderen Augen als mit denen Christi an, wird man seinerseits zum Henker."[98] Würden sich die Opfer dem Geist der Vergebung dauerhaft verschließen und ihren Peinigern niemals verzeihen können, liefe dies auf eine Perpetuierung unversöhnter Verhältnisse hinaus. Ob aber die Opfer den Versöhnungswillen des Messias am Ende mit vollziehen können, ist vorweg unentscheidbar, die Möglichkeit definitiver Verweigerung bleibt; allerdings setzt christliche Hoffnung darauf, dass die persuasive Macht der unendlichen Liebe alle zur Einstimmung in das Versöhnungsgeschehen bewegen kann.[99]

Kann aber dem *Täter* im Gericht ein Freiheitsraum eröffnet werden, der ihm die unverkürzte Wahrheit über sich selbst, die Wahrheit über sein Verhältnis zu den Opfern und in beidem sein gestörtes Verhältnis zu Gott anerkennen lässt? Wenn dem Täter in der Begegnung mit dem auferweckten Gekreuzigten seine gesamte Lebensgeschichte verdichtet vor Augen steht, dann zerbrechen Konstruktionen, welche die Lebensgeschichte auf eine Geschichte ohne Schuld halbierten. Die Schuldabschiebungsmechanismen und die dahinter stehende Selbstgerechtigkeit[100] werden als Lüge enttarnt, das Leben – mitsamt der bislang ausgeklammerten Schuld – liegt offen zutage. Will man die mögliche Rettung

---

98 Jean-Marie LUSTIGER, *Die Verheißung. Vom Alten zum Neuen Bund,* Augsburg 2003, 67.

99 Vgl. Medard KEHL, *Und was kommt nach dem Ende? Von Weltuntergang und Vollendung, Wiedergeburt und Auferstehung,* Freiburg-Basel-Wien 2000, 133: „Bei den Opfern scheint mir die Möglichkeit einer endgültigen Unversöhnlichkeit weniger plausibel zu sein. Denn sie sind – allein schon durch ihr menschliches Geschick – so eng mit Christus als einem der ihren verbunden, daß sie in der letzten unverbogenen Begegnung mit ihm wohl auch seine Vergebungs- und Versöhnungsbereitschaft in sich ganz aufnehmen können, um so auch *von sich selbst her* zur letzten Versöhnung mit ihrem beschädigten Leben und mit denen, die es verschuldet haben, zu gelangen. Aber auch da gibt es keinerlei Sicherheit, daß es in jedem Fall so kommen wird." Zu einer ähnlichen Einschätzung gelangt Józef NIEWIADOMSKI, *Hoffnung im Gericht. Soteriologische Impulse für eine dogmatische Eschatologie*, in: ZKTh 114 (1992) 113–126, 126.

100 Vgl. das desillusionierende Resultat bei Katharina VON KELLENBACH, *Theologische Rede von Schuld und Vergebung als Täterschutz,* 60: „Es kann davon ausgegangen werden, dass NS-Täter nach 1945 alles taten, um ihre Schuld zu verleugnen, zu verdrängen und abzuwälzen. Sie stellten sich selber als Opfer von Führer und NS-Ideologie dar. Sie verschwiegen ihre Beteiligung und hüllten die Jahre 1933–1945 in großes Schweigen. Das Fehlen persönlichen Schuldbewusstseins bei so vielen Beteiligten, von den obersten Planern durch das mittlere Management bis hin zu den ausführenden Mördern, frustriert traditionelle Mechanismen der Schuldbewältigung: Weder kirchliche Rituale von Schuldbekenntnis, Reue, Vergebung noch juristische Modelle der Strafvollzugs, der Sühne und Wiedereingliederung greifen bei gesellschaftlich integrierten, sich schuldlos fühlenden Tätern."

der Täter als eschatologischen Umkehrprozess denken, der durch die Begegnung mit Christus initiiert wird und zu einem versöhnten Verhältnis zu den Opfern führt, muss man daran festhalten, dass eine unvollkommene Lebensgeschichte nur durch einen Reifungs- bzw. Läuterungsprozess zur Vollendung gelangen kann.[101] Eine solche Vollendung liefe indes ins Leere, wenn durch die Versöhnung mit Christus nicht zugleich eine Versöhnung mit den Opfern möglich wäre. Denn an den Opfern vorbei und hinter deren Rücken kann es keine Versöhnung geben.

In der Begegnung mit Christus, dem hingerichteten Richter, werden nun aber die Täter mit ihren Opfern konfrontiert, da Christus sich mit allen rückhaltlos identifiziert hat (vgl. Mt 25,40). Die Empörung der Opfer über das erlittene Unrecht, ihre Klagen und erstickten Schreie haben einen Ort in der Gottverlassenheit des Gekreuzigten. Sie werden den Tätern nicht erspart. Statt die anderen nur und ausschließlich im Lichte ihrer selbst zu sehen (und sie so zu übersehen), sehen jetzt die Täter sich selbst im Lichte der anderen. Die anderen aber sind nicht mehr die antlitzlosen Nummern, als die sie ermordet wurden.[102] Sie erhalten Name, Stimme und Gesicht. Was diese Verkehrung der Perspektive für die Täter bedeutet, ist nicht zu ermessen, und die Frage, ob sie der bedrückenden Wahrheit ihrer Schuld standhalten, nicht zu beantworten. Gäbe es für die Täter allein die gnadenlose Aufdeckung des Vergangenen, würden sie wohl kaum zum Eingeständnis der Schuld, zur Anerkenntnis des Gerichts, zu Umkehr und Reue gelangen können. Verhärtung im Bösen oder zerstörerische Selbstverachtung wären die Folge: „Vor dem Verbrechen sind das die beiden geläufigen Auswege: Man verschließt entweder die Augen – das Phänomen der Verstocktheit –, oder man ist erdrückt von der Schuld – eine selbstmörderische Haltung [...]. Ob nun aber Nicht-sehen-Wollen oder Selbstmord angesichts der Last des Übels, keine dieser Haltungen ist erträglich [...], keine kommt

[101] Gegenüber vulgarisierenden Vorstellungen innerhalb der traditionellen Fegfeuerlehre sei mit Karl LEHMANN darauf hingewiesen, dass das Purgatorium als „ein Moment in der Vollendung des Menschen durch das Gericht Gottes" verstanden werden muss. *Was bleibt vom Fegfeuer?*, in: IKaZ 9 (1980) 236–243, 239; vgl. auch Medard KEHL, *Eschatologie*, Würzburg 1986, 285–288.

[102] Vgl. Elie WIESEL, *Die Nacht zu begraben, Elischa*, Frankfurt a. M. u. a. ^{3}1990, 66: „Ich bekam die Nummer A=7713 und hatte damit keinen Namen mehr." Nur in der Anrufung Gottes, in dessen Gedächtnis die Namen der Menschen eingeschrieben sind, liegt Hoffnung auf Restitution: „Ich gebe ihnen einen Namen (Shem) der mehr wert ist als Söhne und Töchter: Einen ewigen Namen gebe ich ihnen, der niemals ausgetilgt wird" (Jes 56, 5).

von Christus. Wenn Christus den Abgrund der Sünde enthüllt, will er sie vergeben, sie erlösen."[103]

Auch die äußerste Gottesferne hat einen Ort in Christus. Dieser hat am Kreuz die tiefste Verlassenheit auf sich genommen, um an der Seite derer zu stehen, die sich selbst gegen Gott gestellt haben, und um ihnen einen neuen Zugang zu Gott und ihrer eigenen Geschichte zu eröffnen. Die Solidarität Christi mit den Verlorenen reicht so weit, dass er ihre selbst gewählte Isolation aufsucht und stört. „Wer die vollkommene Verlassenheit für sich wählen und damit seine Absolutheit Gott gegenüber beweisen wollte, träfe vor sich auf die Gestalt eines, der absoluter verlassen ist als er selbst. Man kann sich deshalb überlegen, ob es Gott nicht freisteht, dem von ihm abgewendeten Sünder in der Ohnmachtsgestalt des gekreuzigten, von Gott verlassenen Bruders zu begegnen, und zwar so, daß es dem Abgewendeten klar wird: dieser (wie ich) von Gott Verlassene ist es um meinetwillen. Man wird hier von keiner Vergewaltigung mehr sprechen können, wenn Gott demjenigen, der die vollkommene Einsamkeit des Nur-für-sich-Seins (vielleicht muss man sagen) gewählt zu haben meint, in seine Einsamkeit hinein als der noch Einsamere erscheint."[104] Vor diesem Hintergrund ist die Hoffnung nicht unbegründet, dass auch die Täter unter der Last ihrer Schuld nicht zugrunde gehen, sondern zur Wahrheit über sich selbst, das heißt zu einer nachträglichen Selbstdistanzierung von ihrer Vergangenheit befreit werden können.[105] Als Täter von Christus, *dem Retter*, unbedingt angenommen, können sie mit Christus, *dem Richter*, das Gericht über sich und ihre Untaten anerkennen, den Reueschmerz tragen und um Vergebung bitten. Dadurch, dass sie von der rettenden Begnadigung durch

---

[103] LUSTIGER, *Die Verheißung*, 67.

[104] Hans Urs von BALTHASAR, *Theodramatik, Bd. IV: Das Endspiel*, Einsiedeln 1984, 284. An anderer Stelle heißt es: „Der Sünder, der von Gott weg verdammt sein will, findet in seiner Einsamkeit Gott wieder, aber Gott in der absoluten Ohnmacht der Liebe, der sich unabsehbar in der Nicht-Zeit mit dem sich Verdammenden solidarisiert" (*Über Stellvertretung*, in: DERS., *Pneuma und Institution. Skizzen zur Theologie IV*, Einsiedeln 1974, 401–409, 408). Vgl. dazu Michael GREINER, *Für alle hoffen? Systematische Überlegungen zu Hans Urs von Balthasars eschatologischem Vorstoß*, in: Magnus STRIET – Jan-Heiner TÜCK (Hg.), *Die Kunst Gottes verstehen. Hans Urs von Balthasars theologische Provokationen*, Freiburg 2005 (im Erscheinen).

[105] Diesen Prozess des In-die-Wahrheit-Kommens hat Max Scheler im Blick auf das Phänomen der Reue folgendermaßen beschrieben: „Reue bricht jene Schwelle des Stolzes, die aus unserer Vergangenheit nur das aufsteigen läßt, was diesem Stolz Befriedigung gewährt und ihn rechtfertigt. Sie hebt die natürliche Verdrängungskraft des 'natürlichen' Stolzes auf. Sie wird so ein Vehikel der Wahrhaftigkeit gegen uns selbst." Max SCHELER, *Reue und Wiedergeburt*, in: DERS., *Vom Ewigen im Menschen*, Bern ^{4}1954, 27–59, 38.

Christus umfasst sind, kann die verhärtete Egozentrik aufgebrochen und der Schmerz über die einholende Wahrheit zugelassen werden. Die Hölle der eigenen Selbsterkenntnis aber, das erneute Durchlaufen der beschämenden Vergangenheit kann durchaus als Strafe betrachtet werden, ohne welche die Wiederherstellung der Gerechtigkeit nicht möglich ist.

Was aber wäre, wenn auch nur *einer* sich diesem Angebot der Versöhnung verschlösse und die Einladung, sich versöhnen zu lassen, definitiv ablehnte? Würden dann die Absichten Gottes mit seiner Schöpfung scheitern? Hansjürgen Verweyen hat die unbedingte Entschiedenheit des Schöpfers für seine Geschöpfe vor allem in dessen Bereitschaft gesehen, unendlich lange auf die freie Einstimmung endlicher Freiheit zu warten. Nun könnte man rückfragen, was das für ein Gott ist, der sich unendlich lange der Unentschiedenheit der menschlichen Freiheit aussetzt? Ein Gott, der gleichsam riskiert, eine Zukunft vor sich haben, über die er nicht verfügen kann, weil er die Instanz der geschöpflichen Freiheit bis ans Ende achtet. Um Missverständnisse zu vermeiden, wird man hier allerdings gleich betonen müssen: das Warten*können* Gottes ist kein Warten*müssen*, das von außen über ihn verhängt würde; es stürzt ihn nicht in Abhängigkeiten, die er nicht selbst mit der Erschaffung endlicher Freiheiten vorhergesehen und in Kauf genommen hätte. Warten ist vielmehr Ausdruck einer Liebe, welche die Freiheit des anderen achtet und achten will, einer Liebe, die bis ins Äußerste geht, um die Einwilligung der endlichen, sich auf sich selbst versteifenden Freiheit zu gewinnen. „Hier kommt“ – wie Verweyen ausführt – „ein Wartenkönnen in den Blick, wie es nur im Horizont einer Entschiedenheit für den anderen erahnt werden kann, die durch die Frage nach der Länge der Zeit des Leidens nicht irregemacht wird. Ewig ist allein die durch nichts verrückbare Entschiedenheit Gottes, unendlich lange auf das Ja seiner Geschöpfe zu warten.“ [106]

Eine Theologie, welche die Hoffnung für alle auch nach Auschwitz aufrechterhält und die Versöhnung von Tätern und Opfern nicht von vornherein als absurde Unmöglichkeit abtut, unterscheidet sich von den eingangs erwähnten Voten für einen neuen Infernalismus. Dabei besteht

---

[106] Hansjürgen VERWEYEN, *Botschaft eines Toten*, Regensburg 1999, 47 (im Anschluss an das Zitat des Origenes vom wartenden Christus). Ein gewisses Gefälle in Richtung Apokatastasis dürfte die Denkfigur des göttlichen Wartenkönnens erhalten, wenn Verweyen schreibt: „Solange sich auch nur ein einziges freies Wesen dem Ruf Gottes verweigert, sich in sein Bild hineinziehen zu lassen, leidet Gott nicht nur an seiner Liebe. Er leidet Gottverlassenheit, weil er nur über die andere Freiheit in seine eigene, göttlich-unbedingte Einheit zurückfinden kann.“ (*Gottes letztes Wort. Grundriß der Fundamentaltheologie*, Regensburg ^{3}2000, 360).

keine Differenz in der prinzipiellen Forderung, dass die Täter am Ende nicht über ihre Opfer triumphieren dürfen. Strittig ist nur, wie das Postulat postmortaler Gerechtigkeit inhaltlich zu bestimmen ist, ob es zwangsläufig mit der Forderung nach ewiger Bestrafung verknüpft werden muss. Wer den Tätern von damals die Verdammung wünscht, dürfte kaum dagegen gefeit sein, missliebigen Zeitgenossen heute Ähnliches zu wünschen. Es steht dahin, ob die Verfechter des neuen Infernalismus die Vorstellung abzuwehren vermögen, dass es da Subjekte gibt, „mit denen wir uns nicht in letzter Instanz zu identifizieren und auszusöhnen brauchen, für die die Lebenschancen leider oder gottlob einmal endgültig vorüber sein werden“[107]. Statt der historischen Vernichtung der Opfer eine postmortale Vernichtung der Täter folgen zu lassen, setzt die eschatologische Hoffnung für alle darauf, dass trotz allem, was geschehen ist und historisch nicht wieder ungeschehen gemacht werden kann, keiner dem ewigen Tod überlassen wird, dass vielmehr die Opfer zur Vergebung und die Täter zur Annahme der Vergebung befähigt werden. In der Person des auferweckten Gekreuzigten, der die Inkarnation der unbedingten Feindesliebe ist, hat diese Hoffnung ihren Anhalt. Sie läuft im übrigen nicht auf die Einebnung der Differenzen zwischen Tätern und Opfern hinaus, wenn an den Stigmata Christi abgelesen werden kann, dass die gelebte Freiheitsgeschichte in die verklärte Leiblichkeit bleibend eingezeichnet sein wird.[108] Statt Erinnerung als Wachhalten des Unversöhnten „bis ans Ende der Tage“, wäre im Licht messianischer Vergebung versöhnte Erinnerung – und nicht Verdrängung oder Vergessen – möglich. Wer dies als Zumutung ablehnt, muss sich im klaren sein, dass die Alternative auf eine Verewigung unversöhnter Verhältnisse hinausläuft.

[107] VERWEYEN, *Christologische Brennpunkte*, 117.

[108] Bemerkenswert ist, dass Hartmut LANGE in seiner Erzählung *Die Heiterkeit des Todes* den Täter (in seinem postmortalen Status) von einem Wundmal gezeichnet sein lässt. Gerade das Vorzeigen der Wunde lässt die Empörung eines Dritten darüber verstummen, dass der Henker eine freundschaftliche Beziehung zu seinem Opfer unterhält: „[...]'ich verstehe', sagt er [sc. der Henker], 'daß Sie meine Liebe zu der Frau, die ich ermodert habe, nicht billigen wollen. Aber ich habe gebüßt. Und wann, mein Herr, wenn nicht im Tod, soll die Schuld, die wir am Leben haben, endlich einmal beglichen sein?' Er wendet seinen Kopf, und ich sehe, daß er ein Wundmal an seinem Hals hat und daß er gerichtet ist.“ *Die Waldsteinsonate. Fünf Novellen*, Zürich 1984, 105–112, 111.

Personenregister